江苏省第四期"333 工程"高层次人才培养资助项目研究成果
江苏省高校哲学社会科学优秀创新团队"残疾人专业服务与资源建设研究团队"研究成果
南京特殊教育师范学院特殊教育基本理论研究团队研究成果
南京特殊教育师范学院资助出版

特殊教育政策：
正义及其局限

王培峰 著

南京大学出版社

图书在版编目(CIP)数据

特殊教育政策:正义及其局限 / 王培峰著. --南京:南京大学出版社,2015.10(2022.1重印)
ISBN 978-7-305-15998-5

Ⅰ.①特… Ⅱ.①王… Ⅲ.①特殊教育－教育政策－中国 Ⅳ.①G769.2-012

中国版本图书馆 CIP 数据核字(2015)第 243949 号

出版发行	南京大学出版社
社　　址	南京市汉口路 22 号　　邮编 210093
出 版 人	金鑫荣
书　　名	特殊教育政策:正义及其局限
著　　者	王培峰
责任编辑	黄隽翀　　编辑热线 025-83685720
照　　排	南京开卷文化传媒有限公司
印　　刷	盐城市华光印刷厂
开　　本	787×960　1/16　印张 19.25　字数 346 千
版　　次	2015 年 10 月第 1 版　2022 年 1 月第 4 次印刷
ISBN	978-7-305-15998-5
定　　价	50.00 元

网　　址:http://www.njupco.com
官方微博:http://weibo.com/njupco
官方微信号:njupress
销售咨询热线:(025)83594756

* 版权所有,侵权必究
* 凡购买南大版图书,如有印装质量问题,请与所购
　图书销售部门联系调换

序

感谢培峰的信任,为给我提供了一个先睹为快的学习机会。三天来,我逐字逐句地通读了这本付印前的《特殊教育政策:正义及其局限》,陪同这位忘年之交的青年学者"站在大地仰望星空,又以仰望星空的姿态行走在大地",多次情不自禁的陷入沉思,唏嘘与赞叹。

在我看来,本书是一位青年学者向读者传递特教理论思考、追求和希冀的信息载体。作者用六章二十三节的篇幅,从世界特殊教育发展的视角,结合我国特殊教育发展的现实,系统地阐述了特殊教育政策的概念、哲学基础、结构要素、特殊教育政策分析的标准,以及我国现阶段特殊教育存在的主要问题、时代诉求和应该实现的政策回应。全书思路清晰,结构严谨,令人读后回味无穷。

一是从政治学的角度阐述了特殊教育政策概念、特征、政策过程。作者明确指出,伴随经济的增长、信息化、国际化以及决策的科学化、民主化,政策科学已经成为一门令人瞩目的领域。特殊教育政策将规范和引领特殊教育发展,协调特殊教育领域中各方面的矛盾和利益,自觉地抵制和纠正各种伤害行为与观念,建立有序的稳定的现代特殊教育秩序。

二是揭示了特殊教育政策及其正义局限的政治哲学基础。阐述了特殊教育政策正义是对残疾人成长发展最根本、最现实的关怀,是国家意志的制度正义的体现。对人的多样性的充分肯定以及对差别原则认可,为制定尊重残疾人的特殊教育政策奠定了道义基础。对残疾人而言,残疾缺陷本身是人类发展中一种偶然性的获得,就如同人的出身、家庭、父母等一样,是人生中一种不可选择的存在。因此,他们应该根据国家政策积极争取获得教育和帮助的权益,且不必为争取这种应得而感到尴尬。

三是深入分析了特殊教育政策内容分析、价值分析与伦理分析的标准。特殊教育政策集中地表达了国家和执政党对维护和增进残疾人教育权益的权威性政治意志,是一定价值选择下的方案和行动纲领。我国特殊教育政策研究既涉及对特殊教育的育人功能、社会功能、文化功能等的理解与探索,也关涉对政治、经济和历史文化传统相适应的政策路径与策略。

四是从特殊教育的对象、目标、管理、经费、课程等方面论证了特殊教育政策的总体结构与要素。在收集、整理、分析我国近几十年来公布的特殊教育政策文本的基础上,从发展的角度总结出:我国特殊教育政策对象经历了由两类残疾人教育到三类残疾人教育,再到多类型残疾人教育的演变过程;在政策执行对象上实现了以政府、教育行政部门、特殊学校为实施主体到以政府、多行政部门、教育机构和社会组织、个人等多主体参与的演变过程;特殊教育政策目标形成了"教育稳定"、"教育效率"、"教育质量"和"教育公平"四个价值目标维度的统一;教育管理体制明显具有"高度集权-高位直接管理"时期、"地方负责-分级管理"时期、"综合治理"始发期三个阶段特点;教育财政上显示出"高度集中的单一政府投入"、"地方为主-多渠道筹措资金"、"公共服务型"三个阶段特点;特殊教育教师政策经历了非专业化时期、专业发展探索期、专业发展期三个不同的发展特点;特殊教育课程与教学政策经历了"政治主导-高度统一"、"人本主义-课程改革"、"深化人本主义-全面课程改革"三个发展时期。

五是在理论探讨的基础上,采用定量与定性相结合、宏观与微观相结合的研究方法,揭示我国特殊教育政策存在的问题与局限,明确指出:我国特殊教育存在宏观特殊教育政策类型的结构失衡、特殊教育政策体系结构失衡、以及特殊教育政策上下层级间周延性不强等方面的问题。作者认为,我国当前特殊教育政策中突出的问题是政策目标内容空泛、教育公平政策目标界定不具体、政策目标与政策问题之间的符合性程度还需进一步提高。同时,作者认为,我国特殊教育政策价值存在教育政策主体价值的缺损、教育政策主体价值选择的立场偏颇、教育政策主体价值合法性的不足、教育政策主体价值有效性的失衡、外在价值对内在价值的僭越、效率价值对公平价值的僭越等方面的问题;我国特殊教育政策伦理方面的主要问题表现为多数者"善"伦理主张、效率"善"伦理至上、唯政府"善"伦理偏好、技术理性"善"伦理倾向。

六是从发展的眼光,探讨了我国特殊教育改革的内在逻辑、时代诉求和政策应答。从人本价值与民生意义的转向揭示了我国特殊教育发展趋势;从综合改革的角度,阐述了特殊教育综合改革的方法论特征;从道义论正义观出发,提出了特殊教育政策伦理建构的价值视野。作者针对特殊教育权力结构调整、特殊教育支持保障体系建设与完善、重度障碍儿童的教育、残疾儿童少年义务教育质量提升与均衡发展、残疾儿童学前教育等问题提出了诉求。最后,作者围绕这些诉求,提出了自己的政策思考。

综上所述,作者以深邃的目光、缜密的思考、执着的热情,与广大的特教工作者叩问现实、反思历史、关注弱势、呼号教育的公平公正,展示了特殊教育政策学的科学性、人文性和实践性。这些理论思考,更有力地说明特殊教育的发展依赖经济的发展、政治的开明、心灵的净化。它是一个社会文明进步的标志,是时代精神的体现。作为一位特殊教育工作者,既要看到我们通过奋力拼搏所取得的成就,使特殊教育的发展达到了我国历史上最好的时期、最高的水平,但也要清醒地认识到,与一些特殊教育发达的国家和地区相比,还有一定的差距,尤其是整个教育的深度改革和实现真正的普特融合方面还有很长的路要走。在机遇与挑战同在的发展过程中,让我们坚守承诺,充满信心,相互勉励,知难而进。

华东师范大学特殊教育研究所　方俊明
2015 年 7 月 7 日于上海

目 录

绪 论 ·· 1
  一、特殊教育政策研究的意义 ·· 1
  二、研究思路与本书结构 ·· 4

第一章　特殊教育政策概述 ·· 7
  第一节　什么是特殊教育政策 ·· 7
    一、广义的特殊教育政策 ·· 8
    二、狭义上不同视角的特殊教育政策 ······································ 9
  第二节　特殊教育政策的特性 ··· 12
    一、突出的政治和正义特性 ·· 12
    二、特殊教育政策与特殊教育的高度一致性 ··························· 14
    三、鲜明的价值理性特点 ··· 16
  第三节　特殊教育政策过程 ··· 18
    一、特殊教育政策过程概述 ·· 19
    二、特殊教育政策决策主体及其作用机制 ······························ 22
    三、特殊教育政策议程的源流与模式 ···································· 28

第二章　特殊教育政策的政治哲学基础 ······································ 34
  第一节　特殊教育政策正义的道义论政治哲学溯源 ··················· 35
    一、道义论正义:从康德到罗尔斯 ··· 36
    二、特殊教育政策正义的差别原则奠基 ································· 43
  第二节　特殊教育政策正义局限的政治哲学审视 ······················ 51
    一、正义:一个歧义的概念 ·· 51
    二、特殊教育政策正义局限:政治哲学的省察 ························· 56

第三章　特殊教育政策分析 …… 68
第一节　特殊教育政策内容分析 …… 69
一、特殊教育政策内容分析概念 …… 70
二、特殊教育政策内容分析范畴 …… 75
三、特殊教育政策内容分析标准 …… 82
第二节　特殊教育政策价值分析 …… 88
一、特殊教育政策价值认识论 …… 88
二、特殊教育政策价值分析范式 …… 93
三、特殊教育政策价值分析范畴 …… 94
四、特殊教育政策价值分析标准 …… 95
第三节　特殊教育政策伦理分析 …… 99
一、特殊教育政策伦理基本结构 …… 100
二、特殊教育政策伦理分析标准 …… 102

第四章　我国特殊教育政策总体结构体系与要素 …… 106
第一节　我国特殊教育政策总体结构体系 …… 106
一、我国特殊教育政策的考察及主要文本 …… 106
二、我国宏观特殊教育政策总体结构体系 …… 109
第二节　我国特殊教育政策对象 …… 116
一、"两类残疾儿童"为主的特殊教育政策对象 …… 117
二、"三类残疾儿童"为主的特殊教育政策对象 …… 117
三、"多类残疾儿童"为主的特殊教育政策对象 …… 118
第三节　我国特殊教育政策目标 …… 120
一、注重特殊教育稳定发展取向的政策目标 …… 121
二、注重特殊教育效率取向的政策目标 …… 122
三、注重教育公平和民生价值取向的政策目标 …… 125
第四节　我国特殊教育管理体制政策 …… 127
一、"高度集权—直接管理"的特殊教育管理体制政策 …… 128
二、"地方负责—分级管理"的特殊教育管理体制政策 …… 130
三、"综合治理"的特殊教育管理体制政策 …… 134
第五节　我国特殊教育经费政策 …… 136
一、"高度集中—单一政府投入"教育财政政策 …… 137
二、"地方为主—多渠道筹措资金"的教育财政政策 …… 138

三、"公共服务型"教育财政政策……………………………………… 141
第六节　我国特殊教育教师政策………………………………………… 144
一、"非专业化"的特殊教育教师政策…………………………………… 145
二、"专业化发展探索"的特殊教育教师政策………………………… 146
三、"专业化发展"的特殊教育教师政策……………………………… 152
第七节　我国特殊教育课程与教学政策………………………………… 162
一、"政治主导—高度统一"的特殊教育课程与教学政策…………… 162
二、"人本主义—课程改革"的特殊教育课程与教学政策…………… 164
三、"深化人本主义—全面课程改革"的特殊教育课程与教学政策……………………………………………………………………… 167

第五章　我国特殊教育政策的主要问题与局限…………………………… 171
第一节　我国特殊教育政策总体结构体系的主要问题………………… 171
一、宏观特殊教育政策类型结构失调…………………………………… 171
二、特殊教育政策体系结构失调………………………………………… 175
三、特殊教育政策上下层级间周延性不强……………………………… 181
第二节　我国特殊教育政策对象存在的主要问题……………………… 188
一、特殊教育政策目标群体设定的缺陷………………………………… 189
二、部分特殊教育政策执行对象或义务主体设定不明………………… 200
第三节　我国特殊教育政策目标存在的主要问题……………………… 206
一、非义务教育的政策目标内容空泛…………………………………… 206
二、教育公平政策目标界定不具体……………………………………… 211
三、特殊教育政策目标"符合性"不足………………………………… 215
四、特殊教育政策目标回应性不足……………………………………… 220
第四节　我国特殊教育政策价值的正义局限…………………………… 221
一、特殊教育政策主体价值的缺损……………………………………… 221
二、特殊教育政策主体价值选择的立场偏颇…………………………… 223
三、特殊教育政策主体价值合法性的不足……………………………… 225
四、特殊教育政策主体价值有效性的失衡……………………………… 226
五、外在价值对内在价值的僭越………………………………………… 227
六、效率价值对公平价值的僭越………………………………………… 228
第五节　我国特殊教育政策伦理的正义局限…………………………… 229
一、多数者"善"伦理主张……………………………………………… 229

二、效率"善"伦理至上 ………………………………………… 231
　　三、唯政府"善"伦理偏好 ……………………………………… 232
　　四、技术理性"善"伦理倾向 …………………………………… 234

第六章　我国特殊教育发展改革的时代诉求与政策应答 ……… 236
　第一节　我国特殊教育：发展转向、改革逻辑与政策价值伦理 … 236
　　一、人本价值与民生意义：我国特殊教育发展转向 ………… 237
　　二、我国特殊教育发展改革的逻辑选择 ……………………… 240
　　三、我国特殊教育发展改革的政策价值伦理建构 …………… 245
　第二节　我国特殊教育发展改革的时代诉求 ……………………… 249
　　一、特殊教育权力结构调整的诉求 …………………………… 250
　　二、特殊教育支持保障体系建设与完善的诉求 ……………… 252
　　三、重度障碍儿童教育的诉求 ………………………………… 254
　　四、残疾儿童少年义务教育质量提升与均衡发展的诉求 …… 257
　　五、残疾儿童学前教育的诉求 ………………………………… 260
　第三节　应答特殊教育发展改革诉求的政策思考 ……………… 264
　　一、特殊教育权力结构调整的政策构想 ……………………… 264
　　二、特殊教育支持保障体系建设的政策构想 ………………… 269
　　三、推进重度障碍儿童教育的政策构想 ……………………… 271
　　四、完善残疾儿童少年义务教育的政策构想 ………………… 279
　　五、推进残疾儿童学前教育的政策构想 ……………………… 285

参考文献 ……………………………………………………………… 290

后　记 ………………………………………………………………… 294

绪　论

自20世纪美国政治学家拉斯韦尔提出"政策科学"以来,政策科学研究成为二战以后在西方出现的一个新的综合性、应用性研究领域,政策科学研究方兴未艾。它因为对决策的科学化、民主化和经济社会发展的促进作用而愈来愈受到关注。20世纪60年代后,政策科学在美国逐渐成为一个成熟的学科。20世纪七八十年代传入我国后,特别是林德布洛姆的《政策制定过程》、安德森的《公共决策》、韦默和维宁的《政策分析:理论与实践》、邓恩的《公共政策分析导论》等著作传入我国后,迅速成为众多学者和领导层重视的新领域。随着研究的深入,我国政策研究在吸收、消化的基础上取得了显著成绩。张金马主编的《公共政策学导论》、陈振明的《政策科学》以及中国人民大学出版的21世纪公共管理系列教材,还有大量期刊发表的论文等,不断丰富和繁荣着我国政策研究。在教育领域,以袁振国和孙绵涛为首的学者最早将政策研究引进到教育领域,形成了《教育政策学》(袁振国)、《论中国教育政策的转变》、《缩小差距:中国教育政策重大命题》、《教育政策论:具有中国特色的社会主义教育政策研究》、《教育政策学》(孙绵涛)等许多教育政策研究成果。其后,教育政策研究进一步深入。刘复兴、范国睿等一批学者在教育政策基本理论、基础教育政策研究等方面取得了丰硕成果,出版了《教育政策的价值分析》、《改革开放30年中国教育纪实》等著作。当前,政策研究越来越分化,在政策议程、政策决策、政策执行、政策评估的每个阶段都有深入的研究。其中,在每个阶段也正在进一步拓展细化研究。政策研究呈现出学术繁荣的大好局面。在特殊教育领域,特殊教育政策研究尚是一个待开垦的新领域。近几年来,一些学者开始关注到特殊教育政策,但总体上并没有形成系统的研究成果,大多是对某一问题的零散研究。

一、特殊教育政策研究的意义

当前,在社会全面转型的时期,社会正义和教育公平问题分外突出,特殊教育发展对政策的依赖日益加重,对政策正义吁求日益高涨。特殊教育政策正义是对残疾人成长发展最根本、最现实的关怀。通过特殊教育政策规范和引领特殊教育发展,协调特殊教育领域中各方面的矛盾和利益,批判和抵制各种伤害行为与观念,为特殊教育在新时期经济社会中完善建制、提高教育质量和效率、促进教育公平、建立有序的稳定的特殊教育秩序,具有重要意义。

(一)提高特殊教育政策决策科学化的迫切需要

我国历来重视政策研究,把它作为党和国家加强国家事务管理的重要途径。毛泽东同志简明生动的指出,政策和策略就是党的生命。在特殊教育领域,建国后,党和国家颁布了一系列特殊教育政策,极大促进了特殊教育事业发展。但是,同时也存在着决策大多停留于经验层面,缺少科学、系统的理论指导;"摸着石头过河",政策决策风险大;政策执行乏力,推行难等问题。新世纪以来,我国特殊教育与政策的关系日益密切。一是特殊教育的发展越来越依赖政策的支持,国家的支持保障和政策引导成为影响特殊教育发展的重要因素。二是和谐社会建设和残疾人民生保障越来越依靠特殊教育,特殊教育成为重要的社会建设任务和民生工程;然而,制定适宜的特殊教育政策远非易事,特殊教育发展规律与国家政治经济现实逻辑之间,社会环境特别是总体教育环境与残疾人教育需求之间的矛盾,使得特殊教育政策如何科学决策成为特定社会环境条件下的重要命题。特殊教育政策研究肩负着重要的实践使命和理论使命。可以说,关于特殊教育政策的研究,重要的目的在于克服政策活动中的盲目性,使之更有效地服务于残疾人成长发展,更有效地服务于国家经济社会发展和政治目标需要。加强特殊教育政策研究,推进特殊教育政策决策科学化、民主化,已成为摆在特殊教育事业发展面前的重要任务。《国家中长期教育改革和发展规划纲要(2010—2020)》在管理体制改革中已明确要求"提高政府决策的科学性和管理的有效性。"

当前,党和国家大力推进国家治理体系和治理能力现代化。特殊教育在国家治理体系中的地位也备受关注。随着我国社会的全面转型,特殊教育发展越来越重视残疾人民生和人本价值,特殊教育政策开始进入一个重要的转型期、调整期。我国特殊教育政策研究起步较晚,面临的问题较复杂,不但涉及对当代特殊教育发展改革热点和趋势的政策认识,还涉及对特殊教育的育人功能、社会功能、文化功能等的政策理解,而且还要对传统的诸多特殊教育观念、行为进行政策反思、批判、规范和引领;不但要探索把传统特殊教育政策思想、实践与西方先进理念经验结合起来的道路,还要适应新时期社会转型的要求,探索与整个经济社会相符合的政策路径策略。目前,特殊教育政策研究最迫切的重要任务:一是积极学习公共政策相关理论,结合特殊教育实际,全面系统地建立特殊教育政策研究的基本方法、理论;二是在掌握特殊教育政策基本理论的基础上,深入分析我国特殊教育政策的基本概况,并准确把握当代特殊教育政策演变的趋势;三是要系统地研究国际上有关特殊教育政策的重要思想、理论与行动措施,形成特殊教育政策研究的国际化视野;四是要注重对特殊教育的一些基础性、现实性、迫切性的热点问题、时代问题进行分析并作出政策回答。

(二)回应特殊教育发展改革的理论与实践诉求

加强特殊教育政策研究与特殊教育发展面临的理论和实践问题密切相关。特殊教育与特殊教育政策有着高度一致性。甚至说,特殊教育就是一种政策性表达,一种以国家意志为主导的设计安排。当前,世界各国特殊教育理念、实践基本上来自特殊教育政策的规定;反过来,特殊教育理念、实践也深刻影响着特殊教育政策制定。从特殊教育发展历程看,特殊教育自被国家化以来,特殊教育政策就在特殊教育发展中起着重要作用。特别是二战以后,国际特殊教育发展转型和快速发展,表明了特殊教育不仅依赖于经济社会基础,更依赖于指导、协调特殊教育的政策规则。主要是通过特殊教育政策协调,调动特殊教育要素的积极性,特别是发挥师资的积极性、经济的支持作用,以及其他内部要素的积极性和外部专业支持等,促进特殊教育高效发展。通过我国改革开放前后的特殊教育政策数量和特殊教育发展的规模效益看,政策与效益之间是成正比的。近三十年来,我国国家层面的宏观特殊教育政策有 5 个(种)具体政策、12 个基本政策,是改革开放前的几倍。同时,特殊教育学校的数量、在校生和教职工也有极大提高。据统计发现,1953 年全国仅有特殊学校 64 所,在校生 5260 人,教职工 797 人,至 2014 年已分别增加至 2000 所、39.49 万人、4.81 万人。[①] 在这里,没有特殊教育政策就不能很好揭示特殊教育发展的内在秘密。正是由于特殊教育政策的丰富使得特殊教育管理,特别是对复杂的人力资源调配、稀有的物质资源的协调变得更加有序和有效,增强了特殊教育发展的方向性和目的性,人们从事特殊教育和国家对特殊教育的规划获得了更加稳定的行为模式和更可靠的信心依赖,特殊教育发展也凭借这些政策规则得到了有力保障。当然,上述经验研究的视角并不能充分表明特殊教育政策与特殊教育发展的关系。特殊教育政策的价值研究,即从特殊教育政策正义和善的维度出发是揭示特殊教育发展的另一个重要视角。通过特殊教育政策研究把握和理解特殊教育,为特殊教育探索合理的发展路径和方向提供了一个重要视域。

---

① 数据来自教育部网站各级各类学历教育学生情况_教育部门户网站_moe.gov.cn http://www.moe.edu.cn/srcsite/A03/s180/moe_633/201508/t20150811_199589.html.

残疾人教育利益获得、成长发展、学习生活质量离不开政策的强制性支持保障。随着我国社会全面发展变革和急剧变化，残疾人的教育问题越来越复杂。特别是改革开放以来，教育公平问题分外凸显。人们意识到残疾人获得有质量、有效率、公平的教育，不是单靠教育技术进步所能解决的，也不是仅靠人们的善心和良知来保证的，而是需要相应政策的刚性措施跟进。如果说，改革开放前，我国特殊教育政策目标比较单一，主要是解决特殊教育"有无"和维持特殊教育存在与稳定的问题；那么改革开放后，特别是新世纪以来，面对的却是残疾人教育效率和教育质量提高、义务教育和非义务教育均衡发展，地区间、不同残疾人群体间的教育公平问题，以及特殊教育办学规范、办学特色、满足残疾人群多样需求等诸多问题。譬如，残疾儿童义务教育开始由注重普及向质量提高、内涵建设的结构调整和发展方式转变，不再片面追求普及率的粗放型发展，而重视个体价值、意义和质量内涵建设的转向，重视满足所有残疾人教育需要；在过程与方法上，突出课程与教学改革，关注残疾人有意义的相关实用性、功能性课程，并以个别教育计划的形式，强调教育过程的精致化、个别化，教育对象的全面化、公平化，教育环境与支持的全纳性、合作性。这种结构调整和发展方式转变，必然要求特殊教育政策做出回应和保障。

总体而言，在市场经济体制和政府职能转变的背景下，特殊教育中义务教育与非义务教育、城市与农村、发达地区与欠发地区、不同残疾类型的人群及其诉求、教育质量与公平等教育问题，导致特殊教育目标日趋多元；特殊教育理念、技术、方法的传播更新，导致人们的特殊教育观念与行为日趋多样；社会急剧变革带来特殊教育环境日趋多变，特殊教育与经济社会的联系日趋错综复杂。同时，对政府而言，由于社会的急剧变迁，要解决的经济社会问题日趋多样，诸多政策问题也瞬息多变，政府对特殊教育的决策越来越困难，加强特殊教育政策研究越来越成为一个迫切的现实诉求。

二、研究思路与本书结构

基于对上述特殊教育政策研究意义的认识，本书试图对我国特殊教育政策作一次宏观的理论研究尝试，旨在为进一步促进特殊教育政策决策的科学化，回应特殊教育发展的理论与实践诉求，尽一点绵薄之力；同时，也为进一步繁荣特殊教育政策研究做一点努力。本书在立论的设定上，认为特殊教育政策作为有别于一般教育政策的差别对待，表明了其存在本身就是道义论正义的体现；但是正义总是一个易于背叛的概念，特殊教育政策本身的正义性存在许多局限，需要政策分析的深入揭示，并沿着道义论正义的路径，来更好地奠定特殊教育政策的正当性。在研究方法上,本书运用文献分析进行理论研究,揭示了特殊教育政策的内涵以及特殊教育政策的正义和局限性;同时,借鉴普通教育领域教育政策分析方法,确立特殊教育政策内容分析和价值分析、伦理分析的理论框架,并对我国特殊教育政策总体结构体系、结构要素进行了分析,揭示了它们存在的主要问题与局限。在研究思路上,本书按照"特殊教育政策及其分析的基本理论"—"我国特殊教育政策分析"—"几个关键环节和领域的政策思考"的逻辑架构,从基础理论厘定到对我国特殊教育政策的分析,再到对具体的特殊教育政策建议的思路进行研究。全书共分为特殊教育政策理论篇、我国特殊教育政策分析篇、几个关键环节和重点领域的政策建议思考篇,共三篇六章。

第一至三章是理论篇,主要阐述特殊教育政策及其分析的基本理论,从政治哲学的源头论证特殊教育政策的正义及其局限,为后面的章节阐述特殊教育政策的总体结构体系、结构要素,以及揭示存在的问题与局限,提供分析的理论框架和基础。第一章,重点阐述了广义上和狭义上不同视角的特殊教育政策;分析了特殊教育政策突出的政治和正义特性,特殊教育政策与特殊教育的高度一致性,鲜明的价值理性特点;并且重点阐述了特殊教育政策决策主体及其决策机制,以及特殊教育政策议程的四大源流与模式。第二章,重点从政治哲学阐释了特殊教育政策正义与局限的理论基础,主要运用罗尔斯的差别原则论证了特殊教育政策正义性,同时,结合正义的不同观点及其对特殊教育政策的影响,论述了特殊教育政策正义局限。第三章,重点阐释特殊教育政策分析的基本理论,主要是阐述了特殊教育政策内容分析的概念、分析范畴、分析标准,特殊教育政策价值分析范式、分析范畴、分析标准,特殊教育政策伦理结构、分析标准。

第四至五章是我国特殊教育政策分析篇,主要是运用前面拟定的特殊教育政策内容分析和价值分析、伦理分析的理论,揭示我国特殊教育政策的内容结构及其存在的问题与局限。第四章,重点分析了我国特殊教育政策总体结构体系与要素,揭示了我国特殊教育政策的考察原则及主要文本,厘清了我国宏观特殊教育政策总体结构体系;同时,从特殊教育政策的三个结构要素出发,分别揭示了我国特殊教育政策对象、特殊教育政策目标,并从特殊教育管理体制政策、特殊教育经费政策、特殊教育教师政策、特殊教育课程与教学政策四个方面分析了我国特殊教育政策措施。第五章,重点分析我国特殊教育政策的主要问题与局限,主要是从特殊教育政策类型结构失衡、特殊教育政策体系结构失衡、特殊教育政策上下层级间周延性不强三个方面揭示了我国特殊教育政策总体结构体系的主要问题;从特殊教育政策目标群体和义务主体设定的缺陷两个方面揭示了我国特殊教育政策对象存在的主要问题；从非义务教育的政策目标内容空泛、教育公平政策目标界定不具体、特殊教育政策目标"符合性"不足、特殊教育政策目标回应性不足四个方面揭示了我国特殊教育政策目标存在的主要问题；从特殊教育政策主体价值的缺损、特殊教育政策主体价值选择的立场偏颇、特殊教育政策主体价值合法性的不足、特殊教育政策主体价值有效性的失衡、外在价值对内在价值的僭越、效率价值对公平价值的僭越六个方面分析了我国特殊教育政策价值的问题与局限；从多数者"善"伦理主张、效率"善"伦理至上、唯政府"善"伦理偏好、技术理性"善"伦理倾向四个方面分析了我国特殊教育政策伦理的问题与局限。

第六章是应对几个关键环节和重点领域的具体问题的政策对策思考篇，重点立足我国特殊教育发展改革的转向，提出了相应的改革逻辑以及政策价值伦理，揭示了我国特殊教育权力结构调整、特殊教育支持保障体系建设与完善、重度障碍儿童教育、残疾儿童少年义务教育质量提升与均衡发展、残疾儿童学前教育等几点时代诉求；同时针对这些诉求提出了政策构想。

在这里需指出的是，本书是从宏观特殊教育政策（特别是近三十年的宏观特殊教育政策）分析入手做的总体性分析。宏观特殊教育政策指的是新中国成立以来国家层面权威机构为决策主体制定的面向全国的广义上的教育规范和准则，既包括立法机构的相关法律，也包括国务院的相关行政法规、教育部的相关行政规章，以及中共中央、国务院及教育部等颁布的行政规范性文件。另外，从特殊教育学段构成上看，本书主要立足残疾人基础教育阶段的宏观特殊教育政策进行分析。还需指出的是，出于本书的立意，本书不重在提出政策建议，而重在理论厘定的基础上揭示我国特殊教育政策的问题与局限。当然，由于时间和笔者能力等原因，还没有完成对特殊教育政策要素中政策措施存在的问题的揭示。

第一章 特殊教育政策概述

政策是政治学的一个范畴。对特殊教育政策的认识离不开政治学特别是其属下的公共政策学、公共行政学、教育政策学等理论知识。本章主要借鉴一般公共政策的理论和教育政策的论述,来阐释特殊教育政策概念、内涵以及过程。其中,特别重点阐释特殊教育政策决策的基本知识理论。

第一节 什么是特殊教育政策

一般说来,对公共政策的理解主要从政治学的角度对这一概念进行界定,具有代表性的有以下几种观点:美国学者伍·威乐逊(Woodrew Wilson)认为,"公共政策是由政治家,即具有立法权者制的,而由行政人员执行的法规。"美籍加拿大学者戴维·伊斯顿(David Easten)认为,"公共政策是对全社会的价值作权威性的分配"。美国的政治学家哈罗德·拉斯维尔(Harold D. Lasswell)则认为,公共政策是"一种含有目标、价值和策略的大计划"。美国学者托马斯·戴伊(Thomas R. Dye)更为宽泛地将公共政策定义为"凡是政府决定做的或决定不做的事情就是公共政策"。[①] 孙光在《政策科学》中提出:"政策是国家和政党为了实现一定的总目标而确定的行动准则,它表现为对人们的利益进行分配和调节的政治措施和复杂过程"。王福生在《政策学研究》中主张:"政策就是治党治国的规则和方略"。宁骚在《公共政策学》中提出:"公共政策是各个权力机关由政治过程所选择和制定的为解决公共问题、达到公共目标、以实现公共利益的方案。"张金马在《政策科学分析》提出:公共政策"作为政府行为的表现,它是一种有目标的活动过程,而这种目标是旨在处理和解决正在发生的各种社会问题。"陈振明在《政策科学》中认为:政策是国家机关、政党及其他政治团体在特定时期

---

① 陈振明.公共政策学:政策分析的理论、方法和技术[M].北京:中国人民大学出版社,2004.2-3.

为实现或服务于一定社会政治、经济、文化目标所采取的政治行为或规定的行为准则,它是一系列谋略、法令、措施、办法、方法、条例等的总称。刘斌在《中国宏观政策研究》中认为"政策是政党或其他政治集团为实现一定时期的任务而规定的政治行为。"总体而言,上述政策认识可以概括为:政策即"政治意志"、"利益博弈"、"政府权威"、"规划与准则"等观点。

最权威的政策定义是《现代汉语词典》的解释,政策是"国家或政党为实现一定历史时期的路线而制定的行动准则"。① 在这个定义里,一是明确体现了政策的政治控制或阶级统治特性,即政策只代表国家或特定政党的利益,从来不代表全体社会成员的利益、不反映所有人的意志;二是体现了政策的时效性,即政策是在一定时间内的历史条件的选择;三是体现了目标性,即政策是对目标的追求,是为实现一定路线或任务而做出的安排,具有特定的价值取向;四是体现了政策的行动特性,即政策是有目的的行动;五是体现了政策的规范特性,即政策是规定人们做什么或不做什么、怎么做、由谁去做等一系列行动组成的规范体系。

在教育领域,关于教育政策概念突出体现在孙绵涛和袁振国的论述中,他们借鉴公共政策的理论框架,阐述了对教育政策的认识。孙绵涛认为"教育政策是国家为实现教育目的、完成教育任务而协调教育内外关系所制定和实施的一种战略性的、准则性的规定"。② 袁振国认为,"教育政策是党和政府在一定历史时期为教育工作制定的基本要求和行动准则。"③他们的观点凸显了教育政策的国家意志性和规划性。本书即综合借鉴上述观点来认识特殊教育政策,阐述特殊教育政策内涵。

一、广义的特殊教育政策

根据袁振国观点,教育政策包括政策目标、政策对象、政策措施三大构成要素。特殊教育政策同样也包括这三大要素。即面向残疾人特定人群,以教育相关的特定措施来实现政策决策者的目的和期望。特殊教育政策目标,即关于特殊教育"解决什么问题"或"实现什么目的"以达成决策者所要取得的东西。④ 特殊教育政策对象,即特殊教育"解决谁的问题"和"由谁解决问题"的政策设计和安排。它包括特殊教育政策所调整的政策目标群体对象(利益调整对象)和达成

---

① 现代汉语大词典(第五版)[M].北京:商务印书馆,2005.1741.
② 孙绵涛.教育行政学概论[M].武汉:华中师范大学出版社 1998.93.
③ 袁振国.教育政策分析与当前教育政策热点问题[J].复旦教育论坛,2003(1):32.
④ 陈振明.公共政策学:政策分析的理论、方法和技术[M].北京:中国人民大学出版社,2004.115.

目标群体利益的政策执行对象。特殊教育政策措施,即"达成政策目标的手段、措施或办法"或"用什么达成","达成方法是什么"。[①] 它是特殊教育政策内容的主干部分,一般说来,要包括教师政策、经费政策(主要是财政政策)、课程与教学政策(即狭义上的教育教学政策)、教育组织管理的体制政策和学校政策(包括学校内部管理与学校建设标准等方面)五个核心要素。根据这个逻辑,从静态角度看特殊教育政策可以作为一定时期,国家和执政党为实现一定目标而对人们认识和实践特殊教育做出的一种权威性规划。它主要通过相关管理、投入、师资和课程与教学等政策措施,保障残疾人教育按照决策者预定的方向和期望而行动。正是因为特殊教育政策的作用,特殊教育观念、行为才被纳入到决策者期望的合理的、可预期的轨道,减少着任意行为和机会主义行为的伤害,增进着特殊教育秩序,增进着人们的理解和信赖,增进着教育过程和结果的可预见性。

从政策构成系统来看,特殊教育政策同样是一个包括政策主体、政策客体、政策环境相互作用构成的体系。特殊教育政策主体,包括特殊教育政策决策或制定的主体、执行主体、评估主体、监督主体,等等。它反映的是关于人或人组成的组织在特殊教育政策活动的主体地位,如立法机构、行政机构、政党、利益群体等。根据主体作用方式的不同,一般说来,有官方和非官方两种类别。特殊教育政策客体是指政策所发生作用的对象,包括要处理的问题或要协调的人之间的利益关系。[②] 特殊教育政策环境是指"影响政策产生、存在和发展的一切因素的总和",[③]包括政治、经济、社会和文化、体制或制度等社会因素,也包括自然地理和气候等环境因素。根据这个逻辑,从动态角度看特殊教育政策是国家立法机构、相关行政机构官方主体和残疾人利益群体等非官方主体,在一定政策环境下对特殊教育问题处理和利益调整而相互联系、相互作用构成的一个社会行动系统。

二、狭义上不同视角的特殊教育政策

政策本身就是一个含义广泛的概念,至今难有普遍共识。特殊教育政策涉及政治学、教育学、哲学、社会学、管理学、经济学等多学科知识,从不同立场特殊教育政策就有着不同的理解。这反映了人们认识多元,也反映了特殊教育政策本身的歧义性。但这些多元的理解和歧义本身都是对特殊教育政策内涵的丰富。

从马克思历史唯物主义观点看,政策来源于人的社会性本质。政策是人们

---

① 陈振明. 公共政策学:政策分析的理论、方法和技术[M]. 北京:中国人民大学出版社,2004.147.
② 陈振明. 公共政策学:政策分析的理论、方法和技术[M]. 北京:中国人民大学出版社,2004.6.
③ 陈振明. 公共政策学:政策分析的理论、方法和技术[M]. 北京:中国人民大学出版社,2004.7.

在一定社会共同体中的社会活动和社会关系的产物。根据马克思观点,人的活动过程本身及其成果中最大的就是社会。人表现自己的根本方式就是社会活动,人的活动的外部表现是各种关系的总和。"社会不是由个人构成,而是表示这些个人彼此发生的那些联系和关系的总和。"① 这表明了人及其活动本质上是社会活动和社会关系的本质,人的活动都可以在这种关系中找到基础。人们在一定社会共同体活动中相互作用相互联系所形成的联合力量,以权力形式支配着人们的意志和行为时,特别是处理人与人之间、人与社会的紧张关系时,一方面要借助伦理道德,另一方面重要的就是要依赖法律和政策的力量。也就是说,人在社会中生成自身本质,也在发展各种社会关系的同时为自己建立了一种"枷锁"来约束和规范人们,这种"枷锁"就是被稳定固着而成的各种规范和价值,它奠定了法的基础和政策依据。从这个意义上,特殊教育政策是人们在进行特殊教育活动和处理特殊教育关系的一个依据,是人们在特殊教育及其相关活动和关系中形成的"规范和价值"。反过来,特殊教育政策也是组织、构建人们特殊教育活动和关系的一种方式,它解释了特殊教育也使特殊教育付诸行动。当然,它在何种程度上塑造了特殊教育观念和行动,来自于它的合法性权威。

从伦理学看,特殊教育政策是一种正义和美德的伦理塑造。特殊教育政策反映了人们对残疾人关怀的制度正义,同时又反映了人们博爱、同情等高尚的利他主义美德的不足和有关资源的匮乏。因为,通过政策的强制形式来表现这种制度正义本身就表明了人的一种私利性。正如"囚徒困境"所揭示的那样,政策是出于抑制人们的机会主义才形成的合作产物。特殊教育政策同样是为减少私欲膨胀和增进合作所作出的理性行动选择。亦可以说,特殊教育政策是以制度正义而对人们关怀残疾人美德不足的一种补偿,或者说是对人类恶德的一种限制。在这个意义上,特殊教育政策就是为增进人们的合作信任、补偿人们的美德,从行动上建立的一种支架,用于限制强势者的私欲,抬升残疾人教育权益在竞争中的平等地位,而建立的稳定的、有序的、可预见的利益协调保障机制。

从政治学看,特殊教育政策主要是依靠政治权威构建特殊教育行动的过程。它按照政治逻辑和规则协调残疾人及其与健全人群体间的教育利益,是党和国家以政治意志对残疾人教育的期望、承诺和规划,表达了一种政权的统治过程和权力本质。众所周知,政策是"重要资源的结构化承诺"。② 由于残疾人在社会竞争中的弱势群体地位,特殊教育政策对资源和利益的分配调整,主要依赖执政

---

① 马克思恩格斯全集(第46卷上)[M].北京:人民出版社,1980.220.
② 科尔巴奇.政策[M].张毅、韩志明译.长春:吉林人民出版社,2005.100.

党和国家的强力权力组织形式及其话语规则保证着这种"结构化承诺"。在这种承诺中,它以政治权威规范执行机构的权力,也规范、引导人们在特殊教育活动中的观念、行为,以及他们之间的关系。在当今民主社会,特殊教育政策一直被作为反映人道主义精神、人权状况乃至整个社会文明进步的重要规范,以此体现政治民主文明进程,反映残疾人成长发展,衡量国家和执政党的政治价值。

从教育学看,特殊教育政策旨在协调、规范和引导人们的教育观念和行为。它构成着特殊教育活动中最关键的核心要素。可以说,特殊教育政策就是特殊教育活动的核心"软件程序",特殊教育活动中大部分教育行为和观念都离不开特殊教育政策的"程序设计",特殊教育政策与特殊教育有着高度一致性。甚至说,特殊教育本身就是一种政策性表达和规定,特殊教育政策就是特殊教育活动的一种国家意志的权威设计安排。从特殊教育政策与一般教育政策的关系看,一方面,相对于普通教育政策,特殊教育政策是对特殊教育资源、残疾人教育利益做出的一种专门性的安排,来确保残疾人获得公平的相适宜的满足特殊教育需要的教育。另一方面,特殊教育政策是对一般教育政策面向残疾人群体调整一般教育资源"无能"的一种补救或补偿性设计安排。这样,特殊教育政策实质上包含着对专门的特殊教育资源、利益的初次分配,也包含着对一般教育资源、利益的再分配。前者表达了特殊教育有着自身专业性,需要解决一般教育政策所不能提供的特殊需要的满足。譬如,康复训练设备及其专业人员、专门的教学设施和条件等。后者则表达了特殊教育作为整个教育体系的组成部分,需要解决一般教育政策所调整的资源、利益对残疾人分配的公平与合理问题。譬如,生均经费远高于普通学校的高标准拨付,等等。

从管理学看,特殊教育政策是我们从事特殊教育工作的一种行为规则或工具。一方面,它以工具的方式给我们一种规范、秩序、信任和目标,防止着教育观念、行为的机会主义行为和其他不可预见的行为。另一方面,特殊教育政策也是一种可共享、共识的意义理解的价值体系,让不同地区、不同组织、不同的人们在特殊教育活动中有着共同可依的特殊教育观念和实践规范的依据,有着共同的规划和稳定的价值理想预期,以及可广泛适用的组织和行为准则。

从社会学角度看,特殊教育政策机理,实质上是以残疾人和健全人不同利益群体的博弈关系为基础,依靠社会成员公共理性的契约约定,并委托公共权力部门合法化、权威化,而在健全人群体和残疾人群体之间建立起的一种教育利益和资源分配的协调机制;同时,也在残疾人群体教育领域建立起一种资源分配和调整的权威依据。从性质上看,特殊教育政策是一种发展型的政策,其核心在于通过影响残疾人的身心能力特别是心智能力,提高参与社会生活的能力,从根本上致力于消除或减少身心残疾障碍给残疾人成长发展和社会生活带来的制约。当今,特殊教育政策作为残疾人教育的最大公共品,它只能由政府供给,是残疾人增进人格尊严、自由和受教育权利的重要保障措施;对其他健全人群体而言,则是一种约束和限制,它以差别原则的道义论正义观,以权威意志划定了特殊教育这一特殊领域边界,防止对残疾人教育利益的侵犯。

另外,从经济学的角度看,公共政策本源于市场失灵或对效率的追求。特殊教育政策是对一般教育政策分配特殊教育资源的"失灵"的补救措施,或对提高特殊教育资源利用率及其效益的干预方案。它以限制其他人群自由竞争对残疾人教育利益的干涉,或规范残疾人之间教育利益分配,提高教育效益为主要机制,实现所有教育价值对残疾人的优化配置。一方面,特殊教育政策作为一般教育政策分配特殊教育资源的补救措施,划定了特殊教育利益分配领域及其边界。另一方面,特殊教育政策作为对教育投入和产出的理性控制过程,它通过协调资源分配,促进资源有效利用,提高特殊教育效益,尽可能减少人们从事教育活动的成本。另外,在特殊教育政策总体目标上,它是对人力资本培养的组织和规划,即通过一定的目标期望和过程控制,为提升劳动生产率,直接对提高残疾人专业技能和综合素质做出组织和规划;同时,也为间接释放其他人力资本的生产力做出贡献。

第二节 特殊教育政策的特性

特殊教育政策作为公共政策的一个组成部分,有着公共政策"强制性"、"公共性"等一般性的政策属性;同时,它又因为政策问题、政策目标、政策对象、政策主体等不同而具有自身的特点。具体说来,主要有以下突出特性。

一、突出的政治和正义特性

特殊教育政策首先就表达了国家和执政党对维护和增进残疾人教育权益的一种权威政治意志。在很大程度上,是政治权威构建了特殊教育政策行动,使得特殊教育政策过程呈现出鲜明的政治意蕴。

特殊教育政策与政治权威有着密切的关系。政治因素是特殊教育政策活动中的一个非常重要的考量。特殊教育政策作为国家和执政党在社会事业中安排残疾人教育、规范和引导人们特殊教育活动的观念与行动的一种方式方法,是奠定特殊教育存在和发展基础的建制工具。这种工具首先体现决策者政治权威意志,它以一种不同于一般教育的政策安排,担当一种表征社会文明进步、政治民主以及公平正义价值的传播和控制的工具作用。在这里,根据罗尔斯公平正义观的差别原则,特殊教育政策本身就是对残疾人教育的一种补偿公平的安排,以国家和执政党强力意志的再分配政策,来保障残疾人获得人生成长发展的起点公平,体现对残疾人及其价值的尊重。也就是说,特殊教育政策从来不是中立的方式和态度对事务的描述,而是国家和执政党按照一定政治立场和目的的价值阐释和行动。在我国,特殊教育及其政策安排历来被作为社会主义人道主义精神的体现。

从特殊教育现实实践和需要看,一方面,特殊教育政策涉及教育利益在残疾人弱势群体和健全人主流群体之间的分配调整。由于残疾人身心和社会两个方面的弱势,他们的教育利益可能面临健全人主流群体凭借自由平等分配原则的剥夺和侵占。为此,需要国家强力政治意志的再次分配,按照差别原则,设计安排特殊教育政策,来划定分配边界,实施专门保障。另一方面,特殊教育政策涉及教育、财政、卫生等不同的部门主体、不同专业知识,面临着跨专业知识边界、跨行业职能边界等障碍,导致组织协调难,政策执行效果受削弱等问题,特殊教育政策的稳定性和可预见性受到挑战。特别是在特殊教育政策决策和执行过程中,常常面临不同层级的政府以及跨行业的不同部门等利益纠葛,导致政策截留、政策缩减、政策变异等问题。通过国家和执政党的政治权威(或者地方政府权威)整合不同部门和专业工作者,建立稳定的、可预期的政策秩序,是特殊教育政策活动的一个必然选择。在这里,政治权威性直接关系到对特殊教育政策秩序建构的整合与稳定,同时也不可避免的内含着国家和执政党的政治意志。

从政治与政策的关系看,政策是权力主体进行政治活动的一种方式、过程和产物,一旦经政治过程形成政策,政策就要面向不同人群、部门、组织和公民,而不仅仅是政治家等权力主体。这就必然涉及利益关系调整和利益分配的价值判断。因此,政策是一个有价值判断的政治过程。特殊教育政策就是在政治过程中表达正当性的一种活动或结果。特殊教育政策所调整的不同人群和部门、组织之间的利益关系及其正当性,是判断特殊教育政策好坏的重要标准。现实中,由于特殊教育政策被作为一个政治过程,因此,特殊教育政策安排是体现一个国家和执政党正义性的重要窗口。在人类社会的长期历史中,以自由为价值崇尚,以竞争为创造、发现和控制财富的手段,来增进社会物质文明的同时,也不断造就着社会制度和社会阶层新变迁。其中,残疾人由于身心缺陷的弱势,很多时候被这种社会制度和社会分层变迁不断放大而造就为极度弱势的群体。对残疾人的政策安排常常牵动着人们的道德考量和政治判断,并以此来衡量人性和公平正义。特别是在人们的道德尚不足够完美,物质资源稀缺尚处于常态的社会里,抵制私欲之恶和机会主义的投机,建立强制性的制度和政策分配机制,推进残疾人社会公平,是反映一个国家和执政党正义与否的一个标志。以国家强制形式增进残疾人教育利益,以差别原则补偿残疾人教育公平或纠偏残疾人教育利益获得的不足,是当今许多国家和执政党对特殊教育的重要价值选择,反映了国家和执政党对社会公平正义的价值追求。因此,特殊教育的性质定位历来被作为关涉社会公平正义的人权事业,是政治意志下的社会正义问题。在当今文明社会,公平正义是特殊教育政策价值选择的一种普遍要求。

总体而言,特殊教育政策的政治功能就主要体现为为执政党和阶级服务的私利性,它关注特殊教育政策"由谁参与"决策以及"为谁而做"。争夺政策制定的权力、设定符合国家和执政党政治意志的政策目标,是特殊教育政策决策的首先考量。国家和执政党借此谋求政治利益,增进其合法性和凝聚社会力量;甚至说,这是一种以政治权力支配而实现政治权力合法性的再生产过程。对残疾人等目标群体而言,特殊教育政策就是"角逐现存秩序和声言参与权利的工具"[①]。与同情救济、道德仁爱对残疾人教育的支持不同,特殊教育政策是残疾人享有教育价值、体现他们尊严的权利应得,是国家和执政党的政治权威意志赋予的正义应得。特殊教育政策突出的政治功能特点决定了特殊教育政策很多时候是一种"官方"威权型决策。

当然,由于特殊教育政策决策的政治因素主导,可能导致政府以代理人的身份替代了其他参与者。在这里,政府的道德水准和政治理性、公共性,是被信赖的基础。然而,一方面,任何人和机构都是有理性局限的,由于受能力、知识、信息等因素的制约,特殊教育政策只能依赖于政府机构及其人员一定范围内的有限理性来决策;另一方面,依赖于政府机构及其人员道德自律的约束和对残疾人教育公共利益的忠诚是有缺陷的,因为政府机构及其组成的个人也是理性的经济人,且信息不对称,这极易造成"代理人机会主义"和寻租活动。特殊教育政策的决策民主性、价值正当性可能如同沙滩上的堡垒。

二、特殊教育政策与特殊教育的高度一致性

从特殊教育政策与特殊教育的关系看,特殊教育政策是特殊教育存在的内在需要。自从特殊教育制度化以来,特殊教育政策一直是特殊教育存在与发展的基础,也正是特殊教育政策使得特殊教育由个体和社会自发的道德良知维持,

---

① 科尔巴奇.政策[M].张毅、韩志明译.长春:吉林人民出版社,2005.3.

转向国家意志的制度理性与善政保障,从而也使得特殊教育具有在特殊教育政策中生成的特性。因为,特殊教育在特殊教育政策中存在与发展,自然深受特殊教育政策的深刻影响,特殊教育政策直接决定了特殊教育存在与发展样态。当前,世界各国特殊教育理念、实践基本上来自特殊教育政策的规定;反过来,特殊教育理念、实践也深刻影响着特殊教育政策制定。特殊教育与特殊教育政策有着高度一致性。甚至说,特殊教育就是一种以国家意志为主导的政策性设计安排。特殊教育基本上反映着特殊教育政策的要求,特殊教育政策也基本反映着特殊教育的属性、结构和特点。特殊教育政策的价值和工具特性必然导致特殊教育存在与发展及其要素同样要接受政策的规约,具有政策生成的特性。现实中,有什么样的特殊教育政策就会有什么样的特殊教育。如,80年代和90年代重视普及效率倾向的特殊教育政策自然使得特殊教育具有注重规模和数量扩张的粗放型存在与发展形态;新世纪以来注重公平的特殊教育政策自然使得特殊教育具有重视质量和公平为主要特征的人本主义和民生定位的特殊教育存在与发展形态。同理,对特殊教育中的师资队伍来说,前者的特殊教育政策使得师资队伍建设注重数量而忽视质量,后者的特殊教育政策使得师资队伍建设更加注重数量、结构和素质的统筹发展,甚至提出适应残疾人特殊需要培养具有复合型知识技能的特殊教育教师。当然,有什么样的特殊教育存在样态也将有什么样的特殊教育政策安排。展望未来以全纳教育为主要特征的特殊教育,其政策也必将以"特殊教育需要"颠覆现有的特殊教育政策及其制度设计。譬如,对残疾人特殊性先于普遍性、差异性先于统一性、多样性先于单一性、个体性先于群体性等价值秩序的选择,将重构特殊教育政策价值理念,真正走向人本主义的政策设计。

  特殊教育政策是适用于特殊教育领域中复杂活动的简单规则,也是对特殊教育活动最权威的规范和指导规则,它所规定的内容也都是特殊教育活动中的最核心、最重要的内容。特殊教育政策减少了我们了解特殊教育的复杂性,使得复杂的特殊教育认识和实践变得更易理解和把握。现实中,通过特殊教育政策来理解和认识特殊教育是一个重要窗口。由于特殊教育政策总是具有一定的稳定性,因此,它不但能简易、快捷地帮助人们了解特殊教育,而且还能让我们在复杂变化的特殊教育活动及其变革中深刻把握特殊教育背后的本质和规律。特殊教育政策与特殊教育的高度一致性,也是本书强调从特殊教育政策分析来认识和促进特殊教育发展的重要假设。

三、鲜明的价值理性特点

政策体现为工具理性行动的本质,追求实然的科学性、客观性,具有效率、实证、程序、方法、技术、可计算性等工具理性特征。这是一般公共政策的明显特点。对特殊教育政策而言,价值理性在特殊教育政策中起着至关重要的作用。特殊教育政策的价值理性相对其他公共政策,分外明显。这与我国特殊教育政策设计的传统和现实有关。

一是,从特殊教育政策本身构成看。由于我国特殊教育起步较晚,尚不被全社会所理解,甚至特殊教育工作者自身也存在意义不明、价值暗淡等困境;同时,特殊教育理念较混乱,教育技术手段较落后。因此,我国特殊教育政策很注重对政策意义和必要性的说明,力图通过宣传、解释,获取社会价值认同。如,从特殊教育政策文本意义构成看,可以分为价值理解、图式认知和行动工具三个维度。价值理解,即让人们获得对某特殊教育政策安排的意义理解,获得一个可以共享的价值基础或意义,明白"为什么"。图式认知,即让人们获得对该政策方案的解释性图式,知道"是什么"。行动工具,即让人们了解该政策实施的组织方法、技术等政策工具,知道"怎样做"。在这里,"价值理解"维度直接表达了价值意义的关涉。尽管它没有走出工具理性的方法论羁押,服务于政策对效率和效益的追求,但毕竟超越于单纯的手段和技术,在科学理性中注入了信念、意义等正当性、合理性的价值考量。

二是,从决策者对特殊教育政策的价值赋予看。特殊教育政策"不仅仅是一个独特的和明确的事物,而是一种对参与者而言标明其行动意义的方式。"[①]对特殊教育政策的理解、认同和实践就意味着用政策构建了一种特殊教育观念和行动的方式。其中,价值理性一直是特殊教育政策建构的精神动力和守护者。由于残疾人是身心和经济、社会地位等多方面的弱势群体,具有易受歧视等伤害和获得资源困难的现实特点。特殊教育政策十分重视对政策措施安排或工具选择的价值理性,使之尽可能以人为本关怀到残疾人的心理和意义世界。特殊教育在某种程度上就是对残疾人生命尊严与生活意义的一种赋予、看护和精神慰藉。[②] 特别是重视以公平正义的伦理和对残疾人生命尊重的价值观、对残疾人成功成长的教育信念,赋予特殊教育政策以合教育目的性、人道性和社会正义性。譬如,《残疾人教育条例》中规定,"残疾人教育机构的建设,应当适应残疾学

---

① 科尔巴奇.政策[M].张毅、韩志明译.长春:吉林人民出版社,2005.4.
② 王培峰.特殊教育哲学:本体论与价值论的研究[M].山东人民出版社,2012.167.

生学习、康复和生活的特点。普通学校应当根据实际情况,为残疾学生入学后的学习、生活提供便利和条件。"《中共中央国务院关于促进残疾人事业发展的意见》提出,"逐步解决重度肢体残疾、重度智力残疾、失明、失聪、脑瘫、孤独症等残疾儿童少年的教育问题。""各级各类学校在招生、入学等方面不得歧视残疾学生。"在这里,这些政策安排不只是简单地提出普及残疾人教育的工具措施,而且还在学习机构的条件、保障支持措施、多类型残疾人群以及招生学校的态度观点等方面,提出"应当适应残疾学生学习、康复和生活的特点"、"提供便利和条件"、"不得歧视"等补充性规定,赋予了政策工具以人性化的价值关怀。透过这些关怀,可以发现政策决策者的服务意识,不仅要求政策执行者要知道"做什么"、"怎么做",而且要知道"做到位"、"做得实"、"做得好",以此防止因残疾人群体的弱势而在政策执行中淡化政策落实效果、漠视残疾人实质的教育权益,导致特殊教育政策价值理性关怀旁落的风险。当今,特殊教育政策正是凭借以人为本、维护残疾人尊严、促进残疾人教育公平正义、改善残疾人民生的价值理性,奠定了自身的价值正当性;同时也奠定了政府自身在公共服务中的合法性。

可见,特殊教育政策具有很强的价值理性特点,也正是这一特点使特殊教育政策体现差别原则的正义。也就是说,它不但作为一个认识和意义的建构框架,从对特殊教育政策意义、目标、对象、措施的把握和理解,以及对特殊教育政策的解释、宣传和执行,建构着人们认识特殊教育和进行特殊教育行动的方式;而且特殊教育政策本身是一个正义价值的产物,以不同于一般普通教育政策的设计安排,补偿残疾人的教育公平,维护残疾人成长的根本价值,体现政府等决策者的政治正当性。从更深层次的哲学角度看,特殊教育政策就是人们从事特殊教育的一种价值认同的安顿。根据伽达默尔观点,"能被理解的存在就是语言"。[①] 政策本身是一个以语言为媒介建立起规则体系,以符号传递知识信息、达成理解,发挥协调、规范和指导功能。特殊教育政策的语言符号隐含着人们对特殊教育认识、发展期望及其行动规则要求,凝聚着人们对残疾人及其教育的知识理论、价值伦理、方式方法、习惯习俗。它以普适、概括的语言省略了那些复杂冗长的知识道理及复杂多样的活动规则,简化为一个简明的、可操作的符号体系。特殊教育政策的语言符号使人们获得了在特殊教育公共空间存在的共同性和共通性,唯在特殊教育政策符号中,每个不同的利益主体、决策主体及不同专业知识和职能部门的人员或组织,才可能以组织化、一致性的观念和行动与特殊教育政策目标相互联结起来,构成了有序的、有组织的特殊教育活动;而且在终极意义

---

① 伽达默尔:真理与方法[M].上海:上海译文出版社,2004.

上，特殊教育政策就是相关特殊教育工作的人们在特殊教育活动中的"家"。现实中，特殊教育政策不仅仅是作为工具被理解，给人们行动规范和行为选择框架；更重要的是作为一个以语言为媒介的意义结构，构成了人们在特殊教育公共空间存在和活动的方式，特别是对职业劳动的特殊教育工作者，能在终极意义上给人一种工作观念和意义上的安顿，即凭借特殊教育政策来理解自己职业劳动的观念行为，并依靠特殊教育政策来解释自己的职业劳动及其意义。

在这里需强调的是，不存在唯一正确的政策，只有不同的价值理性选择。决策者的价值选择位于特殊教育政策制定的程序顶端。它既是人们之所以谋求特殊教育政策的发端，也是整合各种政策手段技术的基础。首先，特殊教育政策本身就是决策者基于一定价值共识或选择而形成的一种组织化行动工具。它是按照一定价值而采取的一种技术方案和技术理性的实践过程，是人们在特定时代按照一定价值选择所确立的基本行动框架。譬如，对残疾人教育公平和效率的价值选择是受到时代的政治、经济文化和体制影响的，在不同时代有着不同的倾向，反映着政策决策者不同倾向的价值偏好，以及时代的某种局限性。其次，特殊教育政策是规范和引领人们特殊教育活动观念和行动所构思设计的规则和框架，内含着人们对特殊教育活动的理想、信念和价值立场，反映着人们对特殊教育活动的理解。譬如，对残疾人教育的目标、方法和措施等表达着人们对特殊教育及其教育活动中各种关系的一种组织化、权威化的理解。不同的决策者以及不同的特殊教育工作者、不同的残疾人群体、不同的特殊教育理念、不同的公民社会背景等，会有不同的特殊教育政策观念及其行动。也就是说，特殊教育政策的价值理性是受不同时代条件所限制的。基于不同的时代背景和决策需要，对残疾人教育利益的分配调整，或者教育问题的解决，或者教育理想的谋划，都具有一定的历史合理性或某种目的正当性价值。

第三节　特殊教育政策过程

特殊教育政策是一个复杂的过程，它不仅涉及政策决策、政策执行、政策评估、政策终结，还要涉及政策方案及其技术评估，还要保证价值因素、政治因素等符合决策者的需要。其中，特殊教育政策决策主体及其作用机制以及特殊教育政策议程和制定是考察特殊教育政策过程的重点。本节即借鉴公共政策相关理论对上述两个方面，予以重点阐释。

一、特殊教育政策过程概述

从政策过程来看，特殊教育政策系统还是一个由政策主体、政策客体及其与政策环境的相互联系和相互作用构成的动态运行过程。① 对于政策过程，专家们有不同的划分。譬如，拉斯韦尔在《决策过程》中划分为情报、建议、规定、行驶、应用、终结、评价七个阶段。后来，他的学生布鲁尔又划分为创议、估计、选择、执行、评估、终结六个阶段。安德森在《公共决策》中划分为问题形成、政策方案制定、政策方案通过、政策实施、政策评价五个阶段。20世纪80年代，经典的公共政策学者们关注政策议程、政策执行、政策评估和政策终结。② 科尔巴奇在《政策》中认为，政策过程包括：确定问题、提出解决方法和对策、对提出的方法进行评价、决策、修改、评估结果。③ 在我国，以陈振明为主的学者们普遍认为，公共政策过程从对问题的确认开始，到进入政策议程，优选出方案并将其合法化，之后由执行机构实行方案，最后对其评估并对方案进行终结。

本书借鉴上述观点，结合特殊教育政策活动的特点认为，特殊教育政策过程主要包括政策决策、政策执行、政策评估、政策终结四个环节。其中，特殊教育政策决策是指特殊教育的问题或教育目标等被公共权力部门纳入政策议程，形成政策方案，并最终被公共权力部门合法化、权威化的过程，它主要包括特殊教育政策议程和特殊教育政策制定两个主要环节。政策执行是政策执行者（主要行政机构）运用行政、政治、技术、经济、法律等多样化的各种政策资源，采取解释、宣传、实验、实施、协调与检测等各种行动，将政策符号和观念转化为实际行动和效果而实现政策目标的过程。④ 政策评估是指依据一定的标准、程序和方法，对政策的效率、效益和价值进行判断的行为和过程，它的目的在于获取政策实行的相关信息，以作为政策维持、调整、改进、终结或制定新政策的依据。⑤ 政策终结，是指决策者通过慎重的政策评估之后，采取必要措施，终止那些过时、多余、无效或失败的政策的一种政策行为。⑥ 特殊教育政策的这些过程与公共政策基本一致，诸多公共政策学教材或著作中已有详细的阐述。本书基于笔者的研究兴趣和对特殊教育政策决策重要性的体认，意在借鉴公共政策相关理论对特殊教育政策决策，特别是对决策主体

---

① 陈振明.公共政策学：政策分析的理论、方法和技术[M].北京：中国人民大学出版社，2004.8.
② 陈振明.公共政策学：政策分析的理论、方法和技术[M].北京：中国人民大学出版社，2004.10-11.
③ 科尔巴奇.政策[M].张毅、韩志明译.长春：吉林人民出版社，2005.146.
④ 陈振明.公共政策学：政策分析的理论、方法和技术[M].北京：中国人民大学出版社，2004.245.
⑤ 陈振明.公共政策学：政策分析的理论、方法和技术[M].北京：中国人民大学出版社，2004.283.
⑥ 陈振明.公共政策学：政策分析的理论、方法和技术[M].北京：中国人民大学出版社，2004.327.

及其作用机制以及特殊教育政策议程,予以重点阐释。

(一)特殊教育政策议程的内涵

特殊教育政策议程,是指特殊教育被决策者纳入政策创议的过程。它关注的核心是:特殊教育存在的问题是如何成为政策问题的、由谁变成政策问题的,或者特殊教育政策目标是如何被作为政策议题得以组织化进入政策创议过程的。

特殊教育创议最简单的是政府等决策权威者以政治权力关注残疾人教育(即政治源流),或者决策者贯彻落实执政党和国家有关特殊教育的顶层设计(即政策源流),而使得特殊教育政策议题直接进入政策议程。权威构建了行动。这两者,显著体现了政府等决策者是特殊教育政策创议、决策的绝对主体,特别是其中的领导精英们的意志。甚至说,特殊教育政策就是政府的人格化、权威化的反映。此即威权型决策。然而,特殊教育政策创议并不总是这样的,特别是当前随着公民社会公共理性的崛起和政府公共治理的转变,从特殊教育问题界定到被确认为特殊教育政策问题(问题源流),再进入到特殊教育政策议程,已开始成为特殊教育创议的一个明显趋势,特殊教育政策表现出一种民主化的公共治理型决策倾向。也就是说,政策议程不是中立发生的,而是通过诸多参与者"社会性建构"的。很多时候,它不是简单的政府选择,而是不同主体及其利益和价值交互作用、博弈的结果。此即公共治理型决策。

对特殊教育政策议程而言,谁参与了特殊教育政策议程非常重要。参与特殊教育政策议程主体的地位权威、知识领域、职业角色、道德立场等都直接影响到特殊教育政策议程和决策的结果。一般说来,特殊教育政策议程的成员包括政府及其不同部门(教育、卫生、发改等部门)、学校、医院、学术机构及其他专业组织,以及残疾人和其他公民,等等。由于他们在特殊教育政策活动中的地位、身份和功能作用等是不一样的,他们持有的立场和知识、价值、态度等也不是相同的,使得他们在特殊教育政策创议、决策、咨询和执行每个环节,发挥着相互不可替代的不同作用。同时,他们彼此相互联系和参与的方式,也决定着特殊教育政策的性质。当他们以一种公共理性共同参与特殊教育政策议程,就可能形成民主的、有良好公共认同基础的特殊教育政策。由此可以说,有什么样的政策参与者及其参与方式,就会有什么样的特殊教育政策。譬如,在特殊教育政策创议过程中,来自学校的参与者可能会把教育中的课程教学等教育问题变成特殊教育政策问题,进入权威政策决策者的视野中而成为政策议程,这就有利于形成特殊教育的教育教学政策。来自法律部门的参与者可能会把残疾人教育权利保障的问题变成政策问题,进入权威政策决策者的视野中而成为政策议程,这就有利于形成特殊教育的保障政策。这表明,特殊教育政策议程其实是一个结构化的不同主体交互作用的产物和过程,而不仅仅是政府等权威的意志。那种认为政策就是"凡是政府选择去做或者不去做的事情"[①]难以完全成立。即使是政府的选择,政府也不再是唯一的政策创议主体。特别是在当今民主社会,政府权威已经被社会组织、学术机构、网络等分散,特殊教育政策走向更平面化的活动过程。当然,最终,特殊教育政策决策形成还是来自政府公共权力部门,这是不容置疑的。任何特殊教育政策问题或创议只有经过政府的决定,才可能成为政策。

(二)特殊教育政策制定的内涵

特殊教育政策制定,是指特殊教育政策议题以组织化方式进入政治议程后,形成政策规划并被合法化的过程。这一阶段主要包括政策方案规划和政策合法化两个阶段。它不仅涉及政策方案及其技术,还要保证价值和政治等因素摄入符合决策者的需要。一般说来,特殊教育政策制定主要由"官方"和"非官方"两类组织或人员共同完成。其中,"非官方"主要是在专业知识技术上提供决策支持,而"官方"是决策的最终裁定者,且这种裁定只能取决于"官方","官方"是最终决策的责任主体。前者是一个政策的技术过程,它以专业知识为主,由"官方"和"非官方"的决策共同体对特殊教育问题或要实现的目标任务,拟定相应的解决措施和方案,并通过对不同方案的比较选择和方案后果预测,从中优选方案,确定抉择方案。后者是一个被公共权力部门合法化、权威化的过程,它以权力权威为手段和方式,由公共权力部门在专家审议、表决和征求公众意见的基础上,并经过法制工作机构的审查、领导决策会议讨论、行政首长签署,最终发布政策。

在这里,政策目标是政策方案设计的基础依据。政策是对目标的追求,政策措施和方案的选择构造都是对目标的行动阐释。它作为一种假设,具有整合政策活动、促进政策活动组织化、稳定化的作用;同时,政策目标又是决策者的价值选择的结果,具有很大的主观性。对方案的价值情况、效果情况、风险情况和可行性情况进行评估是衡量和确定政策方案的重要标准。价值评估主要涉及对残疾人教育公平正义的价值正当性,它与决策者的主观需要和目的相关,是确立特殊教育政策正当合理性的根本;另外,对效率的注重也是价值追求的一个重要维度。效果评估与目标实现或问题解决相关,主要涉及政策可能产生的效益、效能和效率,一般它与成本和风险相比较来确定。特殊教育是投入大、直接的经济效益比较低的社会民生事业。特殊教育政策效果一般不用成本-收益的经济计算

[①] 科尔巴奇.政策[M].张毅、韩志明译.长春:吉林人民出版社,2005.52.

来衡量,而注重社会效益以及政策效能的比较。风险评估主要是关于政策消极结果对目标群体、其他公民、政府、特殊教育事业可能产生的损害等风险的衡量和预测,一般它与对政策产生的效益总量相比较而确定。可行性评估主要涉及政治可行性、经济可行性和技术可行性、行政可行性,这是最基本的要求。技术可行是指有效性或效能情况,即方案和措施能在多大程度上实现目标。经济可行性主要指成本-收益的情况,即它能获得经济资源和取得的效益。政治可行性主要指可利用的政治和制度资源情况以及合法性情况。行政可行性主要指有关行政执行者的权威、制度承诺、人员能力、目标群体的支持等情况。[①]

二、特殊教育政策决策主体及其作用机制

特殊教育政策决策是决策主体的交互作用过程,它依赖于决策主体的权威、专业知识对政策问题或目标的价值理性与工具理性选择。然而,根据西蒙的"有限理性"决策观,主体的理性都是有限的,决策主体的价值偏好和能力都影响着决策。同时,政策问题及其目标也不都是客观的,而可能是主体主观的产物。这样,由于政策问题和目标不清晰,决策主体价值选择的冲突,决策不可能是一个完全理性的过程。这带来的启示是,特殊教育政策决策要从外在的关注转向对决策主体自身的内在关注。

(一)特殊教育政策决策的两大主体群

决策主体是指在政策制定过程中,有权力决定什么纳入政策议程、贯彻什么样的价值和意志、制定什么样的政策的组织或个人。一般说来,有"官方"和"非官方"两类组织或个人。"官方"是指在政治体制内行使公共权力者,主要有国家立法机构、行政机构、执政党、政治家和官员。"非官方"是指在政治体制外不直接行使公共权力者,主要有利益团体、公民、传媒及其他民间组织。前者可简称为政府行为决策主体或体制内决策主体,具有权威性和指导性,处于领导地位。后者可简称为社会行为决策主体或体制外决策主体,这类主体一般处于从属地位(有时处于主导地位),他们不拥有合法的权力,不拥有强制性的政策决策身份。

从特殊教育政策决策的政府行为主体和社会行为主体看,政府行为决策主体居于法律规定的法权地位,享有公共权力与职能。它必须依法决策,"法定职

---

① 陈振明.公共政策学:政策分析的理论、方法和技术[M].北京:中国人民大学出版社,2004.206-213.

责必须为,法无授权不可为",①且决策要接受法制工作机构的合法性审查。需指出的是,执政党在国家政治生活中具有利益整合的功能。我国宪法规定共产党在国家政治经济生活中处于领导地位,因此,它是正式的国家公共法权主体。残疾人联合会等半官方组织,由于它们的特殊地位,有正式的官员官位与职能,因此,它们也是"准政府行为决策主体",本书把它们也作为政府决策主体之一。通过我国特殊教育政策制定来看,他们也确实是被作为政府行为决策主体来对待。社会行为决策主体可参与特殊教育政策的制定,但他们不拥有合法的权力。其中,残疾人联合会作为残疾人利益团体在不同程度上代表着残疾人群体的利益,也发挥着重要的社会行为决策主体作用。特殊教育学会也通过参与政策决策,来表达他们所代表的群体要求。大众传媒作为信息载体的大众媒介工具具有重要功能,他们或以外压模式对政府的特殊教育政策决策发挥着重要影响作用,也是重要的社会行为决策主体。另外,特殊教育科研机构、教学机构中的专家、教师、校长是新时期涌现出的重要特殊教育政策决策参与主体,他们或以智库内参的形式,或以某种利益代表的形式,或以精英直接上书谏言的形式,或以参与招标课题或委托课题等不同方式,用自身专业知识和专业威望,提供智力支持,参与特殊教育政策决策。譬如,2014年教育部分别委托北京师范大学和南京特殊教育师范学院制定《特殊教育教师专业标准》,让高校专家提供自身专业知识智力支持,参与政策决策。

从特殊教育政策政府行为决策主体的权威类型和层级看,特殊教育政策决策有两个权威层级的决策主体(如图1-3-1)。第一层级是中央层面权威决策主体。全国人民代表大会、中共中央、国务院可以简单的归类为最高层级的决策主体,发挥着最权威的决策作用。其中,全国人民代表大会是最高国家权力机关,行使国家立法权,具有至上的决策权威。中共中央即中国共产党中央委员会(简称中共中央)是中国共产党全国代表大会产生的中共核心权力机构。国务院是最高国家权力机关的执行机关,是最高国家行政机关。一般说来,全国人大通过的法律是最高的决策依据,任何决策都不能与法律相违背;中央领导决策层决定重大问题、确立解决优先顺序和原则;国务院决策层具体负责制订具体方案,落实中央精神与目标。特殊教育的重大战略性政策,如《中华人民共和国残疾人保障法》、《中共中央国务院关于促进残疾人事业发展的意见》、《中共中央关于教育体制改革的决定》、《残疾人教育条例》等就是分别由全国人大、中共中央、国务院制定。另外,在中央层面的决策主体中还有较低层级的主体,如教育部、卫生

---

① 习近平.加快建设社会主义法治国家[J].求是,2015,(1):3.

部、发改委、人力资源和社会保障部、财政部等。它们受最高层级的决策主体的领导,并结合实际情况为落实最高层级决策主体的战略部署和有关精神而进行决策安排,特殊教育的许多政策就是由这类主体决策。如教育部、发展改革委、民政部、财政部、人力资源社会保障部为决策主体的《关于进一步加快特殊教育事业发展的意见》,教育部、中央编办、国家发展改革委、财政部、人力资源社会保障部为决策主体的《关于加强特殊教育教师队伍建设的意见》,教育部、国家计委、民政部、财政部、人事部、劳动保障部、卫生部、税务总局、中国残联为决策主体的《关于"十五"期间进一步推进特殊教育改革和发展的意见》等。第二层级是地方层面的权威决策主体。他们贯彻落实中央层面的决策或根据本地需要制定适应的特殊教育政策,在职能结构上与中央层级相似。如,上海市教委根据教育部《关于"十五"期间进一步推进特殊教育改革和发展的意见》制定《上海市残疾人事业"十五"计划》、《上海市特殊教育"十五"规划》;上海市教委、市发展改革委、市民政局、市财政局、市人力资源社会保障局、市卫生局、市编办、市残联制定《上海市特殊教育三年行动计划(2009—2011年)》;上海市教委为提高上海市特殊教育师资水平,切实提升特殊教育学校教师的教育教学能力,促进教师的专业发展,制定《上海市教委制定特殊教育专业岗位培训制度》,等等。

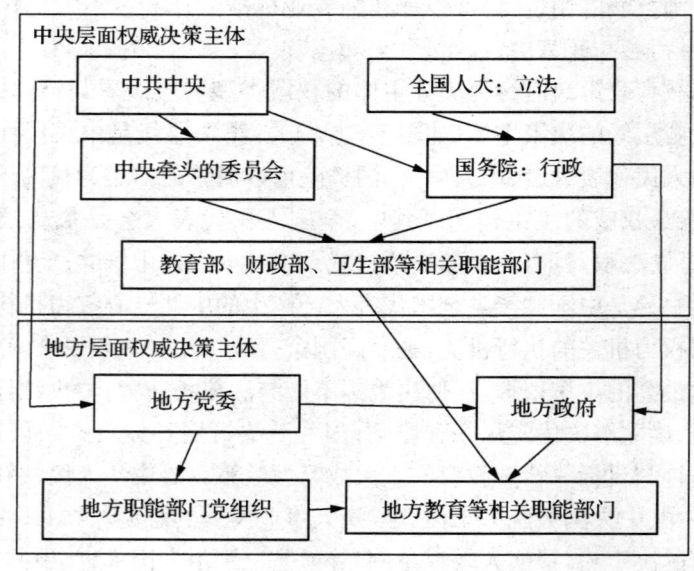

图 1-3-1 中央和地方分层决策机制

(二) 特殊教育政策决策主体的作用机制

科尔巴奇将政府行为决策主体和社会行为决策主体的关系描述为垂直和水平两个维度(如图1-3-2)。从垂直维度看,特殊教育政策是一种威权型决策。特殊教育政策过程就是权威者的统治过程。它以权威的机制,对水平维度的参与者起到规范、指引和合法化的作用。其他政策参与者就是实现政策目标的工具,服从于决策者。从水平维度看,特殊教育政策又是一种民主化的公共治理型决策。特殊教育政策不只是决策者自上而下的过程,而且是与其他人或组织合作的过程,是一个不同参与者对政策权威的世俗化过程。它因参与者的广泛参与而获得公共基础和民主效力,有利于不同参与者的利益诉求表达,促进了政策的平面化。特别是当前随着公民对政治决策公共参与的加深和拓展,从水平维度反映和表达残疾人教育利益诉求已成为影响特殊教育政策决策的重要力量。在这里,特殊教育政策参与者包括没有组织化的普通公民、残疾人利益群体、社团组织、大众传媒等,也许很多参与者并没有明确的或直接的利益期望和价值目标,对特殊教育政策问题的理解也没有达成什么共识,甚至也不追求达成一致,但他们都以不同的身份角色,以政策批评、政策关注、政策建议等不同方式,参与到特殊教育政策活动,影响到特殊教育政策走向。这些政策参与者在公共权力部门决策组织系统之外构成了一个松散的决策结构体,扯平和延展着传统威权型特殊教育政策决策,而走向平面化的民主化的公共治理型决策结构。

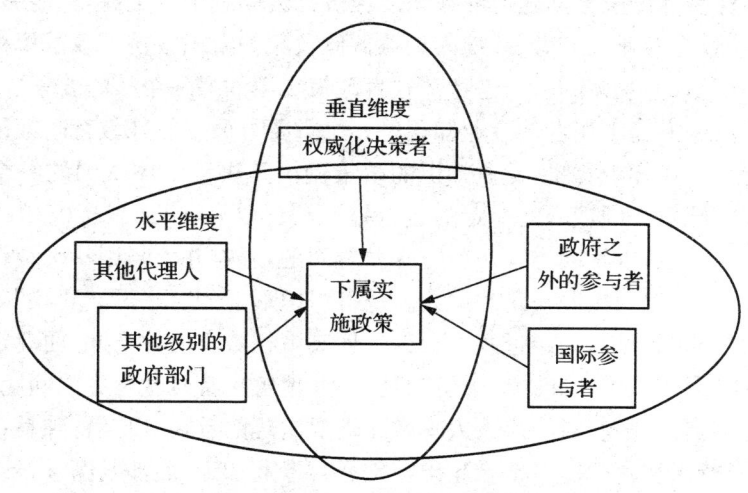

图1-3-2 决策的垂直维度和水平维度①

---

① 科尔巴奇.政策[M].张毅、韩志明译.长春:吉林人民出版社,2005.32.

当然，垂直维度和水平维度的决策主体作用存在着结构上的紧张。垂直维度存在于政府权威的等级制度之中，它在提供了权威的同时，也可能带来官僚制而淹没民主。水平维度存在不同部门、组织和不同利益诉求的公民等广大参与者之中，它奠定了政策权威合法性基础，但也可能扯平和削弱着政策权威。在垂直维度，政策目标是明确的，通向目标的活动是确定的；而在水平维度，由于政策参与者的博弈及其博弈动机、价值取向、效力等的差异，导致政策目标偏离、政策过程及结果模糊、不确定。

通过上述两大决策主体群的关系来看，清楚的界定特殊教育政策的决策过程和机制是比较困难的。一般说来，特殊教育政策决策是政府行为主体和社会行为主体的一个交互作用的过程。一方面，政府行为主体使得决策变得集权专制和简单，需要社会行为主体的专业知识和公共参与，奠定民主性和专业性；另一方面，社会行为主体的专业知识和公共参与，使得政策决策变得民主和复杂，需要政府行为主体的权威身份整合专业知识及其他意见，并奠定权威性和合法性。

政府行为主体权威是特殊教育政策决策的核心要素，它以权力身份的特点，在特殊教育政策决策博弈过程中对共同体的决策规则、信息加工和专业知识运用起到十分重要的作用。"权威构建了行动，从而使一些人的政策参与过程变得容易，也是另一些人变得困难。"[1]在我国，正是政府行为主体的政治权威，使得残疾人弱势群体的教育问题能够在诸多经济社会问题中被关注，且能够把"少数者"的特殊教育专业工作者、残疾人利益群体及相关组织吸纳到政策议程中。另一方面，社会行为主体的参与是特殊教育政策决策的另一个核心要素。其中，特殊教育领域的专业工作者的专业知识是一个重要方面。特殊教育政策创议都隐含着一定的专业知识背景，专业知识的政策创议是决策主体认同的一个重要途径。它以特殊教育领域内的一定问题、目标及其问题解决或目标实现的专业知识为背景和手段，以不同方式对待特殊教育问题，影响并参与到特殊教育政策问题的议程。如，他们按照一定的原则、方法，组织形成的"报告"、"建议"等专业知识及其他"公共意见"，一经过政府行为主体决策权威合法化认同，便奠定了特殊教育政策的重要基础，同时，也为有效地、专业地解决特殊教育中的问题，提供了理性支持。当前，随着对残疾人人本教育需要满足的重视，以及特殊教育学科知识的拓展，特殊教育问题常常会超出特殊教育专业知识，而涉及医学、社会学、政治学等广泛的、多样的、多种结构的专业知识。这些知识对特殊教育政策决策的

---

[1] 赵德余. 政策制定的逻辑：经验与解释[M]. 上海：上海人民出版社，2010. 24.

参与,以及政府决策主体对这些知识的整合,鲜明凸显了专业知识和政府权威在决策过程中的作用。

当然,两个主体群的知识特征和所属的价值立场不同,他们在政策制定过程中的作用不是线性的,而是交互发挥作用的集体理性过程(如图1-3-3)。特殊教育专业工作者的专业知识一般不具备权威性、不太关注政治和现实需要、不重视应用性(理论偏好)、不重视跨学科的综合性,也就难以进入政府行为主体的决策议题,除非政府面临利益集团的外在压力,才能作为政府决策合法化的辩护依据。一般说来,专业知识影响决策主要表现为三种形式:工具性应用、概念性应用和象征性应用。[①] 也就是说,特殊教育专业工作者的专业知识或者可能被决策者直接采纳,发挥工具性应用的作用;或者可能是通过观念意识的形式影响决策者的认识和信念,间接发挥概念性应用作用;抑或可能作为抨击时弊的武器,为自己的主张辩护,从而影响决策。但是,政府行为主体不是"空心"的,而是有着自己的"工作知识"和价值与认知偏好的。他们关注政策环境,重视政治和现实问题,偏好综合知识、应用和实践,他们有着权威性和宏观统筹把握政治资源、行政资源和经济资源等可行性的独特优势。这样,专业工作者的专业知识对他们的影响是有选择性的、建构性。通过我国现实看,特殊教育专业工作者的知识影响决策的三种形式不是单一的过程,而是综合发挥作用的。譬如,2001年《关于"十五"期间进一步推进特殊教育改革和发展的意见》和2008年《关于进一步加快特殊教育事业发展的意见》关于"支持中西部地区特殊教育学校建设"的政策设计;2014年《特殊教育提升计划》中"全面推进全纳教育,使每一个残疾孩子都能接受合适的教育"以及关于"建设孤独症儿童少年特殊教育学校(部)"的政策设计,主要是通过特殊教育专业工作者精英以知识的概念性应用为主而对决策发挥影响作用的。《关于开展残疾儿童少年随班就读工作的试行办法》、《特殊教育提升计划》中"设立特殊教育资源教室(中心)"、"提供个别化教育和康复训练"、"送教上门"、"医教结合"政策设计,则主要是以有关实践产生的知识工具性应用为主而对决策发挥作用的。而象征性应用对特殊教育决策的影响不多见,如诸多特殊教育学者们反复建议出台《特殊教育法》一直没有得到决策重视。可见,特殊教育专业知识的应用是一个意义重建的过程。政府行为主体决策者要根据自身价值选择和"工作知识",对专业知识进行重新的意义建构。任何专业知识或者权威其实都是以"意义建构"的形式共同发挥着影响决策的作用。也

---

① 转自孟照海.教育科研成果如何转化为教育决策:以美国《国家处于危机之中》报告为例[J].教育发展研究,2015,(9):7.

就是说，特殊教育政策是两个决策主体群交互作用的产物，是他们的知识与权力的合谋，具有他们人格化的特征。

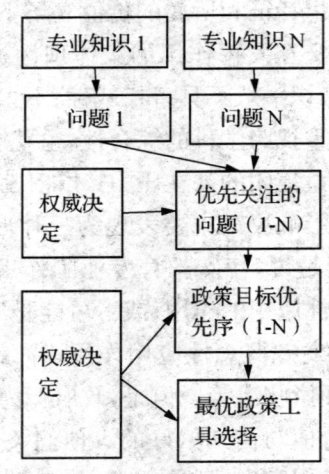

图1-3-3　权威与专业知识的作用机制

根据上述分析，特殊教育专业知识影响特殊教育政策决策，要注意结合政府行为决策主体的工作知识和价值偏好做出相应的处理：一是应当注重以可证实的数据为支撑，吸引政府决策者关注；二是重视可应用的建设性建议，为决策奠定具体问题解决的行动措施或框架；三是重视结合政治和现实问题需要，为决策打开政策之窗；四是重视从行政资源、政治资源、经济资源的可行性方面，为政策决策增强实用的理性化特征；五是重视知识的"公共性"对决策者的意义建构作用，特别是重视通过大众媒体、公共舆论作用，影响政府决策。

三、特殊教育政策议程的源流与模式

从特殊教育政策议程的形成过程来看，特殊教育政策被政策创议的原因是什么，以及如何被设置的，这是人们关注的一个核心问题。借鉴公共政策的相关理论，当前，特殊教育政策议程主要有四大源流和四大模式。

（一）特殊教育政策议程的四大源流

多源流理论是由美国学者John W. Kingdon提出的一种分析政策制定的方法。他认为现实政策过程是模糊性和复杂性的。政府的公共政策议程从其源流上看，不是单一的和直线的，而应该是问题源流、政策源流和政治源流多种源

流并存。当多种源流相互交汇、相互影响之时,现实问题往往会被提上议事日程。① 根据多源流政策创议理论,政治源流、政策源流与问题源流是政策创议的三个主要因素,这三大源流交叠共同打开政策之窗。通过我国特殊教育政策制定看,除了这三大源流外,法律源流也是一个重要源流。这四大源流及其交汇同样是特殊教育政策创议的主要因素。

首先,政治源流是特殊教育政策议程创议的第一大因素。残疾人是社会弱势的少数者群体,在政策问题形成的公共机制上,残疾人教育问题很难成为政策问题而被组织化为政策议程,特别是在其他社会问题频发、普通教育问题严重的情况下;即使它成为政策议题也可能在组织化的过程中被其他更广泛意义的议题替代或边缘化。事实中,残疾人教育的政策创议多是通过法律和人权的政治视角,被予以组织化认可而进入政策议程。特殊教育本源于人性解放、人权崛起,具有体现残疾人的尊严、保障其平等权利的政治蕴涵。② 特殊教育政策作为对残疾人受教育利益保障和调整的规范,首先就表达了国家和执政党对维护和增进残疾人教育权益的一种权威政治意志。特殊教育就是体现社会公平正义、检验政治合法性的一面镜子。运用政治手段、政治观念,以政治活动的权威方式创议和制定特殊教育政策是特殊教育政策最有权威价值的地方,以政府的公共权力发挥对特殊教育及其政策的影响是特殊教育政策政治源流的神奇魅力。政治源流创议体现了执政党和国家的意志。政策实质上是一个政治过程的本质,政治是整个社会对价值所做的权威性分配。③ 当然,政治源流创议特殊教育政策议程是由执政党的执政理念、性质及其对残疾人群体的社会治理思想决定的。中国共产党的宗旨是全心全意为人民服务,秉持立党为公、执政为民的执政理念。特别是十七大、十八大以来,在党领导下,我国政府突出了提供社会公共服务的职能,特殊教育被作为保障残疾人民生、促进社会公平的工具越来越放置到社会建设的重要位置,以政治源流为主导地位的特殊教育政策议程分为明显。许多以中共中央国务院为最高决策主体颁布的特殊教育政策就鲜明体现了这一点。譬如,《中共中央国务院关于促进残疾人事业发展的意见》就是基于政治源流的创议,即"关心残疾人,是社会文明进步的重要标志。残疾人事业是中国特色社会主义事业的重要组成部分。为贯彻落实党的十七大精神,进一步促进残疾人事业发展。"

---

① 容志.基层共决策的多源流分析[A].顾丽梅主编.公共政策与政府公共治理[C].上海:上海人民出版社,2006.115.
② 王培峰.西方特殊教育内涵的历史分析[J].现代教育科学(高教版),2011(3):15.
③ 陈振明.公共政策学:政策分析的理论、方法和技术[M].北京:中国人民大学出版社,2004.63.

其次，政策源流是特殊教育政策议程创议的第二大因素。这体现了下级政府组织对上级的方针、政策的贯彻执行，它是由下级政府组织受上级政府领导的权力体制决定的。从政策创议制定的理性角度看，这种议程是刚性的自上而下的权力关系，基本没有阻力。在国家层面的特殊教育政策中，主要体现在以国务院各部委为决策主体的特殊教育政策，它主要是对中央和国务院顶层设计的贯彻落实。如，教育部、发展改革委、民政部、财政部、人力资源社会保障部、卫生计生委、中国残联为决策主体的《特殊教育提升计划（2014—2016年）》是为深入实施《国家中长期教育改革和发展规划纲要（2010—2020年）》的部署。教育部、中央编办、国家发展改革委、财政部、人力资源社会保障部《关于加强特殊教育教师队伍建设的意见》是为落实《国家中长期教育改革和发展规划纲要（2010—2020年）》和《国务院关于加强教师队伍建设的意见》的政策创议。

再次，问题源流与政治源流、政策源流交叠是特殊教育政策议程创议的普遍做法。与政治源流、政策源流不同，问题源流往往处于从属地位，它主要表达特殊教育实践的各种困境，体现的是以经验为基础、以问题理性为核心的问题解决模式特点。其中，问题的公共关注认同度、问题的影响深度和广度是决定问题是否进入政治过程并与政治源流、政策源流交汇而创议的重要因素。也就是说，这种基于问题的政策议程起始于问题源流，决定于政治源流，问题的公共广度和深度直接关系到政策之窗的打开。相对于政治源流和政策源流，问题源流的政策议程更为艰难、复杂。这不仅是因为问题界定的困难，还在于问题源流的从属地位及其引发关注和解决方案论证选择的困难。首先，问题界定是政策创议的一个起点。问题不都是客观事实，也可能是主体需要和价值判断的主观构造，且对特殊教育而言很多问题本身是相互联系、相互转化的动态生成之物。因此，对特殊教育问题的界定难以靠理性或直觉来准确把握，即使面对同一特殊教育困境，不同的主体会从不同的立场、不同的需要和价值判断出发构造出不同类型和性质的问题。很多时候，政策的失败不是为正确的问题提供了错误的解决办法，而是解决了错误的问题。其次，问题可以来自不同主体（如大众、专业团体等），但是问题变成政策问题进入议程，最终需要权威的认定。无论是多么专业的、公共的问题，不经过公共权力部门的认同，或者说不与问题同时所在的政治环境和政策环境交叠，很难成为政策问题。譬如，1994年教育部为决策主体的《关于开展残疾儿童少年随班就读工作的试行办法》，先是经过了民间力量若干年的实践，又经过了十多年漫长的实验，终于在1994年和推广普及残疾儿童少年义务教育的政治环境、政策要求共同打开了"政策之窗",残疾儿童少年随班就读政策得以创议。在《关于开展残疾儿童少年随班就读工作的试行办法》文本中首先就点明了"开展残疾儿童少年随班就读工作,是发展和普及我国残疾儿童少年义务教育的一个主要办学形式,是建立适合我国国情的残疾儿童少年义务教育新格局的需要"的问题源流。又如,《特殊教育提升计划(2014—2016年)》既有政策源流,也有问题源流。问题源流即"为加快推进特殊教育发展,大力提升特殊教育水平,切实保障残疾人受教育权利"。政治源流即"贯彻落实党的十八大和十八届二中、三中全会精神"这一政治要求。

最后,法律源流与问题源流、政治源流、政策源流交叠也是打开特殊教育政策之窗的一个普遍做法。改革开放以来,依法治国理念彻底改变了个人意志在国家治理中的弊端(特别是"文化大革命"的沉痛教训),成为党领导人民治理国家的基本方略。特别是十八届四中全会提出依法治国的治国理政思路,成为实现国家治理体系和治理能力现代化的必然要求,成为党领导人民治理国家的基本取向。特殊教育政策的任何决策主体都必须在宪法和法律范围内活动。在国家层面的特殊教育政策中,国务院各部委为决策主体的特殊教育政策都鲜明体现了这一点。当然,法律源流同样也是与政治源流、政策源流、问题源流交汇发挥影响的。譬如,《关于开展残疾儿童少年随班就读工作的试行办法》在问题源流的基础上,同时它也点明了深入贯彻执行《中华人民共和国义务教育法》和《中华人民共和国残疾人保障法》的法律源流。教育部、发展改革委、民政部、财政部人力资源社会保障部、卫生部、中央编办、中国残联为决策主体的《关于进一步加快特殊教育事业发展的意见》既有基于"为贯彻党的十七大精神,全面落实科学发展观,促进和谐社会建设"的政治源流,也有"贯彻落实《中共中央国务院关于促进残疾人事业发展的意见》(中发〔2008〕7号)精神"的政策源流;同时也有"进一步加快我国特殊教育事业发展"的问题源流,和"根据《中华人民共和国义务教育法》、《中华人民共和国残疾人保障法》和《残疾人教育条例》"的法律源流。

(二)特殊教育政策议程设置的四大模式

议程设置是指对各种议题依重要性进行排序,它是由美国政治学家巴查赫(Peter Bachrach)和巴热兹提出的。这一理论揭示出在权力影响决策过程的背后,议程设置是影响政策决策的另一个重要原因。[①] 譬如,议程是如何设置、谁参与了议程设置等。议程设置是影响新政策产生的重要环节,决定了进入决策

---

① 王绍光.中国公共政策议程设置的模式[J].中国社会科学,2006,(5).

者视野的议题范围。从议程设置问题出发分析特殊教育政策,有助于更为深刻地认识决策过程,理解政策产生的动因,提高科学决策水平。据王绍光研究发现,中国的政策议程设置有6种模式:关门模式、动员模式、内参模式、借力模式、上书模式和外压模式。①。其中,关门模式、动员模式、上书模式和外压模式是揭示特殊教育政策议程设置的四大模式。当然,采取什么样的模式是与政治经济体制以及公民社会的发展、民主法治进程和政策科学的进步有关。这些模式大致可以以议程的提出和公众参与度来进行分析。另外,每一种模式都不是绝对的单一结构划分,而是一种总体上的相对界定。

表 1-3-1 中国政策议程设置模式②

公众参与度	议程提出者		
	决策者	智囊团	民间
低	关门模式	内参模式	上书模式
高	动员模式	借力模式	外压模式

关门模式的特殊教育政策议程设置。关门模式,即议程的提出者是决策者自身,没有公众参与和支持。当然,在这里,没有公众参与和支持是一个相对的概念。它是指在议程设置中民众参与极少而决策者的政治意志起了很大作用。这是最传统的议程设置模式。特别是改革开放前的相当长时期内,一方面由于依法治国理念尚未成熟;另一方面,政府社会尚未分化、公民社会没有发育,以及民众政治参与意识淡失,这种议程设置模式相当普遍。1951年《关于学制改革的决定》,1957年教育部《关于办好盲童学校、聋哑学校的几点指示》等就在很大程度上体现了这一模式特点。

动员模式的特殊教育政策议程设置。动员模式,即议程由决策者提出,同时提出议程后也取得公众对议程的支持。它希望既能贯彻决策者的意志,又能得到广大民众的强烈参与、普遍自觉的合作,以减少执行阶段的障碍。这种模式常见于国家的各种宏大的、战略性的议程设置。譬如,教育部、国家计委、民政部、财政部、人事部、劳动保障部、卫生部、税务总局、中国残联《关于"十五"期间进一步推进特殊教育改革和发展的意见》,教育部、国家发展改革委的《"十一五"期间中西部地区特殊教育学校建设规划(2008—2010年)》,国务院办公厅转发国家

---

① 内参模式,即议程不是由决策者提出,而是由接近权力核心的智囊提出。借力模式,即政府智囊将自己的建议公之于众,借助公共舆论压力让决策者接受政策议程。
② 根据王绍光《中国公共政策议程设置的模式》整理。

教委等部门《关于发展特殊教育的若干意见》，以及教育部印发的《盲校义务教育课程设置实验方案》、《聋校义务教育课程设置实验方案》和《培智学校义务教育课程设置实验方案》等。它们先是通过一定的舆论宣传、酝酿，打好群众的认识和思想基础，然后让公众了解国家基本精神的基础上提出政策议程。2012年《关于加强特殊教育教师队伍建设的意见》和2015年《特殊教育教师专业标准》，主要就是通过《国务院关于加强教师队伍建设的意见》提出的"特殊教育教师队伍建设要以提升专业化水平为重点，提高特殊教育教师培养培训质量，健全特殊教育教师管理制度"要求，然后将《关于加强特殊教育教师队伍建设的意见》和《特殊教育教师专业标准》提到议程。

上书模式的特殊教育政策议程设置。上书模式，即政策议程的提出者是由一些知识优势或社会优势的精英提出。在上书模式里，特殊教育领域中的各种特殊教育科研机构、学会等学界精英，通过致信等沟通方式向决策者提出建议，发挥影响力，希望自己的建议能被列入决策议程。譬如，汉语双拼盲文的推广就是由双拼盲文研制者黄乃先生，通过自身的影响力，使得《汉语双拼盲文方案》获得国家教委、国家民政部、国家语言文字改革工作委员会、国家新闻出版署、中国残联联合的议程设置，并于1984年在武汉、青岛等开展实验。1994年教育部《关于开展残疾儿童少年随班就读工作的试行办法》在很大程度上也是在民间随班就读实践实验的基础上，经过一批开展随班就读实践实验的学界精英推动，结合教育部推广残疾儿童少年义务教育的需要被提到议程的。

外压模式的特殊教育政策议程设置。外压模式，即议程变化的动力来自政府之外，议程提出者诉诸舆论让决策者接受议程。这主要体现在特殊教育基层工作者基于现实困境和实际需要，通过摆事实、讲道理的方式，或者通过突发的群体性典型事件，并经过网络等公共舆论传播，形成强大的民意压力，对决策者施加影响。譬如，对特殊教育同样适用的《校车安全管理条例》、《校园安全条例》的政策议程就是突出事件的压力影响。《教育部关于盲童学校、聋哑学校经费问题的通知》是基于盲童学校、聋哑学校学生住宿，特殊教学设备，职业劳动训练，盲、聋哑学生的家庭经济状况较困难，以及大部分地区经费标准低，不能满足学校的实际需要等压力做出政策议程。1979年《教育部关于盲聋哑中小学教职工工资待遇问题的复函》是应基层教师的需求，教育部与国家劳动总局共同做出决策，同意对从事盲聋哑中、小学教育工作的教职工，他们的工资待遇仍根据一九五六年教育部(56)计劳董字第30号文件规定执行。

第二章 特殊教育政策的政治哲学基础

"人是生而自由平等的,但却无往不在枷锁之中"。① 残疾人教育公平一直是无法企及的理想。一方面残疾人在这种抽象的存在中被剥离了自己的现实境遇,使得自由平等成为一种与己无关的抽象之物。另一方面残疾人始终被作为边缘的弱势群体,一直处于功利主义和激进自由主义的目的之外,以社会总体的善掩饰了他们现实不公的苦难。社会制度与结构的变迁是形成弱势群体的重要外在原因。② 残疾人作为身心和社会两个方面的弱势群体,面对当今社会结构的急剧变化,他们在教育等社会福利方面的公平获得情况成为人们的普遍担忧。教育是改变残疾人命运、改善残疾人民生、促进残疾人社会公平的伟大工具,如何认识和对待残疾人教育及其政策安排成为人们思考的重要课题。总体说来,人们存有两种主张:一是认为"私人恶德即公众利益"③,注重在自由竞争、自由至上和社会总体福利之外,把特殊教育作为慈善事业,依靠"博爱"、"仁慈"的基督教情怀和同情救济的道德力量来获得特殊教育的存在(譬如,诺齐克就是典型的代表)。二是主张在自由优先和注重社会福利的同时,又重视诉诸道德"道义"和"义务"的必要性来认识和对待特殊教育,把特殊教育作为体现道德正当和制度正义的一种美德,主张国家以再分配政策干预的制度设计来差别对待特殊教育(罗尔斯公平的正义思想就是这种主张的代表)。

其实,"实行什么样的政治制度与重视什么样的政治价值是相关的。"④ 特殊教育政策作为对残疾人教育安排的一种政治制度,体现着国家对特殊教育的一定的政治价值立场,同时这些政治价值立场也深刻影响着特殊教育政策的制定。特殊教育政策具有鲜明的政治特性,是检视一个国家政治价值的一

---

① 卢梭.社会契约论[M].何兆武译,北京:商务印书馆,1980.4.
② 齐延平.社会弱势群体的权利保护[M].济南:山东人民出版社,2006.4.
③ 刘莉萍.对曼德维尔"私恶即公利"观的思考.湘潭师范学院学报(社会科学版),2003,(5):13.
④ 姚大志.什么是政治哲学[N].光明日报,2013-09-24.

个窗口。政治具有专断本性,且政治的合法性并不等于政治的正当性。① 特殊教育政策作为一种政治过程,不可避免的被政治的专断性所挟裹,且特殊教育政策的正当性也难免被其合法性所遮蔽。因此,以政治哲学的审视,保持对特殊教育政策伦理和道德的高度敏感和警惕,坚持对残疾人目的价值的辩护和捍卫,是十分必要的。政治哲学立场对特殊教育政策的认识,与政治学立场、教育学立场等不同。最大的不同在于,它注重为特殊教育政策提供道德上的辩护,只有那些经得起道德检验的特殊教育政策才是正当的。也就是说,通过诉诸道德理由来证明其价值合理性,通过道德基础建筑特殊教育政策的合法性。

第一节 特殊教育政策正义的道义论政治哲学溯源

众所周知,政治价值理论是政治哲学的基础。总体说来,政治哲学的价值理论大体上可以分为道义论(或称义务论)和目的论两个理路。自古希腊城邦政治始,道义论和目的论就是思考人生和社会规则、揭示政治与道德生活、安排自我与社会政策的两种基本学理运思方式。目的论的政治哲学强调目的和结果,认为目的和结果是评价善恶的标准,而其善体现为个人利益、集体利益和公共福利等等。目的论不太关心政治过程和动机的正当与否。它认为善优先于正当,善是终极价值,甚至把正当、正义等都作为达到善的工具和手段。因此,目的论的政治哲学主张是从善出发规定何为正当和正义。历史上,无论个人主义还是共同体主义的目的论,都是以个人或共同体的财富增长、福利增加、效率提高等作为根本目的,其他都是服务的工具,哪怕牺牲公平、人权等也在所不惜。如卢梭学说就是将个人价值融进公共意志中,以合乎公共善作为目的和标准。道义论的政治哲学强调过程和行为的正当性和正义,如自由、平等和权利等等。道义论关心的不是结果而是动机和程序的正当性,认为正当优先于善。它把正当作为评价的依据,把正义作为共同的原则和终极目的。根据康德的经典表达就是:"人是目的"即正义,即终极目的。只要行为是出于善良意志、来自普遍必然的道德法则的"绝对命令"就是正义的。因此,道义论政治哲学主张从正当去规定何为善,关注人们的行为规则。康德、罗尔斯就是道义论的典型代表,他们主张任何幸福、善都要建立在正义的原则上,注重诉诸"道德法则"或"正义原则"来考量

---

① 周穗明.当代西方政治哲学:定义、概况与意义[J].国外社会科学,2015,(2):37.

政治制度的正当性。

特殊教育政策首先是以道义论政治哲学奠定正当性基础的。亦可以说,其本身就是道义论政治价值和政治制度安排的结果。因为,特殊教育之所以成为国家政治价值的一个追求和政治制度的一种安排,其本身就以有别于一般教育的差别政策对待,表明了特殊教育政策存在本身就是道义论思想的体现。当然,正义不可能完全独立于善之外,目的论的功利主义之善也内含着正义特性。特殊教育政策作为实现残疾人成长、社会文明、政治民主等善的工具,目的论自然也为其提供了合法性基础。在此,不再赘述。下面,着重以罗尔斯为主的道义论政治哲学来分析特殊教育政策的正义根源和基础。

一、道义论正义:从康德到罗尔斯

罗尔斯是当代道义论政治哲学的杰出代表,其《正义论》是当代政治哲学的巅峰之作,也构成当代政治哲学的基本分析框架。至今,当代政治哲学基本上围绕着罗尔斯正义观进行质疑批判和论证。其实,罗尔斯的道义论政治哲学是与康德的先验论道义论政治哲学有着一脉相承的深刻渊源的,其正义观都是建立在"人是目的"的道义论基础上的,分析罗尔斯的道义论政治哲学必须回到康德中来。

(一)康德先验认识论的道义论正义观

一般说来,道义论思想体系是借助自然法则理论诞生的,即把自然法作为人们绝对权威和绝对服从的道德义务。近代以来,对规则的需求使得正当性问题和制度正义问题凸显出来,依据于自然法的道德义务演变为自然权利,并构成了国家行为的边界和"绝对命令"。其中,康德的先验道义论成为西方道义论政治哲学的主要理论依据。康德关于"人是目的,而不是手段"的原则成为道义论正义的鲜亮旗帜。

首先,康德按照他的先验认识论设置了道义论中的人性假设,以此作为道义论思想的前提,即把主体看作为意志的"我"、超越于经验性存在的"我"。康德在其三大理性批判中,特别是《实践理性批判》中用理性为自由立法,确立义务的先天依据——道德法则,揭示出意志自由。他把道德法则(道德律)视为善恶的最高标准,独立于经验性条件之外,并由此界定了责任和义务,认为凡是符合道德法则的就是善,反之就是恶。也就说,善是道德法则派生的,受道德法则的约束和强制。

在这里,按照康德的观点,符合道德法则的绝对命令就是正当的,它不以任何特殊的善观念为前提条件,不依赖于经验性条件而独立推导出来,且相对于善具有优先特权。因为,道德法则的基础是实践理性主体自身,而非任何经验的目的。这样,主体及其意志摆脱了经验存在的限制,使"我"的每一种意志实践都真正成为"第一原因",而不是某种目的或善的支配意志;同时,也使得"我"真正成为目的,而不是某种目的或善的手段或工具,这时给道德法则提供的基础才是独立于自由王国,完成"人是目的"这一道义论的证明。

康德道义论主张正义是一种独立的价值,正义不但不受善的支配,而且它还规定着善。善恶概念是在道德法则之后并通过道德法则来得到规定。① 这与目的论(功利论)自由主义相反。目的论认为功利是目的,而正义是实现功利的工具;正义和其他道德原则都是从幸福的目的中取得的。康德认为功利主义的幸福原则是纯粹的经验基础,不但不可靠,而且也不能保证个体权利和正义不被僭越;即使幸福能为人们普遍分享,也会因为规导而成为强制价值观,影响个体的幸福观念的自由。② 因为任何社会善的安排分配,如果优先于人的权利,就不可避免地把人作为客体,一个实现目的的工具来对待,自然就有违"人是目的"的价值正当性预设。

当然,康德的政治哲学是以其先验哲学为前提的,康德的主体概念是先验的,康德的道义论正义强调的是形式主义的,注重对道德原则和规范的承诺,要求人们行动遵从一个不从经验中或外在意志中借来的先天观念——一个"使你的意志的准则任何时候都能同时被看作一个普遍立法的原则"。③ 由此,也表明了康德道义论的正义仅仅是一种道德诉求。正如桑德尔在《自由主义与正义的局限》中的批判那样,道义论的人性假设基石存有缺陷,康德道义论中的"人"只是一种"自由主义的幻觉"④,道义论所依赖的主体优先性、独立性、纯粹性可能只是一个虚假的承诺,"我"不可能超越的"我"的目的及其偏见,不可能分离于"我"本身,也就不可能通达道义论的终点。

概而括之,康德道义论正义之所以是独立的且优先于善是正当的,具有两个层面的根据:一方面,它符合康德实践理性高于纯粹理性的观念。因为,幸福等功利欲望和目的,是主体作为经验主体依靠纯粹理性的经验性条件的选择,它遵循的是一个认识逻辑;而主体是拥有自律意志、实践理性高于纯粹理性的,它遵循"内心法则"的自由逻辑。那么,正义优先于幸福等功利性目的是符合康德关于实践理性优先于纯粹理性的关系逻辑的。另一方面,这是道义论思想的逻辑

---

① 康德.实践理性批判[M].邓晓芒译,北京:人民出版社,2003.86.
② 桑德尔.自由主义与正义的局限[M].万俊人等译,南京:译林出版社,2001.6.
③ 康德.实践理性批判[M].邓晓芒译,北京:人民出版社,2003.39.
④ 桑德尔.自由主义与正义的局限[M].万俊人等译,南京:译林出版社,2001.14.

必然。道义论思想的逻辑实质上是服从人的道德法则的自由逻辑,它不依赖于经验基础,独立于客体而自成目的,具有主体意志先于主体理性、主体本身先于主体目的、主体地位高于客体地位的价值正当性,这显然是道义论思想的逻辑选择。

(二)罗尔斯道义论正义观的经验论修正

康德道义论搭建了一个思考正义的先验论框架,深刻影响了政治哲学的发展。同时,也正是围绕他的先验论缺陷,后来学者们不断对康德义务论进行完善。其中,美国当代著名学者罗尔斯秉承了康德道义论的学术理路,运用美国一贯的经验论方法把康德先验的道义论空降到地平线上,进行了一次成功的经验论修正,提出了"公平的正义"观。罗尔斯的经验论修正主要体现在对以下三个问题的回答。

1. "我"是谁:"我"是有目的的存在者,"我"优先于"我"的目的

罗尔斯经验论的道义论主张遇到的第一个问题是对主体"我是谁"的安置和辩护。对"我"的身份证明,关系到"人是目的"优先的道义论基石,也是划定道义论的边界。譬如,目的论把自我解释为统一在经验过程中的经验主体,"我"被统摄在"我"的欲望等功利之中被建构和规定。如何才能使自我既立足经验"大地",又能在经验世界中接受"内心法则"的命令而卓然独立呢?如何使"我"不独立于经验之外,又不因与经验联系而淹没在偶然性之中失去普遍意义呢?罗尔斯对"我是谁"的证明,没有采用康德先验论道义论的方式,而是在康德的先验论基础上,提出经验论的解释,即"我"是有目的的存在者,"我"优先于"我"目的,以此实现经验主体对先验主体的转身而站立在经验"大地"。对罗尔斯有着深刻理解并提出有力批判的桑德尔,就曾在《自由主义与正义的局限》中指出,罗尔斯的"自我理论"中有一个核心观点,即保持"我"与"我的"这两者的距离,是实现"人是目的"的道义论建构的灵魂。罗尔斯严格区分了"我"与"我的",通过严格控制"我"与"我的"距离来保证"我"的独立,避免自我被环境和经验所宰制,使"我"保持一个意志的、自由的、能从"我"的环境与经验存在中分离出来的主体。[1]

罗尔斯认为利益必定是某一主体的利益,"我"也必定是有某种利益、某种目的的主体。罗尔斯经验论道义论的自我,力图使"我"既要独立于"我的",又要和"我的"联系起来。为此,罗尔斯把自我设定为一个"有目的的存在者"。这个"有

---

[1] 桑德尔.自由主义与正义的局限[M].万俊人等译,南京:译林出版社,2001.69-71.

目的的存在者"即包括"我"和"我的"两个方面。前者回答"我是什么",后者回答"什么是我的"。为了与先验论区分,罗尔斯在他的经验论建构中,将前者称为"我之所是",后者称为"我之所有"。按照罗尔斯的说法,"我之所有"时刻使我处于环境海洋所淹没的危险之中。在当今物欲横流、热衷消费、逐鹿权力的时代,主体的多种欲望、追求及其压力集聚混杂,构成"我的"各种目的,冲击着"我"的身份。那么,怎样才能使"我"与"我的"保持距离或边界呢?桑德尔的洞见是,罗尔斯的"反思的平衡"方法内含着一种实现"距离化的能力"。[①] 根据康德观点,人的力量一是自由选择的意志力量,它属于实践理性的意志范畴(或自由范畴);二是实现目的的能力,它属于纯粹理性的认识范畴(或知性范畴)。前者的"我"是意志主体,后者的"我"是认知主体。罗尔斯在经验论建构中,认为这两者及其力量彼此依存、相互修缮,以自我占有主体的形式把这两者联系起来。罗尔斯沿用康德实践理性统摄认知理性的观点,认为当"我"的目的占有"我"时,"我"的意志发挥作用,使"我"与"我"的目的保持距离。不同的是,罗尔斯经验论证明发现,"我"的目的不是先验给定的,而是"我"的自由意志的命令;我的意志不是纯粹的内心法则,也不是来自给定的目的,而是内心对目的的反思的结果。正是这个反思使得自我由向外关注目的而向内转向自身,在自我与目的之间制造了距离,且使得"我"的目的仅仅是"我"的一个构成部分而非"我"的身份,"我"优先于"我"的目的成为可能,这就是桑德尔所说的"距离化的能力"。它使得"我的"得以离开"我"的身份本质,保存了"我"的主体意志和能力,又通过反思联系了主体意志和主体目的,捍卫了"人是目的"的道义论,又实现了"我是有目的的存在者"的经验论证明。"我是谁"不再是一个给定的先验概念,而是变成了"我是有目的的我"且"我先于我的目的"这样一个经验论概念。"我"的意志也以"我"对目的的选择能力这样一种非预先给定的方式而完成经验论转换。

由此可见,罗尔斯的"我"与功利主义自由主义不同,它不是简单的召唤意志,而是发挥认知主体作用,在反思的基础上寻求自我理解,在各种目的的"环境海洋"中将"我之所是"与"我之所有"分开。同时,与康德道义论的"我"也不同,罗尔斯的"我"不是先验的预先给定的,而是主体通过对自我目的的认知选择,以占有主体的形式确立起"有目的的存在者"这样一个"我是谁"的概念。罗尔斯认为,这样,自我既与目的相联系,又以自我对目的的选择能力而赋予意志,优先于目的;同时将自我超出和独立于目的之外,与目的保持距离。

---

① 桑德尔.自由主义与正义的局限[M].万俊人等译,南京:译林出版社,2001.69-73.

2. "我是目的"何以可能:原初状态的立约和无知之幕下的选择

"有目的的存在者"如何普遍意义的经验性存在并以正当的形式而成为目的呢?罗尔斯设置了原初状态的立约和无知之幕下的选择,使普遍意义的"我"及其"我"的选择的正义成为可能,并以此安顿经验论的"我是目的"且"我"的选择是自由意志的命令。罗尔斯认为在原初状态中能够表现"我"之自由而平等的理性个人的本质,且"我"及其选择不再是与行为不相联系的先验概念。① 可见,罗尔斯不是把康德先验的"我"放置到经验性条件下简单地进行经验主义的重铸,而是安置到原初状态的共同体中,期望摆脱康德形而上学困境,让正义植根于现实而坚实的人类环境;又不至于陷入经验的"环境海洋",沦为目的和功利主义的工具,捍卫"人是目的"的道义论尊严。

原初状态是一个经验性的、普遍性的立约条件或正义环境,一个"不受偶然因素或社会力量的相对平衡所决定的状态",②是罗尔斯证成其经验论的道义论正义原则的逻辑基点。罗尔斯在原初状态中假设了适度资源匮乏和适度私利,从而使得人们合作并缔结契约成为可能;同时,他假设了适度的信息无知(即无知之幕),为过滤偏见和偶然因素、达成公平的普遍意义的契约奠定基础。这样假设的目的在于,使主体失去经验性存在影响而能独立于经验之外,保证主体的"人是目的"纯粹性;另外,由于主体选择是在主体对自身"无知"的条件下的选择,保证主体的选择是自由的和公平的。这样一来,由于主体"我"与"我的"保持距离,主体独立于各种功利等目的之外,使得主体相对于各种目的和善观念具有优先地位;且由于主体的选择是无知之幕下在平等、公正、真诚、一致和自愿的基础上产生的,是主体自由公平的选择结果,因此是正当的。这两点深刻的规定了道义论的正义特征,即正当就是主体优先的价值正当和主体自由意志选择的程序正当。在原初状态中,罗尔斯为了每个人都能自由、公平的提出和达成一个自由公正的契约,而不至于因自己先天或后天优势做出只利于自己的方案;他甚至把个人天赋、出身等一律被无知之幕屏蔽,排除在立约环境之外,以保证每个人自由的合作,也保证合作的每个人的自由。因为,罗尔斯认为天赋、出身既非个人的选择,也非个人努力的结果;它不构成"我",仅仅是偶然性赋予的资产。

原初状态其实内含着西方一贯的契约论思考方式。罗尔斯认为"社会基本结构所需要的正义原则乃原初契约之目标"③。他坚持社会契约论传统,把正义

---

① 桑德尔. 自由主义与正义的局限[M]. 万俊人等译, 南京:译林出版社, 2001.48.
② 罗尔斯. 正义论[M]. 何怀宏译, 北京:中国社会科学出版社, 1998.120.
③ 罗尔斯. 正义论[M]. 何怀宏译, 北京:中国社会科学出版社, 1998.11.

定位在自由意志一致的社会契约中,正义原则就是参与社会合作的人们一起行动而自由选择达成的契约。原初状态就是为达成这个契约而形成正义的一个普遍性的、排除任何任意性的设置。众所周知,契约因为体现立约者的意志和互利特性,一向被视为调节社会人与人的关系、乃至国家关系的正当性手段,一直占据西方政治哲学的思想高点。所不同的是,罗尔斯没有像前辈那样(如洛克、卢梭)把契约的正义建立在自然法及其他欲望等偶然性的前提下,而是沿着康德道义论自由主义的思路,把人作为目的,认为"意志自律是一切道德律和与之相符的义务的唯一原则"[1],并把原初状态作为对康德自律观点的经验运用。罗尔斯的原初状态旨在"建立一种公平的程序,以便任何达成一致的原则都将是公正的。"[2]他认为"在原初状态中,自由和理性的人为了增进利益将会选择这些原则"[3]达成契约。按罗尔斯的说法,"正义原则就是一种公平契约或讨价还价的结果"。[4] "由理性个人在平等自由的假定情境中所作的选择,决定了正义原则"[5]。在此,且不论原初状态这个假设会不会发生,它从逻辑上为罗尔斯的两个正义原则提供了一个坚实的论证基础,赋予了正义原则合理正当性。罗尔斯认为这是正义的一种程序的正当性。按照康德道德律的解释,契约只要是自由意志达成的,无论结果是怎样都是正当的。罗尔斯继承了康德的主张,把程序的正当性优先和自我权利优先一样都作为道义论的重要论点。

可见,罗尔斯是康德的忠实追随者,不过他是采用"原初状态"这一正义环境的经验主义论证,把先验的主体与主体的经验存在联系起来,把康德"人是目的"的目的王国降落到经验大地。原初状态就是实现罗尔斯经验主义道义论正义观而设定的一个"正义环境",是推导正义原则的手段。"人是目的"的绝对命令也在原初状态中被予以经验性的转化和保证。

3. "我"何以而在:"公平的正义"的两个正义原则

根据罗尔斯观念,社会结构的基本制度深远地影响着每个人,是每个人不可抽离的存在结构;那么,身在其中的每一个人应当如何存在呢?罗尔斯给出的答案是按照正义的社会制度存在,或者说以正义的社会制度安排人的社会存在。罗尔斯认为"正义是社会制度的第一美德"。[6] 它独立于社会诸价值之外,是诸

---

[1] 康德. 实践理性批判[M]. 邓晓芒译, 北京:人民出版社, 2003. 43.
[2] 罗尔斯. 正义论[M]. 何怀宏译, 北京:中国社会科学出版社, 1998. 136.
[3] 罗尔斯. 正义论[M]. 何怀宏译, 北京:中国社会科学出版社, 1998. 11.
[4] 罗尔斯. 正义论[M]. 何怀宏译, 北京:中国社会科学出版社, 1998. 12.
[5] 罗尔斯. 正义论[M]. 何怀宏译, 北京:中国社会科学出版社, 1998. 11.
[6] 罗尔斯. 正义论[M]. 何怀宏译, 北京:中国社会科学出版社, 1998. 3.

价值中最重要的价值,而且是衡量各种价值的标准,任何社会价值冲突和善观念的决策都要在正义价值的统摄之下。因此,构建社会制度的正义就是第一要务,遵守正义的社会制度就是人们的社会存在规则。罗尔斯在原初状态中已揭示出一种规则的正义,即"两个正义原则"。"两个正义原则"实质上就是原初状态的论证逻辑结果,也是回答人们按照什么样的正义规则行动的制度设计。罗尔斯认为:在"原初状态"之下,每个人都会选择此正义二原则进而达成契约,从而达成"良序社会"。第一个正义原则:每个人对与其他人所拥有的最广泛的基本自由体系相容的类似自由体系都应有一种平等的权利。第二个正义原则,社会和经济不平等应这样安排它们:(1) 在与正义的储存原则一致的情况下,适合于最少受惠者的最大利益;(2) 依系于在机会公平平等的条件下职务和地位向所有人开放。① 第一个原则即"平等自由原则",第二个原则中的第一个即"差别原则",第二个为"机会均等原则"。两个正义原则按照词典序列进行选择即第一个原则优先于第二个原则,"机会均等原则"优先于"差别原则"。其中,"平等自由原则"鲜明地体现了人是"自由选择的存在者"、社会是"人们自由选择和追求"的社会,这一自由主义理念;机会公平与差别原则则鲜明地体现了"人是目的"、"权利先于善"的道义论追求。"平等自由原则"其实是西方自由主义的一贯准则,规定在正义社会中人们应该平等地享有以上各项基本自由。第二个正义原则中的"机会平等原则",旨在消除人们社会出身差别的影响,使所有人都拥有平等的机会达到各种职务和地位。"差别原则"即在补偿最少受惠者的不平等,保证他们获得最大利益。这是罗尔斯正义理论的精髓和特色所在。

  人类社会是一个分配的社会②,分配是社会冲突的根源。③ 罗尔斯认同马克思观点,把生产资料占有作为不平等根源,从生产资料的占有与分配来思考正义问题。罗尔斯的正义观核心是分配,分配的正义是建立社会制度正义。④ 他的道义论主张抓住了社会分配这一核心,以两个正义原则实现了他对康德道义论的经验转身。这表明罗尔斯强调以分配为核心的积极平等,旨在建立基于自由平等之上的公平的社会制度,保障每一个人有机会实现自己的人生理想。

  那么,差别原则为什么被接受且是正义的呢?罗尔斯认为差别原则之所以被一致同意或被选择,一是因为在无知之幕下自由、理性的人们会倾向一种审慎的理性算计,为自己选择一组最坏的,也最为有利于自己的结果。也就是说,这

---

① 罗尔斯.正义论[M].何怀宏译,北京:中国社会科学出版社,1998.60-61.
② 沃尔泽.正义诸领域:为多元主义与平等一辩[M].褚松燕译,南京:译林出版社,2002.1.
③ 沃尔泽.正义诸领域:为多元主义与平等一辩[M].褚松燕译,南京:译林出版社,2002.12.
④ 卞绍斌.马克思与正义:从罗尔斯的观点看[J].哲学研究,2014,(8):71-76.

是主体自由意志的命令,是对原初状态中形成的契约的履诺,所以具有正当性。二是因为这也是道德关怀和社会合作的基础。根据罗尔斯观点,个人天赋和出身等不是个人的应得,那就应该视为共同资产,将由此达致的利益进行分配,"分享由于这种分配的互相补足而可能达致更大的社会及经济效益。"[①]同时,要将个人天赋和出身等作为分配的条件和基础,对由天赋不足和出身差等导致的不幸予以补偿,保障起点的平等,增强"人是目的"的尊严。根据罗尔斯的社会合作理论,差别原则是一种互惠关系,分享个人禀赋不同带来的利益。罗尔斯认为得不到弱势者的忠诚合作,其他人也不可能活得更好,优势者的优势是建立在弱势者弱势的基础上的。第三,差别原则的正义还来自它以强制性的再分配补偿自然分配的不公平。罗尔斯主张的社会制度正义揭示出,当今的不平等已经隐蔽到意识和社会制度之中,虽然不平等不像奴隶社会和封建社会那样,把赤裸裸的人身奴役和强制作为社会体制的外部特征,但在功利主义、效益主义的社会意识和体制的相互保存中得到不断强化。[②] 罗尔斯机会平等原则、差别原则的正义观,蕴涵着对平等的强烈追求,旨在让处境不利者从初始的生产资料占有的根源上实现权利和机会的平等,消除自然禀赋和出身等偶然性造成的不平等,增进人与人之间的相互尊重。

可以说,罗尔斯两个正义原则是以分配为核心,分别以自由和公平为主要特征,旨在达成"人是目的"的道义终点而为人类社会建立正义的社会制度。他的正义原则所要保障的就是创造一种能保证主体充分自由选择及其价值实现的制度。这就回应了罗尔斯《正义论》开宗明义所强调的"正义是社会制度的第一美德"观点。这样,康德的先验正义观在罗尔斯手中就具有了公平和制度、分配这一经验性特征。相对于康德的正义或道德律,公平和制度、分配是一个可以更经验性描述的概念,它更接近于经验"大地"。也许正是这种经验性解释的优势,挺立了罗尔斯"公平的正义"观和制度正义、分配正义特性。

二、特殊教育政策正义的差别原则奠基

公平的正义是罗尔斯在康德式的道德结构中所确立的良序社会理想,特别是罗尔斯第二正义原则的差别原则,蕴涵着对残疾人等弱势群体的深刻道德关怀,体现着追求积极平等、捍卫"人是目的"的道义论思想。特殊教育政策作为别于一般教育政策的差别性安排,其存在本身就是道义论的政治哲学观点的体现,

---

① 罗尔斯.正义论[M].何怀宏译,北京:中国社会科学出版社,1998.102.
② 卞绍斌.马克思与正义:从罗尔斯的观点看[J].哲学研究,2014,(8):71-76.

它与道义论政治价值和政治制度安排密切相关。其中,以差别原则来审视特殊教育政策,对于目前日益重视加强以人为本的社会建设的中国,更具有重要价值,是我们思考和设计特殊教育政策的重要理论基础。

(一)差别原则蕴涵对人的多样性的充分肯定,为特殊教育政策尊重残疾人作为平等自由社会成员夯实了道义论根基

差别原则是建立在对社会和个人的深刻理解基础上的。通过原初状态可以发现,罗尔斯用适度资源匮乏、适度私利和适度无知的人及其条件,前提性预设了人及其存在的差异多样性特征,也正是人的差异多样性带来了冲突和分歧,也带来了合作和需要。可以说,正是罗尔斯对人差异多样的充分肯定与尊重,奠定了差别原则的前提。罗尔斯拒绝了康德等传统对人的先验抽象设定,而是把人的多样性作为经验性的存在,认为个体的多样性由不同的欲望、目标、属性、目的、价值、利益以及和主体存在的环境偶然性因素(包括天赋的不同)等构成的,正是这些特质把多样差异的人镶嵌在社会共同体内,且无论社会处境多么相近,共同利益怎么坚守,每个人都以这些经验的东西把彼此区分开来。但是,罗尔斯尽管尊重这些差异,却没有把它们作为构成人的本质属性的东西。它们是"我的",但不是"我"本身。它们标志人的差异,但不能否定人的道义论尊严。罗尔斯正是深刻理解人及其社会的多样差异性这一基本的经验事实和道德诉求,并以之作为正义的可能性以及正义环境重要构成,以经验的方式将对人的多样差异性的尊重这一道义理想变成差别原则的正义方案,为社会正义建制。因为,一个人或完全相同的单一性的人无需正义。正是因为社会本质上就是一个多样差异的主体存在的世界,因此,正义也就是社会的必需的首要特征。在这里,人的多样差异性先于统一性,是罗尔斯差别原则的必要预设;尊重人的多样差异性,把"多"作为主体和社会的本质特征并尊重"多"的价值,是差别原则的价值操守。

对残疾人而言,残疾缺陷本身是一种偶然性获得的存在,它的始源既不服从于残疾人自我意志,也不听命于他人的安排,而是残疾人生长发育中的一种变异或不完善,就如同人的出身、门第、家庭、父母等是不可选择的。按照罗尔斯的话,就是"自然分配"决定的。残疾缺陷不同于人之为人所固有的根本属性。它尽管存在于残疾人身心,却不构成残疾人的本质属性,而仅仅是群体或个体差别的一个特质、"一种相对形式或风格"[①]。也就是说,残疾人的残疾缺陷是"我的"而不是"我",如同需要、目的和利益一样,是"我"不可避开的一个偶然存在。它

---

① 王培峰.特殊教育哲学:本体论与价值论的研究[M].山东人民出版社,2012.196.

经验的、客观的存在于"我"身,体现"我"的群体或个体差异,但不是"我"的本质特征,也不构成残疾人社会存在的边界或条件。残疾人有着与其他人群同样的"人是目的"的道义论尊严和价值。从抽象的道德层面来看,资赋无论优势的资质还是劣势的残疾缺陷,都是神圣不可侵犯的,它在人的构成意义上,并不比社会文化属性的作用弱。资赋是生命体的自然属性,资赋的差异就是人自然属性的一个本质特点,是不可避免、不可剥夺的事实,这是每个人独特的生命特征;且资赋自然属性的差异是不依赖于社会和文化条件存在并不被社会和文化条件所篡改的事实。① 由此,对残疾人作为人的多样性的认识,由道德理性得以转化为科学理性。社会对残疾人的尊重、包容和接纳就不只是出于道德良知、善政意志或实践理性,而是遵循自然规律的科学理性。通过罗尔斯差别原则审视,残疾人的多样性应当被接纳、认同和尊重,且同样是构成社会合作所必不可少的基础。这样,残疾人不必因为社会尊重接纳而感恩,也不必因为社会歧视而卑琐。残疾人基于自身残疾而获得尊重和接纳,是其本身与生俱来应得的东西,是社会基于事实的理性反映和人道诉求。

当今,承认和尊重人的多样性,是国际社会最起码的人权原则。残疾人是人的多样性的重要体现者,对残疾人及其教育的制度安排是检验对人的多样性尊重的尺度。残疾人教育的不公平问题本源于天赋的不平等,并被镶嵌在社会体制、社会意识中,同时经个体选择和社会竞争等境遇而加重了自身的弱势和不平等。也就说,社会制度是造成他们弱势的"放大器",是他们教育不公平的主要机制。特殊教育政策作为一种社会制度的安排,其正义性无疑应以这种差别原则为基础,并以之为基本原则来审视和筹划政策设计。反观功利主义,视人的统一性优先于多样差异性,把整体的价值选择僭越为所有人的选择,以此来进行社会安排,追求所谓的整体社会善,就不可避免地抹杀了残疾人及其价值和需要的多样差异性。因此,尊重残疾人的多样性和差异性,并以残疾人的多样差异性优先于统一性来思考和建构特殊教育政策,是关涉特殊教育政策正义的核心问题。

(二)差别原则内含着社会合作的价值追求,为特殊教育政策伸张残疾人平等参与社会、融入社会、相互尊重、相互合作、共享社会文明的内在价值与信念敞明了视野

罗尔斯把社会视为互惠的合作系统,差异多样的人不仅有着私利的冲突,还有着共同的利益,以及正义的道德考量。社会共同体也就不只是个人私利动机

---

① 王培峰.特殊教育哲学:本体论与价值论的研究[M].山东人民出版社,2012.98-100.

支配下的利益合作,还有着"互相分担命运"、"共享性终极目的"的道德目的。在这里,一方面差异多样的主体意味着冲突和分歧,为正义存在奠定了基础;另一方面,多样差异的主体也带来了价值分享和社会合作的可能与必要。人们在原初状态中之所以达成契约,是因为理性主体既认识到相同或类似的需要和利益,也有不同目的和价值,为了实现各自利益最大化或者安全保守地获得自己的利益,选择合作就是一种理性选择。这直接奠定了罗尔斯的人性观和社会观。这不但使得正义制度成为可能,而且为正义制度调节人们的冲突、分享社会利益、促进每个人自由选择奠定了基础。根据罗尔斯社会合作理论,"社会是一群人为了各自的利益而聚集在一起,从事各种合作性的活动所构成的一种组织或机构。人们参加这种合作性活动是为了实现或完成自己的目标"。[①] 与马克思阶级理论不同,他认为不存在统治阶级和被统治阶级、剥削阶级和被剥削阶级,只有有利地位阶层和不利地位阶层,但无论哪个阶层都从社会合作中受益。"差别原则的核心是再分配,"[②]而再分配的依据是社会合作的道德原则,即把优势地位者的利益看作是来自社会合作的共同财产,他们有义务帮助处境不利者,以确保每个人都从合作中受益。在此意义上,差别原则就不是对处境不利者的额外追加,而是他们在社会合作中的"应得"。

从残疾缺陷的存在特性看,残疾缺陷是一种生成性的存在,一种意向性的意识构造[③],它存在于自然和社会环境之中,有自然和社会环境的存在特性,特别是社会意识生成或改变的一面。在实践中,全纳教育已经表明,社会环境对改变残疾人缺陷障碍具有很大的作用,良好的支持的社会环境可能减少残疾人的缺陷障碍,反之,可能会增大障碍。这也就是说,残疾缺陷是自然和社会环境偶然性因素所致的一种存在,相当大地依赖于自然和社会环境。那么,残疾人的残疾缺陷等差异尽管存在于残疾人身上,实质上却不是残疾人所有,而是社会"文明的代价",即社会导致的公有之物。

可见,残疾人的差异尽管体现在身心方面的不同,但他们实质上是以人的多样存在形式和意义为人类社会合作提供了可能;且社会合作的利益不是对残疾人的"博爱"和"同情",而是他们有理由的正义要求。在社会合作中,一方面,残疾人从初始的生产资料占有的根源上实现权利和机会的平等,消除自然禀赋和出身等偶然性造成的不幸,促进残疾人共享社会文明;另一方面,在社会合作中

---

① 石元康. 罗尔斯[M]. 南宁:广西师范大学出版社,2004. 10.
② 齐延平. 社会弱势群体的权利保护[M]. 济南:山东人民出版社,2006. 134.
③ 王培峰. 特殊教育哲学:本体论与价值论的研究[M]. 山东人民出版社,2012. 197.

增进人与人之间的相互尊重、相互合作,不但有利于促进残疾人平等参与社会、融入社会,而且也是人们利益的分享,增多人们从中受益的可能和机会。由此,启示特殊教育政策应当把推进特殊教育社会合作和促进残疾人社会全纳融合作为正义的"应得",以社会融合与社会合作原则优先至上作为特殊教育政策安排以及体现其正义特征的重要考量。这样,"在合作的社会关系中,残疾人不再是文明的代价而是文明本身。"①

(三)差别原则是积极平等的补偿公平分配正义,为特殊教育政策具体设计安排提供了方法论依据

自由平等的第一原则是一种面向多数人的自然分配总体善,然而,对少数处境不利者而言,这种善就是有限的,甚至是不公平的。例如,残疾人可能因为身心的限制直接影响到他们的自然获得(特别是在市场经济的竞争和效率面前),一方面缺少面向身心补偿的特殊需要的物品,另一方面可能在自然分配中面临因为身心受限而被挤占分配份额的可能,产生对残疾人生命自由成长的抑制。为此,罗尔斯在第二原则中的差别原则主张以再分配的方法,以弥补第一原则平等自由下的处境不利者,为保证他们的自由平等提供补偿性公平的制度设计。也就说,差别原则的补偿公平其实是在自由主义空间里的逻辑修订和补救,即改变对总体善的专注而深刻关怀到少数处境不利的群体,使得在自由主义空间里而不平等不自由的人们,特别是深处自由主义"竞争陷阱"里的"价值落空"的人们,真正得到补偿公平;且依仗着这种差别原则来批判和抵制任何功利主义、激进自由主义对"人是目的"的道义论的篡改。

在这里,处境不利者的资赋、条件等何以能作为共同资产来分配呢?这关系到补偿公平的分配正义的成立。这还是要回到罗尔斯自我理论中。罗尔斯继承了康德思路,认为"我"是一个独立的意志主体,服从我的意志。"我的"是"我"作为认知主体的选择产物,服从认知理性。他把"我"看作为对"我的"的看护者,"我的"并不是"我"。通过罗尔斯原初状态设定可以发现,"我"是赤裸裸的,除了拥有自己本身这一目的之外,别无所有。即使"我"的天赋、出身等也仅仅是偶然性因素,是生来被自然分配的偶然性的东西,它们不是"我"本人,不是我的"应得",对它们的任何占有都是不公平的。罗尔斯甚至认为即使通过自己的努力而获得东西,其中的奋斗意志也在很大程度上是被家庭、社会和自然的偶然性所决定的。这样,任何人没有任何应得自然资产,所有自然资产都应作为共同资产参

---

① 王培峰.特殊教育哲学:本体论与价值论的研究[M].山东人民出版社,2012.166.

与到社会分配中,这就奠定了罗尔斯差别原则进行社会分配的一个基本前提。

罗尔斯对这一逻辑的证成,赋予了差别原则深厚道义关怀,也使得补偿公平成为分配正义。这对残疾人进行社会价值的再分配和补偿公平获得了坚实的理论基础,让残疾人获得起点上的实质平等。残疾缺陷和其他人的优势资赋一样得以作为社会的共同财产,作为社会分配的一个基础,参与到社会分配中。那么,残疾人基于自身的残疾缺陷的不足而获得其他优质资赋人的补偿就是公平的、正当的、应得的,这是对社会共同财产的公平分配。譬如社会平等分配份额为10,如果说优势人群的资赋为7,其他分配所得则为3;如果说残疾人的资赋为2,其他分配所得则应为8。在这里,8减3所得的5,即残疾人补偿公平的份额,是正当的、应得的和平等的。在这里,把残疾缺陷作为共同财产而设计的差别原则不但不是对他人的侵犯,也不是把他人作为残疾人福利的手段,而且是对保证残疾人"人是目的"的承诺和履诺。因为,无论残疾人的残疾缺陷天赋,还是其他人的优质天赋,都是自然分配的偶然存在,它们尽管与我相关联,影响我的发展,是我的一个表征,但它们并不构成我本身本质属性,而是社会的共同财产,是"非我"之物。因此,把它们作为手段服务于人之目的,这完全是正当的、道义的。对其他人群体来说,这种正当性一方面来自无知之幕下契约的结果,是它们听从于自己自由意志的选择;另一方面来自于人的资赋是共同财产的特性,即既然是社会共同财产,那么服务所有人群的共同发展目的,自然是正义的。在这里,罗尔斯反对自由主义至上的正义观。譬如,从诺齐克自由主义至上观点看,残疾人的残疾缺陷与社会无关,它只受到一系列生物机体遗传或病理的偶然性因素影响,因此不是社会的责任。同时,诺齐克认为"物都是有主的",差别原则的最大问题是对自由和权利的干涉。罗尔斯认为差别原则的补偿公平,非但不是侵犯人的自由权利,相反,是国家在自由平等基础上,辅以机会平等和差别原则为人们提供正义的制度和环境保障。一个正义的社会不可以牺牲某些少数人的利益而服务多数人或整个社会,国家基于差别原则干预,是对自由和权利的修正,这种不平等分配本身就是正义的。

特殊教育政策凭借罗尔斯差别原则,以补偿公平的路径和方式追求积极平等的分配正义,经验性的实现对残疾人的道义关怀,构成了特殊教育政策的一个重要理论基础,对特殊教育公平的政策设计产生着深刻影响。重视补偿公平的制度安排和设计是谋划特殊教育政策正义的重要方式方法,也是体现和保证特殊教育政策正义所不可或缺的重要内容。当然,对特殊教育来说,补偿公平的正义观的深远意义远不止如此。它不仅影响到对教育善品分配制度安排和政策设计,而且还以精神意识形态改变着传统对残疾人价值的蔑视、资格和权利的怠慢以及人的多样性的抹杀。同时,从差别原则出发的补偿公平分配正义也是处理残疾人群体利益的冲突,促进残疾人社会合作和满足残疾人不同诉求的普适性原则。

(四)差别原则具有程序与结果的双重正义,为特殊教育政策价值理想指明了方向

差别原则的程序正义是罗尔斯强调的重要特性。在罗尔斯正义原则中,差别原则并不先于其他原则,是自由优先下字典式排序,符合自由主义道义论的正义观;同时,差别原则本身就是无知之幕下的契约结果,是正当程序的正当产物。它从逻辑上为其正义性提供了一个坚实的论证基础。罗尔斯本人是十分重视程序的正当性,甚至他的正义原则也被称为程序正义。他认为"没有任何用以判断结果正当与否的独立标准,相反只要程序恰当正确,且程序又得到恰当遵守,则其结果就同样是正确或公平的。"[①]只要契约越接近意志自律,程序就越正当(并得到遵守),那么正义的实现结果就越接近于正义。在这里,差别原则的程序正义主要来自无知之幕下契约的程序正义的设计。对残疾人来说,差别原则就是一个保护性的正义程序。在无知之幕下,所有人的资赋等都被充当为共同财产,所有人都成为对己利益博弈的"无知"人。这样,残疾人的身份及其差异被屏蔽了。这意味着残疾人的残疾缺陷及其能力不足与其他人群的优势等差异性消失了,没有人特别是优势资赋和处境有利的人能够利用利于自己的优势条件讨价还价,每个人的选择都可能是剔除了特定目的的自律选择,由此排除了影响契约不公正的根源。这从程序上体现了对残疾人公平的深沉眷顾。

按照罗尔斯原初状态的逻辑推理,差别原则的正义程序也最大值地保证了结果的正义。差别原则的结果正义充分体现在处境不利者身上。对残疾人而言,由于人们在原初状态的无知之幕下会审慎选择一种保守的结果,做出一种最稳定、最可靠的理性选择,这是有利于残疾人的。甚至这个契约环境及其结果本身是倾向于对残疾人等处境不利者的同情和保护的。因为,把所有人天赋作为共同资产的再分配,使得残疾人得以分享其他优势天赋或处境有利者的资产和利益,有利于补偿残疾人的公平获得。这体现了罗尔斯"公平的正义"的价值追求。可以说,对残疾人而言,差别原则既是规定正义的程序,也是达致正义的结果。作为结果正义,它主要体现在以经验的方式使每一个人特别是处境不利者从起点上获得充分自由发展、实现自己价值理想的补偿公平。对其他人来说,正

---

① 罗尔斯.正义论[M].何怀宏译.北京:中国社会科学出版社,1998.86.

是因为服从自己自由意志的选择,他们也不是残疾人福利的手段,这本身就是"人是目的"的经验性实现和诠释。

人类社会是由健全人主导和分配的社会。当前,健全人主流人群所创造和主宰的世界,绝大部分的物都已经被健全人所持有,同时由于残疾人身心在资源获得和使用中的弱势,使得残疾人资源占有面临着资源稀少和无法、无力占有资源的困境。残疾人在自然分配中可能面临的结果是,对任何资源的使用都要取得别人的同意或同情,取决于别人的意志或善心;然而依靠施舍的资源占有,其最大的问题是不能给予残疾人平等的人权、尊严和价值,残疾人被放逐在正常的人之外,注脚了残疾人生命尊严落魄的逻辑机理。根据差别原则的补偿公平,残疾人不必因这种应得而感恩,也不必因争取这种应得而尴尬。对这种应得的追求和获得,不同于慈善行为的救济,而是国家意志的制度正义。国家意志主导的差别原则的再分配调节不但能够以国家意志的制度强力,以稳定可靠的制度理性实现残疾人的积极平等;而且能给国家和个人强有力的道德约束,以残疾人的应得确立起个人和国家行为的边界。罗尔斯的差别原则对自然分配的修正,是发挥国家意志调节作用,保障"人是目的";同时,建立人对人相互依赖、相互尊重的社会合作体系。

基于差别原则的特殊教育政策就是用正义的程序等造就正义的结果,它以一种补偿公平的形式,显示着一种积极平等的价值理想。特殊教育政策作为一种工具,一方面,要以补偿公平为基础的政策安排和设计,促进残疾人生命充分自由发展、成功成长和价值实现而奠定结果正当性。另一方面,又要以差别原则特殊对待的方式,保证对残疾人教育补偿公平而获得程序正当性。特殊教育政策结果正义和程序正义特性就主要体现在维护和促进残疾人充分自由发展、成功成长和价值实现的道义论终极关怀之中。这是特殊教育政策所持有的基本原则。差别原则的补偿公平,尽管是外在的强制和干预,尽管有违自然分配的自由,但是它能避免残疾人生命成长遭遇成长条件的限制而带来再次伤害或制约,具有结果正当性和程序正当性的双重正义。同时,正是凭借差别原则补偿公平的这种积极平等的价值追求,也直接规定了特殊教育政策的属性,即特殊教育政策是一种充足的积极型、发展型的政策。

总之,以差别原则的方式对待不同社会成员,是罗尔斯为我们开辟的一种觉知世界、表达人类正义思想的新方式、新途径。正如桑德尔所言,这种正义性的力量关键不在于人们做什么,而在于人们理解什么;不是人们选择了什么,而是人们看到了什么;不是人们决定了什么,而是人们发现了什么——它使我们深刻认识到人类社会是一种交互主体的存在。① 无论对残疾人群体还是其他优势人群,差别原则正义深化和升华的结果,可能使人们实现从契约的"战争"到优雅自律的正义行动。

第二节 特殊教育政策正义局限的政治哲学审视

特殊教育是人类社会文明的标志,但是当特殊教育这种文明不得不以特殊教育政策和制度的形式来保障或支配时,特殊教育政策就真实地表达了我们人类社会文明的不足,一种物质匮乏和道德欠缺的不幸,所谓特殊教育政策正义也仅仅是对这种不幸的有限补救。正如休谟所言,"把人类仁慈或者自然地施予提高到足够的程度,正义将失去用武之地"。② 这揭示出,特殊教育政策正义是一个历史性的概念,一个局限性的概念,而不是一个绝对的存在。

人类社会从来不是一个至美至善的共同体,正义与邪恶、自私与公正等都在社会各个方面矛盾的共存着。自觉地以政治哲学的道德视角来审视特殊教育政策正义的局限,将为我们厘清特殊教育政策的道德基础,进一步奠定特殊教育政策正义的正当性,以及为安排特殊教育政策敞明理论视野。

一、正义:一个歧义的概念

正义是政治哲学的基本范畴。正义主要依赖于人类社会的价值判断,是人基于一定政治立场和道德标准对人、社会及其社会事务的一种认识和评价的方式。它反映着社会的一定道德伦理和政治价值取向,也反映着人们的社会存在状态。不同的政治立场、不同的道德标准、不同认识理路都会产生不同的正义观。除了前面介绍的康德和罗尔斯的道义论正义观外,还有诸多不同的价值观点,也正是这些不同的认识,导致了对正义理解的多元。

(一)"理性即正义"的古典正义观

正义源自对政治生活的追问。正义的基础来自古典政治哲学中人的理性这一源泉。在苏格拉底和柏拉图生活的雅典城邦时代,人们开始思考政治生活中的正当性问题。譬如,对公共决策的操控,强者对弱者的掠夺等。最著名的是柏拉图《理想国》中的正义学说。他认为正义可分为个人正义和城邦正义。个人正

---

① 桑德尔.自由主义与正义的局限[M].万俊人等译,南京:译林出版社,2001.161.
② 桑德尔.自由主义与正义的局限[M].万俊人等译,南京:译林出版社,2001.204.

义是指正确的管理头脑中的三个部分,即理性、情感和欲望。凭借协调得当的情感的帮助,理性应当控制住欲望,个人便得到了"灵魂中的正义"。"城邦中的正义"是指一个受理性支配的团体统治着大批受欲望驱使的公民。它旨在追求一种正义的秩序。① 可见,在柏拉图看来,正义必须诉诸理性的手段来控制欲望,即正义来自理性。后来,又将理性转移到法律,体现出"守法即正义"观,主张用法律制约权力。

亚里士多德继承了前辈的思想,认为正义是人趋于完善、城邦趋于良好治理的秩序的准绳和基础。正义的核心就是守法和公平。为此,他把正义分为分配正义、规范正义、交换正义、契约正义。② 西方文艺复兴以来,格劳秀斯沿着人类理性的思路进一步向人的权利和行为规则转向。他从人的理性和社会性来认识人的权利和政治。认为人的理性洞察到公正是一种内在于自身并为了自身的美德。因此,他认为符合人的理性就是道义的,是有内在良知的。他认为自然法就生于人类理性和内在良知,"是正确思想所下的命令"。③ 而自然法就是实现社会公平正义的条件,是人类社会普适的基本法则,是一切法律的根据。

在我国的儒家思想中,正义首先是一个道德伦理的范畴,同时也是实现政治王道的核心。孔子、孟子从道德修养出发,主张为政以德,天下归仁;王道仁政,天下无敌。④ 仁既是个人的精神家园、人格追求和道德诉求,也是济世良方、治国之道。在此体现了以仁为核心、以个人修养为本体的正义观,仁即正义。

(二)"契约即正义"的近代正义观

欧洲近代以来,在自然法的基础上,人们开始从人的权利与国家的规则来思考正义,将正义建立在社会契约这一平台上。霍布斯从人性恶假设出发,提出"一切人反对一切人的战争"的人类自然状态。他认为自然法中人的理性不是传统的社会性、政治性,而是私利的算计。因此,为了和平的需要,人们要制定契约,把人们的全部权利转让给主权者。那么契约就产生了正义,正义的性质就在于有效遵守契约。⑤

洛克不认同霍布斯对自然状态血腥恐怖的假设,他认为自然状态是一个平等的、自由的生活状态,人们享有自然状态下的自然自由和平等。为了维护这种自然权利,必须通过社会契约把个人权利集中起来形成公共权力,并把部分权利

---

① 托马斯. 政治哲学导论[M]. 顾肃译,北京:中国人民大学出版社,2006. 145-146.
② 陈开先. 政治哲学史教程[M]. 北京:科学出版社,2010. 33.
③ 陈开先. 政治哲学史教程[M]. 北京:科学出版社,2010. 132.
④ 陈开先. 政治哲学史教程[M]. 北京:科学出版社,2010. 73-99.
⑤ 陈开先. 政治哲学史教程[M]. 北京:科学出版社,2010. 138-141.

（即保卫天赋的权利而不是天赋的自然权利）让渡给他人或组织（即有限政府）。契约就是人们获得正义和国家获得正义的基础。

卢梭继承了洛克的自然权利学说，但是批判了洛克"生而自由平等"的自然状态，认为自然状态其实是奴役的枷锁。由此，他提出的契约论不是为国家的合法性辩护，相反，而是要形成"公意"，抵制国家，即"找出一种结合的形式，使它能以全部共同的力量来维护和保障每个结合者的人身和财富，并且由于这一结合而使得每一个与全体相联合的个人又只不过是服从其本人，并且仍然像以往一样地自由"。① 在卢梭看来，人民是有主权的、公共意志的，正当的国家就是主权的人民的结合体，是人民的公共人格。人民主权和民主国家就直接体现了卢梭的正义观。基于契约论精神的正义观深远地影响到当代美国著名学者罗尔斯的正义论，他的正义两原则就是在原初状态中达成的契约的结果。

（三）目的论的正义观

正义体现在人与人之间及其与群体之间的关系之中，是安顿人的目的一种价值判断。从这个角度看，正义又可以分为目的论（功利主义）的和道义论的正义观。目的论认为只要在社会所有人中间产生最大的效益就是公正的。它只考虑整体效益的增加，不重视效益在个人之间的分配，只注重结果，不注重程序，只重视集体，不重视个体的独立，把个体作为满足社会总体利益的工具。目的论突出表现在边沁、密尔的学说中。边沁作为功利主义理论的杰出代表，他认同休谟的"无赖假设"，把人作为自私的、贪婪的、趋乐避苦的，人与人的关系是博弈的紧张关系。他认为痛苦和快乐是支配人类两个至高无上的功利主义目的。个人或政府行为正确与否，取决于是否对个人幸福或最大数人的最大幸福有增进。国家的目的在于保障大多数人的最大幸福。

在边沁看来，功利就是衡量个体与国家正当的标准，凡是利于增进个体或国家最大值幸福的就是正确的。密尔继承了边沁功利主义思想，把功利界定为人的本性，把增进幸福与快乐的多少当成判断人们行为是与非的根本标准。但是，密尔认为功利不仅有量的差别，还有质的不同，而追求精神享受比感官享受更有价值。用他的话说，"快乐的猪与痛苦的苏格拉底相比，苏格拉底的痛苦更有价值"。② 密尔还进一步修订了边沁的功利主义道德标准，他认为个人幸福不能损害他人的利益，为他人的利益做出牺牲的行为也是善的。这使得他的功利主义原理丰富了正义因素。

---

① 卢梭.社会契约论[M].北京：商务印书馆，2008.19.
② 陈开先.政治哲学史教程[M].北京：科学出版社，2010.161-163.

另外,至善主义同样是一种目的论式的理论。它从人类社会精英中选择设定某种卓越目标和方案,作为规定社会基本制度的标准,重视少数人的价值观和理想的实现,忽视每个人的人生目标。① 英国牛津大学教授拉兹就是至善主义的代表。他反对自由主义要求政府在各种各样的善观念之间保持中立性,认为政府有追求价值目标的权利,政府是自由的一个可能的来源,政府可以创造条件使国民享有更多的自由。为此,应鼓励政府采取更积极的行动,在善观念和道德领域发挥更大的作用,为人们的幸福和自主创造有利的条件。②

（四）自由至上的正义观

自由主义是西方政治哲学的主流。美国诺齐克是当代自由至上主义(放任自由主义或激进自由主义)的代表。诺齐克认为,自由能够产生正义的结果,当行为是自愿的或没有被强迫的时候,它们是正义的。诺齐克虽然也承认人是目的,神圣不可侵犯,但是与罗尔斯道义论保证"人是目的"不同,他对"人是目的"的保证是消极的、形式的、程序的,他以最弱意义的国家来保障人的独立和不可侵犯。他在《无政府、国家与乌托邦》提出"最弱意义的国家"理论,认为"最弱意义的国家"就是一种最少管事的国家,最低限度的国家,除了保护性功能之外再无其他功能的国家,即古典自由主义所谓的"守夜人"式的国家。同时,诺齐克把是否侵犯个人权利作为"最弱意义的国家"的道德根据,把个人权利作为国家的道德标准和约束,限制着国家功能扩张对个人权利的侵犯。

因此,诺齐克主张权利优先。虽然诺齐克的权利原则和罗尔斯自由平等正义原则都强调自由、权利、正当及其优先性,但是对权利的理解和认识是不同的。诺齐克是把权利作为个人的自我所有权,其核心内容是自由,③一种对任何行为都始终有效的道德边际约束。他放任地把权利抬升至上为衡量任何个人和国家行为的根本道德标准。也就是说,在诺齐克看来,权利和自由本身就是目的。正是由于权利,构成了使用权利的外部环境、行动的边界。

根据"最弱意义的国家"逻辑,诺齐克反对以某预成标准的模式化分配。他认为按照一定标准的模式化分配原则,其最大的问题是干涉个人的自由和权利,违背了道德边际约束。他认为"物都是有主的",对物的所有权决定了基于"我的权利"的分配是正义的。因此,他主张不要确定任何分配尺度,或者说以人们自

---

① 周保松. 罗尔斯《正义论》(1971)[A]. 应奇. 当代政治哲学名著导读[C]. 南京:江苏人民出版社,2010. 13 - 14.
② 姚大志. 论拉兹的至善主义及其得失[J]. 求是学刊,2007,(2):39 - 44.
③ 陈开先. 政治哲学史教程[M]. 北京:科学出版社,2010. 263.

愿或自主选择为尺度,可以按照任何方式转让和交换、分配。凡是自愿的意志和方式都是合法的。① 基于此,诺齐克提出"持有正义"观,认为判断一个人拥有和处置财产是否符合正义原则的途径只有一个,就是看拥有者的财产来源是否正当,而不是财富的分配情况。② 相对罗尔斯的差别原则,他拒绝对权利原则的任何修正,因为这不但侵犯人们的自由权利,而且影响到社会活力。

(五) 平等主义正义观

自由与平等的关系是当代政治哲学中的核心问题。德沃金不同于诺齐克的"自由至上",也不同于罗尔斯在自由和平等之间调和的两个正义原则。他作为平等主义的追求者,主张平等优先于自由。德沃金认为,"自由与平等之间任何真正的竞争,都是自由必败的竞争"。③ 德沃金的平等强调的是给予每个人平等的尊重和关切,自由必须为平等让路,平等必须用资源和机会来衡量。自由不是随心所欲地做任何事情的自由,而是尊重别人权利的自由。他的两个伦理原则认为,人生取得成功而不被虚度是重要的,每个人的人生同等重要(即重要性平等的原则);个人对这种成功负有具体的和最终的责任。④ 在分配正义方面,他反对福利平等观,主张资源平等,让所有人在起点上都拥有平等的资源,让每个人的人生价值实现上得到平等。德沃金认为资源平等要通过对影响起点平等的未来因素的预防来实现。德沃金强调政府致力于资源分配的平等,通过法律或政策保证公民的命运不受他们的经济背景、性别、种族和特殊技能或不利条件的影响;同时,要求政府在它能做的范围内,努力使其公民的命运同他们自己作出的选择密切相关。为反映资源平等分配,德沃金用正义赤字、资源赤字、自由赤字来描述社会不平等。正义赤字指一个人在自己社会中的所得低于他在理想的平等主义分配中应得的程度或水平,或他处境比他应得到的更差的那种程度。资源赤字,即个人拥有的资源与他在采用公平底线的拍卖中可以得到的资源之差。自由赤字,即与个人在理想的平等分配所规定的处境下可以做到或取得成就相比,他有能力做到或取得的成就所受到的限制的程度。⑤

---

① 何怀宏. 诺齐克《无政府、国家与乌托邦》(1974)[A]. 应奇. 当代政治哲学名著导读[C]. 南京:江苏人民出版社,2010. 46-47.
② 陈开先. 政治哲学史教程[M]. 北京:科学出版社,2010. 264-265.
③ 葛四友. 德沃金《至高的德性》(2000)[A]. 应奇. 当代政治哲学名著导读[C]. 南京:江苏人民出版社,2010. 82.
④ 德沃金. 至上的德性[M]. 冯克利译. 南京:江苏人民出版社,2008. 126.
⑤ 葛四友. 德沃金《至高的德性》(2000)[A]. 应奇. 当代政治哲学名著导读[C]. 南京:江苏人民出版社,2010. 96-97.

（六）复合平等的多元正义观

当代政治哲学学者沃尔泽是符合平等的多元正义观主张者。他表达了与诺齐克一样的自由主义理论关切。他站在社群主义自由主义的立场认为"正义是一种人为建构和解释的东西。"[①]他反对罗尔斯的从唯一途径达成正义的简单平等，从社会物品理论出发阐发一种以复合平等为核心的多元主义正义理论。所谓"复合平等"就意味着反对专制，削弱简单平等分配垄断支配社会善品。在他看来，分配是社会冲突的根源。在当今，甚至连权力、金钱、声誉、人格、良心等这些风马牛不相及的东西都可以互换，不可能指望单一的分配来解决分配问题。沃尔泽的多元分配正义认为，"平等是人与人之间的一种复杂关系，由我们在我们自己张建制造、分配和分割的物品来调节"。[②] 沃尔泽的社会物品理论认为，分配正义所关注的所有物品都是社会物品。他认为社会物善品具有社会价值，是社会构想和创造的，社会物品的含义决定社会物品运动，即分配标准与分配制度不是物品本身固有的，而是社会物品内在需要的。公正分配与社会物品的社会意义、构想、创造有关。社会意义决定了分配原则，社会善品有各自的分配领域，有相应的特定准则。为此，沃尔泽认为，分配正义必须坚持三个原则：自由交换原则、应得原则、需要原则，力图使得不同物品基于不同理由、依据不同程序分配给不同的人们。

二、特殊教育政策正义局限：政治哲学的省察

正义是千百年来人类社会孜孜追求的崇高价值，但是正义不是绝对的标准，而是"一种人为建构和解释的东西，"[③]一个宜于背叛的理想。[④] 对特殊教育而言，残疾人教育不公平等政策问题背后就有着这种正义歧义性、主观性纠缠的道德渊源。下面主要以差别原则、功利主义和多元正义的物品理论予以审视。

（一）差别原则对特殊教育政策正义的羁绊

差别原则是特殊教育政策的重要分配原则和理论基础。差别原则其实首先是一种资格的划分，它以国家意志的形式确定残疾人获得补偿公平的资格，正是这种资格的确定，使得补偿公平变成残疾人的一种制度正义的"应得"；但是，仅仅以残疾人身心机能障碍作为特殊教育政策设计和享有特殊教育政策利益的一

---

① 沃尔泽.正义诸领域：为多元主义与平等一辩[M].褚松燕译,南京：译林出版社,2002.4.
② 沃尔泽.正义诸领域：为多元主义与平等一辩[M].褚松燕译,南京：译林出版社,2002.21.
③ 沃尔泽.正义诸领域：为多元主义与平等一辩[M].褚松燕译,南京：译林出版社,2002.4.
④ 沃尔泽.正义诸领域：为多元主义与平等一辩[M].褚松燕译,南京：译林出版社,2002.1.

种资格依据,是有很大风险的。

1. 差别原则可能导致观念上的偏见和歧视

残疾人教育的困境不仅仅是物质层面的资源分配、身体残疾层面的障碍制约,更在于社会歧视和排斥等精神和意识层面的伤害。譬如,残疾人尊严、价值和意义被贬斥等。根据玛格丽特的观点,这些伤害不是从属于身体残疾和资源分配不公的次生性伤害,而是一个独立的、以制度为主的社会羞辱问题。①

差别原则把人的残疾缺陷等机体差异作为特殊教育政策差别设计的依据。这一方面,从事实和价值上肯定了不同的教育目的及其相应的政策设计。其结果可能是因为残疾人资赋弱势的补偿,事实地强化和区分了与其他人群资赋的不同,而导致一类人群比另一类人群更有价值,即健全人比残疾人更有价值,有以事实上的非正义淹没理论上道义论正义的可能。按照玛格丽特的说法,这种差别原则的特殊教育政策安排实质就是把残疾人与其他人群区别开来的政策设计,反映着一种制度羞辱。② 一是,它以对残疾人身体的隔离、控制,诱导残疾人形成着对本身为"另类人"的身份认同,抹杀着残疾人的反抗与自觉意识,造就了社会对残疾人疏离、冷漠的精神伤害;二是,它以医学/心理学观着眼于残疾人的缺陷进行教育政策安排,以身体器质性的低能或不健全为特征,贬低残疾人的潜力,怀疑残疾人的价值,这从人的类存在根基上摧毁了残疾人的自信和尊严。甚至说,它以对残疾人的价值蔑视和身份拒绝,将残疾人排除在社会共同体成员享有的资格与权利之外。在此,全纳教育的政策价值取向就充分凸显出对残疾人道义论正义地捍卫,揭示出全纳教育政策更具正当性的正义根源。同时,也启示特殊教育政策唯有以残疾人平等的公民身份来界定,方能最大地减少对他们的羞辱和歧视。

另一方面,根据玛格丽特观点,慈善、怜悯本身就具有歧视性和羞辱性,它能减低人的尊严和价值。因为,慈善、怜悯的善意不只是一个道德概念,还是一个社会文化和心理学的概念。不同社会处境和文化心理需求的人,对慈善救济的理解是不一样的。对施善者而言,残疾人就是同情的对象;甚至在一些特殊教育政策制定者的认识中也或多或少的存在着"残疾人是救济、恩惠、慈善对象,特殊教育政策是慈善政策"等这样一些先在的观念设定。差别原则作为补偿公平的制度化设计,可能使得残疾人在二次分配中面临因非劳所得、同情救济而缺少社

---

① 徐贲.玛格丽特《正派社会》(1996)[A].应奇.当代政治哲学名著导读[C].南京:江苏人民出版社,2010.401.

② 徐贲.玛格丽特《正派社会》(1996)[A].应奇.当代政治哲学名著导读[C].南京:江苏人民出版社,2010.403.

会尊重,以至于形成接受社会羞辱、屈服社会羞辱的窘境。为此,应当审慎地对待残疾人的同情、慈善、救济等善意。只有在充分尊重和保障残疾人在社会共同体中权利"应得"这个基础上,且只有在残疾人同意前提下,同情、慈善、救济等善意才合理的和正当的。特殊教育政策设计应当立足"残疾是社会的问题,改变残疾及其障碍是社会的共同责任"这一观点,把残疾人作为有理由要求的"权利人"而不是恩惠和施舍的"同情对象",把残疾人接受差别原则的补偿公平看作是自身的"应得"而不是施舍,这是特殊教育政策必须设定的前提。特殊教育政策的价值之一在于给人以尊严。如何让残疾人以积极意义形式,以更有充足理由的价值实现方式获得补偿公平,是更好地贯彻差别原则,完善与改进特殊教育对残疾人的二次分配政策所应考虑的命题。

2. 差别原则工具性对残疾人道义论正义的僭越

特殊教育政策的决策和制定必然首先依赖于政策制定者对残疾人群的价值愿望和对残疾人残疾类型和程度、特殊需要及其他的工具性算计的手段,正是这些区别对待的考量才确定了不同的政策设计与目标。也就是说,差别原则也是特殊教育政策所依赖的一种工具。在这里,能够拿来参与政策制定的价值观和对残疾人残疾类型和程度、特殊需要等算计的手段都不是抽象的,而是取决于一定社会制度下的社会理想以及其他政治、经济、文化等偏好的具体的、先在的设定。差别原则的正义是受到特定社会善观制约的。这样,这些社会善总是优先于残疾人存在,并优先于残疾人权利制约着特殊教育政策设计,使得残疾人可能成为社会或他人的工具而丧失了人的目的性存在。这就变异为功利主义的支配,有违道义论正义思想,特殊教育政策作为差别原则的正义性会大打折扣。当前,特殊教育政策制定存在着把残疾人群体的残疾障碍的禀赋作为一个达成社会目的的工具,以社会文明等总体善支配政策目标及其设计。根据罗尔斯和康德道义论思想,如果特殊教育政策违背残疾人权利优先、正当优先,不管它是多么有利于社会的总体福利,都不能证明其正当合理性。无论特殊教育政策目标高举"和谐社会"、"政治文明"还是解决其他社会问题等社会善观,都不能以减少或挤压残疾人的权利为代价。在罗尔斯自我理论中,任何人不比他人更有价值。无知之幕的用意就是通过剥离不应得的占有,来保证自我平等自由的主体界限。

为此,特殊教育政策所坚持的差别原则,只有出于对残疾人"人是目的"的捍卫,而不是判断他们的价值优劣的工具;只有对身体残疾等机能的衡量和界定的价值观不是出自偏见,而是出自工具理性及其对有限资源有效合理利用的算计,那么,差别原则及其以此为基础的特殊教育政策就是正当的。在这里,对残疾人某种特殊的目的和需要的先在设定,一方面要把它作为残疾人所应得之物;另一方面要界定并维护好残疾人差异多元的需要和目的,并且尽可能以多元差异的方式满足这些差异多元的需要和目的,为残疾人自由选择和成功成长提供支持,方能使得差别原则的道义论正义真正实现。否则,特殊教育政策的正义就可能仅仅是贫困的正义、粗糙的正义。残疾人差异多元的需要和目的及其差异多元的满足方式是残疾人权利的道义论伸张,防止无"我的"差别的善和非"我的"社会善对残疾人"人是目的"的傲慢、怠厌,甚至僭越和抑制。教育政策对他们自由选择和成功成长的支持是残疾人自由意志的召唤,防止以"低能"、"无用"等任何借口对他们自由和成功的限制,借此,防止特殊教育政策的正义被削弱或裁减。特殊教育政策不能停留于对一般普通教育政策调整残疾人教育"无能"的修补,也不是仅仅以资源补偿减轻残疾人的不幸、提供额外困难救济,或仅仅维持与保障残疾人及其教育的基本需要;而是以支持和满足残疾人的自由选择和成功成长为目的,从根本上致力于减少或消除制约对他们自由选择和成功成长的限制,切切实实地提供成功保险,让特殊教育政策确实成为残疾人成功的保险契约。从这个意义上,特殊教育政策应当是一种充足的积极型、发展型的政策,其核心在于通过政策来影响残疾人个体的自由选择和成功成长。

3. 差别原则的"仁慈专制"

差别原则补偿公平带来特殊教育政策的正当性同时,也可能以政府意志的形式导致仁慈专制。一是,并不是所有的残疾人都需要特殊教育政策差别原则的补偿,特殊教育政策政府意志的再次分配可能抑制部分残疾人自由意志和选择。二是,仅仅以身心机能不足而差别对待的特殊教育政策可能会带来对其他人群利益的排挤,特别是影响健全人群中一些处境不利者(如农村、贫困等非残疾人)教育利益的获得。三是,根据哈耶克观点,[①]残疾人对差别原则分配正义的笃信,使得他们的地位、身份、价值信念和能力等更依附于政府的行动,甚至连基本生存和生活都依赖于政府保障,更甚者形成特惠要求。这不但让残疾人存在本身置于政府的掌控之中,失去了自由,甚至失去了健康的自我;而且在残疾人对政府的依赖中,把政府变成一种利益集团,抑制了社会自由秩序,助长了政府强权扩张的可能。

根据休谟价值性与事实性的分野,特殊教育政策的仁慈之美德并不等同于其正当性。特殊教育政策的合法性不仅来自对法律的遵守,而且来自人们认可,特别是从人们的内心道德法则上确立为"绝对命令"。这样,对残疾人差别对待、补偿公平才更具有正当性。因此,特殊教育政策决策者通过与民众的互动,获得

---

① 周濂.哈耶克与罗尔斯论社会正义[J].哲学研究,2014,(10):89.

民众对特殊教育政策的公共证成,是特殊教育政策的正当化的一个重要基础。

(二)功利主义追求对特殊教育政策正义的削减

善与正当的关系羁绊是影响正义的核心问题。善尽管可能会影响"人是目的"的道义论尊严,但是正如桑德尔建构性社群观对罗尔斯的解构,人不可能从经验世界和意义世界中剥离出来。由于各种善观和价值是一个历史的、社群的、主体间认知的产物,各种社会善观和价值必定会影响到个人自由选择。也就是说,人也是社群存在的产物,是历史性的存在者。这就表明,正义不可能完全独立于善之外,功利主义之善也内含着生成正义的一面。从政策创议来说,政策是基于某种或某些目的的安排。根据政策要义的权威解释,问题源流、政治源流、政策源流可能是特殊教育政策创议和制定的三个要素向度。这说明特殊教育政策是基于特定目的需要的经验条件,以及基于这些条件的理性算计。任何特殊教育政策都是对特定目的之善所做的理性安排。特殊教育政策作为实现残疾人成长、社会文明、政治民主等善的工具,功利主义在特殊教育政策活动中具有一定的合理性。但是,其对特殊教育政策正义带来的问题也显而易见。

1. 特殊教育政策内的总体善(内在功利性),失去对残疾人个体的关怀

众所周知,功利主义没有严肃对待人与人之间的差别,没有严肃对待不同欲望序列之间的价值的质的差别。特殊教育政策之所以拒绝以一般的教育政策来作为残疾人教育公平正义的基础,就是因为担心以社会总体善的功利主义对适切残疾人教育的正义的落空。

总体来说,特殊教育政策相对于一般教育政策是差别原则的结果,但其存在本身相对于政府和不同残疾人而言,又是功利主义的目的论的存在物,表现出一种差别原则内的功利性。这种功利性表现为,把特殊教育利益和目的设想为适切所有不同类型、不同程度、不同条件的残疾人的普适的善,把所有残疾人的教育需要综合为一个目的系统,使得不同残疾人的不同权利和特殊需求处于被忽略的危机之中。同时,在分配方式上,特殊教育政策也仅仅是注重化繁为简的简单分配,注重的是有效管理和残疾人总体性的善,没有区别不同残疾人的差别。残疾人群体本身也是一个涵盖多类型残疾、多群体特性和多样生存条件、差异巨大的群体。特殊教育政策统一目标、统一对待的有效追求就是一个功利主义的设定。这种功利主义特殊教育政策的错误在于对特殊教育利益在不同残疾人中间不同分配的忽视。它所基于的目的需要及其理性是从所有残疾人抽象出来的无差别的一致性特征为基础的,仅关注于对作为整体的残疾人群体的利益算计,把所有多元多样的残疾人的利益作为无差别的单一结构。也就说,特殊教育政策对利益的分配和调整仅仅是把不同残疾人及其利益需要做了一项简单的"合

并同类项"的工作。它通过这种合并了的共享价值来确立其之于所有残疾人集合体的合理正当性,并通过这种结构赋予其中每一个残疾人一种"残疾人共同体"身份构成,力图让所有残疾人在这个简单的"归一"的"残疾人共同体"中实现自己的利益。这实质上是一种缩小了的功利主义设计,是一种贫困的正义。它尽管有别于其他教育政策,作了不同人群的差别对待,但仅仅体现了初步的简单的人群差别及其分配,是一种粗糙的正义。它仍然没有仔细区分残疾人群中不同需要及其不同需要的秩序安排,只不过是以所有残疾人的特殊教育善替代了所有人群的教育善。在我国,重度障碍儿童教育缺少政策设计就鲜明凸显了这样一种"被所有残疾人替代"的正义危机。实践中,以入学率等总体性功利目标衡量政策效果,也反映了功利主义对残疾人公平正义的忽视。由于失去了面向每个残疾人的特殊需要分配的充分满足,特殊教育政策正义就可能消逝在总体教育善之中,甚至以衡量这些总体教育善的数字掩盖了教育政策不正义的事实。

根据罗尔斯道义论,特殊教育政策的公平正义实现,应把残疾人的不同需要区别开来,面向每个残疾人,以"满足特殊需要原则"尽可能增进他们的教育利益。其中,注重残疾人个体的特殊性优先于群体普遍性,差异性优先于统一性,多元多样性优先于单一性,变化性优先于确定性等。[①] 这是特殊教育政策公平正义的重要体现,也是特殊教育政策设计安排的重要价值考量。特殊教育政策尊重残疾人的特殊教育需要并个别化的满足特殊教育需要这种善观,是特殊教育政策对残疾人"人是目的"的必有的道义追求。

2. 特殊教育政策的功利性存在,对残疾人受教育权利的落空

特殊教育政策正当性是奠基在对残疾人权利认同和保护的道德基础上的,同时特殊教育政策对残疾人成长、社会文明、政治民主等善的追求也奠定了其功利性存在的合法性。从特殊教育作为残疾人成长和社会的一种福利工具的存在特性看,特殊教育政策对教育善的追求有僭越残疾人人道目的,侵犯残疾人个体受教育权利的可能。在这里,残疾人受教育权利主要指成长发展的受教育机会权和受教育条件权。前者是普遍性的,与其他人一样的、不应区别对待的、非歧视性和非差异性的。如入学机会权、选学机会权、升学机会权的平等,它因与其他人群同构性质而具有开放性。后者是满足他们自身特殊需要的、差异性的、积极的、额外的、专门性的教育条件权。如康复设施、教学专用设备等,它因符合残疾人身心成长的特殊需要,按照差别原则、区别对待而具有道德正当性。

---

① 王培峰.残疾人教育公平问题的审思:特殊教育政策伦理分析的视角[J].中国特殊教育,2014,(3):9.

残疾人受教育机会权由于具有与其他人群同构性质的开放性,使得残疾人面临被挤占、被排斥、被歧视的可能。根据沃尔泽物品理论,物品意义决定物品运动。这些与其他人群同构性的受教育机会权,因为具有相同或相近的社会意义也就使得这些受教育机会权分配失去了边界,可能在竞争的情况下被剥夺或落空。从这些受教育机会权的存在特性看,它们大都是健全人社会的存在物和创造物(即使为残疾人设计的物品也大多是为轻度障碍的儿童设计的),是按健全人的普遍要求和使用特性设计的,较适合健全人的享有和使用。如,就近入学政策是较适用于健全人的受教育机会权获得,可对残疾人而言就是"美丽的谎言"。这构成了残疾人平等享有这些教育机会权的"隔壁",给残疾人特别是重度多重障碍儿童获得平等机会造成了一个坚硬的外部环境,这种坚硬的环境以"环境即障碍"的特性,削减着他们的自由价值和权利,制约着他们平等受教育机会实现。他们只能在这种坚硬的环境中,以接受别人恩惠、仁慈、同情的方式,求得存在与发展。现实中,残疾人随班就读难、升学难的困境表达了这种排斥和剥夺。

残疾人差异性的受教育条件权的保障是以差别原则的再分配为基础来实现的。它虽然以满足残疾人的特殊需要设置了物品边界,防止被占用或被影响(如,盲人专用书写工具、残疾人专用教学设施等)。但是在功利主义的绩效追求中,常常面临被萎缩或减少的风险。因为,残疾人差异性的受教育条件权的保障往往是超越于普通人群和效率功利的,在注重社会总体福利和追求效率面前,就可能被削减。现实中,特殊教育专用品研制开发和供给不足(如特殊教育课程建设落后、专用支持的教学设备和康复设施匮乏等),[①]就表明了残疾人差异性的受教育条件权的保障困境。不能因为任何扩大总体利益的目的而限制残疾人的特殊教育需要满足的道义论正义就面临挑战。其实,诺齐克之所以反对国家干预而不担心对弱势者的生存保障,是基于人是有理性、有自由意志、能以道德原则自律自己行为和调节自己道德主体关系的认识基础上的。他认为,由这样的人组成的社会及其团体能够在"国家中立"之外,以对共同善的追求和价值共享(特别是慈善行为)做国家不能强制性做的事(如再分配)。这样,既可以实现对自然分配中弱势者的补偿,又可以保证国家对个人权利的最少干预,实现对国家中立的弥补。显然,诺齐克高估了对人的高度道德自觉的期待,且慈善行为也难以保证对"人是目的"的道义论尊严的捍卫。

因此,特殊教育政策应把残疾人的受教育权利作为自身的一种道德边际约束和限制,聚焦于残疾人受教育机会权的平等和受教育条件权的差别对待,

---

① 王培峰. 特殊教育公共品供给制度:变迁、问题与建议[J]. 学术论坛,2010,(11):189-196.

来安排和设计,把享有平等、充分的受教育机会和非竞争性的、不受其他任何人影响的受教育条件实现,作为残疾人平等参与社会、实现价值的条件,从起点上为残疾人打造一个是实质性的积极平等的干预方案,避免因受教育机会和条件之恶的限制而导致对生命成长的再次障碍或伤害。同时,也对国家和他人划定道德边界。只要国家功能不履行对他们受教育权利的积极保护,只要他人占用和侵犯到他们的受教育权利,就是不正当的。特殊教育政策不能因为任何总体福利等功利主义理由,为残疾人受教育权利的失落而辩解。这是当今特殊教育政策设计安排的核心价值要素。残疾人的残疾缺陷不但与社会有关,而且对他们特殊需要的满足是社会正义有理由的付出和残疾人有理由的获得的正当性要求。

3. 功利主义的僭越,导致对残疾人目的价值的抑制

正义优先、权利优先是对"人是的目"的捍卫。然而,"人是目的"常常会淹没在人的诸多功利目的的"汪洋大海"之中,面临难以辨识出"我是谁"而失去人的目的性。根据罗尔斯观点,"人是目的"来自于认知主体的反思,把自我从"我之所有"与"我之所是"区别开来保持距离。但是,反思的能力是依赖于主体的意志运用和认知水平的。同时,根据桑德尔观点,善也是一个历史性的、社群性的、主体间认知的产物,难以使人离开特定的社群和历史而独立在善之外,甚至个体自由和善的矛盾就主要体现为个体与社群的关系。特殊教育政策是以"人是目的"的道义论正义奠定理论基础,然而,特殊教育政策总是要基于一定物质条件、社会共同价值等各种善观的限制,来确定行动方案。这是一个悖论性的存在。也正是这种悖论性的存在时刻使特殊教育政策正义处于功利主义侵蚀的危险之中,使得特殊教育政策正义成为有限的正义、有条件的正义。

特殊教育政策作为对差别原则正义安排的一种体现或具体运用,是以经验的方式,指向某种目的或某些善的安排。特殊教育政策不能离开特定善观的制约,也不得不接受各种善观侵蚀"人是目的"道义论正义的考验。特殊教育政策为残疾人预先设定的善,以及残疾人对自身其他功利目的的追求,可能使得残疾人人道目的面临被功利主义之善淹没的险境。这一方面是由于他们因自身存在的身心严重有限性、现实物质困境或被歧视的精神心理窘迫,而导致他们对社会福利等各种利益追求的严重依赖,甚至说他们的目的性存在就表现为利益、享乐等外在之物的欲求之中。由于这种外在欲求被残疾人自然存在的各种必然性所决定,自由意志没有解放出来,[①]对特殊教育政策之善的追求变成了残疾人的目

---

① 王培峰. 特殊教育哲学:本体论与价值论的研究[M]. 山东人民出版社,2012.172.

的性存在本身。正如桑德尔对罗尔斯认知主体反思的批判那样,残疾人外在欲求的危机在于,他们所指向的仅仅是外在的欲望,而"没有将欲望主体的自我作为反思对象,"①而"仅限于评价现存需要和欲望的相对强度,它所指向慎思就不能探寻主体的认同(我真的是谁)"。② 由于残疾人身心认知的局限及其对外在欲求的严重依赖,③使他们失去了对"内在的我"的自我关照、自我反思,也就失去对意志主体的真正回归。另一方面,特殊教育政策给残疾人带来善的同时无意地抑制或损害了他们的目的性价值。特殊教育政策的善,如额外提供的补助、高标准的拨款以及卫生医疗等社会各界对特殊教育的参与,在极大改善了残疾人身心状况、教育条件的同时,也给残疾人成长带来了"特惠要求"、"不思进取"等现象,影响他们健康的人格成长。正所谓"善行总是变成灾祸"。④ 根据桑德尔社群主义观点,共同体是由参与者所共享的自我理解构成的,共同体观念是在形而上学意义上构成了自我理解的框架,且它优先框架中的个人。⑤ 残疾人对特殊教育政策之善的理解,可能由于他们围闭在自我或残疾人这一群体之中,没有把自己放在社会大家庭中形塑自我价值及其判断,失去了对特殊教育政策之善的正确理解。这样,极可能导致残疾人欲望和需要占据"我"的目的。特殊教育政策预先给定的善,也变异为抑制"我是目的"的恶。

  关于正义和善的思考存在于我们的文化和传统中,且依赖于一定经济政治环境。分配正义无法在不诉诸善观念的情况下来分配。⑥ 根据桑德尔社群主义观点,对特殊教育政策正义和善的价值判断是社会共同体价值的规定。残疾人的权利、选择既是独立之我的自由选择和自由意志,也是在特定社会共同体中特定社会善观影响的产物,是"我之自由"和"我之必然"的结果(对许多重度障碍残疾人而言,他们的权利和选择甚至就是社会善的先验设定)。为此,特殊教育政策的正义理想不但要生长在残疾人之"人是目的"的正义基石上,还必须接受特定社会条件和各种善观的规约。失去了一定社会善观的特殊教育政策分配正义,可能是一个虚妄的"乌托邦"。也许就是因为这样一个悖论存在的状态,事实上,每个国家的特殊教育政策正义性的思考都是在特定国度环境下的思量。在这个意义上,特殊教育政策正义局限性就是它本身固有的一个特性,也许在物质

---

① 桑德尔. 自由主义与正义的局限[M]. 万俊人等译,南京:译林出版社,2001. 192.
② 桑德尔. 自由主义与正义的局限[M]. 万俊人等译,南京:译林出版社,2001. 193.
③ 王培峰. 特殊教育哲学:本体论与价值论的研究[M]. 山东人民出版社,2012. 174.
④ 胡塞尔. 欧洲科学的危机与超越论的现象学[M]. 北京:商务印书馆,2001. 16.
⑤ 桑德尔. 自由主义与正义的局限[M]. 万俊人等译,南京:译林出版社,2001. 209.
⑥ 桑德尔. 自由主义与正义的局限[M]. 万俊人等译,南京:译林出版社,2001. 226.

总是适度匮乏、仁慈仍是短缺珍稀的相当长时期内,这种局限性就是一种不可逆的常态。也正是在这个意义上,特殊教育政策正义不可避免的是一种有限正义。它对任何问题的解决,对残疾人的补偿公平,对残疾人自由意志的保存关照,以及其他任何目标理想的达成,都是一定社会条件的理性选择,其反映的正义也是有一定局限性的正义。

(三)特殊性公共物品缺陷对特殊教育政策正义价值的萎缩

特殊教育政策有别于一般教育政策的一个显著特点是,它是面向残疾人人群,并对适应于他们需要的特殊性公共物品的设计、开发、供给、分配作出安排。根据沃尔泽物品理论,这些特殊性公共物品的属性、意义及其差别化供给的分配体现了特殊教育政策的多元分配正义,同时它们存在的问题也深刻影响到特殊教育政策正义价值。

1. 特殊性公共物品边界不清,影响残疾人充分公平使用

沃尔泽的多元分配正义认为,"平等是人与人之间的一种复杂关系,由我们在我们自己张建制造、分配和分割的物品来调节"。公正分配与社会善品的社会意义、构想、创造有关。社会意义决定了分配原则,"物品的含义决定了物品的运动"。[①] 社会善品有各自的分配领域,有相应的特定准则。

特殊教育政策本身及其所设计、开发的特殊性公共物品是由我们的社会意义和期望所赋予的。它们在社会意义的构想创造上是一种专为某类或某个残疾人的需要、特点而设计的,在功能上先天蕴涵着对其他人群使用的拒绝,这就在特殊性公共物品的供给、调整、分配上杜绝了其他人占用的可能,划定了其特定的分配领域边界。即特殊性公共物品只适合于残疾人教育分配领域。然而,很多特殊性公共物品也有不同的社会意义,且社会意义的共识也不一定是确定的。这就使得这些物品的分配可能会违背其社会意义而偏离了对残疾人教育的正义行动和目的。例如,随班就读中为残疾人设立的资源教室、专项资金等教育资源由于对它们的社会意义边界不清、不同意义重叠,就发生过被移作他用的问题。同时,在特殊性公共物品的开发设计和供给上,也存在着品种少、数量不足的问题。例如,残疾人就近入学的平等学习机会,以及满足其特殊需要的教学康复设备设施和技术、师资等,都处于匮乏状态,甚至连相适应的课程建设也不能很好地适应残疾人教育的需要。

为此,特殊教育政策要特别注重从适合残疾人教育需要的意义上构思和

[①] 沃尔泽.正义诸领域:为多元主义与平等一辩[M].褚松燕译,南京:译林出版社,2002.9.

设计特殊性公共物品，并在物品社会意义上划清分配领域边界，制定分配标准。对残疾人教育而言，最重要的特殊性公共物品是特殊学生资格及其权利，平等学习机会，满足其特殊需要的教学康复设备设施和技术、师资，等等。特殊性的公共物品最重要的边界包括满足残疾人群体的一般性特殊需要物品的边界和满足残疾人个体差异的个体性特殊需要物品的边界。前者适应于某类残疾人群体性特殊需要，后者适应于残疾人个体性特殊需要。特殊教育政策应当以满足残疾人群体或个体身心特征及其教育需要的意义，设计开发并维护好它们的边界，划定一个专属残疾人的善品分配领域。特殊性公共物品的分配标准，最重要的是平等受教育机会标准和特殊的受教育条件标准。前者是与其他人群相同的、无差异性的，它要求不因为残疾人他们的性别、种族或家庭背景等因素的不同而在教育上受到不同对待。后者是与其他人群不同的、差异性的受教育条件的满足，它要求为残疾人提供适应其特殊需要的额外的专门性特殊教育支持，保障他们获得充分相宜的自由发展。明晰特殊性公共物品的意义与领域，区别对待，按需分配，按最基本的标准分配，是特殊教育政策安排的一个重要原则。

2. 政府垄断供给政策，影响残疾人自由

特殊教育政策作为国家意志的特殊公共物品，蕴涵着国家特别是权威的政策制定者等对残疾人教育的普遍理解。沃尔泽认为，当一种善为了公共目的时就构成了一种意识形态，它因垄断而具有支配性，被拥护者们的力量和凝聚力所维护。[①] 由于特殊教育的非营利性、稀缺性以及自身属性的特殊性，特殊教育的供给主要以政府为主体的垄断性支配。这种赋予了特殊教育政策本身强大的政府意志，或者说特殊教育政策本身就是政府意志的善。对残疾人而言，他们接受特殊教育之善，也就意味着接受一套政府意志的价值规范、规则和相应的社会意义的规约，抑制了残疾人的自由发展。同时，政府具有扩张权力的天然冲动，当政府以特殊教育政策的权威强力来组织、规范和指导这种善品的供给、运作和保障时，也就不可避免的带来了特殊教育政策专制化、僵化、效率不高、选择性不强等问题，抑制了社会团体等的民主参与，形成了政府集权化的强权意志。特别是当这种意志与某个精英或部门结合起来时，特殊教育政策就彻底变成了一种长官意志或部门意志。这正如哈耶克的担忧，[②] 只要这种分配是政府意志，特殊教育的差别原则越是道义，补偿公平越是正义，特殊教育政策越是积极，残疾人在

---

① 沃尔泽.正义诸领域：为多元主义与平等一辩[M].褚松燕译，南京：译林出版社，2002.13.
② 周濂.哈耶克与罗尔斯论社会正义[J].哲学研究，2014，(10)：89.

分配制度设计中就越是不可避免地面临依附于政府而失去自由的风险。因此，创新和完善特殊性公共物品的供给方式成为特殊教育政策的重要命题。[①] 当前，向市场化、社会化供给转向是一种新的趋势。通过多样化供给的公共政策安排，能实现政府、市场、社会在特殊性公共物品供给结构、功能上的差异互补，优化供给制度。例如，根据公共物品的不同性质，安排不同的供给方式。对社会力量不愿意或无力提供的课程教材等意义重大、公共性程度高的公共品，由政府直接提供；对教学设备、师资培训、专业技术服务、教学与科研等公共性程度相对不高的公共品，可通过项目招标、购买服务、合同外包等多种方式，与有关组织开展合作，鼓励他们参与公共品供给。

[①] 王培峰.特殊教育公共品供给制度：变迁、问题与建议[J].学术论坛,2010,(11):198.

第三章 特殊教育政策分析

自20世纪后半期,在西方尤其是美国,政策分析已成为一个重要研究领域,逐步形成了不同的模式、理论和方法。奎德认为,"政策分析是应用研究的一种方式,用来获得对社会技术问题的更深刻的理解,并提出更好的解决办法,政策分析试图利用现在科学技术去解决社会问题,寻求可行的行动过程,产生信息,排列有力证据,并推导出这些行动过程的可能结果,其目的是帮助决策者选择最优的行动方案。"帕顿认为,"政策分析是关于备选政策方案的技术和经济可行性、政治的可接受性、执行战略和政策选择结果的系统评估。"韦默认为,"政策分析是面向当事人提建议,这些建议与公共决策相关,并反映社会的价值。"邓恩认为,"政策分析是一门应用性的社会科学学科,它使用各种研究和论证方法,产生并转变政策各种信息,以便为政治组织解决政策问题。"[1]

在我国,政策分析尽管起步较晚,但也备受关注,近十年来迅速成为一个热点话题。在公共政策领域,较有影响力的,如陈振明教授《公共政策学:政策分析的理论、方法和技术》。他综合美国政策分析家们的观点,认为政策分析"既是方法论,又是艺术","不仅是描述的,而且也是规范的",它是"从问题发现到问题解决的政策过程"。[2] 陈振明从问题理性出发,把政策分析分为问题界定、标准设立、方案搜寻、结果预测、方案抉择、政策执行与监测、结果评估和政策变迁八个环节。[3] 在我国,将公共政策分析最早引入到教育领域的主要是孙绵涛教授和袁振国教授,当前的许多理论和方法也主要体现在他们的论述中。孙绵涛《教育政策分析:理论与实务》、《教育政策论》,袁振国《教育政策学》等就是比较有影响的著作。特别是孙绵涛教授的理论特点鲜明、严谨科

---

[1] 陈振明.公共政策学:政策分析的理论、方法和技术[M].北京:中国人民大学出版社,2004.23.

[2] 陈振明.公共政策学:政策分析的理论、方法和技术[M].北京:中国人民大学出版社,2004.27-28.

[3] 陈振明.公共政策学:政策分析的理论、方法和技术[M].北京:中国人民大学出版社,2004.68.

学,影响较大。孙绵涛教授认为教育政策分析是教育政策分析者运用科学的方法和技术对教育政策的内容、过程、环境和价值等进行分析,从而使教育政策达到预期目的的活动。① 相应的,它包括教育政策内容分析、过程分析、环境分析和价值分析。从本质上说,教育政策分析是一种教育政策的研究活动和评价活动,它有专门的研究方法、研究对象和目标。它的任务在于完善教育政策内容、改进教育政策过程、增进教育政策价值、改善教育政策环境、提高教育效能。袁振国教授在《教育政策学》中认为教育政策分析就是"对备选的各种教育政策方案进行系统的调查研究,分析评价各教育政策方案之优劣,寻求各教育政策方案内部之因果关系,并对各教育政策方案可能产生的后果作出预测的过程。"② 当然,关于教育政策分析,从不同的角度看有多种分法。譬如,从教育政策过程看,有教育政策议程分析、教育政策决策分析、教育政策执行分析、教育政策评价分析;从不同政策层面看,有宏观教育政策分析、微观教育政策分析;从方法看,有定量分析、定性分析;等等。

本书借鉴孙绵涛教授教育政策分析理论,着重从特殊教育内容分析和价值分析、伦理分析做出论述。本章即首先对特殊教育政策内容分析和价值分析、伦理分析的概念、范畴、标准做出理论厘定,为后面的章节阐述特殊教育政策的总体结构体系、结构要素,以及揭示存在的问题,提供分析的理论框架和基础。

第一节 特殊教育政策内容分析

教育政策内容分析是一项较新的领域。由于教育政策内容分析不需要大量的研究人员和特别的设备,通过图书、互联网就能获得分析所需的数据资料,具有低成本、可重复、干扰少等优点。近年来,教育政策内容分析日益受到学者们的重视。更多的学者重视把教育政策内容分析作为了解教育发展和教育机构变革以及更好地促进教育发展的重要途径和方式。

我国关于教育政策内容分析除了孙绵涛等理论研究外,其他主要体现在杨润勇《热点教育政策分析》、范国瑞《教育政策观察》等的具体教育政策分析中。当前,我国专门化的特殊教育政策分析的研究尚不多见。大多是集政策内容、政

---

① 孙绵涛.教育政策分析:理论与实务[M].重庆:重庆大学出版社,2011.49.
② 袁振国.教育政策学[M].南京:江苏教育出版社,2001.266.

策执行过程和效果、政策环境分析于一体的综合性的实证化的研究成果。如：孟万金教授通过实证的方法所做的"关于推进残疾儿童教育公平"的一系列调查报告,分析了我国特殊教育发展现状及残疾儿童教育公平存在的问题,提出了加大特殊教育立法等建议。以陈云英和彭霞光研究员为代表所作的关于随班就读的实践支持保障体系的一些问题与建议；王雁教授关于特殊教育师资的政策研究等。

一、特殊教育政策内容分析概念

（一）什么是教育政策内容分析

孙绵涛教授认为教育政策内容指的是"教育政策文本中为解决教育政策问题而设定的政策规范"。[①] 他认为教育政策从纵向看可以分为总政策和具体政策两个层次,每个层次都有教育目标政策、教育途径政策、教育条件政策三种。[②] 从教育改革发展所涉及的要素来看,他又把教育政策分为教育质量政策、教育体制政策、教育经费政策、教师政策四大政策。[③] 教育目标政策体现在教育质量政策中,教育途径政策体现在教育体制政策中,教育条件政策体现在教育经费和教育人员政策（主要指教师）中。[④] 孙绵涛认为教育政策内容分析就是"运用一定的步骤和标准对教育政策文本中的政策规范进行分析。"[⑤]这样,根据他对教育政策的分类,教育政策内容分析既包括国家教育政策体系结构的宏观政策内容分析,也包括分析每一个基本教育政策内容的微观教育政策内容分析；同时每个层次都有教育目标政策分析、教育途径政策分析、教育条件政策分析三项政策内容的分析,或曰质量政策分析、教育体制政策分析、教育经费政策分析、教师政策分析四个方面。[⑥] 教育目标政策分析就是对培养人的质量标准的政策分析（质量政策分析）,教育途径政策就是对实现教育质量标准的政策分析（体制政策分析）,教育条件政策分析就是对保证教育途径发挥功能的政策分析（经费政策和教师政策分析）。同时,孙绵涛还确立了"对教育政策文本中的政策规范进行考察"、"确立并论证教育政策内容分析标准"、"对教育政策文本中的政策规范进行分析"三个步骤。关于教育政

[①] 孙绵涛.教育政策分析：理论与实务[M].重庆：重庆大学出版社,2011.67-81.
[②] 孙绵涛.教育政策分析：理论与实务[M].重庆：重庆大学出版社,2011.66.
[③] 孙绵涛.教育政策论[M].武汉：华中师范大学出版社,2002.77.
[④] 孙绵涛.教育政策分析：理论与实务[M].重庆：重庆大学出版社,2011.66.
[⑤] 孙绵涛.教育政策分析：理论与实务[M].重庆：重庆大学出版社,2011.67.
[⑥] 孙绵涛.教育政策论[M].武汉：华中师范大学出版社,2002.

策分析标准,孙绵涛教授基于教育政策的问题源流假设,从政策问题存在的整体视角,认为教育政策内容分析标准有:"全面系统性"、"科学性"、"创新性"的政策内容分析标准。"全面系统性"即教育政策内容能概括教育政策问题解决的所有问题,"科学性"即教育政策内容的各要素关系明确、逻辑清晰,"创新性"即教育政策内容根据形势发展所进行理论创新。袁振国教授认为教育政策内容是教育政策活动的"中间成果"、"活动的依据",属于"政策的核心问题"。① 宏观教育政策内容分析即是分析教育政策体系是有由哪些具体政策构成、它们之间的关系是怎样的,微观教育政策内容分析即是对具体教育政策中政策目标、对象和手段等政策要素的分析。②

（二）教育政策内容分析与教育政策文本分析概念辨析

当前,关于政策内容分析概念与政策文本分析概念,尚有一定混乱。政策内容分析有时也指文本分析。譬如,李刚教授、杨润勇研究员倾向以政策文本或话语分析来定义。李刚教授从话语分析角度看,认为政策文本是记录、保存政策信息的真实凭证。其中,文本的话语和语义则是最有效的客观凭证。他在《公共政策内容分析方法:理论与应用》、《话语、文本:国家教育政策分析》中就是将话语作为政策分析的基本单位,从有关政策主题信息的编码分析入手,进行政策信息语义的相关分析。杨正联教授在《公共政策文本分析:一个理论框架》中也把外在的话语符号作为政策话语活动的记录,认为公共政策话语作为政治系统中最重要的话语信息输出,从话语分析能为我们展示较为理想的公共政策认知平台。他认为一个完整的政策文本分析应当包括"语句构成分析"、"语句有效性分析"、"语句构成的系统性分析"三个层面。③ 在西方政策研究中也注重运用话语理论对政策文本进行分析和批判。例如,弗兰克·

---

① 袁振国. 教育政策学[M]. 南京:江苏教育出版社,1998.161.
② 袁振国. 教育政策学[M]. 南京:江苏教育出版社,1998.161.
③ 杨正联教授在《公共政策文本分析:一个理论框架》认为一个语法逻辑上完整的公共政策表述可以概括为:"现实事态为 A,它符合价值标准 B,因此应当采取行动 C,遵从与否的后果 D"。基于这个假设,他把公共政策文本话语相应的分为"实是"语句、"评价"语句、"行动"语句和"后果"语句。此即政策话语分析的四个基本变量。"实是"语句是指"公共政策话语以陈述的语气指示出,在公共政策话语所规划的行为发生之前,公共事务或公共问题的存在状态。"它是对公共事务或公共问题基本状况的认知和描述,反映着公共政策话语的客观性属性。"评价"语句是"公共政策话语中,体现公共权力对公共事态或公共事件进行价值判断的那一部分",它反映着决策主体的价值观念。"行动"语句是指"以规范性的语气(词)设定了相关主体的行为方式或行为取向",它反映着公共政策话语的'以言行事'性质。"后果"语句是指"以断言式的语气指出相关的行为主体在遵从或违背前述关于'评价'和'行动'话语规范的情况下将面对的利益得失前景",它反映着政策权威性或影响未来的强制能力。在语句构成分析基础上,他进而确立了"话语有效性分析"和"话语构成系统性分析",其中都分别涉及这四个变量的分析。

伯顿和帕特·卡伦(Frank Burton and Pat Carlen)通过有关法律和公共秩序的政府报告对官方话语进行的分析①；诺曼·费尔克拉夫(Norman Fairclough)对撒切尔主义的话语分析等②。在我国教育领域，孙绵涛教授则倾向使用政策内容分析的概念。他认为，政策文本不仅含有内容，而且还有形式；而文本形式不是重点。他主张教育政策内容分析可以不必涉及教育政策文本的形式，因此，取"教育政策内容分析"概念。在此，有必要把政策文本、政策话语和政策内容这三个概念作进一步揭示。

在《现代汉语大词典》(第五版)里，"文本"指"文件的某种本子（多就文字、措辞而言），也指某种文件"。③"内容"是指"事物内部所含的实质或存在的情况"④。"话语"是指"言语；说的话"。⑤ 当然，这里的话语概念的使用是哲学意义上的。根据海德格尔的说法，它不仅作为道出来的语言在所云中传达自身⑥（即索绪尔的"能指"），而且还有一个意义"筹划所向"的"前结构"⑦，蕴涵着"此在之领会"（即索绪尔的"所指"）。同时，根据福柯观点，话语不是自然而就的，而是社会权力关系的产物，话语本身的构成规则预先设定了权力关系。

可见，文本本意包含有话语内涵。那么，政策文本就是政策制定者通过语言形式保存和记录政策制定者的目的、权力意志和行动方案及其逻辑。政策文本分析就是探求保存于文本之中的政策制定者的目的、权力意志和行动方案及其逻辑。国家教育政策文本作为政策制定者以国家权威做出的目的、权力意志和行动方案及其逻辑，就是以国家官方话语的（权威性话语）表达行动方案和目的、体现权力和意志、嵌入教育意义结构和命题。也就是说，教育政策话语显然涵盖在教育政策文本中。但是哲学意义上的话语是一个极具内涵的意义根源，教育政策话语尽管内涵在教育政策文本中，需要凭借教育政策文本来解读，可其意义远远超越于教育政策文本，给予并构成了教育政策文本无比丰富的东西。这些东西既有在教育政策文本之内的原意，也有在教育政策文本之外的超越意义，譬如上述指出的权力意义。这些东西一并构成了教育政策文本内外无比丰富深刻的内涵，且这些东西都是教育政策"内部所含的实质或存在的情况"，即体现了

---

① Frank Burton & Pat Carlen. Official Discourse[A]. John Scott. Documentary Research[C]. London. SAGE, Volume 3, 2006：3.
② Norman Fairclough. Language and Power[M]. London. Longman, 1989：169-179.
③ 现代汉语大词典(第五版)[M]. 北京：商务印书馆,2005.1426.
④ 现代汉语大词典(第五版)[M]. 北京：商务印书馆,2005.988.
⑤ 现代汉语大词典(第五版)[M]. 北京：商务印书馆,2005.91.
⑥ 海德格尔：存在与时间[M]. 陈嘉映，译. 北京：三联书店,2006.189.
⑦ 海德格尔：存在与时间[M]. 陈嘉映，译. 北京：三联书店,2006.177.

《现代汉语大词典》"内容"概念的含义。因此,笔者认为,教育政策内容分析概念更为科学合理,应当把文本分析与话语分析限定在政策内容分析中。

(三) 特殊教育政策内容分析概念与方法

笔者借鉴孙绵涛和袁振国教授观点认为,特殊教育政策内容分析是我们认识特殊教育政策、分析改造特殊教育政策的一种工具,它是用一定的步骤和标准对特殊教育政策文本中的政策规范进行分析的方式、方法和过程。特殊教育政策对象、政策目标以及实现目标的政策措施安排,是特殊教育政策内容分析的核心要素;确立特殊教育政策内容分析标准和进行特殊教育政策文本的考察是特殊教育政策内容分析的前提;揭示特殊教育政策内容构成、特点及其存在的问题并提出应对建议是特殊教育政策内容分析的目的和任务。同时,本研究认为,特殊教育政策分析同样也可分为宏观的总政策和微观政策两个层面;但是笔者认为,它们之间是相互联系的、不可分离的,不能孤立地去看待。它们共同构成了特殊教育政策总体结构体系,因为宏观特殊教育政策分析其实离不开微观政策内容分析的支撑,微观政策中政策目标、对象和措施方案等政策要素其实是解释宏观政策逻辑关系并构成宏观政策内容分析的必要部分。即使宏观的教育政策内容分析既要看到宏观政策体系结构组成的具体政策及其关系,又要看到具体政策文本中的政策要素是怎样为构成这个宏观的政策体系服务的。

从话语视角看,笔者认为特殊教育政策文本作为特定时期特殊教育发展及其机构变革的记录和保存,特殊教育政策文本的制定、修改或废止等都记录了特殊教育内部及其外部整个教育、社会系统的变化、问题、压力等反应信息,反映着特殊教育在社会结构和组织中的变迁。它以其公开性、客观性和一定时期的稳定性、持久性,能为研究特殊教育发展变革,揭示政策主体的目的、价值及其政策措施方案,进一步完善特殊教育政策,提供凭借。特殊教育政策内容分析要基于特殊教育政策文本及其话语,以政策文本和话语的分析涉入到政策内容分析本身,即主要是通过对特殊教育政策文本数量和主题词等关键符号的定量分析,以及对文本性质结构和关键符号背后的话语内涵的定性分析,来揭示特殊教育政策文本的主要信息及其特征,以及更深刻的话语本质内涵。也就说,既要通过文本外部做定量分析,又要深入到构成这些政策文本的话语内部作定性分析,以此发掘文本"深层结构",考察特殊教育政策运作本质。在这里,从内容构成看,对政策内容的分析主要涉及文本数量、性质和结构;关键符号分析主要涉及主题词(句)的数量(词频)、语义及其问题域结构和所涉及的知识谱系。其中,主题词语义主要指话语本身的含义、性质、色彩及其外延等,包括话语义意和语用意义;问题域结构主要指主题词话语所表达的语义在不同问题之间的内在关系和逻辑(譬如"义务教育普及率"指标在表达"效率价值"和"公平价值"之间的内在联系);话语知识谱系主要指主题词话语本身的表达方式、性质等性状所反映出来的社会知识属性,这些知识属性包括话语结构特点、权力特点、阶层特点、职业特点等,在这里主要用来揭示该话语知识谱系所专属的"说话者"的身份、背景等信息。

同时,借鉴杨正联教授公共政策文本分析框架,特殊教育政策内容分析还要立足政策话语的"实是"语句、"评价"语句、"行动"语句和"后果"句四个基本变量,分析它们的有效性及其构成的系统性。① 在这里,笔者根据特殊教育政策多为非法律文本的特点,仅从"实是"语句、"评价"语句、"行动"语句三个变量,来进行"语句有效性分析"和"语句构成的系统性分析"。杨正联教授认为,"语句有效性分析"是基于公共政策话语的"以言行事"性,从"实是"语句的真实性、"评价"语句的符合性、"行动"语句的可行性和"后果"语句的真诚性四个变量分析话语内容的有效性。"实是"语句的真实性是指公共政策话语对现实状况的客观性描述,它包括信息的准确性和全面性。"评价"语句的符合性是指"实是"语句的描述状况与特定的评价标准之间相一致程度的判断和表述。"行动"语句的可行性是指为人们的行为提出了一个预期的可能,要使行为真正地发生,以言行事效力真正的实现,它主要体现理论可行性和资源可行性两个方面(理论可行性指公共政策话语中的科学性成分,而资源可行性指公共资源在何种程度上支持行动的展开)。"后果"语句的真诚性指政府组织成员在何种程度上愿意或者有能力将其所断言的利益得失状况变为现实。"语句构成的系统性分析"是基于对"实是"、"评价"、"行动"和"后果"所构成的政策话语完整的逻辑过程,作为一个"应是"意义上的公共政策话语系统,从系统整体性分析、系统关联性分析、系统的外在性分析三个环节展开公共政策文本的系统分析。系统整体性分析是指在一项指向特定利益关系事件的公共政策话语中,必须包含有"实是"、"应是"、"行动"和"后果"这四个方面的话语形式,这是对一项公共政策话语的系统完整性要求,公共政策话语的效力就取决于这几部分话语内容的整合。系统关联性分析是指系统内各部分的内在关联性特别是指这四部分话语形式之间的逻辑联系,因为系统的内部整合度决定了系统效力的实现状况。系统的外在性分析是指公共政策话语系统为寻求表述上的合理性和合法性,并实现其现实效力,与外界(如科学界、媒体、社会大众、其他政治团体等等)发生的信息或能量的输出和输入关系。

---

① 杨正联.公共政策文本分析:一个理论框架[J].理论与改革,2006,(1).

这样，本书根据孙绵涛教授和笔者确立的政策内容分析标准，借鉴李钢教授政策文本主题话语分析和杨正联教授政策文本语句的有效性及其构成的系统性分析理论，拟从特殊教育主要政策文本中政策对象和目标、政策措施话语的主题词分析入手，结合"实是"语句、"评价"语句、"行动"语句三个变量，对特殊教育政策对象和目标、特殊教育政策措施及其整个政策话语构造的性质、内涵、表述等方面进行质性和量化分析，揭示特殊教育政策对象和目标、措施的全面系统性、准确性、科学性、创新性、回应性、周延性、可行性、权威性、有效性等情况，发现其存在的问题。

另外，据涂端午研究员对政策内容分析方法的三种类型分类：[①]一是比较纯粹的文本定量分析，最一般的表现是对文本中某些关键词的词频统计，重在描述文本中的某些规律性现象或特点，属于传统的内容分析；二是对文本中词语的定性分析，多从某一视角出发对文本进行阐释，属于话语分析范畴；三是综合分析，即文本的定量分析与定性分析相结合，对文本既有定量描述也有定性阐释甚至还有预测。本书侧重第三种方法，以综合分析来揭示特殊教育政策文本中的要素结构、问题及其关系。

二、特殊教育政策内容分析范畴

根据上述特殊教育政策内容分析概念界定，本研究认为特殊教育政策对象分析、政策目标分析、政策措施分析（或政策手段）是特殊教育政策内容分析的核心要素。本研究主要立足宏观特殊教育政策内容分析，在分析特殊教育政策对象、政策目标以及政策措施的基础上，把特殊教育政策总体结构分为总政策、基本政策和具体政策三个部分，分析它们的组成及其之间的关系，并从我国特殊教育政策总体结构体系上，把握其特点及其存在的主要问题。

（一）特殊教育政策总体结构体系分析

特殊教育政策总体结构体系是对特殊教育政策的宏观总体把握，是认识特殊教育政策的重要视角。特殊教育政策总体结构体系的内容分析即分析特殊教育政策体系是由哪些总政策、基本政策和具体政策构成的，它们之间的关系是怎样的。当然，特殊教育政策总体结构体系也涉及对教育政策对象、政策目标、政策措施，对特殊教育政策总体结构体系分析还要对教育政策对象、政策目标、政策措施这些结构要素的总体性安排做出揭示。它们同样是构成特殊教育政策总体的关

---

① 涂端午.教育政策文本分析及其应用[J].复旦教育论坛，2009(5):22.

键结构,对它们的内容分析是揭示特殊教育政策总体结构不可或缺的重要方面。

(二) 特殊教育政策对象分析

特殊教育政策对象,即特殊教育政策所欲"解决谁的教育问题"和"由谁解决"的"谁",它主要涉及政策主体中的人以及由人组成的组织、单位、机构等。它可能是依据政策问题来设定,也可能依据政治需要或整个社会政策要求来确定,但都体现了基于问题事实的目的理性和基于价值选择的价值理性。特殊教育政策对象分析特殊教育政策"解决谁的问题"和"由谁解决问题"的设计和安排。特殊教育政策对象是特殊教育政策主体的重要组成部分,是特殊教育政策的逻辑起点和价值旨归,特别是特殊教育政策所调整的目标群体是特殊教育政策存在的合法性依据。特殊教育政策对象包括特殊教育政策目标群体对象(利益调整对象)和达成目标群体利益的执行对象。[①] 特殊教育政策对象涉及广泛的人员、部门单位、组织机构和受教育人群。它不仅关涉经济社会水平差异的不同地区及其政府组织、职能和利益结构差异的不同部门单位及社会团体、办学条件和水平差异的各级各类学校,更涉及不同残疾类型和程度的残疾人群,关涉教育政策所调整的地区、学校及其他组织和残疾人群等利益关系。以残疾人为例,残疾人身心机能和障碍具有巨大差异性、存在与发展的多变性、认同标准的多样性等,常常带来界定难等诸多不确定性。虽然残疾人受教育权是宪法的赋予的法定权利,但是这仅仅是形式上消极权利,他们受教育机会权和受教育条件权往往受到国家特定经济社会条件的制约。经济社会发达时,特殊教育政策所认定的政策对象范围就会扩大,可能不仅是轻度中度残疾的残疾人,而且会惠及多重和重度、极重度残疾的残疾人,且教育政策保障的条件也会提高。再譬如,特殊教育多学科参与的学科特性,多人员、多部门参与的活动特性,政府、社会组织、学生与家庭等多主体利益博弈特性,使得特殊教育政策面对这个"多维综合的教育合作存在"[②]时,难免对政策所调整的人员、部门单位等产生权责不清、利益不明、内容不全、措施不到位等诸多问题。特殊教育政策对象分析就是要厘清特殊教育政策目标群体的边界及其变化,分析特殊教育政策对他们的价值、需要和利益的反映;同时也厘清政策执行对象的边界及其变化,分析他们的公共价值信念、权力竞争与合作、利益倾向等。

---

① 在这里,从政策构成的主客体角度看,执行对象也即执行主体;但,相对决策者来说,执行主体也是政策执行对象。本书出于后面章节"对象分析"的需要,一并把他们作为政策对象,而不再单独列出"执行主体分析",特此说明。

② 王培峰.特殊教育哲学:本体论与价值论的研究[M].山东人民出版社,2012.47.

(三) 特殊教育政策目标分析

特殊教育政策目标,即特殊教育政策活动所追求的结果或目的。它是决策者根据政策问题、政治需要或其他目的需求,而做出的价值选择,主要涉及"是什么"和"应该是什么"的问题。特殊教育政策目标分析即关于特殊教育政策"解决什么问题"或"实现什么目的"以达成决策者所要取得的东西。[①] 根据多源流政策创议理论,特殊教育政策决策可能来自于问题源流、政策源流或政治源流、法律源流。这决定了特殊教育政策目标设定,或者基于政策问题,或者基于政策和法律的价值选择,或者基于政治意志的考量和裁定,抑或是四者交汇打开"政策之窗"的目的预定。但无论如何它都是决策者基于客观需要和主观价值的选择,具有客观性,也具有很大的主观性,需要进行分析来澄清和匡正。

从目标性质看,特殊教育政策目标体系构成包括总体性目标和基本目标或阶段性目标,也包括普通目标和特殊性目标。总体性目标一般体现在宪法和法律规范等宏大的根本性政策规范中,是高度抽象的方针性指南。它是基于法律对残疾人教育目的的法定要求,具有长期性、法定性的特点。基本政策目标或阶段目标是总体性目标的具体化,主要体现在国务院及其教育行政部门各个基本政策的具体规范中。它是特定时期根据国家和社会的需要,基于法定目标而确定,具有阶段性、具体性、针对性。一般说来,主要包括在人才培养质量、师资培养与配置、教育经费和投入、教育制度与管理等方面。普通目标是指残疾人教育与普通健全人群教育一致性的目标规范。它是基于特殊教育作为国家教育事业的组成部分,且残疾人作为社会公民的一部分,具有与其他人及其教育一致性的普遍目标要求。这主要体现在《教育法》和《义务教育法》中。如,《教育法》提出"培养德、智、体等方面全面发展的社会主义事业的建设者和接班人。"《义务教育法》提出"培养有理想、有道德、有文化、有纪律的社会主义建设人才奠定基础。"这些是残疾人教育与其他人教育普遍性的法定目标。特殊性目标是指残疾人教育所独有的专门性目的要求。它是基于残疾人作为身心机能等显著差异的独特群体,特殊教育作为对这些特殊群体的专门性教育,而提出的独特的、差异性的目标要求。如,《残疾人保障法》提出的"加强身心补偿和职业教育",2009年国务院办公厅转发《关于进一步加快特殊教育事业发展意见》提出"注重学生的潜能开发和缺陷补偿,培养残疾学生乐观面对人生,全面融入社会的意识和自尊、自信、自立、自强精神",等等。

---

① 陈振明.公共政策学:政策分析的理论、方法和技术[M].北京:中国人民大学出版社,2004.115.

另外,从目标所包含的价值维度看,根据当前教育政策价值研究的共识,特殊教育政策还包括"教育稳定"、"教育效率"、"教育质量"、"教育公平"四个价值目标维度。它们依次成阶梯状排列,前者可称为基础性目标,后三者亦可称为发展性目标。当前,普遍认为这四个标准应当是一个好教育政策目标所应有的内在功能目标。其中,特殊教育政策作为资源分配和调整的权威手段和工具,主要体现为资源分配的公平和效率。特殊教育政策作为一种以权威力量规范、引导和判断特殊教育的基本手段和工具,主要体现在对特殊教育稳定、特殊教育人才培养和教育质量方面所具有的功能价值。因此,基于对特殊教育政策的这两个认识。笔者认为"教育稳定"、"教育效率"、"教育质量"、"教育公平"是分析特殊教育政策目标必须确立的四个维度。在这里,教育稳定政策目标是指特殊教育政策应当通过本身具有的规范、引导和评价手段,实现维持特殊教育正常存在并促进特殊教育发展的功能,这是最底层次的要求。教育质量目标是指人才培养的规格和标准,它是对残疾人的素质结构、能力水平等规格的要求,还包括教育教学的质量和水平的要求。这是特殊教育政策的基本目标。效率目标是指残疾人教育普及提高的发展目标。它是对特殊教育发展速度、特别是残疾人教育普及水平等有关指标的数量规定,具有可测量性、客观性等特点。这是特殊教育政策的一个最重要目标。教育公平目标则是指残疾人教育质量目标和效率目标面向所有残疾人群和城乡不同地区等均衡发展的和谐统一。它既涉及教育质量和效率,需要教育质量和效率来支撑;又是一个相对独立的目标,具有反映教育属性的独特价值功能。本书侧重把教育公平作为一个独立的目标维度和最核心的价值,来反映特殊教育的公益性和普惠性程度。主要涉及特殊教育资源、机会、权利和规则等在不同地区、城乡和不同残疾人群体之间的公平分配情况。当然,在这里需指出的是,"教育稳定"、"教育效率"、"教育质量"、"教育公平"四个目标在不同历史时期都有不同侧重,譬如,新中国成立后的50年代,特殊教育政策侧重教育稳定的价值选择,并获得了我国特殊教育发展的第一个高峰,这就是基于政治体制并依赖于政治体制要素而获得发展潜力;80—90年代,特殊教育政策侧重规模效益(特殊学校数量在校生、入学率等)的教育效率价值,实现了我国特殊教育发展的第二个高峰,主要就是基于义务教育的法律效力和投入要素的综合作用,获得了效率型发展的坚实动力;十七大至今,特殊教育政策侧重公平和质量为主的价值选择,特殊教育正在实现向"质量-公平"为主要特征的人本价值和民生意义转向,①其中充足高效的投入、优质均衡的师资、现代化的课程与教学资源和手段,是实现"教育稳定"、"教育效率"、"教育质量"、"教育公平"四个价值目标协调发展的重要因素。上述不同时期的政策目标侧重反映了不同条件下的政策价值选择,具有合历史与合逻辑的统一。所谓合历史就是指特殊教育政策是在现实时空中基于一定历史条件的选择,而合逻辑是指这种选择是从特定时空中抽取出来的一种特殊教育发展理论和思维,是与特定历史时期的条件相一致的,反映了合乎特定时期人们的目的需要和特定时期条件制约的对立统一。也就是说,不同时期的特殊教育政策目标的价值选择,无论从目的论还是道义论看都是"善"的,都有增进残疾人教育福祉的功利和目的"善";但是它们这些善品本身及其分配过程由于各种局限,可能存有不能很好适切时代需要,以及不具有更充分、更正当性的正义价值等问题。本书分析特殊教育政策的问题及正义局限,而不是否定合历史与合逻辑相统一的特殊教育政策善观。

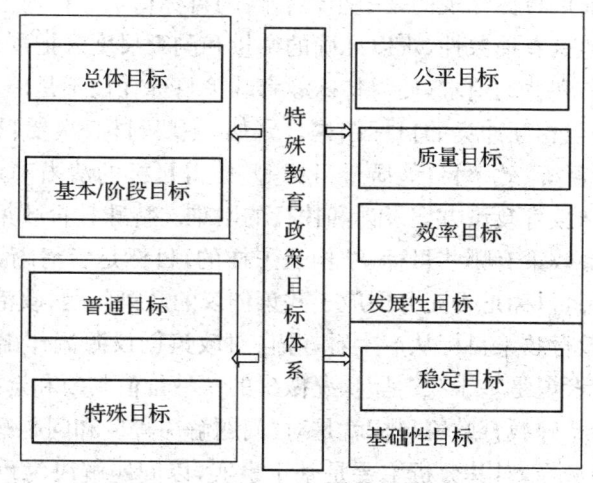

图 3-1-1 特殊教育政策目标结构体系图

上述目标划分是进行特殊教育政策目标分析的基本框架。本书即按照特殊教育总政策和基本政策两个层面,并按照"普通目标"和"特殊目标"两个方面,以及教育存在与稳定目标、教育质量目标、教育效率目标和教育公平目标四个维度进行分析。其中,义务教育政策目标是残疾人教育最为丰富系统的目标结构,亦是分析的重点。

---

① 王培峰、丁勇.我国特殊教育发展转向及其改革逻辑与重点领域[J].中国特殊教育,2015,(2):15.

在这里，特殊教育政策目标分析是一个十分困难的事情。因为，特殊教育政策不仅作为一种利益博弈、调整的社会现象，涉及社会价值分配的理性，而且还作为一项人道事业、一项政治活动，涉及很多善恶好坏的价值判断和政治、经济等因素。特殊教育政策目标就是一个经决策者价值判断而优先排列了的价值选择，是对特定时期政治、经济、社会以及特殊教育理想、问题等因素综合判断而选择的价值产物。特殊教育政策要达到什么目标，不仅要取决于客观的政策问题、党和国家政治意志、决策者自身（含机构组织）的价值需要，也取决于身在其中的经济、文化传统与历史、不同人群和不同部门利益博弈等因素影响。特殊教育政策目标不仅要反映特殊教育事业存在、发展以及残疾人身心成长价值；而且还要反映整个社会文明进步、政治民主和国家意志，具有不考虑成本的国家意志形态和政治敏锐性。这样，由于特殊教育政策具有很大的溢出性外部特征，也决定了特殊教育政策目标不可能仅仅是统计学的社会事实，而且是一个主观的价值判断。特殊教育政策目标体现的是一个综合性的目标追求。任何描述性的语言陈述都不可避免地具有抽象性，难以准确的衡量和测算尺度来把握。再者，对特殊教育公共价值和利益的追求，使得特殊教育政策目标往往不是单一的结构，而是一个多元的、甚至相互冲突的目标结构。譬如，主要目标、次要目标、长期目标、近期目标、公平目标、效率目标、质量目标等，使得目标的清晰确定十分不易，从而也带来了特殊教育政策方案设计和执行的困难。特殊教育政策目标分析就是要澄清特殊教育政策有哪些目标，结构是怎样的，目标是否清晰，目标设计是否全面合理或冲突，目标是否充分回应了政策创议的政策问题、政治与公共政策源流。因为特殊教育政策目标从产生看，源自对政策创议源流作出的一种"应是"的价值回应，或者说是基于"实是"状况做出的一种价值判断和选择。譬如，从政策问题源流看，特殊教育政策目标就是对"问题解决程度和问题解决目的"的"程度"或"目的"的选择，对其分析主要是基于事实，以问题解决为重点。从政治源流看，特殊教育政策目标就是决策者以政治利益和价值的判断做出的政治许诺，对其分析主要体现为以决策者价值理性、政治意志立场和需要为重点。从政策源流假设看，特殊教育政策目标是根据国家整个社会政策的统一部署（特别是国家教育政策的规划）而对特定社会价值在特殊教育领域的局部反映，对其分析主要体现为特殊教育政策目标与整个社会政策目标一致性及其具体化等性质和关系的分析。

（四）特殊教育政策措施分析

即分析特殊教育政策"达成政策目标的手段、措施或办法"。[①] 特殊教育政策措施是特殊教育政策内容的主干部分，它是依据政策目标而择优拟定的策略。一般说来，教育政策措施对政策目标的达成，主要解决"用什么达成"，"达成方法是什么"。很显然无非就是用人、财、物去达成，达成方法是发挥人财物最佳效益的组织管理体制。由此，教育政策措施主要包括教师政策设计、经费政策设计、课程与教学政策、学校政策设计（包括学校内部管理与学校建设标准等方面）和管理体制政策设计五个核心要素。在这里，政策措施中的人财物及其组织管理体制在整个政策活动中，相对政策对象的目标群体和执行对象都是政策客体，是达成教育政策目标的工具。本书的特殊教育政策措施分析主要从教师政策设计、经费政策设计、课程与教学政策、管理体制政策入手来分析。

特殊教育管理体制政策，即特殊教育管理的组织制度。特殊教育管理体制政策主要涉及意识形态、政治思想以及体制安排。它主要反映用怎样的组织形式和结构形式组织成一个合理有效的特殊教育系统，以及采取怎样的手段、方法来实现特殊教育系统的任务和目的。它主要涉及各级管理机构的设置及其隶属关系、权责划分，以及特殊教育机构的设置与管理，特殊教育机构与教育管理部门在办学权方面的权限划分，特殊教育学校内部管理体制等要素。具体说来包括：教育领导体制、学校教育制度（简称学制）、办学体制、学校管理体制和投资体制为核心的一系列教育制度。其中，领导体制、学校教育制度、办学体制和学校管理体制将一并分析论述，投资体制将在教育经费政策中单独分析。

特殊教育经费政策。特殊教育经费即国家用于发展特殊教育事业的费用，特殊教育经费政策即是规定解决如何筹措、分配、使用和管理特殊教育经费的政策。一般说来，它包括教育事业费（人员经费和公用经费）和教育基本建设投资（建筑校舍和购置大型教学设备的费用）等。特殊教育经费主要是以教育财政形式，由国家发挥政府公共服务职能进行公共财政支出，是国家管理控制特殊教育的重要途径和方式。

特殊教育教师政策。即对特殊教育教师培养培训，以及特殊教育教师资格、标准、入职要求、在职发展、业绩考核、人事编制、工资待遇、社会地位、社会保障和奖励等教师职业活动管理的准则和规定。

特殊教育课程与教学政策。即狭义上的教育教学政策，主要是国家教育行

---

① 陈振明.公共政策学：政策分析的理论、方法和技术[M].北京：中国人民大学出版社，2004.147.

政部门对特殊教育培养目标、课程与教材安排、教学要求等做出的方案和计划等准则,是国家以课程与教学为途径对特殊教育进行的管理控制。

　　特殊教育政策措施往往涉及整个教育乃至全社会的许多方面。一方面特殊教育政策措施的形成常常具有依附于普通教育政策措施的路径依赖惯性。譬如义务教育等很多政策措施是直接演绎或移用普通教育方案的手段、措施,或者将特殊教育政策措施安排直接置于普通教育政策中一并实施,缺少对特殊教育政策目标的针对性、有效性设计。另一方面,很多特殊教育政策措施来自特殊教育实践者的直觉和判断,具有明显的经验性。再者,还有一些特殊教育政策措施是类比其他解决类似问题的办法而借鉴来的,或者经过文献分析借鉴别人类似的成功办法而成的。譬如上海市的"医教结合"政策实践等主要是借鉴美国个别教育计划等实践而形成的。但是这种方法的最大弊端就是缺少适应本地实际情况的"水土不服"问题;另外,某些权威领导机构或个人的话语或意志对特殊教育政策措施的影响也是导致方案设计合理性不足的一个重要原因。这也就是说,特殊教育政策措施对很多决策者而言并不都是清晰的、科学的,决策者知道想要什么,但不能清楚地知道如何才能有效地获得与实现;或者说一个目标往往有很多实现的措施,但最佳的措施并不是能准确选择的。因此,加强对特殊教育政策措施的分析是非常有必要的。

三、特殊教育政策内容分析标准

　　政策内容分析标准是揭示政策内容问题、提出政策建议所必有的前提和尺度。当前,教育政策内容分析标准尚不多见。袁振国教授认为一个好的政策应该是目标明确、对象界限清晰、手段有效而可行的政策。[①] 孙绵涛教授提出了"全面系统性"、"科学性"、"创新性"的政策内容分析标准。"全面系统性"即教育政策内容能概括教育政策问题解决的所有问题,"科学性"即教育政策内容的各要素关系明确、逻辑清晰,"创新性"即教育政策内容根据形势发展所进行理论创新。[②] 显然,上述二位教授是基于"问题解决模型"、以问题为中心的政策内容创建与评析的考量。譬如,孙绵涛教授基于教育政策的问题源流假设,认为教育政策内容是"源于问题而又高于问题从而达到一定的理论抽象"[③]体系。笔者认同政策分析的"问题理性"逻辑起点,接受孙绵涛教授上述的政策内容分析标准;但

---

① 袁振国.教育政策学[M].南京:江苏教育出版社,2001.266.
② 孙绵涛.教育政策分析:理论与实务[M].重庆:重庆大学出版社,2011.96.
③ 孙绵涛.教育政策分析:理论与实务[M].重庆:重庆大学出版社,2011.98.

是,特殊教育作为人类文明发展到一定高度的"正义关照"、"人性之花"、"道德之花",[①]很多时候,特殊教育政策未必是由公共问题引发的,而是人类社会文明正义的政治诉求和《世界人权宣言》、《残疾人权利公约》等国际规约以及国内相关立法、社会公共政策规划实施的需要。笔者认为,特殊教育政策内容分析标准,除了坚持孙绵涛教授提出的"全面系统性"、"科学性"、"创新性"外,还应坚持权威性、周延性、回应性、可行性、准确性的分析标准。

（一）权威性

这是特殊教育政策政治源流生成所应有的分析标准。政策本质上是政治控制的工具和手段。[②] 特殊教育本源于人性解放、人权崛起,具有体现残疾人的尊严、保障其平等权利的政治蕴涵。[③] 特殊教育政策作为对残疾人受教育利益保障和调整的规范,首先就表达了国家和执政党对维护和增进残疾人教育权益的一种权威政治意志。这种政治意志相比其他儿童及其教育具有凸显政治权威的优先性。在民主社会中,面对不同人群利益结构及其利益博弈和多元吁求等背景,如何公正的分配全社会价值是检验国家和政党政治合法性的首要问题。特殊教育作为对社会弱势群体的关怀就是体现社会公平正义、检验政治合法性的一面镜子。残疾人在利益竞争中的社会弱势性决定了特殊教育必须是国家予以强力政治权威保障的、去竞争性的社会公共品,特殊教育政策本身必须蕴涵国家强力的权威政治力量,从而对全社会发挥一定的强制性、支配性,以确保残疾人不因弱势影响对特殊教育公共品的获得。因为,残疾人身心能力、社会地位以及社会创造极其弱势,在经济社会尚未发展到消灭阶级和私有制、物质和资源尚未极大丰富,而利益竞争和边缘弱势群体总是常态存在的情况下,对残疾人的教育支持毕竟是有限的、有困难的;只有运用权威政治力量,才能获得维护和增进残疾人教育公平的强大的社会支持。政治权威性应是特殊教育政策内容分析的一个重要标准。

我国政策决策和实施具有对政治权威路径依赖的惯性。运用政治手段、政治观念,以政治活动的权威方式创议和制定特殊教育政策是特殊教育政策最有价值的地方,以政治的公共权力发挥对特殊教育及其政策的影响是特殊教育政策政治源流的神奇魅力。这种权威性一方面表现在特殊教育政策本身在整个国

---

① 王培峰.特殊儿童教育公平问题的审思:特殊教育政策伦理分析的视角[J].中国特殊教育,2014,(3):3.
② 陈振明.公共政策学:政策分析的理论、方法和技术[M].北京:中国人民大学出版社,2004.5.
③ 王培峰.西方特殊教育内涵的历史分析[J].现代教育科学(高教版),2011,(3):156.

家教育体系中的地位,另一方面表现在特殊教育政策决策主体的权威性上。前者主要指特殊教育政策在整个国民教育政策体系中的身份认可及其定位。后者主要指决策机构的权威性及其权力地位,包括在整合有关社会资源方面所实际具有的资源、身份、能力、话语等方面的影响力、支配力,它具体而真实的影响特殊教育政策对问题解决或目标实现的效度。在我国,全国人民代表大会及其常务委员会是赋予特殊教育政策政治权威的最高组织,它通常以立法和法律的权威形式来保证。党和政府及其教育行政部门则通常以纲领、规划、意见以及法规和部门规章等形式来保证和实施这种权威。

(二) 周延性

这是特殊教育政策的政策源流生成立场所应有的分析标准。特殊教育政策一方面作为履行《世界人权宣言》、《残疾人权利公约》、《儿童权利公约》等国际规约的践约行动,是以国际规约奠定了特殊教育政策的基础和依据;另一方面特殊教育政策作为国内社会公共政策的组成部分,不可避免的要以《宪法》、《教育法》、《残疾人保障法》、《义务教育法》等相关法律和其他教育政策的整体安排为基础,且随这些政策的变化而变化。特别是在当今全球化、经济社会发展一体化的时代,特殊教育政策难以脱离国际法及有关政策的规约,也不可能脱离有关法律以及经济社会发展的整体规划和决策布局。由此,特殊教育政策背后可能有着上述两个政策根源的影响。这种政策源流在特殊教育政策中占据着相当大的份额。我国的特殊教育政策很多都是应对或顺承上述两个政策影响而对残疾人教育实施的"履约"政策或"补充"政策。如何符合和顺承有关国际规约而践约履责,如何按照国内有关法律规范和特定时代的经济社会发展规划而补充完善,是特殊教育政策必须面对的另一个重要因素,也是特殊教育政策内容分析的重要尺度。

在这里,暂且借用逻辑学里的"周延性"概念来反映和描述特殊教育政策与上述政策源流的关系。周延性本是指普通逻辑里关于判断的周延性问题,指的是在性质命题中对主谓项外延数量的反映情况。本书中特殊教育政策内容的周延性分析标准,是指特殊教育政策的内容对相关国际公约和国家法律、公共政策(特别是法律)的回应程度和反映程度。在这里,它不同于"科学性"分析标准对政策目标、对象和手段等政策要素间逻辑关系的强调,而是强调特殊教育政策整体对相关国际公约和国家法律、公共政策、内容设计和措施安排的一致性、包含性。

(三) 回应性

特殊教育政策是以国家权威对残疾人目标群体实施的价值分配。残疾人尽管是政策价值主体,但是他们主体地位极为孱弱,意志表达极不充分,价值反映也极不到位,其利益诉求表达往往依赖于政府、学校、残联等社会组织的间接途径;特别是政府往往作为残疾人教育利益的合法代言人,替代残疾人表达利益,反映价值。这样,特殊教育政策对残疾人利益的调整和维护在很大程度上主要依赖于政府自身的自觉自律。但是,政府也是理性的经济人,有着自身利益和成本-效益的算计,且在资源紧张以及社会转型的特定时期,其"合法代言人"的公共性往往面临挑战。例如,在20世纪90年代市场经济推进时期,有的地方政府依据《残疾人教育条例》支持特殊学校办工厂、出租校舍,甚至出现乱收费等违背教育公平、减低特殊教育社会公益性的现象。可见,如何保证特殊教育政策及时充分地回应残疾人教育价值和利益诉求,是一个不可忽视的重要问题。特殊教育政策应当以这种回应性来检视和评价自身的正义性,同时亦应把回应性作为特殊教育政策内容分析的重要标准。另外,特殊教育政策也是社会政策的组成部分,是社会价值分配系统在特殊教育领域的延伸,它亦应对相关社会政策价值及其分配规则作出相应的一致性的回应。

再者,根据杨正联教授话语分析观点,政策内部组成的"实是"语句和"评价"语句之间也存在着一种"符合性"回应关系,同样适用回应性标准。它主要体现在政策目标设定对政策问题等创议源流的回应程度。杨正联教授认为,"符合"就是指"实是"语句的描述状况与特定的评价标准之间相一致程度的判断和表述。[①] 之所以强调这种"符合",其意义就在于:一方面,由于政策目标与政策问题之间使用话语文本的语言工具来连接的,而政策问题与政策目标在客观事实与主观价值判断交织中所固有的复杂性为这两者之间的连接带来了一定的变数。"符合性"就是要通过话语意义提供一种可论证性的标准,以表达它们之间的互动关系及其情况。另一方面,按照杨正联教授的说法就是提供"符合化"的引导。即政策目标通过对政策问题的"符合"而赋予自身合法性地位,并维护、保护和推广。因为,政策问题"实是"本身就具有"以言行事"和"社会建构"的功能。政策目标对政策问题的符合,能够通过政策问题的解释和政策目标的价值判断引导社会成员的价值观念和认识态度,从而形成社会广泛认同的认识基础,特别是政策目标群体能够获得对自身利益获取状况的认知而产生共识,为政策目标设定及其措施执行获得广泛支持,起到以政策话语实现社会构建的功能。

由此,根据特殊教育政策的多源流创议特点,笔者认为特殊教育政策的回应性标准主要有以下几个方面:一是指特殊教育政策满足残疾人教育利益需要以

---

① 杨正联.公共政策文本分析:一个理论框架[J].理论与改革,2006,(1):24.

及反映其价值的程度。它包括特殊教育政策对残疾人诉求回馈和反应的迅捷与充分程度、所持有的积极态度、产生的积极效果等维度。二是指特殊教育政策决策对社会政策、教育问题和政治创议因素诉求的回应性。它包括特殊教育政策对社会政策、教育问题和政治诉求回馈和反应的迅捷与充分程度、所持有的积极态度、产生的积极效果等维度。从政策文本本身话语结构看,这些标准主要体现在政策要素之间的对应程度或"符合性"程度。这些标准应是现代国家政策制定必须具备的时代特征,特别是当前我国政府向公共服务职能的转变所必须具有的能力和态度;同时,也是现代特殊教育满足残疾人多样性的个性需求和价值的必然。它体现了国家运用特殊教育政策服务残疾人的人本关怀。特殊教育政策内容分析应以回应性标准来审视和衡量。回应性所检视的主要是政策问题界定对残疾人教育利益反映的清晰程度,政策价值、目标对残疾人教育利益的反映情况,政策措施设计对残疾人教育利益的保障的关照情况,政策执行对象特别是有关职能部门的职能界定和责任划分情况等。另外,社会组织等公众在政策活动中的情况也是反映特殊教育政策回应性的重要维度,因为回应性强的政策必定是充分吸纳和发挥公民广泛参与,政策的制定、执行、监督等各个环节,公民参与越多越广,往往政策回应性越大。

(四) 可行性

特殊教育政策本身就是在社会系统中形成,并依赖于社会系统的参与支持。特殊教育政策活动必然涉及社会各个方面并受其影响。譬如,党委对特殊教育政策表征社会文明正义等外部性社会价值的注重,教育行政部门对大多数残疾人接受义务教育方面及其对义务教育普及率的偏重,残联等社会组织对残疾人教育中的就业技能和身心康复的偏重,立法和其他人权组织对所有残疾人平等受教育权的重视,理论研究等专业团体对残疾人教育现实的批评及其超现实的理想希冀,残疾人家长对残疾人通过教育谋生自立、改变现实的期盼,等等。不同的价值倾向和方法,可能使得对特殊教育政策活动本身成为一个复杂的社会结构,且由于涉及利益群体不同、利益倾向和观点的差异,这些目标与执行活动等可能是多元的、甚至相互冲突的。由此,特殊教育政策的可行性问题便成了政策活动的一个重要方面,它主要体现在政策方案设计安排上。可行性是进行特殊教育政策内容分析的一个重要准则。

在这里,可行性是指特殊教育政策相对于预期解决政策问题或预期实现政策目标而对现有的可利用资源条件的判断。它关系到政策实施的成败。一般说来,它主要体现在与技术资源、经济资源、政治资源和行政资源方面的适应与支持情况,即包括技术可行性、经济可行性、政治可行性和行政可行性。[①] 技术可行性分析是指分析方案设计的技术或方法的有效性(或效能)情况,分析它与目标以及目标真实变化的关系强度,澄清它是否具有实现目标的可能,或者能在多大程度上促进目标实现。经济可行性分析是指分析政策方案能获得的经济资源支持情况以及"成本-效益"的情况,澄清政策方案达成目标的有效性程度。政治可行性分析是指分析政策方案所需要的政府组织权威意志等政治资源支持情况以及群众接受的支持情况,澄清政策方案的权威性、群众基础性。行政可行性分析是指分析政策方案贯彻执行的可操作性情况以及相关行政机构的能力情况,澄清政策方案具体化措施以及执行中相关行政机构的权力和控制能力、现有的制度支持情况,其中执行机构的能力、制度的适应和承诺是潜在的行政支持力量,是行政可行性分析不可忽视的重要内容。

（五）准确性

特殊教育政策是基于特殊教育事实和理想的一个描绘方案,它既基于特殊教育事实以权威机构的合法性进行教育利益和资源分配的协调控制,也基于特殊教育理想以权威机构的合法性引导特殊教育发展,规范人们的行为。也就是说,特殊教育政策具有很强的人文性质,它不可能像自然科学那样建立一个数字表达的模型或集合,也不可能完全用数字来描述特殊教育政策。特殊教育政策用语言描述是反映特殊教育事实与发展,表达特殊教育研究成果,以及制定特殊教育政策的主要形式。尽管当前特殊教育实践与研究非常注重实证经验,特别是医学、心理学的数据测量和分析,但是特殊教育作为"培养人的活动"性质决定了它具有超越现实的价值性,且残疾人身心的巨大差异也使得它无法以一个模型来概括。以真实信息和语言陈述为主是特殊教育政策文本的主要表现形式。然而,对于特殊教育有关信息的真实性,以及特殊教育政策语言的准确描述,是深受特殊教育信息管理以及政策制定者的素质等客观与主观条件制约的。这就对语言陈述及其相关信息的运用提出了准确性的要求。

准确性是特殊教育政策文本的信息及其语言表达的一个基本要求。这是特殊教育政策内容分析必不可少的重要准则。譬如,对政策问题陈述的准确性,对政策目标陈述的准确性,等等。其中,真实准确的揭示和界定特殊教育政策问题、设定特殊教育政策目标和方案是特殊教育政策科学合理性的重要体现。准确性应当作为反映和评价特殊教育政策的一个重要标准。特殊教育政策应以准

[①] 陈振明.公共政策学:政策分析的理论、方法和技术[M].北京:中国人民大学出版社,2004.206-212.

确性标准确立起自身一个重要维度。一般说来，特殊教育政策的准确性包括信息的准确性，语言表达的准确性。它反映的是特殊教育政策文本信息的真实程度，及其文本语言对政策问题、目标、方案等陈述与客观实际的接近程度。

另外，需指出的是，根据杨正联教授话语分析观点，孙绵涛教授确立的"全面系统性"标准还应包括政策本身话语构成的完整性，即实是语句、评价语句、行动语句和后果语句的构成情况。

第二节 特殊教育政策价值分析

调整特殊教育的主要规范是法律规范和其他政策规范。它们尽管有着合法律性或政策性的事实，但不能说明其具有充足的价值正当性。根据休谟观点，正当性和合法律性是两个不同的概念，正当性是规范性的价值命题，合法律性是事实性命题。也就是说，正当性不能通过合法律性来确定。从特殊教育政策事实性命题并不能必然推导出其价值性命题及其正当性。特殊教育政策的正当性还是需要特殊教育政策价值分析来完成，借此帮助我们更好地检视特殊教育政策存在的正义局限。

教育政策价值分析一直是特殊教育政策分析中最为核心的问题，是特殊教育政策分析的一个重要维度。它主要对特殊教育政策价值正当性问题进行分析。特殊教育政策价值分析，首先要厘清特殊教育政策价值认识论、价值分析范式和分析范畴，确立特殊教育政策价值分析的标准，这是进行特殊教育政策价值分析的必要前提。

一、特殊教育政策价值认识论

教育政策是价值选择的结果，是对价值的权威分配。价值问题始终是教育政策的核心和灵魂，它不但以价值分配的形式直接影响教育政策活动，且其价值分配本身就是教育政策。确立合理的特殊教育价值认识论是正确认识特殊教育政策和开展特殊教育政策分析的首要前提。

（一）教育政策价值认识论检视

对教育政策价值的认识，首先来自对教育政策的本体理解。正是由于对教育政策本体理解的多元，带来了教育政策价值论的多样性。对教育政策价值的认识，目前主要体现在孙绵涛和刘复兴教授的论述中。例如，孙绵涛教授突出了教育政策对教育活动的指导性和规范性特点的理解，认为教育政策是"政党、政府等政治实体在一定历史时期,为了实现一定的教育目标和任务而协调教育的内外关系所规定的行动依据和准则"①。由此,他提出教育政策是"两对三层"价值的统一,即教育政策的个体价值与社会价值、工具价值与目的价值这两对相互依存的价值,在教育政策隐性价值与显性价值、应然价值与实然价值、直接价值和间接价值这三层价值上的表现。② 刘复兴教授则强调了对教育政策的社会整合功能的理解,认为教育政策是"调整教育领域的社会问题和利益关系",③教育政策价值基于所调整的关系不同而具有不同的价值。他借用韦伯的社会学方法把教育政策价值分为实质价值(目的价值)和形式价值(工具价值)。对教育政策价值的多元理解其实正是丰富和深化教育政策价值认识的过程,也从一个角度说明了教育政策价值的歧义性,反映了教育政策主体特别是政策制定与执行主体对教育政策活动的重要影响,引起了人们对教育政策价值的充分重视。笔者认为,对教育政策价值的认识必须首先确立教育政策价值认识论。下面按照价值哲学的"客体说"、"主体说"、"关系说"进行批判分析,并揭示教育政策价值认识论的内涵。

教育政策价值客体说。即基于价值是客体属性反映的认识,认为教育政策具有"导向、协调、控制和规范"等客观的功能属性,④价值也是客观的,不以人的意志为转移的。这种价值学说,注重教育政策客体的客观功能和效用,体现出鲜明的科学工具理性,基于这种价值的教育政策具有程序简单、易操作、便于推行等优势。但它常常忽视和抑制不同教育政策主体的价值存在和需要,把教育政策的功能属性特别是外在的政治教化功能、社会维持和整合功能以及教育存在与发展的功能等作为教育政策的价值本身,教育政策主体也就无所谓价值追求和理想愿望,只需服从教育政策的要求,按部就班"处事"即可。譬如,"文革"期间,侧重教育政策的政治功能,以教育政策的政治工具性替代了人的主体需要,无论什么地区,什么教育,什么人,多大的人,都必须服从教育政策的政治价值意志。在改革开放的 90 年代,则又特别强调教育政策的经济功能,强调教育为经济建设服务,以经济性遮蔽了各级各类教育及其人的其他价值需要。由于经济

---

① 孙绵涛,等. 教育政策论——具有中国特色的社会主义教育政策研究[M]. 武汉:华中师范大学出版社,2002.11.
② 孙绵涛,邓纯考. 错位与复归:当代中国教育政策价值分析[J]. 教育理论与实践,2002,(10):17-20.
③ 刘复兴. 教育政策价值分析的三维模式[J]. 教育研究,2002,(4):15-20.
④ 孙绵涛,邓纯考. 错位与复归:当代中国教育政策价值分析[J]. 教育理论与实践,2002,(10):17-20.

价值体现为效率和工具的本性,先天蕴涵着对公平选择的轻视和对人目的意义的价值关怀的淡失,因此,人的缺位、教育公平的偏离自然是这种教育政策价值认识的必然。这显然不符合现代社会制度和我国和谐社会建设需要。

教育政策价值主体说。即基于价值是人的主观需要的观点,认为"教育政策价值要受到主体需要的规定和主体自身价值、伦理和能力等因素的制约",教育政策是"政策主体意志对象化的产物"。① 它依赖于人并存在于人的主观观念中。这种教育政策价值观,强调教育政策主体意志作用,特别是政策决策主体的意志和需要,认为决策主体的价值标准就是教育政策价值标准。它虽然具有易于发挥教育政策主体的积极性、能动性以及快速有力执行的优势,但它往往忽视教育政策客体属性和规律,甚至把政策决策主体的意志与需要作为政策的价值根源,以独裁的意志凌驾于教育政策客观属性和规律之上。一方面,使得这种教育政策价值完全取决于政策决策和执行者的善,以他们自律的程度决定政策价值的正当性。公平正义失去了制度保证,或牺牲在效率追求中,或损耗在各级层层的执行中,政策变形、政策走样问题常常发生。另一方面,忽视教育政策的客观属性和规律,可能导致教育政策活动违背教育规律和人的成长要求,贻害教育和人的健康发展。例如,"文革"期间,轻文化学习而重视"学工、学农、学军","终止高校招生考试制度","上山下乡"等,从某种意义上就是教育政策决策主体的高层意志在特定时代背景下的反映。今天,教育发展的不均衡等教育公平问题成为严重的社会问题,其背后无不有着上述教育政策价值认识偏颇的根源。

教育政策价值关系说。这是当前教育政策价值认识的主流观点。即基于价值是客体属性对主体需要满足的认识,认为教育政策的价值应该是"教育政策的客体属性与主体需要在实践基础上所形成一种效用关系"②,"教育政策的客观属性满足教育政策主体需要的一种关系"③。这很好地解释了教育政策价值形成,但是也带来以下两种质疑。(1)教育政策所具有的"导向、协调、控制和规范"等属性是先天固有的吗?教育政策的客体属性功能实质上是教育政策主体赋予的。教育政策的功能属性不同于其他自在之物的最大区别在于,所谓的客观属性其实是主观的,是可以人为建构和解释的东西,这从逻辑起点上留下了教育政策客观属性之善的歧义和质疑。(2)教育政策主体的需要是一元、一致的

---

① 刘永芳.价值范式及其对教育政策主体的价值分析[J].扬州大学学报(高教研究版),2004,(3):7-10.
② 孙绵涛,邓纯考.错位与复归:当代中国教育政策价值分析[J].教育理论与实践,2002,(10):17-20.
③ 刘复兴.教育政策价值分析的三维模式[J].教育研究,2002,(4):15-20.

吗？教育政策的主体是多元、多层次的，他们各自的价值观、利益需要等是多元的、复杂的，甚至是冲突的。孙绵涛教授把它分为"第一主体"（即决策主体、咨询主体、执行主体、评价主体）和"第二主体"（即对象主体）两个层次[①]。在这里，显而易见的是，由于主体在教育政策中的地位差别、需要差异和冲突是不可回避的，主体之间的利益冲突和博弈也难以避免。决策主体和执行主体是绝对的公共权力部门，而政策对象主体在阶层权力地位、诉求表达的说话者地位、信息占有地位等要素上都不具有平等的主体资格。这种"第一主体"和"第二主体"的理论预设及其事实存在，其实就是"主体-客体"关系的委婉表达。这样，必然导致不平等的支配与被支配关系，为公平正义的缺失或不足设下了逻辑必然。

（二）残疾人存在论的特殊教育政策价值认识论

通过上述教育政策价值认识论分析，可以发现，无论哪种价值说，都存有教育公平的"价值漏洞"，都难以担当起重建公平正义取向的教育政策价值理想的重任。这启示教育政策价值认识论，要避开上述主客二分的价值预设，重新寻找新的思想资源。

马克思的实践认识论为我们奠定了重要方法论基础。马克思把实践作为人及其世界存在的基础，打通了主体与客体的壁垒。在马克思看来，人是在实践过程中实现自我发展，实践才是构成人的生命之根、立命之本，是人的根本存在方式和生存本体。价值来自实践，价值作为人的属性，其形成与存在自然离不开实践这一根基。这样，一者，教育政策主体无论决策主体、咨询主体、执行主体、评价主体，还是利益相关者的对象主体，其实都无"第一主体"和"第二主体"的主次之分，它们都是政策活动实践中平等的一员，这无论从正义视角还是马克思实践视野看，都是应有的理论姿态；且他们与政策客体之间也没有绝对的主客之分。因为教育政策主体赋予教育政策价值，使教育政策客体属性反映和满足主体的价值需要，同时又受教育政策客体属性的制约。另一方面，他们在政策实践中既将自身价值需要赋予给政策客体，使政策客体具有主体特性，又将政策客体属性在满足自身需要的过程中深深地内化为自身的主体特性，使政策主体具有政策客体特点和要求。也就说，教育政策既满足和反映人的价值，又生成和改变人的价值需要；人既创造和和赋予教育政策价值，又接受教育政策价值特性的制约。二者，教育政策客体也无先天固有的"导向、协调、控制和规范"等属性功能之意，离开了政策主体的价值观和活动，政策客体也无法存在。它们在缺少实践的平

[①] 孙绵涛，邓纯考.错位与复归：当代中国教育政策价值分析[J].教育理论与实践，2002，(10)：17-20.

台上都是一堆虚无之物。我们所人为划分的政策主体、客体既不能单独构成教育政策价值的本体依据,也不能自动源出价值。其实,教育政策主体和客体其实都有所"不能",它们唯有被统一在政策实践的活动过程中,且只有在实践活动中,通过主体客体的不断转化和互动过程才能形成价值源泉。无论教育政策客体有无先天固有的"导向、协调、控制和规范"等属性功能,还是教育政策主体的价值需要,只有在实践的平台上,"才能使主体需要和客体属性处于价值关系中,并作为实践活动的固有内容,经过双向对象化而生成合目的性和合规律性相统一的价值"①。那么,特殊教育政策价值生成的基点是什么呢?是残疾人及其教育存在本身这一终极存在者。

首先,残疾人及其教育的存在是教育政策活动的基础和前提。特殊教育政策实践活动尽管因教育政策主体不同而表现出不同的政策活动,如立法机构的立法活动,政府和教育行政部门的政策规划活动,各社会团体的政策咨询活动、评价活动,社会群众的评价和监督活动等,但它们的价值朝向无不是学生及其教育的存在。正是在不同的实践上有着残疾人及其教育这一基点,特殊教育政策活动才有了价值依归,并经实践活动得以揭示特殊教育价值的源泉。从特殊教育作为培养人的活动而有别于其他活动、教育政策作为协调分配培养人的教育资源而有别于其他政策这一本体来看,残疾人及其教育的存在是根本和灵魂,失去了这两者,特殊教育政策也就失去存在的依据和载体,这特是作为教育学立场的教育政策研究者应持有的基本立场。

其次,残疾人及其教育的价值位居教育政策价值层级的顶端。从不同特殊教育政策主体的价值需要看,特殊教育政策价值表现也不相同。譬如对特殊教育政策来说,立法机构和党委等决策主体可能侧重特殊教育政策促进社会公平正义和文明进步的社会功能和政治功能;政府及教育行政部门等执行主体可能注重特殊教育政策的社会效益和效率;学校和残疾人及其家长利益主体、社会组织等评价和监督主体则可能更侧重维持特殊教育存在和发展,规范、批判和指导特殊教育活动与行为。由此,可以把特殊教育政策价值可以分为:民主与文明的政治价值、社会正义的民生价值、保障和促进特殊教育发展的教育价值、残疾人自由全面发展的人道价值,等等。在这里,根据祁型雨教授提出的教育政策价值的层级结构②,前面两者是外在价值、间接价值、工具价值,后两者是内在价值、直接价值、根本价值,特别是最后的根本价值是教育政策价值的核心所在,应居

---

① 祁型雨.论教育政策的价值及其评价标准[J].教育科学,2003,(2):7-10.
② 祁型雨.论教育政策的价值及其评价标准[J].教育科学,2003,(2):7-10.

于政策价值秩序之首,它相对于前三者是教育价值的终结者,是绝对的终极价值,前三者则都是工具价值。这符合当代"存在先于本质"的人本主义关怀,有利于防止残疾人在政治价值和社会价值的抽象中被形式化而落空。

这样,在实践平台上,我们可以厘定残疾人及其教育存在论的特殊教育政策价值认识论,我们有什么样的残疾人及其教育价值观,就可能有什么样的特殊教育政策活动及其价值。这是笔者所欲进行特殊教育政策价值分析的认识视野和逻辑依据。

二、特殊教育政策价值分析范式

所谓教育政策价值分析范式是"教育政策价值分析者在教育政策价值的分析思路、分析方法上及分析内容上所表现出来的综合特征"[①]。一般说来,由于价值的属人性、关系性、实践(过程)性,所以教育政策价值分析也主要是对教育政策主体与教育者政策客体关系及其实践过程的分析。但是,由于教育政策活动既是一个过程又是一个结果,从动态和静态的不同视角,从政策主体、客体及其过程的不同要素出发,都会有不同的价值分析视野,至今难以形成一个统一的定论。

对于教育政策价值分析的研究目前尚不多见。孙绵涛教授在新著《教育政策分析:理论与实务》一书中分析认为,对于教育政策价值的分析主要分为教育政策价值生成过程分析和政策本身价值分析两个范式。教育政策价值生成过程分析是对政策价值的生成过程进行价值分析,根据政策客体的属性、主体需要和政策活动过程的三个价值要素,把教育政策三要素作为整体来分析时,就是教育政策价值生成过程整体分析。当对教育政策各要素的价值观念进行分析时,就是教育政策生成过程的单项分析。教育政策本身的价值分析,就是对政策期望价值和政策效果价值的分析。前者可称为前价值分析,主要对象是政策决策者和咨询者利益博弈在价值观念的反映;后者可称为后价值分析,主要对象是政策对象和政策执行者以及不同政策执行者之间的利益博弈在价值观念中的反映[②]。孙绵涛教授本人是倾向于教育政策价值的过程分析的。他认为,教育政策价值分析"就是要透过教育政策的内容及教育政策过程,分析确立教育政策内容主体、教育政策决策主体、教育政策执行的主体所持有的价值观念"[③]。在这

---

① 孙绵涛,等.教育政策分析:理论与实务[M].重庆:重庆大学出版社,2011.74.
② 孙绵涛,等.教育政策分析:理论与实务[M].重庆:重庆大学出版社,2011.74-77.
③ 孙绵涛,等.教育政策分析:理论与实务[M].重庆:重庆大学出版社,2011.73.

个定义中,不难发现他把教育政策过程中政策主体及其主体间价值观念的纠缠和博弈作为教育政策价值分析的重点。刘复兴教授认为教育政策价值分析是"对教育政策活动的价值关系和价值问题进行确认和分析",且强调教育政策价值分析的研究对象主要是"教育政策活动的价值关系和价值问题"[①]。可见,他倾向于对教育政策的静态分析、问题分析(即单项分析)。为此,他从教育政策价值选择、合法性和有效性三个价值向度,实质价值(目的价值)和形式价值(工具价值)的价值内容,以及经验研究、规范研究、超伦理研究的三种方法,确立了教育政策价值分析的三维模式。

笔者认为,教育政策分析作为"教育政策的研究活动和评价活动,"[②]其价值分析即是对教育政策中关于"教育政策应当何为的分析",它以求善去恶为目的,通过对教育政策实然属性功能"是什么"、"如何是的"、"怎么样"等事实判断和分析,确立"应当何为"的应然政策理想信念和价值观,指导教育政策设计、执行、评价等活动。因此,教育政策价值分析应当体现在政策活动全过程。同时,根据马克思唯物主义实践论,实践是价值的源泉。这种实践特性决定了教育政策价值是一个生成过程,其价值分析亦是一个动态的实践活动过程。

为此,笔者认同孙绵涛教授的过程论分析范式,把特殊教育政策价值分析范式看作为对特殊教育政策价值生成过程的分析,认为特殊教育政策价值蕴涵在特殊教育政策主体与客体实践活动中,对特殊教育政策主体需要、客体属性及其实践的分析,能够揭示其价值根源与价值特点。这样,基于本研究对残疾人公平正义立场的侧重,本研究确立的特殊教育政策价值分析范式,即以残疾人及其教育存在论的教育政策价值认识论为基础,借鉴孙绵涛教授的教育政策价值的过程分析范式,确立"残疾人-教育公平"为总体分析标准的过程分析范式,主要对特殊教育政策主体价值选择的正当性及其对教育公平的影响进行分析。

三、特殊教育政策价值分析范畴

上述特殊教育政策过程论的分析范式也决定了特殊教育价值分析的基本范畴,即对特殊教育政策价值生成过程的整体分析。这样,特殊教育政策主体的需要、特殊教育政策的属性功能,以及特殊教育政策实践活动,就构成了特殊教育政策价值分析的基本要素。其中,特殊教育政策主体及其主体间价值观念的纠缠和利益的博弈是特殊教育政策价值分析的重点,它们以价值需要和利益倾向

---

① 刘复兴.教育政策价值分析的三维模式[J].教育研究,2002,(4):15-20.
② 孙绵涛.教育政策分析:理论与实务[M].重庆:重庆大学出版社,2011.49.

的方式对特殊教育政策客体属性功能,以及特殊教育政策决策、执行、评价等实践活动的过程进行着选择和取舍,并贯穿在特殊教育政策活动过程中,规定着特殊教育政策客体属性功能,直接制约着特殊教育政策价值的发挥和实现。其实,已有学者甚至干脆把教育政策主体作为教育政策价值分析的基本因素,认为教育政策客体和政策活动实质上是教育政策主体的"人的尺度"的反映,教育政策价值很大程度上就蕴涵在教育政策主体的价值理念中,对教育价值的分析在很大程度上也就是对教育政策主体的价值分析,特别是强调决策主体、执行主体和评价主体的价值分析,称教育政策是"政策主体意志对象化的产物","教育政策价值受到主体需要的规定和主体自身价值、伦理和能力等因素的制约。"[①]本研究的特殊教育政策价值分析亦认同这一点,以特殊教育政策主体价值为分析重点,放置于特殊教育政策客体和特殊教育政策实践活动中进行分析。在这里,特殊教育政策主体构成不仅仅是决策主体、执行主体和评价主体,还包括咨询主体、对象主体,他们由于社会阶层、经济地位、文化差异、利益取向和价值观念、表达途径的差异而导致不同的政策影响力,也产生不同的教育政策价值诉求,同时他们之间利益博弈的状况又导致不同的教育政策价值倾向。因此,对特殊教育政策主体构成及其价值和利益关系的分析,是特殊教育政策价值分析的重要方面。另外,特殊教育政策客体及主体对之的选择与实践是分析特殊教育政策价值的重要范畴。特殊教育政策客体的客体功能属性是决定特殊教育政策价值发挥的客观基础,制约着主体的需要。虽然特殊教育客体的功能属性也是有主体赋予的,但其一经形成就会有相对稳定的特点和边界。一般说来,任何教育政策的功能都有导向、规范和管理功能,但是这些功能所指向的对象和侧重点会有不同,且在特殊教育政策主体的选择中,主体价值需要必然影响所选择的功能。由于特殊教育政策过程实质上是特殊教育政策主体价值的展开,对特殊教育政策过程的价值分析,可一并作为特殊教育政策主体价值持存变化的过程进行分析。

四、特殊教育政策价值分析标准

特殊教育政策价值分析标准是评判特殊教育政策价值是非与善恶、审视特殊教育政策主体、客体及其活动的特定尺度。当今人本主义思想和道义论正义观是确立特殊教育政策价值分析尺度的逻辑前提,具体说来应坚守以下基本价值准则。

---

① 刘永芳.价值范式及其对教育政策主体的价值分析[J].扬州大学学报高教版,2004,(6):8.

(一) 公共性价值基本标准

特殊教育自从以政策和制度的形式确立以来,一直存在于社会公共空间。特殊教育政策价值分析必须把特殊教育政策放在社会公共空间的公共价值谱系中来分析和评判。众所周知,公共性即公开、公平、开放、平等的特性。它来自私性的存在,是从捍卫私性的需要分化出来的社会性产物。特殊教育政策的公共性价值即建立在政府等决策主体以及残疾人目标群体等的价值需要的基础上的,为特殊教育政策在社会公共空间存在奠定了可能和根据。特殊教育政策的内在价值与外在价值已表明了特殊教育政策具有极大的外部性特征,特别是民主与文明的政治价值、公平正义的社会价值等外在价值明显彰显了特殊教育政策的公共性特征。从形成根源看,特殊教育作为社会领域的一个公共领域,特殊教育政策作为公域之治的规则,其本质上是公共权力在特殊教育事务管理中的一种公共政策,一种关于残疾人教育的公共产物和公共服务。它是特殊教育政策主体根据自身利益和公共规则做出的集体性"公意",体现了以公共理性而达致调节、规范、整合、建构、引领特殊教育行动和实现一定目的的价值考量。特殊教育政策公共性价值就是这种价值考量的必然要求。特殊教育政策决策、咨询、形成、执行和评价等活动全过程都应以这种公共特性确立着自身的合法地位,并籍借这种公共性,使得社会成员在公共空间生活、残疾人享有教育利益、学校开展特殊教育活动等才获得公共机制,获得最权威的规范、分析和批判工具,同时籍借这种公共性来制约某些利益扩张,起到调整、协调、平衡的作用,以实现公平正义的政策效果和公共利益的价值旨归,体现特殊教育政策价值正当性。公共性价值是特殊教育政策价值分析的基本标准和原则。

从特殊教育政策价值表现的形态看,特殊教育政策的内外价值又可以划分为普遍性价值和特殊性价值。特殊性价值即满足特定群体或个体或局部区域的个别性价值。普遍性价值也可称为公共利益的价值,即特殊教育政策对增进所有特殊教育政策主体之间的联系、满足他们共同利益和实现一致性的价值目标,以及影响其他有关特殊教育活动的公共生活等方面的价值所具有的普遍性。在这里,尽管普遍性价值表达的是一个抽象的、形式上的价值承诺,难以对不同区域、残疾人群具体利益满足做出保证,但是它为特殊教育政策公共性构筑起合法性基础,奠定了平等的程序正当性。特殊性价值则反映着特殊教育政策的价值效度,表达着特殊教育政策结果正义的状况,实质上,普遍性价值最终是以特殊性价值的满足为标准度量自身。也就是说,普遍性价值和特殊性价值是一个统一体。特殊教育政策作为公域之治的规则,应当以普遍性价值和特殊性价值的统一来衡量和反映自身价值,不可以倾向于一者而偏废另一者。强调特殊教育政策公共性价值标准,即表明以特殊教育政策普遍性价值与特殊性价值关系的和谐统一,来分析特殊教育政策价值的正当性情况。

(二)残疾人权利优先

特殊教育政策公共性价值奠定的是一个总体性的基本原则框架,但是在教育资源总是有限、竞争总是常态存在的情况下,残疾人由于自身身心能力和社会地位弱势,人数少、诉求弱、表达能力差,其教育利益很可能牺牲在功利追求或某种抽象的价值设定中,非但不会带来实质的教育公平,反而由于社会竞争的不利,抑制和降低了他们的自由价值,使他们处于更加不利的地位。也就是说,特殊教育政策常常面临着总体性功利主义目的和道义论正义价值选择的冲突。尽管特殊教育政策本身是对残疾人教育利益保障和补偿的正义化身,但是不可避免地要面临社会总体性福利和特殊教育内的功利性价值的僭越和欺凌。残疾人作为具体的、差异的、弱势的群体,只有在人本化的权利优先的分配原则下才能真正实现其教育利益。特殊教育政策应当以这种残疾人权利优先体现特殊教育政策价值的合法性和正当性,并以之作为特殊教育政策价值分析的重要依据。

当今,从国际特殊教育主流的全纳教育来看,对残疾人差异性的尊重、多样性的支持、特殊性的关照已经成为特殊教育及其政策活动的鲜明价值取向。残疾人权利优先是现代特殊教育政策活动的世界潮流,也是特殊教育政策活动所努力践行的价值理想和信念。这符合当代"存在先于本质"的人本主义关怀,也符合当代"人是目的"、"权利优先于善"的正义论思想,有利于捍卫残疾人个体的实质教育公平。残疾人权利优先强调"公平的正义",强调残疾人个体权利。即特殊教育政策的正义就是要最大限度地实现每个残疾人平等的受教育权、社会尊严和意义,充分满足每一个差异个体的特殊教育需要。《联合国宪章》、《世界人权宣言》等国际文件,以及各国的宪法和法律都以人权的庄严名义肯定了人的平等受教育权,且以之为正义的社会制度的体现。美国《残疾人教育法》中规定的残疾人"个别教育计划"、"个别转衔计划"、"最少受限制的教育安置",以及我国的随班就读政策等,就不同程度地反映了对残疾人"最少受惠者"的差别原则,强调了享有尊严、质量、意义的学习与生活的平等权利,突出了正义价值的优先性。我国《国家中长期教育改革和发展规划纲要(2010—2020)》特别强调"把促进公平作为国家基本教育政策"的工作方针,要求坚持以人为本,办好人民满意的教育。

(三)内在价值优先

内在价值优先是残疾人存在论的特殊教育政策价值认识论的必然。价值作为人的属性，其形成与存在自然离不开主体这一根基。在马克思看来，人是在主体实践过程中通过主体客体的不断转化和互动才形成价值源泉。特殊教育政策价值即来自特殊教育政策主体的实践，而特殊教育政策主体实践的核心动因就是主体需要。那么，特殊政策主体的需要及其价值有哪些呢？前面已指出，从特殊教育政策主体需要看，主要有内在价值与外在价值（工具价值与目的价值）。内在价值，即以残疾人教育需要满足及其特殊教育存在发展为价值原点的本源价值，它是决定特殊教育政策之为特殊教育政策的本质所在。内在价值所指向的特殊教育政策主体包括学校、教师、学生及其家长，他们作为利益相关者的政策对象，把特殊教育政策作为自身获得教育利益满足的条件和保障，以此促进自身存在和发展。外在价值，即基于上述内在价值并在其之外而生成的次在价值，它由内在价值衍生，并依赖内在价值而存在。外在价值所指向的特殊教育政策主体及其需要主要有：立法机构以立法形式保障残疾人平等受教育权的公平正义和法治需要；党委部门以方针、意见等党的政治意志关怀残疾人教育公平的政治文明需要；政府和教育行政部门对公共利益维护的公共管理需要；各社会团体以社会公共空间的智力支持和批判活动进行的政策咨询、评价、监督活动的公共理性需要等。特殊教育政策内在价值和外在价值，总体说来即包括：民主与文明政治价值、公平正义的社会价值、特殊教育存在和发展的教育价值、残疾人存在和发展的人本价值。前两者是外在价值，后两者是内在价值、直接价值。特别是最后者价值是特殊教育政策的目的价值核心所在，居于政策价值秩序之首。民主与文明政治价值、公平正义的社会价值正是基于残疾人及其教育这一基点，其价值才有了依归，并经残疾人及其教育的价值实践活动才形成了自身价值的源泉和载体。

由此，可以确立内在价值优先于外在价值这样一种特殊教育政策价值准则：残疾人存在和发展的人本价值、特殊教育存在和发展的教育价值是特殊教育政策价值序列里最持久性的、最稳定性的内在价值，特别是残疾人存在和发展的人本价值是最根本的终极价值，位居特殊教育政策价值层级的顶端，是特殊教育政策目的性价值的核心和灵魂，残疾人主体是特殊教育政策最核心的价值享用和价值赋予主体。内在价值优先应当作为特殊教育政策价值分析的第一尺度，对内在价值优先的强调，有利于防止残疾人教育在政治价值和社会价值或者其他普遍价值的形式平等中被落空。

（四）公平价值优先

这主要是从特殊教育政策客体功能对主体需要满足的实践来看的。效率价值（或称为功利价值）和公平价值（或称为道义价值、正义价值）是特殊教育政策一体两面的价值特性。效率价值即特殊教育政策客体满足主体需要的"实际效用",它常常以最低的政策成本谋取最大的政策目标,企求短期、快捷的满足特殊教育政策主体事实上的功利需要。公平价值即特殊教育政策主体对客体所期望的全面价值、理想价值、道义价值,它通常以残疾人个体潜力和价值实现为终极目标,期望公平公正的、个别化的满足所有残疾人的需要。效率价值和公平价值经常表现出不一致性,甚至出现相互抑制和对立。这反映了特殊教育政策价值并不是无限的、无条件的,而是一个充满张力的对立统一体。由此也就不难理解孙绵涛教授提出的"两对三层"[①]价值的统一。但是公平价值与效率价值这一对范畴是相互联系、相辅相成的,互为目的和手段。公平价值和效率价值作为教育政策的两个基本目标只有在这一矛盾运动的张力中,才能促进特殊教育更富有活力。因此,公平价值和效率价值应统一于特殊教育所依赖的社会生产力的发展过程之中,根据不同时期、不同发展阶段和不同的主要矛盾来选择不同的优先顺序和政策偏重,不能脱离生产力的发展水平和国情来空谈效率和公平。历史上,效率价值追求曾经有力地促进了我国特殊教育发展。

当前,随着我国经济社会的发展变迁,公平问题已经越来越成为一个社会热点问题,关涉社会和谐稳定和特殊教育事业科学发展。我国十七大明确提出,教育公平是社会公平的重要基础,十八大强调大力促进教育公平。特殊教育只有以自身的公平为首要价值前提和基础,把公平作为当前及今后一个时期特殊教育政策的独立发展目标,才能更好发挥促进社会公平的功能。正如罗尔斯所言,正义是社会制度的首要价值。对特殊教育政策公平价值的捍卫亦是特殊教育政策的首要价值。公平价值作为特殊教育的一种基本道德要求和品质,应当是特殊教育政策活动的基本价值取向,公平价值优先应当是特殊教育政策在统筹公平与效率时所持有的一个重要标准,也是进行特殊教育政策价值分析的一个重要尺度。对残疾人而言,残疾人享有公平与质量的教育是残疾人法定的基本权利,对他们平等参与社会、享有尊严的生活学习工作具有重要意义。当今国际特殊教育政策发展已把公平价值作为特殊教育政策的基本价值标准。

第三节　特殊教育政策伦理分析

特殊教育政策是建立在一定的伦理基础上的,并由外在的政治权威予以强

---

① 孙绵涛.教育政策分析:理论与实务[M].重庆:重庆大学出版社,2011.7-19.

化为规则。特殊教育政策伦理是人们在长期的特殊教育政策实践中,经过不断互动内化而固着积淀成的非正式规则。它具有适应一定的文化和制度而存在的特性。通常表现为特定国家的人们关于特殊教育认识与实践的情感、态度、习惯、习俗、文化心理、价值偏好等经验性意识与做法。它诉诸的是人们的自愿和自觉,以潜在的非正式规则影响与整合人们对特殊教育政策的认识和实践,其中,对发展特殊教育成功的经验做法以及人们对特殊教育规律、残疾人的道德认识等抽象意识是形成特殊教育伦理的核心。

可见,特殊教育政策不仅仅是简单的技术方案,同时还是一个伦理问题,要接受伦理追问和道德审判,[①]这是奠定特殊教育政策合法性的重要基础。但特殊教育政策伦理之善是一个极易背叛的概念,需要教育政策研究的不断审视和分析。特殊教育政策伦理有着与特殊教育政策价值一致性的功能属性。实质上,特殊教育政策伦理分析同样是特殊教育价值分析范畴,但它也有着不同的结构特点。本节拟予以专门阐述。特殊教育政策伦理分析首先要厘清特殊教育政策伦理结构及其准则,才能对实然特殊教育政策伦理进行审视,并提出完善和建构特殊教育政策伦理的应然理想,为特殊教育政策活动提供更正当性的伦理依据。

一、特殊教育政策伦理基本结构

特殊教育政策伦理准则是特殊教育政策主体在政策活动中所坚守的一系列价值规范和道德原则。它们是评判特殊教育政策价值是非与善恶,以及辨析特殊教育政策活动合法性与合理性的另一个重要尺度。特殊教育政策作为社会政策和教育政策的组成部分,其核心反映是特殊教育利益主体之间的利益分配和调整。这意味着特殊教育政策伦理有着社会公共空间的一般公共伦理和教育政策伦理,或称为外部伦理,也有着特殊教育自身的内部伦理。这两个维度的整合构成了特殊教育政策伦理体系。

(一)特殊教育政策的外部伦理

正如政策科学肇始者拉斯韦尔所言,"社会中人的基本问题"是政策关心的核心所在。[②] 特殊教育政策作为在社会公共空间调整特殊教育领域相关主体的利益分配方案,必然关涉社会公共空间的公共伦理;同时,特殊教育作为教育领域的"事情"和组成部分,必然离不开一般教育政策的价值设定影响。也就说,特

---

① 刘世清.教育政策伦理[M].上海:上海教育出版社,2010.43.
② 刘世清.教育政策伦理[M].上海:上海教育出版社,2010.11.

殊教育政策总是存在于特定的社会空间公共伦理及教育政策伦理的总体伦理价值中。社会公共伦理与公共教育政策价值是特殊教育政策不可绕过的伦理要求。任何单纯科学主义的、技术主义的特殊教育政策显然不是在社会空间存在并符合社会公共伦理与教育政策价值，事实上这样的特殊教育政策也从来没有存在过。可见，社会公共伦理与教育政策价值奠定了特殊教育政策外部伦理结构，也是特殊教育政策之所以为公共政策的合法性基础。特别是现代以来，自从特殊教育被国家化、制度化确定下来，特殊教育便成了社会公共领域的事务之一，特殊教育政策便作为公共领域的一种教育利益的调整方案，以政府的职能发挥着对全社会的价值的权威分配。当然，特殊教育政策外部伦理也体现为一个历史性的、主观性的概念。在不同国度、不同时代、不同经济社会和政治体制乃至不同政党和群体影响下，其外部伦理也不相同。自20世纪中叶以来，随着世界民主运动、人权运动和全纳教育思潮的推动，公平与效率、质量一直是世界各国特殊教育政策伦理的价值核心。这是特殊教育政策奠定合法性、价值正当性的基础。

（二）特殊教育政策的内部伦理

一般说来，特殊教育政策是以特定社会的特殊教育习惯习俗、教育道德和价值理想、教育规律规范以及相关情感、态度、价值观等作为规范教育行为、调整教育利益、维护教育秩序的选择依据，且以公共权力部门制定、社会公共认同而被权威化、合法化稳定下来。在这里，这些教育习惯习俗、教育道德和价值理想、教育规律规范以及相关情感、态度、价值观等，在长期的政策活动过程中被不断内化而形成了稳定的特殊教育政策伦理规则（甚至是职业性伦理）。其中，合乎特定社会与时代的残疾人身心特点、教育规律与价值理想是特殊教育政策伦理构成的核心内在伦理，它以看不见的形式隐含在特殊教育政策规范之中，是特殊教育政策构成的内在逻辑，是特殊教育政策的灵魂和制高点，也是特殊教育政策之所以为特殊教育政策的合法性基础。现实中，尽管特殊教育政策的内容有多么不同、调整利益的群体有多大差异，但都离不开特殊教育政策内部伦理这个内在的逻辑图式。因为特殊教育是作用于残疾人身心的培养人的活动，特殊教育政策不可能是脱离残疾人的成长规律和教育规律的纯粹技术过程，对促进残疾人健康成长的伦理价值眷顾自然是特殊教育政策伦理应有的意蕴。可以说，符合残疾人成长规律和教育规律等要素要求就是特殊教育政策活动的重要伦理依据，而特殊教育政策活动就是在这些教育伦理价值规约下，合乎特定国家和社会目的、按照残疾人成长规律和教育规律等要素要求而展开的权威实践过程。譬如，残疾人义务教育既是一种政策性的特殊教育活动，也是一种特殊教育活动的政策性规定。

二、特殊教育政策伦理分析标准

政策伦理分析标准是揭示政策伦理问题、完善政策伦理所必有的前提和尺度。通过前面对特殊教育政策的政治哲学分析发现，特殊教育政策首先是以道义论正义思想奠定了特殊教育政策价值正当性的基础。同时，上面特殊教育政策伦理结构启示我们特殊教育政策伦理具有内外两个向度。上述道义论正义思想和内外两个向度，构成了特殊教育政策伦理分析标准的基本框架和价值视野。下面即以此并结合我国近年来的重大特殊教育政策实际，来确立具有现实针对性和价值引领性的特殊教育政策伦理分析标准。

（一）公共性伦理标准

特殊教育政策作为一项社会公共政策自然不能脱离公共性伦理的基本原则。可以说，公共性伦理是特殊教育政策所固有的伦理标准，合乎公共性伦理应当是特殊教育政策伦理分析的内在价值尺度。公共性伦理即特殊教育政策活动公开、公平、开放、平等的伦理特性，它体现了特殊教育政策作为社会政策内容之一而在社会共同体中的正义价值和资格，这是特殊教育政策的核心价值。特殊教育政策咨询、形成、执行和评价等活动全过程都以这种公共特性确立着自身的合法性。从本源看，特殊教育自从以政策和制度的形式确立以来，就一直存在于社会公共空间，反过来可以说，正是因为特殊教育存在于社会公共空间且成为社会公共事务后，才有了特殊教育政策产生的可能。其中，公共性伦理的规约是特殊教育政策活动不可回避的公共存在特性。它以国家或政府等公共权力部门，以公共性的方式途径，维护残疾人等教育利益，协调各种利益关系，解决特殊教育问题等显现着特殊教育政策公共伦理特性。从内在机理看，特殊教育政策实质上是存在教育利益和教育资源冲突的社会成员、部门等，在不能协调和决断的情况下，把矛盾的协调任务公开向公共权力部门的委托转移，同时公共权力部门的协调决策及其活动全面向社会公开和开放。在这里，公共权力部门与社会成员之间的平等的契约关系和约定是被委托转移的依据，且这种委托转移必然是以社会成员"公共意志"为基础。这样，特殊教育政策就呈现为社会成员与公共权力部门依据契约和约定而展开的一种公共性活动过程和方式，无论社会成员还是公共权力部门在政策活动中都是基于一种责任与义务。特殊教育政策因为公共权力部门及其活动的"公共性"、社会成员的"公共意志"而奠定合法性。这两者缺一不可，一方面公共权力部门及其活动的公共性是被社会成员委托并获得公共价值的必要载体，另一方面社会成员"公共意志"是被公共权力部门接受并获得公共价值的最正当性的根源。由此,也可以说,特殊教育政策实质上就是公共权力部门决策等公共活动被社会成员"公共意志"合法化和社会成员"公共意志"被公共权力部门的公共性合法化的统一过程。正是凭借这种公共性伦理,特殊教育政策获得了价值正当性、合法性。至今,世界各国已把这种公共性伦理作为特殊教育的一种规范力量。上世纪中叶,西欧的一体化教育运动和美国的回归主流运动就反映了这种公共性伦理,且深刻影响到以后的特殊教育政策设计。在我国,2008年《中共中央国务院关于促进残疾人事业发展的意见》明确指出"关心残疾人是人类社会文明进步的标志。"特殊教育政策不再仅仅作为特殊教育领域的"私事"或某个部门的"私事"而搁置在某个狭小空间,而是在社会公共空间接受公共伦理价值的审视。

(二)残疾人利益补偿性伦理标准

特殊教育政策伦理总是存在于一定背景条件下的,特别是在教育资源总是有限、利益竞争总是常态存在的情况下,特殊教育政策一直是政府决策主体对残疾人利益倾向性的一种政策伦理结果。[①] 其实,特殊教育本身就是对普通教育无法实现残疾人教育利益的一种补偿教育;特殊教育政策也主要体现为对普通教育政策无法设计和保障残疾人教育利益的一种补偿性安排。因为,普通教育政策设计等活动往往是以调整和维护普通社会成员"多数者"群体利益为目的和旨归,必须关注社会公共空间的多数者群体的教育诉求与利益冲突的均衡,残疾人作为"少数者"群体人数少、政治诉求弱、社会地位低、表达能力差、社会影响和关注度式微等原因,他们的教育利益常常被公共教育政策设计者坚持的"多数者"原则或"公共"原则所"过滤"和"剩余"。因此,作为对这种"过滤"和"剩余"的补偿,特殊教育政策即以一定的利益倾向性来进行政策设计,保障残疾人平等的教育利益。此即特殊教育政策设计的重要伦理原则,也是体现公共教育政策正当性的重要方面。对残疾人教育利益的倾向或补偿,是特殊教育政策之为特殊教育政策的重要伦理依据,也是特殊教育政策活动所一直坚持的基本伦理准则。现实中,OECD成员国特殊教育政策经验已证明"如果残障学生不能获得额外资源,残障教育就不可能取得成就。"[②]纵观我国特殊教育政策也无不是坚持这样一种伦理。如,1989年教育部《关于发展特殊教育的若干意见》是为了补偿或补救残疾人义务教育的短缺,而根据《义务教育法》等做出相应政策设计;2007年,

---

① 刘世清.教育政策伦理[M].上海:上海教育出版社,2010.47-48.
② 范文曜、谢维和.OECD教育政策分析译丛:教育政策分析2003[M].北京:教育科学出版社,2006.5.

教育部修订、印发的三类特殊学校义务教育课程设置实验方案,是为了补救残疾人在基础教育新课程改革的短缺、缩小差距,推进特殊教育新课程改革而设计的,等等。

(三) 正义(权利)优先于善伦理标准

特殊教育本身是对残疾人受教育权利救济补偿的正义化身,表达的是一种正义的社会伦理,特殊教育政策本身就是一种社会正义制度的组成部分,是罗尔斯"公平的正义"的典型诠释。它以对"最少受惠者"的差别原则补偿公平,体现了社会制度的正义。因为,残疾人由于自身差异多样、能力和社会地位弱势,其教育利益很可能牺牲在效率等功利追求和某种抽象的价值设定中,非但不会带来实质的教育公平,反而由于社会竞争的不利,抑制和降低了他们的自由价值,使他们处于更加不利的地位。残疾人作为具体的、差异的、弱势的群体,只有在个体化的、人本化的权利优先于善的分配原则下才能真正实现其教育利益。根据国际主流的特殊教育政策看(特别是全纳教育理念下的教育政策),现代特殊教育政策都强调"公平的正义",强调残疾人个体权利优先。即特殊教育政策的正义就是要最大限度地实现每个残疾人平等的受教育权、社会尊严和意义,充分满足每一个差异个体的特殊教育需要。《联合国宪章》、《世界人权宣言》等国际文件,以及很多国家的宪法和法律都以人权的庄严名义肯定了人的平等受教育权,且以之为正义的社会制度的体现。美国《残疾人教育法》中规定的残疾人"个别教育计划"、"个别转衔计划"、"最少受限制的教育安置",以及我国的随班就读政策等,就不同程度地反映了对残疾人"最少受惠者"的差别原则,强调了享有尊严、质量、意义的学习与生活的平等权利,突出了正义(权利)的优先性。我国《国家中长期教育改革和发展规划纲要(2010—2020)》还特别强调要求"把促进公平作为国家基本教育政策"[①]的工作方针,要求坚持以人为本,办好人民满意的教育。

(四) 道德性伦理标准

人道思想是社会的灵魂,也是社会制度必须坚持的基本伦理道德原则。特殊教育本源于社会进步对残疾人仁慈、救济的道德关怀,特殊教育政策就是在这种道德追求基础上建立起来的,体现了一种道德性。譬如,《残疾人保障法》规定"国家采取辅助方法和扶持措施,对残疾人给予特别扶助,减轻或者消除残疾影

---

① 国家中长期教育改革和发展规划纲要(2010—2020). http://news.xinhuanet.com/edu/2010-07/29/c_12389320.htm,2010-07-29。

响和外界障碍,保障残疾人权利的实现";①《关于开展残疾儿童少年随班就读工作的试行办法》,"对随班就读的残疾学生应当贯彻因材施教的原则,制订和实施个别教学计划","逐步增加对残疾儿童少年随班就的经费投入,并在教师编制、教师工作量计算、教具、学具和图书资料等方面照顾随班就读工作的需要"等,②就是一种具体的额外支持的道德关怀。既然特殊教育是道德的社会的产物,特殊教育政策必然与道德密不可分,必须把特殊教育政策放在道德的谱系中来觉察和理解,以找回特殊教育政策所固有的道德意蕴。随着我国社会转型进程的加快和社会分化的加剧,对残疾人而言,特殊教育政策坚持道德性伦理,一方面能增强他们对国家和社会的认同意识,在全社会营造互助、温馨和融洽的良好氛围;另一方面,能让残疾人获得安全感和自尊感的物质与精神需要的满足,能帮助残疾人个体摆脱弱势现状,重塑自尊、自信、自强的人格尊严,能使他们获得一定成就和作为社会成员的归属感与意义,且无论残疾人这个成就有多小,只要他们积极参与社会互动交往,就能够获得社会存在的意义。合道德性应当是特殊教育政策的内在伦理标准,是特殊教育政策主体在决策和执行中应有的价值判断。它主要体现为尊重残疾人作为人的基本权利、身心与资质差异、成长环境条件的不同;重视残疾人特殊教育需要,并以人为本地满足残疾人的特殊教育需要;注重道义论的公平正义,对残疾人进行差别对待和补偿;统筹公平价值与效率价值,坚守对公平价值的选择。

---

① 残疾人保障法. http://www.cdpf.org.cn/zcfg/content/2007-11/29/content_30316065.htm, 2007-11-29.

② 关于开展残疾儿童少年随班就读工作的试行办法. http://www.cdpf.org.cn/jiaoy/content/2001-07/19/content_30332147.htm, 2001-07-19.

第四章 我国特殊教育政策总体结构体系与要素

从总体上宏观把握我国特殊教育政策结构体系及其要素,是特殊教育政策内容分析的重要环节。特别是为决策者形成对特殊教育政策总体体系、要素的基本认识,并总体了解我国特殊教育政策存在的基本问题,进一步宏观把握我国特殊教育政策的走向,制定更加体系化、完备化、科学化的特殊教育政策具有重要意义。本章即在前面厘定的特殊教育政策及其分析的理论基础上,立足我国特殊教育政策总体结构体系和要素,首先确定政策文本形态与考察原则,然后收集整理、确立特殊教育政策文本,最后分析我国特殊教育政策总体结构体系、要素的基本情况。

第一节 我国特殊教育政策总体结构体系

按照一定的原则对政策文本进行考察并确立分析的政策文本,是政策内容分析的重要环节。根据孙绵涛教授的观点,教育政策文本的考察应该按照发布时间和内容进行全面系统和准确的收集整理。

一、我国特殊教育政策的考察及主要文本

全面系统的收集特殊教育政策文本是进行特殊教育政策内容分析的前提。据不完全统计和收集整理发现,我国特殊教育政策文本具有"专门性"、"一体化"、"普遍性"三种形态,其中以专门性特殊教育政策为主、兼顾其他两种形态的政策是考察我国特殊教育政策的基本原则。下面即立足残疾人基础教育相关政策进行收集整理和说明。

(一)特殊教育政策规范的文本形态及其考察原则

从特殊教育政策存在的文本形态看,特殊教育政策可分以下三种形态的文

本:(1)以专门单列的特殊教育政策文本呈现的特殊教育政策规范,或称为"专门特殊教育政策文本"。它以残疾人及其教育的普遍特殊性为依据而进行专项政策设计,具有内容全面、针对性强、权威性高、被重视和认同度高、效力大等特点。这是特殊教育政策文本存在的主要形态。需要指出的是,专门的特殊教育政策文本根据其规定的内容事项的差别也可分为专门单列的特殊教育政策和综合性特殊教育政策。譬如,《关于加强特殊教育教师队伍建设的意见》是专门的特殊教育教师政策,《关于开展残疾儿童少年随班就读工作的试行办法》是专门的随班就读政策;《关于进一步加快特殊教育事业发展意见的通知》是综合性的特殊教育政策。(2)以某些内容或单独予以强调的特殊教育政策规范寓含在一般公共教育政策文本中的政策文本形态。它以大部分内容与一般公共教育政策普遍一致性为前提而进行普通教育和特殊教育一体化设计。如,《义务教育法》中对残疾人教育的规定。这或称为"一体化特殊教育政策文本"。(3)具有普遍约束力的一般公共教育政策文本形态。它以特殊教育政策与一般公共教育政策在某方面规范上的高度一致性、普遍性为依据,将特殊教育政策规范完全融进公共教育政策文本中,进行无差别地政策设计(如各种学校安全政策等),同样适用于特殊教育,这是隐性的特殊教育政策,或称为"普遍性教育政策文本"。它虽然不同于上述"特教特办"的专门特殊教育政策规范,但有着相同的政策作用,是特殊教育政策中不可遗忘的另一大政策规范形式。

在这里,根据孙绵涛教授提出的"全面、系统、准确 清晰"的教育政策考察原则,[①]以及特殊教育政策上述三种文本形态存在的特点,笔者认为,应当在全面收集上述三种形态的特殊教育政策规范基础上,以第一种形态的专门特殊教育政策规范为重点,以后两种形态的政策规范为补充和参考,进行特殊教育政策考察。因为专门特殊教育政策文本是对特殊教育政策最为准确和清晰的表达,具有较强的政策权威和政策效能,应当优先作为特殊教育政策规范考察的对象;而后两者体现了特殊教育作为公共教育的子系统无法完全脱离公共教育政策规范而单独存在,它们肯定会具有某些政策规范的一致性、重合性,它虽然没有以特殊教育政策的显性方式来呈现,但实际上也是影响特殊教育的重要政策,有着一定的政策效能,亦应是全面系统考察特殊教育政策规范的重要内容。

(二)特殊教育政策规范的主要文本

根据上述特殊教育政策规范考察思路,新中国成立以来我国特殊教育政

---

① 孙绵涛.教育政策分析:理论与实务[M].重庆:重庆大学出版社,2011.95.

规范可以分为改革开放前期和后期两个阶段,其中改革开放后近30年来的政策规范是考察的重点。笔者以时间为序且选择对特殊教育改革发展影响较大的主要政策来考察,大致有以下政策文本:

1. 专门特殊教育政策文本

1953年教育部《关于盲哑学校方针、课程、学制、编制等问题给西安市文教局的复函》,1956年教育部《关于盲童学校、聋哑学校经费问题的通知》,1957年教育部《办好盲童学校、聋哑学校的几点指示》,1962年教育部《全日制六年制盲童学校教学计划(草案)》、《全日制十年制聋哑学校教学计划(草案)》,1984年教育部《全日制八年制聋学校教学计划(征求意见稿)》,1987年教育部《全日制盲校小学教学计划(初稿)》,1987年教育部《全日制弱智学校(班)教学计划(征求意见稿)》,1993年教育部《全日制聋校课程计划(试行)》、《全日制盲校课程计划(试行)》,1994年《中度弱智儿童教育训练纲要(试行)》,1989年国务院办公厅转发国家教委等部门《关于发展特殊教育的若干意见》、《中等特殊教育师范学校教学计划(试行)》,1990年《中华人民共和国残疾人保障法》(2008年第1次修订),1994年《残疾人教育条例》、《关于开展残疾儿童少年随班就读工作的试行办法》,1996年《残疾儿童少年义务教育"九五"实施方案》,1998年《特殊教育学校暂行规程》,2001年《关于"十五"期间进一步推进特殊教育改革和发展意见》,2007年,教育部《盲校义务教育课程设置实验方案》、《聋校义务教育课程设置实验方案》、《培智学校义务教育课程设置实验方案》,2007年《"十一五"期间中西部地区特殊教育学校建设规划(2008—2010年)》,2008年中共中央、国务院《关于促进残疾人事业发展的意见》,2009年《关于进一步加快特殊教育事业发展意见》,2012年《关于加强特殊教育教师队伍建设的意见》,2014年《特殊教育提升计划(2014—2016年)》。

另外,1994年《特殊教育学校建设标准(试行)》、《特殊教育学校建筑设计规范》(2012年修订)、《义务教育阶段盲校教学与医疗康复仪器设备配备标准》、《义务教育阶段聋校教学与医疗康复仪器设备配备标准》、《义务教育阶段培智学校教学与医疗康复仪器设备配备标准》是特殊学校管理的重要政策规范,但不是本研究的重点,故不拟详细阐述。

2. 一体化特殊教育政策文本

1951年《政务院关于改革学制的决定》,1982年《中华人民共和国宪法》(2004年第4次修订),1985年《中共中央关于教育体制改革的决定》,1986年《中华人民共和国义务教育法》(2006年第1次修订),1993年《中华人民共和国教师法》,1995年《中华人民共和国教育法》,2005年《教育部关于进一步推进义务教育均衡发展的若干意见》,2007年"十七大报告",2010年《国家中长期教育改革和发展规划纲要(2010—2020年)》,2010年《国务院关于当前发展学前教育的若干意见》,2011年财政部、教育部《关于建立学前教育资助制度的意见》,2011年财政部、教育部《关于加大财政投入支持学前教育发展的通知》,2012年《国务院关于加强教师队伍建设的意见》,2012年《国务院关于深入推进义务教育均衡发展的意见》,2012年全国妇联等《关于指导推进家庭教育的五年规划(2011—2015年)》,2012年"十八大报告",2013年国务院办公厅转发教育部等部门《关于实施教育扶贫工程意见的通知》,以及中残联每隔五年制定的《残疾人事业发展纲要》。

3. 普遍性教育政策文本

具有重大影响的主要有:1986年《加强在职中小学教师培训工作的意见》,1992年《关于加快中学教师学历培训步伐的意见》,1993年《中国教育改革和发展纲要》,1999年《中共中央国务院关于深化教育改革全面推进素质教育的决定》,2001年《国务院关于基础教育改革与发展的决定》,2005年《国务院关于大力发展职业教育的决定》。

二、我国宏观特殊教育政策总体结构体系

通过上述特殊教育政策文本可以发现,目前我国国家层面的宏观特殊教育政策基本形成了总政策、基本政策、具体政策三个系列六个层级的特殊教育政策体系。即,"以《宪法》根本性的指导依据,以《教育法》、《残疾人保障法》和《义务教育法》为核心,以《残疾人教育条例》、《特殊教育学校暂行规程》为总体性专门安排的总政策体系;以中央、国务院的意见、纲要为核心基本政策,以教育部等多部委在特定时期发布的具有长期性、综合性、宏观性的意见、纲要、"残疾人事业五年规划"等为实施安排的基本政策结构体系;以三类特殊学校《义务教育课程设置实验方案》、《关于开展残疾儿童少年随班就读工作的试行办法》、《特殊教育学校教师专业标准》等实施措施安排而形成的具体政策体系"。它们依次以前者为政策制定的政策源流和依据,后者是前者的具体化。在政策效力和政策地位上呈金字塔状阶梯式排列。

(一) 特殊教育总政策体系

在这里,总政策不是单指法律效力或政策权威,而是指规定残疾人教育的根本性、方向性、总体性的内容,在特殊教育领域对残疾人教育具有普遍约束力、宏观指导性和高位权威性的政策规范。它最大的特点是与国家根本制度和教育基本制度的根本性质直接相关,且不会随着时间变化而废止(只能不断修订);它规

定的内容不是具体事项,而是宏观的、根本性的问题。根据政策决策和颁布机构的权威性,总政策可以分为三个权威层次的总政策。

第一,特殊教育总政策体系构成。通过对我国特殊教育政策文本整理发现,《宪法》《教育法》《残疾人保障法》《义务教育法》《残疾人教育条例》《特殊教育学校暂行规程》是我国残疾人教育总政策的重要规范。它们分三个政策层级,分别从国家根本制度、教育基本制度,总体性教育安排设计,以及残疾人教育总体性的专门安排,规定了残疾人教育的总体政策内容,在特殊教育政策中具有中心地位。

从总政策的结构体系看,基本形成了以《宪法》根本性的指导依据,以《教育法》、《残疾人保障法》和《义务教育法》为核心,以《残疾人教育条例》、《特殊教育学校暂行规程》为总体性专门安排的总政策结构。

《宪法》是国家的根本大法,是最上位的法律,它规定了国家的根本制度和根本任务,具有最高的法律效力,为特殊教育政策奠定了最高效力的政策依据,处于最顶尖的第一权威层次的总政策,也可称为元政策。《宪法》第1、第2、第3、第4、第5、第27等条,对教育做出了规定,确立了教育的基本指导思想。其他条款关于国家的根本制度、国家生活的基本原则,国家机构、公民的基本权利和义务等,也都直接或间接地从不同方面涉及对教育活动的影响。其中,还特别规定"国家和社会帮助安排盲、聋、哑和其他有残疾的公民的劳动、生活和教育"(第四十五条)。《宪法》的这些规定在制定特殊教育政策中具有最高的法律效力。残疾人作为平等公民依法享有《宪法》规定的所有受教育的权利。

《教育法》、《残疾人保障法》、《义务教育法》分别是从教育事业和残疾人事业出发对《宪法》的进一步具体化。它们依据《宪法》制定,是第二层级的总政策。《教育法》是"为了发展教育事业,提高全民族的素质,促进社会主义物质文明和精神文明建设,根据宪法,制定本法"。《残疾人保障法》是"为了维护残疾人的合法权益,发展残疾人事业,保障残疾人平等地充分参与社会生活,共享社会物质文化成果,根据宪法,制定本法。"它们目的有差别,但都是直接依据《宪法》制定。其中《义务教育法》(2006)是从义务教育出发对《宪法》和《教育法》的具体化。它是"为了保障适龄儿童、少年接受义务教育的权利,保证义务教育的实施,提高全民族素质,根据宪法和教育法,制定本法。"它除了依据《宪法》外,还要依据《教育法》的规定。总体而言,它们规定的事项都是依据《宪法》而与国家根本制度和教育基本制度的根本性质直接相关的内容。譬如,《教育法》规定的教育的性质、地位、教育方针、原则,教育基本制度、学校及其他教育机构,教师和其他教育工作者,受教育者,教育与社会,教育投入与条件保障,教育对外交流与合作,法律责任。这些都与国家根本制度密切相关,对残疾人教育具有稳定的权威的法律约束力,是制定特殊教育政策必须遵循的。只要国家根本制度不变,教育基本制度和学校制度不变,其内容就只能是随着时代变化进行修订而已,而不会废止。因此,当前,《教育法》、《残疾人保障法》、《义务教育法》在特殊教育政策体系中具有"特殊教育宪法"的地位和性质。在特殊教育政策中,它们都是指导和规范残疾人教育,具有普遍约束力、宏观指导性和高位权威性的政策规范,且其性质、地位及其基本内容都具有稳定性。这些必须在所有的特殊教育政策中得到贯彻,体现了它们在特殊教育政策中的总体性、根本性地位。

《残疾人教育条例》、《特殊教育学校暂行规程》作为总体性专门安排的总政策,是残疾人教育总政策的第三层级。尽管《残疾人教育条例》是国务院"为了保障残疾人受教育的权利,发展残疾人教育事业"根据《教育法》、《残疾人保障法》等法律制定的专门政策,《特殊教育学校暂行规程》是教育部"为加强特殊教育学校内部的规范化管理,全面贯彻教育方针,全面提高教育质量"依据国家有关教育法律、法规制定的专门规章,它们相对《教育法》、《残疾人保障法》、《义务教育法》属于它们的具体政策,是对第二级政策规范的具体化;但是在特殊教育政策的整个体系中起到了总体性的专门政策地位,分别具有从整体上解释、指导和规范残疾人教育以及规范特殊教育学校管理、提高教育质量的作用。它们规定的事项同样都是与国家根本制度和教育基本制度相关的内容,且在时间和效力上具有长期性、稳定性、权威性,具有普遍约束力、宏观指导力,不会随着时间推移废止,而只能不断修订完善。所有特殊教育政策制定都离不开它们设定的基本要求和规范。也就是说,它们同样具有总体性地位。因此,它们处于残疾人教育总政策体系的第三层次权威地位。其中,《残疾人教育条例》明显高于《特殊教育学校暂行规程》的地位和效力。《残疾人教育条例》是国务院"根据《中华人民共和国残疾人保障法》和国家有关教育的法律"制定,《特殊教育学校暂行规程》是教育部"依据国家有关教育法律、法规制定"。也就是说,除了依据有关教育法律外,还有相关法规,同时在制定机构的权威上也有不同。前者侧重对残疾人教育制度的总体设计安排,后者侧重对特殊教育学校管理的设计安排。

第二,总政策的要素结构。在第一层级,《宪法》中"国家和社会帮助安排盲、聋、哑和其他有残疾的公民的劳动、生活和教育"从根本上确立了残疾人教育的对象是"盲、聋、哑和其他有残疾的公民"。也就是说,"盲、聋、哑"公民是明确界定的有残疾的公民,其他没有明确界定但是只要有残疾的公民都同样是《宪法》保障的对象。这无疑为确立特殊教育政策目标群体提供了最高的根本上的政策依据。同时,《宪法》第四十六条规定的"国家培养青年、少年、儿童在品德、智力、体质等方面全面发展"也确立了特殊教育政策的根本目标。《宪法》第十九条规定的"国家发展社会主义的教育事业,提高全国人民的科学文化水平。国家举办各种学校,普及初等义务教育,发展中等教育、职业教育和高等教育,并且发展学前教育。"这确立了特殊教育政策实现上述根本目标的根本措施和方案,即通过发展社会主义的教育事业,举办各种学校,来实现残疾人"品德、智力、体质等方面全面发展"的政策根本目标。

在第二层级,《教育法》、《残疾人保障法》、《义务教育法》的政策要素是从不同方面和领域出发对《宪法》中关于教育政策要素的具体化。《教育法》第九条"中华人民共和国公民有受教育的权利和义务。公民不分民族、种族、性别、职业、财产状况、宗教信仰等,依法享有平等的受教育机会",为残疾人教育确立总体上的目标群体,即无论残疾人是何种民族、种族、性别、职业、财产状况、宗教信仰等,依法享有平等的受教育机会。同时,《残疾人保障法》第二条又明确界定了残疾人群体范围,即"残疾人是指在心理、生理、人体结构上,某种组织、功能丧失或者不正常,全部或者部分丧失以正常方式从事某种活动能力的人。残疾人包括视力残疾、听力残疾、言语残疾、肢体残疾、智力残疾、精神残疾、多重残疾和其他残疾的人";也就说,明确了什么是残疾人,即"在心理、生理、人体结构上,某种组织、功能丧失或者不正常,全部或者部分丧失以正常方式从事某种活动能力的人"。从残疾类别看,就是"视力残疾、听力残疾、言语残疾、肢体残疾、智力残疾、精神残疾、多重残疾和其他残疾的人"。在教育目标政策上,《教育法》以强制性的义务性规范规定了残疾人教育与其他人群共同的普遍目标,即"教育必须为社会主义现代化建设服务,必须与生产劳动相结合,培养德、智、体等方面全面发展的社会主义事业的建设者和接班人"。《义务教育法》又规定了义务教育阶段残疾人与其他人群的普遍目标,即"义务教育必须贯彻国家的教育方针,实施素质教育,提高教育质量,使适龄儿童、少年在品德、智力、体质等方面全面发展,为培养有理想、有道德、有文化、有纪律的社会主义建设者和接班人奠定基础"。在特殊教育政策规定的特殊目标方面,《残疾保障法》(2008)规定了残疾人教育体制和要求的特殊目标,即"实行普及与提高相结合、以普及为重点的方针,保障义务教育,着重发展职业教育,积极开展学前教育,逐步发展高级中等以上教育","在进行思想教育、文化教育的同时,加强身心补偿和职业教育"。在特殊教育政策措施方案上,总政策基本上沿承了普通教育的措施安排,主要是在特殊教育体制政策、教师政策、经费政策、课程与教学政策方面做了总体性安排。其详细内容后面章节中将予以阐述。

在第三层级,残疾人教育培养目标的政策规定和措施方案安排进一步具体化。《特殊教育学校暂行规程》第五条规定特殊教育学校的总体目标政策,即"培养学生初步具有爱祖国、爱人民、爱劳动、爱科学、爱社会主义的情感,具有良好的品德,养成文明、礼貌、遵纪守法的行为习惯;掌握基础的文化科学知识和基本技能,初步具有运用所学知识分析问题、解决问题的能力;掌握锻炼身体的基本方法,具有较好的个人卫生习惯,身体素质和健康水平得到提高,具有健康的审美情趣;掌握一定的日常生活、劳动、生产的知识和技能;初步掌握补偿自身缺陷的基本方法,身心缺陷得到一定程度的康复;初步树立自尊、自信、自强、自立的精神和维护自身合法权益的意识,形成适应社会的基本能力。"《残疾人教育条例》则主要是设计了残疾人学前教育、义务教育、职业教育以及教师、物质条件保障等总体性的具体政策要求。

(二)特殊教育基本政策体系

在这里,基本政策是指高层次的、大型的、长远的、带有一定战略性的政策方案。它介于总政策与具体政策之间,具有一定的时效性、稳定性与连续性、沿承性。一定时期的基本政策都要以总政策为依据,同时具体政策制定都要以基本政策为参考。它服从于总政策,是总政策在实施中的具体化,又是具体政策的统帅和依据。可以说,基本政策是总政策在不同时期的具体化及其适时作出的调整,同时也是一定时期对具体政策的统帅。与总政策相比,基本政策的最大特点就是有明确的时效性,它仅仅是一定时期的政策,随着条件的变化、任务的完成,它也会被废止。如"五年规划纲要"等就是五年期内的基本政策,超过五年期就会被废止。根据政策决策和颁布机构的权威性,基本政策可以分为两个权威层次。从规定的内容范围看,又可以分为具有全面性、广泛性、全局性基本政策,以及规范某一领域的局部性基本政策。

第一,基本政策的结构体系构成。通过对我国特殊教育政策的文本梳理发现,我国残疾人教育的基本政策往往是以"五年"或"十年"等不等的时间为期限,在相应时期内发挥着综合性、宏观性的指导规范作用。他们之间具有权威上的上下地位之分,但又彼此联系构成一个整体,且这个整体都具有一定效力期限、特定对象、目标和方案,因此都属于基本政策性质范畴。总体来说,中央、国务院决策的意见、纲要,教育部等多部委在特定时期发布的具有长期性、综合性、宏观性的意见、纲要,"残疾人事业五年规划"等构成了残疾人教育基本政策结构体系内容。近几年来,中央、国务院《关于促进残疾人事业发展的意见》(2008)、《国家中长期教育改革和发展规划纲要(2010—2020年)》、《中国残疾人事业"十二五"发展纲要》(2008)、《关于进一步加快特殊教育事业发展意见》(2009)、《关于加强特殊教育教师队伍建设的意见》(2012),是近几年来我国残疾人教育基本政策的重要规范。

从基本政策的结构体系构成看，基本上是以中央、国务院的意见、纲要为核心基本政策，以教育部等多部委在特定时期发布的具有长期性、综合性、宏观性的意见、纲要、"残疾人事业五年规划"等为实施安排的基本政策。目前，即以中央、国务院《关于促进残疾人事业发展的意见》(2008)、《国家中长期教育改革和发展规划纲要(2010—2020年)》为核心，以《中国残疾人事业"十二五"发展纲要》(2008)、《关于进一步加快特殊教育事业发展意见》(2009)、《关于加强特殊教育教师队伍建设的意见》(2012)为实施安排的基本政策结构。

中央、国务院《关于促进残疾人事业发展的意见》(2008)是"为贯彻落实党的十七大精神，进一步促进残疾人事业发展"提出的。它规定了一个党政任期内的残疾人事业发展的目标任务，在基本政策体系中处于第一层级，占据核心地位。它基于我国残疾人教育等存在许多困难、一些地方和部门重视不够等政策问题，并基于全面建设小康社会和构建社会主义和谐社会的政治源流，提出促进社会公平正义，促进我国人权事业全面发展等目标，并设计了"坚持政府主导、社会参与、国家扶持、市场推动，统筹兼顾、分类指导，立足基层、面向群众"的政策原则，要求加强对促进残疾人事业发展的法律法规和政策措施等的完善。其中，提出了对师资培养与队伍建设、中西部地区特殊教育学校建设、残疾人职业教育培训、残疾学生入学、助学政策、免费接受义务教育保障以及学前康复教育、高中阶段特殊教育等政策要求。这些奠定了《中国残疾人事业"十二五"发展纲要》(2008)、《关于进一步加快特殊教育事业发展意见》(2009)政策依据和政策创议的政策源流。《中国残疾人事业"十二五"发展纲要》(2008)、《关于进一步加快特殊教育事业发展意见》(2009)分别是中残联和教育部为主对落实《关于促进残疾人事业发展的意见》(2008)而做出的政策安排，属于基本政策范畴中的第二层级的政策规范。例如，《中国残疾人事业"十二五"发展纲要》(2008)在目标任务中提出的"完善残疾人教育体系，健全残疾人教育保障机制。适龄残疾儿童少年普遍接受义务教育，积极发展残疾儿童学前康复教育，大力发展残疾人职业教育，加快发展残疾人高中阶段教育和高等教育"；《关于进一步加快特殊教育事业发展意见》(2009)中提出的"全面提高残疾儿童少年义务教育普及水平，不断完善残疾人教育体系"目标，这些都是对《关于促进残疾人事业发展的意见》(2008)而作出的进一步政策安排。

《国家中长期教育改革和发展规划纲要(2010—2020年)》作为我国十年的教育战略部署，也是基本政策体系中的第一层级的政策规范。其中，第十章"特殊教育"对把特殊教育事业纳入当地经济社会发展规划、提高残疾学生的综合素质、完善特殊教育体系、健全特殊教育保障机制的政策要求,确立了十年内特殊教育的基本政策目标和任务。《关于加强特殊教育教师队伍建设的意见》(2012)是为深入实施《国家中长期教育改革和发展规划纲要(2010—2020年)》,从教师政策方面"特殊特办"做出的进一步政策安排,属于基本政策范畴中的第二层级的政策规范。它提出的教师队伍建设目标"到2015年,基本形成布局合理、专业水平较高的特殊教育教师培养培训体系,特殊教育教师职业吸引力进一步增强,教师数量基本满足办学需要。到2020年,形成一支数量充足、结构合理、素质优良、富有爱心的特殊教育教师队伍。"这就是对落实《国家中长期教育改革和发展规划纲要(2010—2020年)》而做出的教师基本政策安排。

第二,基本政策要素结构。当前,《国家中长期教育改革和发展规划纲要(2010—2020年)》提出的把特殊教育事业纳入当地经济社会发展规划、提高残疾学生的综合素质、完善特殊教育体系、健全特殊教育保障机制是我国十年内的基本政策目标。《关于加强特殊教育教师队伍建设的意见》(2012)以及后续还会陆续出台的其他政策都将围绕这一目标而做出不同阶段或不同方面的政策安排。相对于《国家中长期教育改革和发展规划纲要(2010—2020年)》,《关于加强特殊教育教师队伍建设的意见》(2012)及其后续政策都是为落实《国家中长期教育改革和发展规划纲要(2010—2020年)》的政策措施和方案,其内容也基本上围绕特殊教育体制政策、教师政策、经费政策、课程与教学政策来安排和展开,具体内容在后面的相关部分中阐述。特别提及的是基本政策中的对象政策,其中对政策目标群体的界定是这一时期的突出变化,中央、国务院《关于促进残疾人事业发展的意见》(2008)、《关于进一步加快特殊教育事业发展意见》(2009)明确将传统的三类残疾学生扩大为"重度肢体残疾、重度智力残疾、失明、失聪、脑瘫、孤独症等残疾儿童少年"目标群体。

(三) 特殊教育具体政策体系

在这里,具体政策是指在基本政策规定的领域内,从不同方面和内容对基本政策分解落实的更小的具体的政策规范,它主要体现为为解决某一问题而制定的"办法"、"方案"、"计划"、"实施细则"、"标准"等行动措施安排。它是在基本政策的指导下制定出来的,是将基本政策所规定的目标与任务在具体时间和空间内,以具体措施而付诸实施的工具与手段,具有很强的操作性、时效性、针对性,对于切实有效地保障总政策和基本政策的贯彻落实,解决有关问题具有重要作用。

第一,具体政策的结构体系构成。通过特殊教育政策梳理发现,教育部发布的三类特殊学校《教学计划》、《课程计划》、《义务教育课程设置实验方案》、《关于开展残疾儿童少年随班就读工作的试行办法》、《"十一五"期间中西部地区特殊教育学校建设规划(2008—2010年)》、《特殊教育学校建设标准(试行)》、《特殊教育学校建筑设计规范》、《义务教育阶段盲校教学与医疗康复仪器设备配备标准》、《义务教育阶段聋校教学与医疗康复仪器设备配备标准》、《义务教育阶段培智学校教学与医疗康复仪器设备配备标准》、《特殊教育提升计划(2014—2016年)》等是我国残疾人教育的具体政策内容。它们对有关基本政策具体实施的行动进行安排,在特定时间和空间内,保障基本政策目标的实现。例如,《"十一五"期间中西部地区特殊教育学校建设规划(2008—2010年)》是根据《国家教育事业发展"十一五"规范纲要》和《中国残疾人事业"十一五"发展纲要(2006年—2010年)》,而做出的行动规划。

第二,具体政策的结构关系。残疾人教育具体政策,涉及面广,形式多样;针对性强,内容详尽;时效性强,变动性大;执行性强,操作性强。他们之间几乎很少有交叉重叠。因此,它们都是一个平面、同一层级的相对独立的结构。它们往往是基于某一个基本政策而形成一个具体政策体系,而每一个具体政策体系既是对相应的基本政策任务的分解和具体化,也是对其政策目标的不断实现过程。譬如,围绕《特殊教育提升计划(2014—2016年)》、《关于加强特殊教育教师队伍建设的意见》制定的《特殊教育教师专业标准》,以及后续还将会陆续出台的其他政策构成的具体政策体系,等等。这些具体政策体系以一定时期和任务相互独立,又共同促进总政策和基本政策目标实现。正是由于残疾人教育具体政策的上述特点,几乎每个具体政策都会有自己的特定目标和方案措施。不同具体政策体系和同一具体政策体系内的具体政策要素结构也差异很大。

第二节 我国特殊教育政策对象

政策对象界定和构造优先于政策措施安排。特殊教育政策对象不是一个单独孤立的规定系统,而是存在于不同的特殊教育政策文本中。它包括特殊教育政策目标群体对象和执行对象或义务主体。通过梳理上述政策规范文本看,特殊教育政策对象经历了一个由单一到多元的演变过程,即在目标群体上由两类残疾残疾人教育到三类残疾教育,再到多类残疾人教育的演变过程;在政策执行对象上实现了以政府、教育行政部门、特殊学校为实施主体到以政府、多行政部门、教育机构和社会组织、个人等多主体参与的演变过程。这一方面反映了特殊教育政策在公平调整和分配教育权利、机会等利益方面之于残疾人目标群体的努力；另一方面反映了特殊教育政策的权威性和强制性，体现了特殊教育政策在动员和整合社会资源方面的控制能力增强。

一、"两类残疾儿童"为主的特殊教育政策对象

这主要体现在新中国成立后至20世纪70年代。这一时期的主要政策文本是1951年《政务院关于改革学制的决定》、1956年教育部颁发的《关于盲童学校、聋哑学校经费问题的通知》和1957年《办好盲童学校、聋哑学校的几点指示》。

1951年《政务院关于改革学制的决定》提出"各级政府设立聋哑、盲目等特种学校，对生理上有缺陷的儿童、青年和成人施以教育"，并鲜明地设计在"各级政治学校和政治训练班"的政策条目下。此即表明，以政治意志确立各级政府为责任主体，通过设立聋哑、盲目等特种学校，解决生理上有缺陷的儿童、青年和成人的目标群体教育问题。从此，确立了以"有缺陷的儿童、青年和成人（聋哑、盲目）"为接受特殊教育的主要政策目标群体，各级政府为政策执行责任主体，聋哑学校、盲校为实施主体的特殊教育政策对象范畴，反映了新中国极力促进残疾人群体接受教育的政治价值追求，特别是通过单一的政府组织这一政策执行主体的绝对权力，体现了党和政府对推进特殊教育的坚定政治意志和人道主义关怀。1956年教育部颁发的《关于盲童学校、聋哑学校经费问题的通知》和1957年《办好盲童学校、聋哑学校的几点指示》以经费政策及学校基本任务、学制、教学和学生入学年龄等政策规定的形式，再次增强和确认了"两类残疾人"为对象的教育政策安排。直到1962年教育部《全日制六年制盲童学校教学计划（草案）》、《全日制十年制聋哑学校教学计划（草案）》都没有根本改变。

在整个50至70年代，特殊教育政策目标群体主要是以视力残疾和听力言语障碍儿童为主，实行"两类残疾"为主的特殊教育及其政策。它是基于党和国家政治意志以及社会主义人道主义精神，体现党和国家对每个社会成员的关心爱护，以及同社会主义公有制相适应的主人翁思想和集体主义思想、权利义务观念等政治制度，致力于消除各种歧视和不平等，拒绝一切剥削和奴役，而做出的一种政策性安排，并以相应特殊学校教育的政策设计，体现了对残疾人的社会主义人道关怀和社会主义政治文明，从一个方面反映了当时我国社会主义精神文明建设成就和进步。

二、"三类残疾儿童"为主的特殊教育政策对象

这主要体现在二十世纪70年代末至90年代。这一时期的主要政策文本是

1982年《中华人民共和国宪法》、1986年《义务教育法》、1989年国家教委等部门《关于发展特殊教育的若干意见》。

1982年《中华人民共和国宪法》首次以根本大法的形式规定"国家和社会帮助安排盲、聋哑和其他有残疾公民的劳动、生活和教育。"1985年《中共中央关于教育体制改革的决定》提出"发展盲、聋、哑、残人和弱智儿童的特殊教育。"1986年《义务教育法》以法律规范的形式明确规定"地方各级人民政府为盲、聋哑和弱智的儿童、少年举办特殊教育学校(班)。"1987年《全日制弱智学校(班)教学计划(征求意见稿)》以具体政策形式体现了智力残疾儿童在特殊教育政策中的利益主体地位。至此,接受特殊教育的政策目标群体的范围扩展到视力残疾、听力语言残疾、智力残疾的适龄儿童,基本确立了三类残疾人为对象的特殊教育。1989年国务院办公厅第一次转发了国家教委等部门《关于发展特殊教育的若干意见》的通知提出,"使盲童、聋童的入学率分别提高到10%和15%,弱智儿童入学率要大幅度提高",再次确认了弱智儿童教育。其中,尽管要求各地学校"继续创造条件,积极吸收肢体残疾和有学习障碍、语言障碍、情绪障碍等少年儿童入学",但是事实上限于条件的限制,当时仍是以盲、聋哑、弱智儿童目标群体为主。此后,如2001年国务院转发的《关于"十五"期间进一步推进特殊教育改革和发展的意见》等基本上是以"三类残疾儿童少年"为政策目标群体设计了义务教育发展的目标。

80至90年代,基本形成了视力残疾、听力语言残疾、智力残疾的"三类残疾儿童"教育政策目标群体,实行的是"三类残疾"的特殊教育及其政策。它最突出的特点是改变了过去紧靠"政治号召"、"人道良心"和"行政措施"为主的特殊教育及其政策设计,而是以《义务教育法》的法律规范和法制手段切实奠定残疾人教育利益的坚实基础;同时,《义务教育法》和《关于发展特殊教育的若干意见》也为后来丰富特殊教育政策安排、推进特殊教育政策实施,提供了最高政策依据,打开了特殊教育政策设计的大门。它以提高残疾人在内的全民族素质为目标,以扩大特殊教育政策目标的受益人群、扩大特殊教育的安置形式和具体的刚性指标等政策方案设计,来切实规范和保障残疾人受教育利益,体现了法治精神和提高民族素质的国家意志和社会需要。

三、"多类残疾儿童"为主的特殊教育政策对象

这主要体现在20世纪90年代以来的特殊教育发展时期。这一时期的主要政策文本是1990年《残疾人保障法》、1994年《残疾人教育条例》、2001年《关于"十五"期间进一步推进特殊教育改革和发展意见》、2006年修订的《义务教育

法》、2008年中共中央、国务院《关于促进残疾人事业发展的意见》、2014年《特殊教育提升计划（2014—2016年）》。

1990年《残疾人保障法》（2008年修订）扩大并明确界定了接受特殊教育的政策目标群体范围，包括："视力残疾、听力残疾、言语残疾、肢体残疾、智力残疾、精神残疾、多重残疾和其他残疾的人。"这从法律的角度对特殊教育政策所调整的受益主体做出了权威性规范。1994年《残疾人教育条例》还以法规的形式将残疾人这一政策目标群体的年龄向前延伸到"残疾幼儿"学前教育阶段。2001年《关于"十五"期间进一步推进特殊教育改革和发展意见》再次明确提出"开展3岁以下残疾儿童早期康复、教育活动"。随着经济社会的整体进步，2008年中共中央、国务院《关于促进残疾人事业发展的意见》将受教育残疾人群体进一步扩大，要求"逐步解决重度肢体残疾、重度智力残疾、失明、失聪、脑瘫、孤独症等残疾儿童少年的教育问题。"2009年《关于进一步加快特殊教育事业发展意见》将扩大的群体则明确界定为"重度肢体残疾、重度智力残疾、孤独症、脑瘫和多重残疾儿童少年"；同时，也再次明确要求"积极举办0—3岁残疾儿童早期干预、早期教育和康复训练机构"。至此，在政策目标群体上，形成了以多种类型，不同年龄阶段的残疾人为目标群体的特殊教育政策对象规范体系。

另外，也扩大确定了参与支持保障特殊教育的政策执行与实施主体范围。1994年《残疾人教育条例》强调"中国残疾人联合会及其地方组织应当积极促进和开展残疾人教育工作。""残疾人家庭应当帮助残疾人接受教育"，且规定了县级人民政府卫生行政部门在组织开展适龄残疾儿童、少年的就学咨询、残疾状况鉴定、提出受教育意见方面的参与和作用。1994年《关于开展残疾儿童少年随班就读工作的试行办法》不但规定随班就读的对象主要是视力、听力语言、智力类别的残疾儿童少年，并要求"就近入学"；而且规定就近入学的普通学校、医疗部门、残疾儿童康复部门或当地盲、聋学校的专业技术人员分别在随班就读中发挥教育、检测鉴定和技术指导等作用。1995年《教育法》以教育基本法的权威形式规定了学校之外的"其他教育机构"在提供特殊教育服务、保障残疾人教育利益中的地位，民政部门举办的残疾人教养机构、劳动部门等举办的技能培训机构成为教育政策规定的参与主体之一。2006年修订的《义务教育法》进一步明确划定了国务院和县级以上地方人民政府在保障残疾人接受义务教育中的责任地位。2008年中共中央、国务院《关于促进残疾人事业发展的意见》再次强调了各级党委和政府、残联以及工会、共青团、妇联等社会各界的共同参与。2008年修订的《残疾人保障法》再次规定了实施残疾人学前教育的机构,要求"残疾幼儿教育机构、普通幼儿教育机构附设的残疾儿童班、特殊教育机构的学前班、残疾儿童福利机构、残疾儿童家庭,对残疾儿童实施学前教育。"对残疾人义务教育,以强制性的义务性规范要求"普通小学、初级中等学校,必须招收能适应其学习生活的残疾儿童、少年入学,""初级中等以下特殊教育机构和普通教育机构附设的特殊教育班,对不具有接受普通教育能力的残疾儿童、少年实施义务教育。"2009年《关于进一步加快特殊教育事业发展意见》将残疾人教育参与主体更明确的具体为"教育、发展改革、公安、民政、财政、人力资源社会保障、卫生、税务、残联等部门和社会团体"。另外,2014年《特殊教育提升计划(2014—2016年)》还拓展了残疾人义务教育的安置和教育形式,明确提出开展"送教上门""医教结合""孤独症儿童少年特殊教育学校(部)",孤独症儿童少年明确列为接受特殊教育的政策目标群体,康复(医务)人员或部门机构明确成为特殊教育政策执行对象。至此,基本形成了以政府为责任主体,各级政府教育、民政、财政、卫生等相关部门,特殊教育与普通教育机构,以及其他残疾人教养机构、医疗机构、残联等组织、残疾人家庭以及相关企业为参与支持的政策执行与实施主体。

这一时期,特殊教育政策突出的特点是特殊教育开始作为"社会的系统工程",成为一个社会公共空间的公共事务,以公共诉求镶嵌在相互联系的社会系统中。不但特殊教育政策目标群体丰富为多种类型、不同年龄阶段的残疾人,其他特殊教育政策执行和实施对象也不断丰富为几乎整个社会系统。不同组织和单位、部门参与残疾人教育都有了相应的政策安排和作用发挥空间,体现了以综合公共治理来整体考虑特殊教育政策设计的新思想。这揭示了今后特殊教育政策调整发展的主流方向,也反映了特殊教育政策决策和执行权力日趋分散的趋势;同时,越来越多的以立法形式,以及中央、国务院的政治意志出台的特殊教育政策,日益提高着特殊教育政策地位及其权威性。

第三节 我国特殊教育政策目标

特殊教育政策目标,即特殊教育政策活动所追求的结果或目的。它是决策者根据政策问题、政治需要或其他目的要求,而做出的价值选择。特殊教育政策目标同样存在于特殊教育政策文本中。通过上述特殊教育政策的文本可以发现,我国残疾儿童学前教育、义务教育的目标政策主要体现为以《教育法》、《义务教育法》、《残疾人保障法》,以及《国家中长期教育改革和发展规划纲要(2010—

2020年)》和国务院、教育部发布的其他各种意见等政策中。从性质上看,形成了"普通目标"和"特殊目标"相结合,稳定目标、效率目标、质量目标和公平目标相结合,人才培养的质量目标、师资培养与配置目标、教育经费投入目标、教育制度与管理目标相结合的目标体系。从政策的价值目标看,鲜明体现了从重视教育稳定到重视教育效率,再到重视教育公平和教育质量的发展过程。从政策目标的内容看,体现了从重视特殊教育制度建设与管理,到重视经费保障和条件完善、师资专业水平提高的演变过程。从政策目标话语方式看,特殊教育政策目标的话语表达越来越清晰,功能越来越准确、科学、合理,政策目标设计越来越全面,且对政策问题和政治诉求回应性程度越来越高。本节主要从"教育稳定"、"教育效率"、"教育质量"、"教育公平"四个价值目标维度,分三个阶段进行特殊教育政策目标分析。

一、注重特殊教育稳定发展取向的政策目标

这主要体现在建国后至 80 年代中前期。这一时期的主要政策文本是 1957 年教育部《关于办好盲童学校、聋哑学校的几点指示》、1962 年教育部颁布《全日制六年制盲童学校教学计划(草案)》、《全日制十年制聋哑学校教学计划(草案)》。

我国特殊教育几乎是在"一片废墟"的基础上发展起来的,制度规范建设是新中国成立后特殊教育政策面对的首要问题。早在 1953 年教育《关于盲哑学校方针、课程、学制、编制等问题给西安市文教局的复函》中就对特殊教育"教什么"、"怎么教"、"怎么组织"等问题开始做出政策规范,提出"盲哑小学除实施普通小学智育、体育、德育、美育的基础教育外,在有条件地方还有给予盲哑儿童职业技能的训练"。1957 年教育部《关于办好盲童学校、聋哑学校的几点指示》是这一时期的重要政策,它基于"盲、聋哑教育是国家整个教育事业的一个组成部分,随着社会主义建设的发展,必须有计划地发展起来;必须办好现有的盲童学校和聋哑学校"的政治要求,"盲童学校和聋哑学校基础十分薄弱,新的教育制度尚未建立起来,一般学校的教学质量都很低"、"职业劳动训练还没有引起普遍的重视,这给盲、聋哑学生毕业后参加劳动生产带来了更多的困难"以及"学校数量还很少,而且设置不平衡……远远不能满足盲童和聋哑儿童的入学要求"的政策问题,较全面地设计了特殊教育目的任务、管理体制与教学等方面的规范,提出了"培养盲童和聋哑儿童具有一定的科学文化知识,掌握一定的劳动职业技能,并有共产主义的道德品质,使他们成为积极的、自觉的社会主义建设者和保卫者"这一目标任务。更重要的是强调了对盲童、聋哑学校的制度建设,详细规定

了学制、学生入学年龄、班额、教职工人员编制,以及教育经费、师资配备等,体现出以特殊教育(两类特殊学校)制度建设实现特殊教育稳定与发展的政策目标价值取向。在目标内容上也较全面,基本涵盖了管理、经费、教师、教学等政策目标,很好地回应了当时社会主义建设的政治诉求和"两类学校"稳定发展的需要。历史证明,这些目标的设定有力地支持和促进了特殊教育发展。1962年教育部颁布《全日制六年制盲童学校教学计划(草案)》、《全日制十年制聋哑学校教学计划(草案)》在对前面实践经验总结的基础上,对残疾人教育的培养目标做出全面规定,要求:必须在党的领导下,贯彻教育为无产阶级政治服务,教育与生产劳动相结合的方针,通过学校教育和训练,力求弥补聋哑儿童(盲童)的听觉(视觉)缺陷,使他们在德育、智育、体育几方面都得到发展,成为有社会主义觉悟的有文化的劳动者。这是首次以教育教学的专门政策对残疾人培养的目标作出规定。

总体而言,这一阶段,残疾人教育处于探索初期,基于当时的政治经济背景条件,特殊教育政策目标偏重对特殊教育(主要是两类特殊学校)制度建设以维护特殊教育存在与发展,有着其历史合理性。同时在残疾人培养的目标要求上,侧重政治思想、职业技能的选择,特别是注重体现政治主义、国家主义至上的意识形态,重视体现社会主义意识和道德品质,重视体现社会主义人道主义精神。

二、注重特殊教育效率取向的政策目标

这主要体现在20世纪80年代中期义务教育实施至2007年"十七大"前的时期。这一时期的主要政策文本是1984年《全日制八年制聋哑学校教学计划(征求意见稿)》和1987年《全日制盲校小学教学计划(草稿)》、《全日制弱智学校(班)教学计划(征求意见稿)》、1986年《义务教育法》、1991年《残疾人保障法》、1994年《残疾人教育条例》、1998年《特殊教育学校暂行规程》、2007年《盲校义务教育课程设置实验方案》、《聋校义务教育课程设置实验方案》、《培智学校义务教育课程设置实验方案》。

1986年《义务教育法》奠定了特殊教育政策目标法定依据。《义务教育法》颁布实施,残疾人义务教育目标开始体现出质量、效率两个目标维度,并以侧重"普及优先"的效率目标为价值取向。

在效率目标上,主要体现为以义务教育普及率为核心的目标政策设计。1989年国务院办公厅第一次转发了国家教委等部门《关于发展特殊教育的若干意见》的通知这一具有重要历史意义的专门政策。文件提出"普及与提高相结合,以普及为重点"的特殊教育发展原则,重点围绕义务教育提出了普及效率目标,设计了较具体详细的指标,即"使盲童、聋童的入学率分别提高到10%和

15%,弱智儿童入学率要大幅度提高;发达地区的残疾儿童入学率应有更大的提高"。并且第一次分区域、按时间表("八五"、"九五")提出了效率目标要求:大、中城市和经济、文化比较发达的沿海地区,以及经济、文化中等发达地区中经济条件较好的县(市),到"八五"的最后一年,盲、聋和轻度弱智学龄儿童入学率达到70%以上。"九五"期间,在继续发展、巩固、提高初等教育的基础上使初级中等以上的残疾人教育有适当的发展。经济、文化中等发达地区中的一般县(市),到2000年,盲、聋轻度弱智学龄儿童入学率达到50%左右,并创造条件发展初级中等以上教育。经济、文化不发达的地区,在普及初等教育的进程中,要积极创造条件,发展残疾少年儿童教育。同时,在特殊教育管理与体系建设上,提出了"多种渠道办学"、"多种形式办学",并设计了特殊教育的布局、学制。还对特殊教育教师培养培训和配置、教育经费等也作出极具效率的安排。譬如,"在国家办学的同时,积极提倡鼓励社会团体、工矿区、林区、垦区、集体经济组织、私营经济组织和个人办学或捐资、捐物、出力助学。欢迎港澳同胞、海外侨胞和国际友好人士捐资助学","为补充特殊教育急需的师资,各地应统筹规划,选调一部分应届中师毕业生和普通中小学、儿童福利机构的在职教师进行专业培训,分配到特教学校(班)和残疾儿童福利机构任教。同时,还可选调一部分高中毕业生或民办教师进行专业培训,分配到特教机构任教"。2001年国务院转发的《关于"十五"期间进一步推进特殊教育改革和发展的意见》也分类提出了"十五"期间残疾儿童少年义务教育发展的效率目标,即占全国人口35%左右的大中城市和经济发达的地区,义务教育阶段入学率分别达到95%以上;占全国人口50%左右、已实现基本普及九年义务教育和基本扫除青壮年文盲(以下简称"两基")的农村地区,义务教育阶段入学率分别达到85%以上;占全国人口15%左右、未实现"两基"的贫困地区,入学率达到60%以上。

在质量目标上,主要体现为普遍性与特殊性质量目标多维度复合的目标政策设计。1984年《全日制八年制聋哑学校教学计划(征求意见稿)》和1987年《全日制盲校小学教学计划(草稿)》和《全日制弱智学校(班)教学计划(征求意见稿)》,逐步淡化了1962年《全日制六年制盲童学校教学计划(草案)》、《全日制十年制聋哑学校教学计划(草案)》过分注重政治主义的要求,强调了补偿缺陷和适应社会、做有理想、有道德、有文化、有纪律的社会主义公民的质量目标,出现了向人本主义思想的转向的取向。1989年国务院办公厅转发国家教委等部门《关于发展特殊教育的若干意见》在培养目标上,进一步确立为"各级各类特教学校都应贯彻执行德、智、体、美、劳全面发展的方针,在对残疾学生进行思想品德教育、文化教育和身心缺陷补偿的同时,切实加强劳动技能和职业技术教育,为他们参与社会生活,适应社会需要创造条件"的质量目标要求。1991年《残疾人保障法》和1994年《残疾人教育条例》以高位的法律法规要求进一步确立了思想教育、文化教育、身心补偿和职业技术教育这四大质量目标。1993年国家教委印发的《全日制聋校课程计划(试行)》、《全日制盲校课程计划(试行)》、《中度弱智儿童教育训练纲要(试行)》则以课程改革为基本理念,把课程与教学紧密结合起来,并把课程计划制定作为残疾人教育的重要基本政策规范。在教育目标要求上进一步向人本主义转向,除强调缺陷补偿外,把生活能力、社会交往能力、劳动技能作为重要目标,并把适应社会生活、形成继续获取知识的能力、平等的社会公民作为课程与教学的目标要求。1998年《特殊教育学校暂行规程》是集中反映质量目标要求的主要政策文本,它提出:"根据学生身心特点和需要实施教育,为其平等参与社会生活、继续接受教育、成为社会主义事业的建设者和接班人奠定基础";除了德育等普遍性质量目标要求外,还特别强调了特殊性质量目标要求,要求"初步掌握补偿自身缺陷的基本方法,身心缺陷得到一定程度的康复;初步树立自尊、自信、自强、自立的精神和维护自身合法权益的意识,形成适应社会的基本能力。"这样,残疾人教育质量目标被定位为:德育、智育、体育、劳动和美育方面的普遍性质量目标以及身心康复、补偿缺陷、人格培育、社会适应方面的特殊性质量目标,特别是身心康复、补偿缺陷、人格培育、社会适应方面的特殊性质量目标体现了残疾人教育质量目标的特色之处,至今仍是特殊教育政策中对人才培养质量目标设计的基本框架。2007年,在普通教育领域新一轮课程改革的推动下,教育部出台《盲校义务教育课程设置实验方案》、《聋校义务教育课程设置实验方案》、《培智学校义务教育课程设置实验方案》,又突出强调了"培养具有平等参与的公民意识和乐观进取的健全人格",以及独立生活能力、社会适应能力等方面的特殊性质量目标要求。以人为本,面向个体差异和特殊需要、适应社会生活是特殊教育政策质量目标设计的一个鲜明原则。当然,根据残疾人类别的身心差异,各自的培养目标也不相同。如,对视力残疾学生、聋生提出了"创新精神、实践能力、科学和人文素养以及环境意识;具有适应终身学习的基础知识、基本技能和方法";对智力残疾学生则强调了"具有乐观向上的生活态度;具有基本的文化科学知识和适应生活、社会以及自我服务的技能;养成健康的行为习惯和生活方式,成为适应社会发展的公民。"这一阶段由于教育资源相对有限,且教育政策对效率目标的刚性规定和偏向,很多地方残疾人教育质量目标的实现以及全国残疾人教育均衡发展的公平价值目标被严重忽视。

这一时期,从残疾人培养的质量目标看,开始出现了由过分注重国家主义、政治主义主宰而向人本主义转向的倾向;但是,总体说来,这一阶段的特殊教育政策目标主要是效率取向的政策目标设计。它是基于国家社会对教育在经济社会发展中战略地位的重视,为快速改变我国残疾人素质不高、教育落后、基础教育不普及等状况,按照《义务教育法》保障残疾人平等受教育权利,而做出的政策安排。它以鲜明的效率目标取向,反映了国家社会对普及残疾人义务教育的期盼和政府的责任意识。

三、注重教育公平和民生价值取向的政策目标

这主要体现在"十七大"以来的特殊教育发展时期。这一时期的主要政策文本是《义务教育法》(2006年修订)、2008年《中共中央国务院关于促进残疾人事业发展的意见》、2009年教育部等《关于进一步加快特殊教育事业发展意见》、2014年国务院办公厅转发的教育部等部门《特殊教育提升计划(2014—2016年)》。

随着2006年修订《义务教育法》提出"提高教育质量","合理配置教育资源,促进义务教育均衡发展"的新目标,2009年继"十七大"和《中共中央国务院关于促进残疾人事业发展的意见》(中发〔2008〕7号)精神,国务院办公厅转发了教育部等《关于进一步加快特殊教育事业发展意见的通知》,在特殊性的培养质量目标上,继续深化了人本主义的特殊性质量目标,要求:"加强特殊教育的针对性,提高残疾学生的综合素质","注重学生的潜能开发和缺陷补偿,培养残疾学生乐观面对人生,全面融入社会的意识和自尊、自信、自立、自强精神";"注重提高其生活自理、与人交往、融入社会、劳动和就业等能力的培养"。同时要求"继续提高残疾儿童少年义务教育普及水平","全面推进随班就读工作,不断提高教育质量","因地制宜发展残疾儿童学前教育";且明确规定了普及的效率目标,即"城市和经济发达地区,适龄视力、听力、智力残疾儿童少年入学率要基本达到当地普通儿童少年水平;已经'普九'的中西部农村地区,其三类残疾儿童少年入学率要逐年提高;未'普九'地区要将残疾儿童少年义务教育作为普及九年义务教育的重要内容,三类残疾儿童少年入学率达到70%左右"。另外,文件还重视从经费保障和师资保障方面提高特殊教育质量,如,"全面实施残疾学生免费义务教育","加强特殊教育师资队伍建设,提高教师专业化水平",等等。在特殊教育管理体制上则重视"强化政府职能,全社会共同推进特殊教育事业发展"的综合性管理,以此确保特殊教育质量和效率。

2014年《特殊教育提升计划(2014—2016年)》则针对"我国特殊教育整体水

平不高、发展不平衡"这一政策问题,鲜明提出提高特殊教育质量水平、普及效率以及推进教育公平的政策目标,设计了"全面推进全纳教育","提高普及水平","加强条件保障","提升教育教学质量"等质量目标和任务,还具体设计了三年内残疾人教育效率目标,即"到2016年,全国基本普及残疾儿童少年义务教育,视力、听力、智力残疾儿童少年义务教育入学率达到90%以上。"

  总体而言,这一阶段,特殊教育政策明显转向了以教育公平为本、统筹质量和效率、关心残疾人民生取向的政策目标设计,体现了人本主义和民生关怀的价值理念。从性质上看,特殊教育政策是民生和公平为主的社会建设政策范畴。它以关注残疾人教育公平以及人本化的学习生活质量、社会参与权利、劳动与就业以及人格养成等维度,完全改变了过去重视政治主义上层建筑的偏激和国家主义本位的极端,而转向关注个体生存质量和生活幸福的社会建设政策建构;完全改变了过去偏重效率、忽视公平和质量的特殊教育政策安排,而转向注重教育公平和民生价值的设计。特殊教育政策逐步成为了"以改善民生为重点的社会建设"、"人的全面发展的根本途径"、"与人民幸福安康息息相关"的民生建设内容。① 公平、质量、民生、幸福是这一时期特殊教育政策设计的核心目标价值,并深刻影响到今后相当长时期内特殊教育政策目标设计。这很好地反映了新时期人们对教育公平的价值诉求,体现了在国内经济社会全面进步背景下,特殊教育政策在社会公共政策调整的整体框架内的协调性和与时俱进性,也反映了我国残疾人教育对《残疾人权利公约》、《儿童权利公约》等国际规约的履约践诺的努力。同时,特殊教育政策向民生价值的下移,也使得人们清醒的认识到特殊教育与广大残疾人期望更公平地接受更好的教育的差距。特殊教育观念、课程与教学、特殊教育体制与结构、特殊教育办学活力、特殊教育区域发展不平衡、残疾人受教育群体之间的不公平等问题,日益凸显出来,特别是特殊教育区域发展不平衡、残疾人受教育群体之间的不公平问题成为制约残疾人教育公平的重要问题。依法保障所有残疾人享有平等的受教育权利,享有公平的受教育机会,享有优质的教育质量,从而促进特殊教育公平发展、内涵发展、特色发展成为特殊教育政策安排与变革的核心任务。

  在学前教育政策目标的规范方面,通过梳理发现这是一个薄弱环节,提及学前教育目标的政策文本很少,也不够具体详细,仅仅以抽象的语言陈述了残疾儿童学前教育的质量目标。普遍性目标方面主要是在2010年《国务院关于当前发

---

① 王培峰.我国教育发展条件的变化与改革节点选择:基于教育权力结构的调整[J].学术论坛,2013,(11).196.

展学前教育的若干意见》中,提出"遵循幼儿身心发展规律,面向全体幼儿,关注个体差异,坚持以游戏为基本活动,保教结合,寓教于乐,促进幼儿健康成长",并提出"发展残疾儿童学前康复教育"这一特殊性学前教育政策目标;而更多的特殊性目标主要体现在1994年《残疾人教育条例》中,即"教育与保育、康复结合"和"早期发现、早期康复和早期教育"的"三早"目标要求。其后,2001年《关于"十五"期间进一步推进特殊教育改革和发展意见》还专门提出了残疾儿童学前教育效率目标,要求大中城市和经济发达地区"残疾儿童学前教育水平有较大幅度提高",其他已经普及九年义务教育的农村地区,要"进一步发展残疾儿童学前康复、教育事业"。2008年《中共中央国务院关于促进残疾人事业发展的意见》和2009年教育部等《关于进一步加快特殊教育事业发展的意见》也分别重申了这一政策目标,且以"积极举办0—3岁残疾儿童早期干预、早期教育和康复训练机构"强调了0—3岁残疾儿童早期干预、早期教育和康复训练,体现了残疾儿童学前教育目标的科学性。但是至今所有的残疾儿童学前教育政策目标都仅是简单陈述,没有具体的详细指标和实施办法等跟进政策设计。这反映了残疾儿童学前教育实施困难与我国当前特殊教育发展困境的矛盾,也反映了对发展残疾儿童学前教育的国家意志和能力的不足。

第四节 我国特殊教育管理体制政策

从"体制"的生物学词源看,特殊教育管理体制政策即对特殊教育领导和管理的机构设置、职责范围、隶属关系、权力划分和运行机制等组织结构形式与工作制度的总称。在这里,教育管理体制与教育体制不同,教育体制是教育机构与教育规范的总和,包括教育机构的体系和教育规范的体系。特殊教育管理体制作为整个教育管理体制中的一个部分,其在于保证特殊教育能作为一个完整的有机体有效运转。它对整个特殊教育事业发展的方向、活力、效率、规模等有着直接影响。它主要涉及各级管理机构的设置及其隶属关系、权责划分,以及特殊教育机构的设置与管理,特殊教育机构与教育管理部门的关系(主要是办学权的权限划分),特殊教育学校内部管理体制,特殊教育经费投入等要素。也即教育领导体制、学校教育制度(简称学制)、办学体制、学校管理体制和投资体制为核心的一系列教育制度。在这里,主要就前四者特别是以教育领导体制为主进行分析,关于后者专门在教育经费政策分析中论述。

通过文本梳理来看,总体说来,《教育法》、《义务教育法》的规定是我国特殊教育组织管理体制的最基本的、最全局性的主要政策规范;《残疾人教育条例》是具体规定我国残疾人教育组织管理体制的总体性的、专门性的特殊教育政策规范。同时,《国家中长期教育改革和发展规划纲要(2010—2020年)》在现在及至2020年内也是深刻影响特殊教育政策制定的主要的一体化政策规范。我国残疾人教育管理体制明显具有"高度集权—高位直接管理"时期、"地方负责—分级管理"时期、"综合治理"始发期三个阶段的管理体制政策。

一、"高度集权—直接管理"的特殊教育管理体制政策

这主要体现在新中国成立后至80年代中前期。这一时期的主要政策文本是1951年《政务院关于改革学制的决定》、1957年《关于办好盲童学校、聋哑学校的几点指示》。

新中国成立后,1951年《政务院关于改革学制的决定》规定"各级政府设立聋哑、盲目等特种学校"。这明确把残疾人教育纳入国民教育序列,基本上确立了各级政府在特殊教育组织管理中的主体地位。1953年教育部正式设立盲、聋哑教育处(1980年后称"特殊教育处"),具体负责管理全国特殊教育工作。但是,当时由于许多残疾人教育机构自身不健全、不完善,甚至有的严重依赖于残疾人救济机构,使得残疾人教育与救济机构难以明确划分,这样许多性质不同的残疾人教育机构和残疾人救济机构交杂在一起,一并由各地民政部门接收,民政部门也参与到残疾人教育。这种多部门办学的松散格局不利于资源的优化整合,也不利于政府统一的宏观调控,带来管理上的诸多问题。1954年政务院的10号通知规定:"原属于民政部门领导之盲聋哑学校,如系独立设置,且为正规学校性质者,交教育部门接办;原附属在生产教养院或以救济为主的盲聋哑学校或班仍由民政部门负责"。[①] 至此,特殊教育机构基本上改变了慈善性质而纳入教育行政部门的管理体制之内,突出了教育行政部门的主管功能。这确立了教育行政部门在特殊教育管理中的主体地位,为调整和规范特殊教育中学校与政府、社会、家庭及其他社会组织之间的关系,优化教育秩序发挥了重要作用。1957年《关于办好盲童学校、聋哑学校的几点指示》正式提出"盲、聋哑教育是国家整个教育事业的一个组成部分,随着我国社会主义建设的发展,今后必须有计划地发展起来。"文件对于特殊教育学校教育制度和特殊教育领导管理体制作出明确规定。在领导体制上,提出盲童学校和聋哑学校"应统一划归省(市)教育厅(局)和县(市)文教科主管小学的部门来管理,凡办有中学班的,应取得主管中学

---

① 刘英杰. 中国教育大事典(1949—1990)上[M]. 杭州:浙江教育出版社,1993:776.

部门的配合"。同时指出,"由于盲童学校和聋哑学校较少,教学业务较特殊,要集中领导,建议中央直辖市、省辖市和县所属的盲童学校和聋哑学校,除教师的政治学习、党、团、队和教育工会的组织关系可交由区负责领导外,其行政和业务应由各该级教育行政部门直接领导。"同时要求教育行政部门文教科应设置兼职管理盲、聋哑教育工作的干部,盲童学校和聋哑学校较多的地区还应设专职视导员。另外,在特殊学校教育制度上,规定了盲童学校、聋哑学校的性质、任务、修业年限,以及盲童和聋哑儿童的入学年龄。在性质上,规定"盲、聋哑教育是国家整个教育事业一个组成部分"。在任务上,规定"培养盲童和聋哑儿童具有一定的科学文化知识,掌握一定的劳动职业技能,并有共产主义的道德品质,使他们成为积极的、自觉的社会主义建设者和保卫者"。在修业年限上,规定盲童学校6年(小学),小学后中学或2年职业劳动训练;聋哑学校10年(小学)。在入学年龄上,规定为7—11岁,盲童超龄12—16岁,修业年限缩短为4年,聋哑儿童超龄12—16岁,年限缩短为8年。同时,在班级学生数额上,规定盲童学校每班学生名额以12人为宜,聋哑学校口语教学班的学生名额以19人为宜,手势教学班以15人为宜。另外,还规定了两类学校的人员编制,要求比普通小学稍高。盲校设教养员1人/2班,聋校设教养员1人/20人,六年级1人/30人,六年级以上1人/45人;设卫生护理员、图书管理员、炊事员。文件还提出盲童、聋哑学校分开设置,聋儿学校、聋哑学校分开设置,并要求聋哑学校根据"聋、微聋、聋哑"不同情况的学生开展分类教学。

　　这一时期,基于上述相应的特殊教育政策目标的设定,以及特定时期党政合一、政社合一、权力高度集中的政治制度和社会经济文化条件,特殊教育管理体制以基于国家主义、政治至上和社会主义人道主义精神为核心理念,形成了较高层级教育行政机构"高位直接管理"体制,它注重发挥自上而下的"政治号召"和"社会主义人道主义精神"的组织动员力量,突出体现了中央高度集权、高位直接管理的领导体制特点。无论是特殊学校的建设,还是课程、教材、教学大纲与教学计划的审定,等等,基本上是由中央政府及其教育行政部门集中统一管理。特殊教育办学体制上,基本上是政府国办体制之内的政府"包办"、"包管"的一元办学与管理格局。同时,由于国家和社会以及残疾人家庭利益、需要和价值观高度重叠,特殊教育供给与需求也基本重合,即国家是特殊教育种类、质量和数量的需求者,也是供给者、评价者,使得政策方案以党和国家为公共利益的唯一代表,获得了无可置疑的合法性和权威,并奠定了以党和国家强大政治权威资源和民众支持为基础的政治可行性,这是这一时期特殊教育政策管理体制的生命力源泉。它体现了政策的政治过程本质特点,反映了党和国家通过政治过程决定教育资源在残疾人及整个社会中分配的政治意志和权威。在执行上,基本上是以政府及其教育行政部门为单一的、强有力的执行机构,具有绝对权力控制的能力。在制度基础上也完全适应当时单一的计划经济制度下的指令性、统一性分配特点,能够在较短时间内统筹有限资源,集中力量在大、中城市举办了一些特殊学校,仅1953年全国就举办特殊学校64所,5 260名残疾人就读。这在当时新中国成立不久、经济和教育技术等极为有限的条件下,是伟大的教育创举和极大的社会进步,反映了党和国家对残疾人人道主义的"生存关怀"和政治进步,也奠定我国残疾人教育"国家办学"、"政府管理"以及"政治意志主导"的管理体制基础,至今"政治意志主导"仍是影响特殊教育政策设计的主要因素,许多重大特殊教育政策都是来自党中央和国务院的顶层设计。

二、"地方负责—分级管理"的特殊教育管理体制政策

这主要体现在1986年义务教育实施至2006年《义务教育法》修订这段时期。这一时期的主要政策文本是1986年《义务教育法》、1989年国家教委等部门《关于发展特殊教育的若干意见》、1994年《残疾人教育条例》。

1985年《中共中央关于教育体制改革的决定》开启了教育管理体制在内的整个教育体制的改革。文件确定实行九年制义务教育,明确要求"把发展基础教育的责任交给地方","基础教育管理权属于地方",提出由"地方负责、分级管理的原则","省、市(地)、县、乡分级管理",同时要求"努力发展幼儿教育,发展盲、聋、哑、残人和弱智儿童的特殊教育。"继而1986年《义务教育法》颁布实施,残疾人义务教育管理体制被一并纳入义务教育管理体系中,至今已形成较完善的残疾人义务教育管理体制。这主要体现在1986年《义务教育法》中。《义务教育法》规定"义务教育在国务院领导下,实行地方负责,分级管理"的领导体制,"地方各级人民政府为盲、聋哑和弱智的儿童、少年举办特殊教育学校(班)。"1992年《中华人民共和国义务教育法实施细则》进一步明确为"实施义务教育,在国务院领导下,由地方各级人民政府负责,按省、县、乡分级管理。"在特殊学校教育制度上,规定"盲、聋哑、弱智儿童和少年接受义务教育的入学年龄和在校年龄可适当放宽"。

1989年国务院办公厅转发国家教委等部门《关于发展特殊教育的若干意见》是特殊教育发展以及特殊教育政策规范中非常重要的政策文本,它以专门的、高位的特殊教育政策形式,提出特殊教育"地方负责,中央给予指导帮助,有关部门分工协作,社会各界积极支持的"领导体制,并提出了"普及与提高相结合,以普及为重点"的领导和办学的原则与方针,要求"着重抓好初等教育和职业

技术教育,积极开展学前教育,逐步发展中等教育和高等教育,把残疾少年儿童教育切实纳入普及义务教育的工作轨道。各级教育部门把残疾少年儿童教育同当地实施义务教育工作统一规划,统一领导,统一部署,统一检查。"在办学体制上,提出"多种渠道办学"(国家办学、社会团体和个人办学或捐资助学等)、"多种形式办学"(普通学校的普通班学习、普通学校附设的特教班、特教学校)的办学体制。在办学布局上,确立了以省、自治区、直辖市为单位划片设校或以地市为单位设校的盲童教育格局,以县为单位办班办校的聋童教育格局,以在普通小学、残疾儿童福利机构分散办班或随班就读或集中办校的弱智教育格局的特殊教育总体布局。并由此布局,从事实上初步形成了县级以上地方各级人民政府为主体的特殊教育办学与管理格局,这是特殊教育管理体制中鲜明的特殊之处。在特殊学校教育制度上,文件还强调了特殊教育是"提高残疾人素质的根本途径",体现"社会主义人道主义精神",以及"促进残疾人自强自立,平等参与社会生活"、"成为社会主义建设的参加者"的性质和目的;规定了各级各类特教学校的任务,即"贯彻执行德、智、体、美、劳全面发展的方针,在对残疾学生进行思想品德教育、文化教育和身心缺陷补偿的同时,切实加强劳动技能和职业技术教育,为他们参与社会生活,适应社会需要创造条件"。同时,规定了修业年限和入学年龄,要求"残疾少年儿童实行义务教育的年限原则上与当地健全儿童相同;各类特教学校的学制应根据各地的不同情况和各类残疾少年儿童教育的特点,确定不同年限。盲童初等学校(班)和初级中等学校(班),原则上实行五、四制,如果需要也可以实行六、三制。各地应在盲童中,先普及五年或六年初等教育,有条件的地方可适当发展四年或三年制初级中等教育。聋童学校(班)原则上实行九年制,即在现行八年制的基础上,再增加一年职业技能教育。条件不具备的地方,可实行六、三分段,先在聋童中普及六年教育。弱智儿童学校(班)的学制一般为九年。条件不具备的地方,可实行六、三分段,先普及六年教育。招收残疾少年儿童随班就读的普通学校,其学制不变。"在入学年龄上,指出"残疾少年儿童的入学年龄现在一般为七至九周岁,有条件的地方可以逐步过渡到六、七周岁。初等教育阶段,在校学生的年龄一般不得超过十八周岁。"

1993年《中国教育改革和发展纲要》是涵盖教育领导体制、办学体制和学校管理体制等的重要政策文本。它强调了重视和支持残疾人教育事业;同时还以普遍政策约束力的意义上提出了包括特殊教育在内的体制改革,要求继续完善和深化分级办学、分级管理的体制。这样,地方政府在确定本地区九年义务教育学制、年度残疾人招生规模、选用教材、确定教师职务限额和工资水平等方面的管理权限扩大;特殊学校也实行校长负责制,赋予了更大的内部管理权限,促进了特殊学校内部管理体制的规范和优化。特殊教育在地方政府的统筹和管理下呈现出多元不同的格局。另一方面《中国教育改革和发展纲要》提出"改变政府包揽办学的格局,逐步建立以政府办学为主体、社会各界共同办学的体制。"这时民办特殊教育学校开始加入到残疾人教育序列中。特别是2002年《民办教育促进法》进一步确认了"民办教育事业属于公益性事业,是社会主义教育事业的组成部分",提出"国家对民办教育实行积极鼓励、大力支持、正确引导、依法管理的方针",要求"各级人民政府应当将民办教育事业纳入国民经济和社会发展规划。"残疾人教育的办学呈现出国办、民办结合的多元格局,极大丰富和促进了残疾人义务教育。

　　1994年《残疾人教育条例》颁布实施,首次以特殊教育专门法规的形式正式确立了残疾人义务教育由"国务院教育行政部门主管全国的残疾人教育工作,县级以上地方各级人民政府教育行政部门主管本行政区域内的残疾人教育工作"和"县级以上各级人民政府其他有关部门在各自的职责范围内负责有关的残疾人教育工作"(含各级残疾人联合会促进和开展残疾人教育工作)的领导体制,这使得残疾人义务教育较早的以法规形式确立了"以县为主"的义务教育领导体制,为普及残疾人义务教育奠定了较好的体制基础(普通教育领域是2001《国务院关于基础教育改革与发展的决定》才提出"实行在国务院领导下,由地方政府负责、分级管理、以县为主的体制")。同时,条例还重申了领导和办学的原则与方针,即"发展残疾人教育事业,实行普及与提高相结合、以普及为重点的方针,着重发展义务教育和职业教育,积极开展学前教育,逐步发展高级中等以上教育"。至今,我国特殊教育管理已初步形成了一个主干与支干结合的管理体制。在主干上,建立了由国务院教育行政部门负责全国特殊教育的统筹规划、协调管理,由县级以上地方各级人民政府教育行政部门主管本行政区域内特殊教育的主干管理格局。在支干上,建立了其他行政部门和社会组织等参与特殊教育的组织管理格局。即"县级以上各级人民政府其他有关部门在各自的职责范围内负责有关的残疾人教育工作,中国残疾人联合会及其地方组织积极促进和开展残疾人教育工作"。特别是还规定了县级人民政府教育行政部门和卫生行政部门在残疾人入学咨询中的作用,要求对残疾人残疾状况进行鉴定,并提出接受教育的意见。在特殊学校教育制度上,《残疾人教育条例》规定了"实施残疾人教育,应当贯彻国家的教育方针,并根据残疾人的身心特性和需要,全面提高其素质,为残疾人平等地参与社会生活创造条件"的基本任务;同时,在入学年龄和年限上要求残疾人入学年龄和年限与当地儿童、少年接受义务教育的入学年龄和年限相同,并可以适当提高。对接受义务教育的形式上,提出了"在普通学校随班就读,在普通学校、儿童福利机构或者其他机构附设的残疾儿童、少年特殊教育班就读,在残疾儿童、少年特殊教育学校就读"三种形式。这基本确立了特殊学校教育和普通学校随班就读、特殊教育班教育相结合的教育制度和办学体制。特别是随着1994年《关于开展残疾儿童少年随班就读工作的试行办法》实施,基本形成了"以一定特殊学校为骨干,以大量的特教班和随班就读为主体的教育格局。"另外,《残疾人教育条例》还针对因身体条件不能到学校就读的适龄残疾儿童、少年,要求逐步创造条件,采取"其他适当形式"进行义务教育,以"其他适当形式"的抽象性陈述预留了上述三种形式之外的教育形式,设下了2014年《特殊教育提升计划(2014—2016年)》提出的"送教上门"教育形式的法律依据。需指出的是,2001《国务院关于基础教育改革与发展的决定》提出"实行在国务院领导下,由地方政府负责、分级管理、以县为主的体制",不过是对《关于发展特殊教育的若干意见》的"以县为主"的残疾人义务教育管理体制的再次政策确认。

2006年新修订的《义务教育法》提出义务教育"实行国务院领导,省、自治区、直辖市人民政府统筹规划实施,县级人民政府为主管理的体制",特别是"省级统筹"使得残疾人义务教育随之有了更高的管理体制平台。另外,还首次对残疾人在普通学校随班就读以立法的形式做出明确规定,要求"普通学校应当接收具有接受普通教育能力的残疾适龄儿童、少年随班就读,并为其学习、康复提供帮助"。同时,为保证残疾人义务教育的质量,对特殊学校(班)的设施设备配置上也提出了更高的要求,要求县级以上地方人民政府在设置特殊教学校(班)时,"应当具备适应残疾儿童、少年学习、康复、生活特点的场所和设施。"

总体说来,这一时期以义务教育为主,基本确立了较完善的残疾人义务教育管理体制。《义务教育法》和《关于发展特殊教育的若干意见》是这一时期最重要的政策安排,奠定了残疾人义务教育的基本框架。它以鲜明的效率价值为管理体制政策安排的基本取向,以"地方负责、分级管理"的领导体制奠定了特殊教育管理体制的基本结构特点,突出了中央分权、地方赋权的权力结构调整,改变了中央集权的刚性特点和一元结构。地方政府特别是县级政府在残疾人义务教育管理中的责任、权限和地位明显加强和扩大。由于这种权力结构调整带来的权力下移,也使得地方许多中小城市特别是县级城市迅速发展了大量特殊学校,至2006年增至1 648所,特教班有2 547个,在校的盲、聋、智残学生达到56万人。这基本改变了特殊教育学校大多集中于大、中城市的格局,以及省、市为主的特殊教育管理特点。另外,特殊教育办学体制也开始由国办"包办"、"包管"向社会开放,改变了政府包办一统天下的特殊教育办学格局,特殊教育体制呈现出以政府办学为主体,社会各界共同办学的多元办学与管理的发展趋向。这一时期的特殊教育管理体制改革的成功主要得益于搭乘了《义务教育法》这一"快车"和《关于发展特殊教育的若干意见》、《残疾人教育条例》这两个专门特殊教育政策，无论在技术可行性、还是经济可行性、政治可行性和行政可行性上都获得了有力的资源支持。一方面，《义务教育法》以国家意志和法律强力约束力为残疾人义务教育普及提供了有力的政治资源和行政资源；特别是在财政政策、行政管理上一并纳入普及义务教育的政策目标和范畴，奠定了管理体制的基础。另一方面，《关于发展特殊教育的若干意见》、《残疾人教育条例》这两个专门特殊教育政策则从领导体制、办学体制、学校教育制度、学校内部管理体制、师资培训、课程设置和教学安排等方面为残疾人义务教育提供了具体详细的措施和安排，并发挥了重大作用，在残疾人义务教育政策体系中具有举足轻重的地位。特别是"以县为主"的管理体制和"以一定特殊学校为骨干，以大量的特教班和随班就读为主体的教育格局"使得普及残疾人义务教育获得坚实可行的制度基础。另外，《特殊教育学校暂行规程》也为特殊学校内部规范管理奠定了坚实的学校管理体制基础。可以说《义务教育法》、《残疾人教育条例》、《关于发展特殊教育的若干意见》、《特殊教育学校暂行规程》这"一法"、"一条例"、"一意见"、"一规程"是奠定特殊教育宏观管理体制的四大"政策基石"；没有它们就没有今天的残疾人义务教育的成就。

三、"综合治理"的特殊教育管理体制政策

这主要体现在 2006 年修订《义务教育法》至今。这一时期主要政策文本是 2009 年《关于进一步加快特殊教育事业发展的意见》、2010 年《国家中长期教育改革和发展规划纲要（2010—2020 年）》和 2014 年《特殊教育提升计划（2014—2016 年）》。

这一阶段以国际上的公共治理思想为指导，尚处于始发期，未完全显现。公共治理作为一种有别于传统政府垄断管理的开放式的公共管理模式，体现了管理体制的良性重构。它以"公域之治"的公共性思想，采取治理主体多元化、治理依据多样化、治理方式多样化等方式，让政府、社会组织等，依据法律法规等政策和不同形式的"契约"，在"公域之治"中各展其长、各得其所；特别是自上而下与自下而上结合的民主化、合作化，极大地解放了管理主体的积极性和能动性。

2009 年《关于进一步加快特殊教育事业发展的意见》在特殊教育领导体制上明显体现了这一特点和趋向。文件提出"进一步强化政府发展特殊教育的责任"，并要求"把各级各类特殊教育纳入当地经济和社会发展整体规划"，"进一步明确和落实教育、发展改革、公安、民政、财政、人力资源社会保障、卫生、税务、残

联等部门和社会团体发展特殊教育的职能和责任"。随着当前政府职能转变和教育领域综合改革推进,越来越奠定了这种公共治理的体制基础和政治、行政的可行性。2010年《国家中长期教育改革和发展规划纲要(2010—2020年)》和2014年《特殊教育提升计划(2014—2016年)》明显开始了特殊教育管理体制向公共治理的具体转向。2010年《国家中长期教育改革和发展规划纲要(2010—2020年)》提出以转变政府职能和简政放权为重点,改革管理体制,促进管办评分离,推进教育公共治理,这是推进特殊教育管理体制改革的重要政策文本。2014年《特殊教育提升计划(2014—2016年)》则立足2014—2016三年发展计划,极大丰富和扩展了特殊教育的办学体制和领导体制。管理体制上,提出"初步建立布局合理、学段衔接、普职融通、医教结合的特殊教育体系",强调扩大、深化和提升传统的"特殊学校"、"特教班"、"随班就读"规模与能力同时,拓展了残疾人义务教育的安置和教育形式,提出开展"送教上门""医教结合""孤独症儿童少年特殊教育学校(部)"的政策安排。至此,我国残疾人教育丰富为"特殊学校"、"特教班"、"随班就读"和"送教上门"四大安置形式,视力残疾儿童、听力言语残疾儿童、智力落后儿童和孤独症儿童四类专门残疾人教育,以及康复(医务)专业人员和特殊教育教师专业人员两大实施者。在领导体制上,提出"基本形成政府主导、部门协同、各方参与的特殊教育工作格局"的管理体制改革目标;规定了教育部门、发展改革部门、财政部门、民政部门、人力资源社会保障部门、卫生计生部门等在教育统筹指导、特殊教育学校建设、特殊教育投入、医疗与康复服务等方面的职能安排。特别是"医教结合"、"送教上门"、"孤独症儿童少年特殊教育学校(部)"无论从特殊教育办学体制、教育形式、管理模式上,还是从教育对象与管理理念、参与人员(部门)及其手段技术上,都以最新的设计鲜明地体现了全方位多方面促进残疾人教育的综合治理设计的努力。

  总体而言,这一时期,特殊教育管理体制具有明显的公共治理价值取向。它基于追求公平、质量、民生、幸福的政策目标,以社会需求和国家办学分野的现代管理制度为基础,注重特殊教育方式和参与主体的多元结构、特殊教育管理权力的社会共享、特殊教育管理主体的多元协同,初步形成了"特殊学校"、"特教班"、"随班就读"和"送教上门"四大残疾人教育形式,以及视力残疾儿童、听力言语残疾儿童、智力落后儿童和孤独症儿童四类专门残疾人教育,确立了康复(医务)专业人员和特殊教育教师专业人员两大残疾人教育参与者,提出了特殊教育在内的"管、办、评"分离的社会公共参与教育的公共治理结构,进一步强化了教育部门与卫生、残联等部门和社会团体协同参与特殊教育的办学格局。这在弥补传统教育形式的缺陷、提高义务教育普及水平、促进所有残疾人教育公平方面将具有独特的作用和价值。残疾人教育公共治理的管理体制契合了我国经济社会转型的潮流和需要,特别是在政府职能转变的体制改革中,愈发具有坚实的基础和成功的可能性。这不但体现了政府增进残疾人教育公平、解决民生问题的责任意识增强,也反映了政府理政观念和管理手段的变化。

另外,需指出的是在残疾儿童学前教育方面,自 1989 年国务院办公厅转发国家教委等部门《关于发展特殊教育的若干意见》提出在"特殊教育学校、残疾儿童康复机构和普通幼儿园举办残疾儿童学前班,对残疾儿童进行早期智力开发和功能训练"的要求,1990 年《残疾人保障法》、1994 年《残疾人教育条例》以法律法规的形式进一步分别强调了对残疾儿童实施学前教育的机构设计。即残疾幼儿教育机构、普通幼儿教育机构、残疾儿童福利机构、残疾儿童康复机构、普通小学的学前班和残疾儿童、少年特殊教育学校的学前班等实施机构。但是其后仅仅在 2008 年中共中央、国务院《关于促进残疾人事业发展的意见》、2009 年《关于进一步加快特殊教育事业发展的意见》和 2008 年修订的《残疾人保障法》中再次做了强调,没有具体措施跟进。尽管 2014 年《特殊教育提升计划(2014—2016 年)》提出"将残疾儿童学前教育纳入当地学前教育发展规划,列入国家学前教育重大项目",但是仍然回避了残疾儿童学前教育管理体制的具体制度设计,至今也没有形成一个完整的、权威的、规范的管理体制政策,使得残疾儿童学前教育至今是特殊教育的"重灾区"。

第五节 我国特殊教育经费政策

教育经费政策主要体现为教育财政,是国家通过立法、行政、司法等机关对教育经费及其他相关教育资源的筹措、分配及使用的监督等管理。它是政府的职能,是政府公共财政支出的重要内容之一。从本质上看,特殊教育财政实质上政府的一种政治权威行为,它以投入为手段,通过资金投入、使用的监督和管理,协调特殊教育要素配置,建立良好的教育运行秩序和教育发展环境,形成正确的导向和激励或约束作用,调节特殊教育发展,同时贯彻和体现政府意志,保障残疾人教育权益。一般说来,它与教育管理体制密切相关,是政府行使教育管理权的重要手段。它包括中央政府教育财政和地方各级政府教育财政。从收入来源看,主要分为财政预算内教育经费和各级政府征收用于教育的税费。通过上述政策文本发现,我国残疾人教育的财政政策主要体现在《义务教育法》和《教育法》中,实行的是财政性教育支出与财政收支增幅和 GDP 挂钩的法定政策方案,至今已形成了财政性教育经费和教育财政拨款"两个比例"和"三个增长"的法定支出要求。新中国成立以来,根据不同时期大致可分为"高度集中的单一政府投入"、"地方为主—多渠道筹措资金"、"公共服务型"教育财政三个阶段的教育财政政策。

一、"高度集中—单一政府投入"教育财政政策

这主要体现在建国后至义务教育实施前的这一时期。这一时期的主要政策文本是1950年政务院颁布《中央政务院关于统一管理本年度财政收支的决定》、1958年颁布《关于教育事业管理权下方问题的规定》和1959年颁布《关于进一步加强教育经费管理的意见》、1956年《关于盲童学校、聋哑学校经费问题的通知》。

新中国成立后,在当时计划经济体制下,教育财政实行的是与之相适应的高度集中的"统收统支"管理体制。特殊教育财政政策基本上是建立在整个教育财政制度框架内。根据中国社会科学院2007—2008年度财政政策报告显示,1950年政务院颁布《中央政务院关于统一管理本年度财政收支的决定》,教育财政被纳入统一的国家财政,并分中央、大行政区和省(市)三级管理。地方教育经费开支统一逐级呈报审查,并最终转报中央人民政府财政部备案。1953年大行政区撤销后,县级政府拥有了财政预算权。1954年政务院《关于编制1954年预算草案的指示》规定了中央预算和地方预算,实行中央、省、县三级管理。1958年颁布《关于教育事业管理权下方问题的规定》和1959年颁布《关于进一步加强教育经费管理的意见》,地方政府管理教育经费得到了进一步强化,初步形成了"地方负责,分级管理"雏形,也奠定了地方分权的教育管理体制基础,但也带来地方教育财政投入不足的问题。[①] 特殊教育财政的专门政策是在1951年《政务院关于改革学制的决定》正式确认了发展特殊教育的政府责任后,1956年《关于盲童学校、聋哑学校经费问题的通知》,专门对特殊学校的经费问题做出规定,首次提出"应当规定适合于特殊学校需要的经费标准"。它针对盲童学校和聋哑学校学生需要住宿、特殊的教学设备、职业劳动训练以及学生家庭经济状况较困难等实际需要和问题,设立了教学行政费、一般设备费、教学设备费、技术实习费和人民助学金,并规定各项经费开支标准应高于同级同类的普通学校。这确立了我国特殊学校教育经费开支标准的最初基础。教学行政费规定,"盲童学校、聋哑学校小学班的定额标准,以班为单位计算,应比当地普通小学的定额标准增加一倍到三倍","初中班的定额标准应相当于当地初级中学的定额标准"。一般设备费规

[①] 张婉洺.教育公平:政府责任与财政制度[M].北京社会科学出版社,2013.143-145.

定,"盲童学校、聋哑学校(包括初中班)中住宿生的定额标准应相当于当地中等师范学校的定额标准,非住宿生可相当于当地初级中学的定额标准。"教学设备费规定,"盲童学校、聋哑学校小学班的定额标准应相当于当地高级中学的定额标准,初中班应相当于当地中级师范学校的定额标准。"技术实习费规定,"盲童学校、聋哑学校中的技术班和按照新的教学计划进行职业劳动训练所需的技术实习费(包括技术设备、原材料的消耗),所需经费较多,不包括在上述各项经费范围内。此项经费应根据各种职业劳动训练的实际需要,给予足够的经费,以保证职业劳动训练能够顺利地进行。"人民助学金规定,"盲童学校、聋哑学校人民助学金的标准,应相当于当地初级中学的定额标准,助学金名额盲童学校可占学生数的30%到40%,聋哑学校可占学生数的15%到20%。助学金的使用,各个学校还可根据困难程度不同的学生的实际需要,增多等级,扩大发放幅度,有些学生家庭经济特别困难,需要学校供给部分被服或全部被服的,可在人民助学金中调剂使用。"

  总体说来,这一时期,特殊教育财政体制是与计划经济体制相适应的国家高度集中的单一政府投入体制。一方面,它依据国家意志,为解决特殊教育在国民教育中的存在问题起到了重要的物质保障,同时也为加强特殊教育管理提供了重要内容和手段。国家统一财政,统一领导,集中有限的财力,确保在一些大中城市发展了特殊教育学校,并使其在特殊教育发展中起到了示范和指导作用,至今许多特殊教育学校仍是全国特殊教育名校,这在当时是符合特定时代的体制和经济现实的,奠定了新中国特殊教育的基础。另一方面,各项特殊教育经费由财政同一列支且高于普通中小学标准的政策方案设计也是具有重要意义的。它以国家指令性的发展计划确保特殊教育的组织和运转,这在当时资源极端短缺的情况下,保证特殊教育存在和发展,以及合理有效地充分利用教育资源,发挥了重要作用。

二、"地方为主——多渠道筹措资金"的教育财政政策

  这主要体现在1986年《义务教育法》颁布实施后至2006年《义务教育法》修订前的时期。这一时期,主要的政策文本是1985年《中共中央关于教育体制改革的决定》和1986年《义务教育法》、1989年《关于发展特殊教育的若干意见》、1993年《中国教育改革和发展纲要》和1994年《残疾人教育条例》、1995年《教育法》。

  随着向社会主义市场经济的转轨,1980年国务院下发的《关于实行"划分收支、分级包干"财政管理体制的通知》,确立了中央和地方分级管理相应教育财政

支出的制度安排。1985年《中共中央关于教育体制改革的决定》，在确立"地方负责、分级管理的原则"同时，提出"中央和地方政府的教育拨款的增长要高于财政经常性收入的增长，并按在校学生人数平均的教育费用逐步增长"，同时，提出地方可以征收教育费附加，用于改善基础教育的教学设施。1986年《义务教育法》实施后，残疾人义务教育被确定为政府重要职责。根据"地方负责，分级管理"的管理体制被以法律的形式确定下来，同时也以法律形式进一步强调了教育拨款的"两个增长"原则，即"国家用于义务教育的财政拨款的增长比例，应当高于财政经常性收入的增长比例，并按在校学生人数平均的教育费用逐步增长"。残疾人义务教育投入也被纳入到国务院领导下的地方负责与分级管理体制。为此，1989年《关于发展特殊教育的若干意见》明确要求，按照"地方负责、分级管理的原则，发展特殊教育所需经费，应由地方人民政府负责安排。根据中央关于教育经费'两个增长'的原则，特殊教育经费应随着教育事业费的增加逐步增加。"这是解决特殊教育经费的主要渠道。同时还规定"各地征收教育费附加中拨出一定的比例用于特殊教育，社会福利有奖募捐委员会和残疾人福利基金会要从募捐资金中拨出一部分用于发展特殊教育。""各地政府要积极扶持特教学校开展勤工俭学，以弥补办学经费之不足。""财政部、国家教委、中国社会福利有奖募捐委员会和中国残疾人福利基金会从1989年起，设立残疾人教育专项补助费，专款专用，扶持各地发展特殊教育事业。"这从教育财政体制之外又丰富了残疾人教育经费来源。可见，这一时期实行"划分收支，分级包干"的"地方负责、分级管理"体制，但是根据1989年《关于发展特殊教育的若干意见》以县为主办特殊教育学校的规定，"地方负责，分级管理"基本上是以县级以上财政为主要责任主体，县级以上教育财政投入是特殊教育经费来源的主要渠道，没有像普通教育那样延伸到薄弱的乡级政府财政。这为残疾人义务教育奠定了有力的财政基础。

  随着市场经济体制改革的深入推进，计划经济体制的不利影响越来越明显，多渠道筹措资金越来越受到重视。1993年《中国教育改革和发展纲要》提出"改革包得过多、统得过死的体制，初步建立起与社会主义市场经济体制和政治体制、科技体制改革相适应的教育新体制。"要求"逐步建立以国家财政拨款为主，辅之以征收用于教育的税费、收取非义务教育阶段学生学杂费、校办产业收入、社会捐资集资和设立教育基金等多种渠道筹措教育经费的体制"，并详细规定了筹措教育经费的主要措施。一是对国家财政性教育经费支出首次提出占国民生产总值比例到本世纪末达到4%的目标，二是明确了城乡教育费附加征收按照产品税、增值税、营业税"三税"的百分之二至百分之三计的征收办法，强调了鼓励其他发展校办产业和捐资助学、集资办学的优惠政策。这基本确立了国家财政拨款为主和多渠道筹措教育经费的体制。在教师工资管理权方面，提出管理权力下放，"改革过于集中统一的工资管理体制，在国家宏观调控的前提下，使地方、部门和学校享有自主权，特别是学校具有调整内部工资分配的自主权。"文件还强调要求"逐步增加特殊教育经费"。1994年《残疾人教育条例》明确规定省级政府制定本行政区域内残疾人学校的建设标准、经费开支标准、教学仪器设备配备标准等。强调教育经费由各级人民政府负责筹措，还要求"设立专项补助款"，用于发展残疾人教育，并且明确要求"地方各级人民政府用于义务教育的财政拨款和征收的教育费附加，应当有一定比例用于发展残疾儿童、少年义务教育。"同时，继1993年《中国教育改革和发展纲要》，又以法规的形式强调，"鼓励社会力量举办残疾人教育机构或者捐资助学"，"扶持残疾人教育机构兴办和发展校办企业或者福利企业"。这一时期的残疾人财政政策很好地适应了当时市场经济体制改革推进的需要，特别是1994年实施分税制财政管理体制后，对于理顺中央与地方在教育投入分配关系上以及调动地方积极性上都发挥了积极作用，但是由于各地财政状况的巨大差异也带来全国特殊教育发展的巨大不均衡，这是造成残疾人教育不公平、不均衡问题的一个直接根源。一方面，特殊学校在兴办企业或出租校舍的"补充教育经费不足"活动中，影响了教育质量的提高，另一方面，不同地区在这种"补充教育经费不足"活动中获得收入也差异巨大，一些沿海城市的特殊学校的"补充收入"甚至远高于正常财政投入，带来特殊教育发展的巨大差异。再者，更重要的是，在财政分权和地方集权的背后，地方政府出于自身的利益偏好和对各种力量博弈的权衡，很大程度上牺牲了对特殊教育的财政支出。

1995年《教育法》继1993年《中国教育改革和发展纲要》强调了国家以财政拨款为主、其他多种渠道筹措教育经费为辅的体制。对财政性教育经费，明确规定"国家财政性教育经费支出占国民生产总值的比例应当随着国民经济的发展和财政收入的增长逐步提高"，"全国各级财政支出总额中教育经费所占比例应当随着国民经济的发展逐步提高"。"各级人民政府教育财政拨款的增长应当高于财政经常性收入的增长，并按在校学生人数平均的教育费用逐步增长，保证教师工资和学生人均公用经费逐步增长。"对其他渠道筹措经费，提出"企业事业组织、社会团体及其他社会组织和个人依法举办的学校及其他教育机构，办学经费由举办者负责筹措"，"国家采取优惠措施，鼓励和扶持学校在不影响正常教育教学的前提下开展勤工俭学和社会服务，兴办校办产业"，"经县级人民政府批准，乡、民族乡、镇的人民政府根据自愿、量力的原则，可以在本行政区域内集资办学","国家鼓励境内、境外社会组织和个人捐资助学"。这基本确立了财政性教育经费和教育财政拨款"两个比例"和"三个增长"的法定支出结构框架。

总体说来,这一时期最主要的特点是教育财政以地方为主和多渠道筹措资金的经费保障体制。它是适应特殊教育管理由中央向地方下放分级管理的需要,根据权责一致的原则而建立起来的财政制度,是实现分级管理的手段和方式的重要体现。它以"两个比例"和"三个增长"确立了财政性教育经费和教育财政拨款的法定支出结构,保证了教育财政经费的稳定来源。其中,地方政府教育财政是发展特殊教育的主要财政力量。从收入来源看,地方政府预算内财政拨款是地方特殊教育经费的主要来源,校办产业、勤工俭学和社会募捐赞助等收入是特殊教育财政之外的重要经费来源渠道。这基本确立了地方政府预算内财政拨款为主和多渠道筹措教育经费的体制。这种体制的积极效应是充分调动了地方政府和特殊学校根据自身情况因地制宜发展特殊教育的积极性,促进了特殊教育竞争性、特色性的差异发展。同时,这种财政体制充分发挥了"成本—效益"理性,多渠道筹措教育经费,使得分散在各地区、各部门、各企业单位及社会、个人手中可能用于支持特殊教育的资源被激活,弥补了政府教育投入的不足,提高了资源配置效率。另外,这种教育财政的法定支出结构也抬升了特殊教育财政的权威性、有效性、规范性、严肃性,对特殊教育经费及有关资源的筹集、分配与使用发挥着重大影响,保证了特殊教育事业的顺利健康发展。但是,这种体制带来的消极影响也不容忽视,主要是特殊教育公平和均衡发展失调、资金的有效利用缺少监督。一方面,过度依靠财政外的"多渠道筹措"可能会使得特殊教育公平和质量失去了政府的意志保证,甚至连特殊教育的政治和正义特性也可能被"多渠道筹措"内含的私利所侵蚀,出现"政府失灵"。另一方面,对特殊教育资金的运用缺少有效的监督,由于"多渠道筹措"的经费存在监督和管理的真空,极易产生单纯追求经济效益而忽视服务残疾人教育的社会效益,甚至寻租和腐败现象。

三、"公共服务型"教育财政政策

这主要体现在2006年至今。这一时期的标志性政策是2006年修订的《义务教育法》和2009年《关于进一步加快特殊教育事业发展的意见》、2010年《国家中长期教育改革和发展规划纲要(2010—2020年)》、2014年《特殊教育提升计划(2014—2016年)》。其显著特点是由过去生产型财政向公共服务型财政转向。

2001年《国务院关于基础教育改革与发展的决定》针对义务教育发展不均衡问题,提出"实行在国务院领导下,由地方政府负责、分级管理、以县为主的体制",正式确立了残疾人在内的所有儿童义务教育的经费保障。同时提出"对贫困地区家庭经济困难的中小学生进行免费提供教科书制度的试点","采取减免杂费、书本费、寄宿费等办法减轻家庭经济困难学生的负担"政策。2001年国务院转发的《关于"十五"期间进一步推进特殊教育改革和发展的意见》强调了"坚持特殊教育经费以地方人民政府投入为主的原则,努力增加特殊教育经费。各地要保证特殊教育必需的办学经费,并使特殊教育学校生均财政预算内教育经费、生均公用经费逐年增长。"同时,还强调设立中央财政的特殊教育补助费以及各省增加特殊教育经费的要求,残疾人就业保障金支持特殊教育学校职业教育的要求,社会福利彩票所募集的福利金支持特殊教育事业要求,实施国家贫困地区义务教育工程、危房改造工程等向特殊教育学校倾斜的政策。另外,对残疾儿童少年接受义务教育的资助工作,提出建立"残疾儿童少年义务教育助学制度;对家庭经济困难的残疾学生酌情减免杂费和其他费用","落实好向有关残疾学生免费提供教科书的工作"。2005年《教育部关于进一步推进义务教育均衡发展的若干意见》又进一步强调了巩固提高残疾儿童少年义务教育,提出"要优先保证农村残疾儿童少年享受'两免一补'政策,努力改善特殊教育学校办学条件。"2006年《义务教育法》明确规定"实施义务教育,不收学费、杂费","国家将义务教育全面纳入财政保障范围",这确定了残疾人义务教育的财政政策基本框架。在教育经费投入格局上,"实行国务院和地方各级人民政府根据职责共同负担,省、自治区、直辖市人民政府负责统筹落实的体制",重申了《教育法》中的"两个比例"和"三个增长"。这不但体现了残疾人义务教育全面纳入财政保障的"全政府公共服务性",建立了"中央地方分担、省级政府统筹落实"的义务教育经费保障机制,还以"两个比例"和"三个增长"确保了义务教育随经济社会发展而获得相应的充足的教育财政支持;在拨付标准上,要求"按照教职工编制标准、工资标准和学校建设标准、学生人均公用经费标准等,及时足额拨付"。同时还规定省级政府制定学生人均公用经费标准"不低于国家标准",对于特殊学校(班)学生人均公用经费标准还要"高于普通学校学生人均公用经费标准"。在分担安排上,提出"国务院和省、自治区、直辖市人民政府规范财政转移支付制度,加大一般性转移支付规模和规范义务教育专项转移支付",确立了转移支付的经费分担办法,有力地支持了个别地方财政不足的困境。例如,2007年教育部等《"十一五"期间中西部地区特殊教育学校建设规划(2008—2010年)》的通知中就设立了6亿元中央专项投资,其中,特别倾斜支持了财政能力不足的县级财政,对县级新建学校建设项目没有要求地方配套。

　　残疾人义务教育在上述《义务教育法》的财政政策基本框架基础上,还有两个"提高"与"继续"的进一步经费保障。继2008年《中共中央国务院关于促进残疾人事业发展的意见》提出"保障残疾学生和残疾人家庭子女免费接受义务教育",2008年修订的《残疾人保障法》提出"各级人民政府对接受义务教育的残疾学生、贫困残疾人家庭的学生提供免费教科书,并给予寄宿生活费等费用补助",2009年《关于进一步加快特殊教育事业发展的意见》又重申了全面实施残疾学生免费义务教育,并要求在"两免一补"基础上,进一步提高补助水平,提高特殊教育学校(院)生均公用经费标准,继续设立特殊教育补助专款,继续提高特殊教育专项补助费。这一个"全面免费"和两个"提高"与"继续"基本奠定了新时期我国残疾人义务教育的公共财政体制框架,基本形成了以政府财政为主导和主体的经费投入体制和以地方为主、中央和地方分担的教育财政投入格局。2010年《国家中长期教育改革和发展规划纲要(2010—2020年)》作为十年规划的纲领性政策,进一步强调了教育投入的重要地位,提出"教育投入是支撑国家长远发展的基础性、战略性投资,是教育事业的物质基础,是公共财政的重要职能",要求"健全以政府投入为主、多渠道筹集教育经费的体制,大幅度增加教育投入",并要求把教育作为"财政支出重点领域予以优先保障",规定到2012年实现国家财政性教育经费支出占国内生产总值比例达到4%的目标。为此,2011年颁布的《国务院关于进一步加大财政教育投入的意见》提出"落实法定增长要求,切实提高财政教育支出占公共财政支出比重",在调整支出结构、优先保障教育支出、提高预算内基建投资用于教育的比重等方面做出了要求,保证了财政性教育支出占GDP 4%目标的实现,为残疾人教育在内的在整个教育稳定持续发展提供了长效保障机制。对特殊教育学校而言,生均预算内公用经费是特殊学校经费主要来源和财政拨款的主要依据。为进一步保障特殊学校正常运转和提高残疾人教育的支持水平,2014年《特殊教育提升计划(2014—2016年)》又提出提高特殊教育学校生均预算内公用经费标准,"三年内达到每年6 000元,有条件的地区可进一步提高。目前标准高于每年6 000元的地区不得下调",同时还把提供交通费补助、高中阶段残疾学生免费教育纳入到财政保障之内,并强调财政支持的康复项目、就业保障金、中央转向彩票公益金的支持。这首次划定了特殊学校平均预算内公用经费国家底线标准,进一步夯实了特殊教育学校发展的财政保障基础。

这一时期,随着我国财力增强,特殊教育财政主要是立足解决特殊教育公平和均衡发展问题,突出了以政府职能转变为基础的公共服务理念,政府在发展特殊教育中的财政责任进一步增强,财政设计安排更加科学合理。在总体财政安排上,以财政性教育支出占GDP 4%为目标,加强教育预算制度,把为特殊儿童在内的整个义务教育提供充足的"全免费"教育作为核心,建立政府财政为主导和主体的经费投入体制。在投入格局上,以两个"提高"与"继续",加大中央和省级转移支付力度,建立了"中央地方分担、省级政府统筹落实"的教育财政投入格局。对特殊学校而言,生均预算内公用经费标准的持续增长和转移支付的加大是特殊教育事业费和基建投资的重要来源,特殊学校的教学、科研以及条件改善获得了充足的保障。残疾人义务教育实行了充足教育财政投入,全政府投入、全免费、全公共服务是其主要特点。

同样,在残疾人学前教育方面的财政政策也始终是"最弱势政策",至今所有专项特殊教育政策甚至是近几年来的重大特殊教育政策虽然提出"积极发展残疾儿童学前教育",但是一直没有对残疾人学前教育的财政政策进行设计。在专项的学前教育政策中,2010年《国务院关于当前发展学前教育的若干意见》要求"建立学前教育资助制度,资助家庭经济困难儿童、孤儿和残疾儿童接受普惠性学前教育。发展残疾儿童学前康复教育",但是也没有后续的跟进政策设计。《2011年关于加大财政投入支持学前教育发展的通知》的"突出重点"仅仅把加快发展农村学前教育特别是家庭经济困难儿童、进城务工人员随迁子女和留守儿童等作为工作重点,而没把残疾儿童学前教育纳入其中。2011年《财政部教育部关于建立学前教育资助制度的意见》仅仅能提到对"在园家庭经济困难儿童、孤儿和残疾儿童予以资助",而普惠性的残疾儿童学前教育还是留给了市场和社会,提出"各地进一步建立和完善相关优惠政策措施,积极引导和鼓励企业、社会团体及个人等捐资,帮助家庭经济困难儿童、孤儿和残疾儿童接受普惠性学前教育。"

第六节 我国特殊教育教师政策

教师政策是保障教育政策目标实现的重要政策,几乎所有的教育政策都涉及对教师的政策规定。我国特殊教育教师政策主要涉及教师培养培训政策、特教教师管理政策(主要是特教教师资格政策、职务与聘任政策、人事编制政策)、特教教师工资待遇等保障和激励政策。从发展的阶段特点看,我国特殊教育教师政策演变可以分为非专业化时期、专业发展探索期、专业发展期三个时期,每个时期的特殊教育教师政策设计都与特定时期的政治、经济文化背景以及特殊教育对象相适应的。

一、"非专业化"的特殊教育教师政策

这主要体现在新中国成立后至七十年代末。这一时期专门的特殊教育政策较少,主要政策文本是1957年《办好盲童学校、聋哑学校的几点指示》。这一时期对特教师资的政策安排主要体现在工资待遇政策和培训政策以及特教教师配置要求方面,很少涉及教师专业素质、资质规格等方面的政策规定。

新中国成立后相当长时期内,我国还没有条件开办专门训练特殊教育师资的师范学校,特殊教育教师未纳入到教师培养之中,主要以"师傅带徒弟"及短期培训方式培养师资。[①] 1957年4月,教育部在《办好盲童学校、聋哑学校的几点指示》中规定:"各地教育行政部门必须加强组织教师的业余进修工作,把现有不及中等师范程度的教师逐步提高到中等师范水平"。同时根据当时没有特殊教育师资培养的专门师范学校的现实,文件提出特教学校新增师资的两条解决办法,即中等师范毕业生到盲童学校、聋哑学校见习半年或一年然后正式任教;抽调具有一定经验的普通小学教师到盲童学校、聋哑学校见习半年后任教。这些办法适应和有力解决了特殊学校的师资短缺的需要。

另外,据1959年教育部、内务部《关于选送学员到聋哑教育师资讲习所学习的联合通知》还专门举办聋哑学校师资讲习所,逐批培养聋哑学校的师资,并从时间和政治等方面做了详细规定。例如,要求学习期为6个月,学员历史清楚,政治觉悟较高等。对于特教教师的配置及其结构,《办好盲童学校、聋哑学校的几点指示》也做出了规定,要求"盲童学校和聋哑学校配备教师的比例应比普通小学稍为高一些",同时要求"已开始进行职业劳动训练的学校,应根据实际需要配备技师和技工。"此外,针对在盲童学校和聋哑学校开展课外学习与校内外活动的需要,要求配备专门负责领导学生课外学习与活动、管理学生生活的教养员。对教养员及其配备要求为:"一般应具有初等师范或初级中学的文化水平。盲童学校每两班可配备教养员一人。聋哑学校有住宿生满20人以上的需配备教养员:六年级以下每30人可配备教养员一人;六年级以上每45人可配备教养员一人。"这些规定确立了特殊学校师资配置类型和标准的基本框架,并产生了深远影响。在工资待遇政策方面,1956年教育部《关于一九五六年全国普通教育、师范教育事业工资改革的指示》[1956年教育部(56)计劳董字第30号文件],要求举办培训班等措施促进特教教师的发展,同时规定了特教教师(含员工)15%的特教补贴。1979年《教育部关于盲聋哑中小学教职工工资待遇问题

---

① 彭霞光.中国特殊教育发展报告2012,北京:教育科学出版社,2012.38.

的复函》中再次确认"经与国家劳动总局研究,同意对从事盲聋哑中、小学教育工作的教职工,他们的工资待遇仍根据一九五六年教育部(56)计劳董字第30号文件规定执行";同时规定"凡是已经退休,在退休费中包括了加发的15%的,为不降低他们退休后的生活待遇,可维持原办法计发;未计入退休费的一律不再追加;今后退休时应按本人标准工资计发退休费。"

总体说来,这一时期,特教教师政策主要体现在特教师资培训和待遇以及配置要求方面的规定。特教师资岗前短期培训是特教教师培养的主要方式,这反映了特教师资培养的不规范、不系统等现实无奈,但是基于当时的经济政治体制和特殊教育发展的实际,具有体制和行政上的可行性。配备专门负责领导学校课外学习与活动、管理学生生活的教养员制度也非常适应特殊学校实际需要,深刻影响并一直延续到至今的特殊学校。"15%特教津贴"的额外工资待遇规定是体现特教教师"特殊"工作性质及其地位的尊重的重要表征。它无论作为物质还是观念形态,都体现了对特教教师工作"特殊"的一种社会价值承认。这一方面内含着对特教教师特殊工作的人文关怀和价值体认;另一方面这种"津贴"的补偿原则也表达了特教教师工作的"特殊贡献"或"额外劳动",有力反映了国家对特教教师"特殊"工作的尊重、认同与鼓励,也从一个方面表达了对特教教师"专业特殊性"的认同,至今仍深刻地影响着特殊教育政策。当然,"15%特教津贴"作为利益调节杠杆也反映出特教教师在利益获得及其关系中的弱势地位之现实。用后现代的话语来说,就是以"15%特教津贴"表达了现实中特教教师及其工作意义被解构、被歧视的困境和无奈。这表明,单纯以"15%特教津贴"来重建特教教师及其价值意义充其量是一个现代性的"符号",它可能规约和影响社会话语,但远不能安顿特教教师弱势地位的"颤抖心灵",也不能完全帮助特教教师走出弱势的社会地位困境。

二、"专业化发展探索"的特殊教育教师政策

这主要体现在20世纪80年代初至90年代末。这时期,最具标志性的政策文本是1980年《关于办好中等师范学校意见》、1989年《关于发展特殊教育的若干意见》、1993年《中国教育改革和发展纲要》、1993年通过的《中华人民共和国教师法》、1994年《残疾人教育条例》。

(一)特教教师培养培训政策

这是特教教师政策最明显的变化。它特别突出了师资培养培训注重数量偏向的政策安排,这与改革开放后残疾人事业快速急剧发展、特别是特殊教育事业粗放式快速发展密切相关,具有适应特定时代特点和社会需求以及政治上的可

行性。

自20世纪80年代开始,我国特教教师被纳入了整个教师培养发展的规划体系之中,走上了专门化培养的征程。1980年国家教委在《关于办好中等师范学校意见》揭开了特教教师师范培养的政策开端。文件指出有条件的中等师范学校设置特教课程,为全国培养特教师资,从此开始了特教师资的专门师范生培养制度。这是特教教师专业化发展的发端。1981年始,黑龙江肇东师范学校的特教部、南京特殊教育师范学校、北京师范大学的特殊教育专业(本科)等先后成立或设置,逐步形成了中专和本科的特殊教育师范生培养体系。1985年《中共中央关于教育体制改革的决定》是强调确立了免费师范生培养政策,基本形成了包括特教师范生在内的免费师范生培养制度,进一步确立了特教师资的制度化的师范培养模式。1989年《关于发展特殊教育的若干意见》是改革开放后全面规范特教教师的首部专门特殊教育政策,具有重要影响。在特教师资培养方面,要求多渠道培养培训特教师资,提出单独设立特教师范学校,或者在普通中师、特教学校或其他教育机构附设特教师范班、特教师范部,在部分高等师范院校开办特教专业;要求"普通中等师范学校、幼儿师范学校的有关专业课,可根据当地需要适当增加特殊教育内容;高等师范院校应有计划地增设特殊教育选修课程"。关于特教师资培训方面,提出"选调一部分应届中师毕业生和普通中小学、儿童福利机构的在职教师进行专业培训,分配到特教学校(班)和残疾儿童福利机构任教。同时,还可选调一部分高中毕业生或民办教师进行专业培训,分配到特教机构任教"。1993年《中国教育改革和发展纲要》和《教师法》进一步强调了"师范教育是培养中小学师资的工作母机","各级人民政府和有关部门应当办好师范教育",进一步加强师资培养培训工作。另外,随着随班就读逐渐成为特殊教育的重要安置形式,1994年《残疾人教育条例》正式把《残疾人保障法》中的"普通师范院校开设特殊教育课程或者讲授有关内容,使普通教师掌握必要的特殊教育知识"陈述为"普通师范院校应当有计划地设置残疾人特殊教育必修课程或者选修课程,使学生掌握必要的残疾人特殊教育的基本知识和技能,以适应对随班就读的残疾学生的教育需要"。这样,特教师资培养培训政策开始了由单一的特教教师培养培训转向了特教教师和实施随班就读的普通学校教师两个方面培养培训的转向,即特殊教育师范院校和普通师范院校特教专业培养以特殊学校需要为主的专业特教师资,普通师范院校开设特殊教育课程培养适应随班就读需要的普通教育师资。前者通过举办特殊教育师范院校、专业,或者在普通师范院校附设特殊教育师资班(部),培养残疾人教育教师。后者,主要通过设置"残疾人特殊教育必修课程或者选修课程"调整,实现普通师范院校师范生开展随班就读的目标要求。这一方面指出了普通师范院校培养开展随班就读师范生的责任，还以法规的形式进一步明晰了县级以上地方各级人民政府教育行政部门在特教教师培训中的责任。

至此，我国基本确立了特殊教育师范院校和普通师范院校特教专业培养特殊教育专业师资和普通师范院校培养实施随班就读的普通教育师资这两大特殊教育所需师资的政策安排，至今一直深刻影响着相关政策设计。需指出的是1994年《关于开展残疾儿童少年随班就读工作的试行办法》作为开展随班就读的专门性具体政策安排，还特别强调了对随班就读师资的培训，要求"地方各级教育行政部门应当把视力、听力语言和智力残疾儿童少年随班就读的师资培训工作列入计划，设培训基地，采取多种形式，对教师进行岗前和在职培训。"同时，文件还强调了随班就读师资的培养，要求"普通中等师范学校要分期分批开设特殊教育课程，以保证从事随班就读教学新师资的来源"。

（二）特教教师管理政策

这一时期，提出了以教师资格制度、职务制度、聘任制度和人事编制制度为核心的教师管理制度，开启了特教教师科学管理的序幕。

首先，在特教教师资格政策方面。这时期的特教教师资格政策主要体现在学历资格的要求方面。它突出强调了偏重学历标准的资格政策选择，这与特教师资专业发展国际趋势以及特教教师数量短时间内急剧膨胀带来的质量问题密切相关，具有解决特教师资队伍建设问题的现实诉求。1986年《义务教育法》是规定特教教师学历资质的首部高位政策规范。《义务教育法》对包括特教师资在内的教师学历资质要求是："小学教师具有中等师范学校毕业以上水平，初级中等学校的教师具有高等师范专科学校毕业以上水平。"这有力推动了在职教师的培养培训。为此，1986国家教育委员会印发《关于加强在职中小学教师培训工作的意见》的通知提出了专门的措施，要求"充分调动各教师进修院校、高等学校、中等专业学校以及广播、电视、电化教育机构和社会各方面力量的积极性，广开渠道，举办多种层次、多种形式的培训"。上述政策要求深刻影响到特殊教育教师，特别是《关于加强在职中小学教师培训工作的意见》直接地为在职特教师资学历和素质提高拓宽了渠道。同时，1986年《义务教育法》在提出教师任教学历要求基础上，还提出"国家建立教师资格考核制度，对合格教师颁发资格证书"。1993年《中国教育改革和发展纲要》进一步强调了教师作用及其发展要求，明确提出"中小学逐步实行教师资格制度"，并要求"小学和初中教师中具有专科和本科学历者的比重逐年提高"。1993年通过的《中华人民共和国教师法》是保障教师的合法权益，建设具有良好思想品德修养和业务素质的教师队伍的专门法律。其中,第三章"资格和任用"继《义务教育法》后又进一步明确规定了包括特教教师在内实行教师资格制度的具体要求和实施办法。《教师法》提出国家实行"教师资格制度"。教师资格的获得条件是:"中国公民"、"遵守宪法和法律,热爱教育事业,具有良好的思想品德","具备本法规定的学历或者经国家教师资格考试合格","有教育教学能力,经认定合格的"。还规定"中小学教师资格由县级以上地方人民政府教育行政部门认定"。这是促进教师专业化发展的一个重要标志。出于对特教教师特殊性的专业技术特性的认同,1994年《残疾人教育条例》还专门对特教教师资格做出法规的高位规定。它在第六章规定了特教教师的职业道德素质和专业素质,即"从事残疾人教育的教师,应当热爱残疾人教育事业,具有社会主义的人道主义精神,关心残疾学生,并掌握残疾人教育的专业知识和技能",还首次提出实施特教教师的专业资格政策,规定"国家实行残疾人教育教师资格证书制度"。这虽然在技术和行政上尚不具备可行性,但引导特教教师专业发展中具有超前的指导意义。1994年教育部《关于开展残疾儿童少年随班就读工作的试行办法》也对随班就读教师素质提出了"热爱残疾学生,思想好、业务水平较高"、"具备特殊教育基础知识和基本技能,了解随班就读班级教育教学的基本原则和方法"等要求。1995年《教育法》再次强调了"国家实行教师资格制度"。至此,我国初步确立了以学历资质标准为主、以"热爱残疾人教育事业,具有社会主义的人道主义精神,关心残疾学生,并掌握残疾人教育的专业知识和技能"为基本素质要求的特殊教育教师资格政策安排和规定,开启了特教教师专业发展的制度路径。

其次,特教教师职务和聘任政策方面。这是教师管理的基本政策。一般说来,教师资格制度、职务制度和聘任制度一直是紧密联系在一起的。教师职务作为教师专业技术水平的体现,同样是促进教师专业发展和加强教师管理的重要政策。特教教师一直实行着与普通教师相同的教师职务制度和聘任制度,奠定了特教教师职务管理的制度路径。1986年中央职称改革工作领导小组关于转发国家教育委员会《中小学教师职务试行条例》等文件的通知(职改字[1986]第112号)最早对教师职务提出了具体办法,规定了教师职务、职责、任职条件和考核评审。例如,中学教师职务设:中学高级教师、中学一级教师、中学二级教师、中学三级教师。小学教师职务设:小学高级教师、小学一级教师、小学二级教师、小学三级教师。同时,规定教师职务实行"聘任或任命制"。"聘任或任命教师职务,必须经过教师职务评审委员会从政治思想、文化专业知识水平、教育教学能力、工作成绩和履行职责等方面进行评审,认定具备担任相应职务的条件,由学校或县以上教育行政部门领导进行聘任或任命。聘任或任命教师担任职务应有一定的任期,每一任期一般为三至五年。可以续聘或连任。"这基本确立了中小学教师职务制度,深刻影响着后来的教师管理政策。1993年《中国教育改革和发展纲要》进一步强调"中小学逐步实行教师职务等级制度",1993年《教师法》以法律的形式提出国家实行"教师职务制度"和"教师聘任制度"。同时,还在教师职务制度和聘任制度基础上提出对包括特教教师在内的教师考核的管理,要求从"政治思想、业务水平、工作态度和工作成绩方面对教师进行考核,并把考核结果作为"受聘任教、晋升工资、实施奖惩的依据"。1995年《教育法》再次强调实行教师职务、聘任制度,并强调通过考核、奖励、培养和培训,提高教师素质,加强教师队伍建设。1995年《教师资格条例》和2000年《教师资格条例》实施办法则详细规定了教师资格条件、教师资格考试、教师资格认定等事项。

再次,在特殊学校教师人事编制管理政策方面。这突出强调了以特殊学校教师人事编制标准及其核发工资为核心的行政管理特点,反映了特教教师管理对编制内"铁饭碗"抓手的政策倚重,也体现了教师管理体制改革的局限和落后。这与我国传统计划经济体制下行政管理特点密切相关,具有计划经济体制下特教教师管理的路径依赖惯性,从而也具有一定的行政可行性。1989年国务院办公厅转发国家教委等部门《关于发展特殊教育的若干意见》首次提出"各地应根据特教学校(班)的特点和实际需要,本着节约、精简的原则尽快制定各类特教学校(班)的公用费标准和人员编制比例"。1993年《中国教育改革和发展纲要》明确指出"精简机构和人员,提高办学效益","要制订合理的学校人员编制标准,提高每一教师负担的学生人数"。1994年《残疾人教育条例》提出设置残疾人特殊教育学校教师编制标准,并明确规定在编制标准中配备"承担教学、康复等工作的教师",要求"残疾人特殊教育学校教师编制标准,由国务院教育行政部门会同国务院其他有关行政部门制定"。这是从生—师人数比例确立特殊教育学校教师人事编制,和从教学、康复等特殊需要确立特殊教育学校教职工人事编制的高位政策规定,尽管没确立全国的底线基本编制标准,但这一思路一直是确立特殊教育学校人事编制的基本框架。另外,对随班就读教师工作的考核评估,1994年《关于开展残疾儿童少年随班就读工作的试行办法》也提出"应当包括普通教育和特殊教育两个方面,并应充分肯定他们为残疾学生付出的劳动"。

(三)特教师资工资待遇等保障和激励政策

这是稳定特教教师队伍的重要政策内容。它突出强调了提高特教教师社会地位、工资待遇以及表彰奖励"倾斜"为核心的政策措施,反映了对特教教师"特殊关照"的政策选择,也反映了特教教师工作的"特殊性"。这与我国残疾人、特殊教育事业受"歧视"的不公正社会现实有一定渊源,也与市场经济浪潮对教育冲击密切相关,具有适应时代和社会现实需要的政治可行性。

1989年《关于发展特殊教育的若干意见》从特教师资成长的外部环境出发,提出提高特教师资待遇和会地位,要求在表彰教师时,给特教教师适当照顾。从此,"提高特教教师待遇和地位"、"表彰奖励的适当照顾和倾斜",基本确立了以后特教教师保障和激励政策的基本政策框架。在特教教师社会地位提升方面,1993年《中国教育改革和发展纲要》是深刻影响包括特教教师在内的教师发展的重要政策。文件首先强调了教师的重要地位和作用,提出"振兴教育的希望在教师。建设一支具有良好政治业务素质、结构合理、相对稳定的教师队伍,是教育改革和发展的根本大计。要下决心,采取重大政策和措施,提高教师社会地位,大力改善教师的工作、学习和生活条件,努力使教师成为最受人尊重的职业。"这为当时市场经济改革中稳定教师队伍和促进教师发展起到了重要作用。1993年《中华人民共和国教师法》是保障教师的合法权益、提升教师地位的专门法律。它明确指出包括特教教师在内的广大教师的权利和义务、资格和任用、培养和培训、考核和待遇等规定,特教教师的权益和发展有了法律的保障。《中华人民共和国教师法》继1985年第六届全国人大常委会第九次会议通过了国务院关于建立教师节的议案后,以法律的形式确定每年的9月10日定为教师节,这为提升特教教师社会地位、激励特教教师发展同样具有重要意义。在特教教师工资方面,1993年《中国教育改革和发展纲要》专门设计了教师的工资政策。一是规定了工资标准,提出"逐步提高教师工资待遇,逐步使教师的工资水平与全民所有制企业同类人员大体持平,建立符合教育特点的工资制度和正常的工资增长机制,切实保证教师的工资水平随国民收入的增长逐步提高"。二是提出了按劳分配的工资分配政策,"克服平均主义、论资排辈的倾向,使贡献大的、教学质量高的教师有更高的工资收入。"1993年《中华人民共和国教师法》第六章明确要求"教师的平均工资水平应当不低于或者高于国家公务员的平均工资水平,并逐步提高。"这是教师工资水平底线和增长的法定依据。在特教教师待遇等方面的激励政策上,自1989年《关于发展特殊教育的若干意见》以来,几乎每个特教教师政策都体现了"特殊照顾"。1991年《残疾人保障法》从确保残疾人受教育权利的需要出发,首次以法律形式确定"特殊教育教师和手语翻译,享受特殊教育津贴",进一步强化了对特教教师的激励和保障。1993年《中国教育改革和发展纲要》提出对教师的住房和其他社会福利方面提出实行优待教师的政策,建立医疗、退休保险等方面的教师保障制度,提出对优秀教师和教育工作者进行精神物质的奖励,对有突出贡献的教师要给予特殊津贴或奖励。1993年《中华人民共和国教师法》明确要求,"地方各级人民政府和国务院有关部门,对城市教师住房的建设、租赁、出售实行优先、优惠。""教师的医疗同当地国家公务员享受同等的待遇;定期对教师进行身体健康检查,并因地制宜安排教师进行休养。"1994年《残疾人教育条例》进一步强调了特教教师和职工"享受残疾人教育津贴",并提出"逐步提高他们的地位和待遇,改善他们的工作环境和条件,鼓励教师终身从事残疾人教育事业。"1995年《教育法》又强调"改善教师的工作条件和生活条件,提高教师的社会地位。"另外,1994年《关于开展残疾儿童少年随班就读工作的试行办法》也对随班就读班级教师的制订奖励和补贴的办法,鼓励教师积极从事随班就读班级的教育教学工作,要求"对表现突出的教师,应当给予表彰。"

总体而言,这一时期,基本上确立了特教教师政策的基本框架,特教教师政策设计逐步丰富、全面,涉及特教教师培养培训政策、管理政策、工资待遇保障及其他激励政策。这一时期的特教教师政策,在政策问题及其界定上突出了解决制约特殊教育事业发展的师资"短缺"问题,注重对特教教师规模数量方面的政策要求。在政策方案设计上,一是突出了特教教师的师范培养政策设计,基本确立了特殊教育师范院校和普通师范院校特教专业培养特殊教育专业师资和普通师范院校培养实施随班就读的普通教育师资这两大特殊教育所需师资的政策安排;二是突出了特教教师管理政策设计,提出了以教师资格制度、职务制度、聘任制度和人事编制制度为核心的教师管理制度。三是突出了特教教师待遇政策安排,建立了以提高特教教师社会地位、工资待遇以及表彰奖励"倾斜"为核心的政策措施,提升特教教师的价值意义和地位;四是开始关注基于特教教师专业发展的政策设计,初步确立了以学历资质标准为主、促进特教教师专业发展的特殊教育教师政策安排和设计取向。这时期的特教教师政策安排与我国改革开放带来的经济社会全面改革以及国家潮流的教师专业化运动紧密相关,是基于政治权威意志和体制或制度承诺以及国际教师发展潮流的政策选择,具有适切政治和行政需要以及时代潮流等现实资源支持上的可行性。

三、"专业化发展"的特殊教育教师政策

这主要体现在20世纪90年代末至今。这一时期,最突出的政策文本是2001年《国务院关于基础教育改革与发展的决定》、2009年《关于进一步加快特殊教育事业发展的意见》、2010年《国家中长期教育改革和发展规划纲要(2010—2020年)》、2012年《国务院关于加强教师队伍建设的意见》、2012年《关于加强特殊教育教师队伍建设的意见》、2014年《特殊教育提升计划(2014—2016年)》。

（一）特教教师培养培训政策

这时期的特教教师培养培训政策特别突出了由重数量向重质量、由单一"教育"型人才向"教育—康复"复合型人才、由传统"三类残疾人教育师资"向"多种类别残疾人教育师资"转向的政策偏向，这与新时期注重教育公平和质量、注重全纳教育理念下所有类型残疾人以人为本的特殊教育需要满足、注重特殊教育事业内涵式发展有着密切联系，是特定时代和社会诉求的价值反映，体现了我国对更好保障残疾人教育权利、推进特殊教育公平的努力，也表明了我国特教教师政策与时俱进的时代特征。

首先，师资培养培训越来越注重质量水平的价值诉求。（1）提升特教师资师范培养的层次和水平。2001年《国务院关于基础教育改革与发展的决定》提出基本普及九年义务教育和基本扫除青壮年文盲（简称"两基"）的目标初步实现后，特别关注教育发展不平衡问题。其中，特别强调加强教师队伍建设在促进教育均衡发展中的作用。继1999年《中共中央国务院关于深化教育改革全面推进素质教育的决定》提出"加强和改革师范教育，大力提高师资培养质量"后，首次要求"推进师范教育结构调整，逐步实现三级师范向二级师范的过渡"。2001年国务院转发的《关于"十五"期间进一步推进特殊教育改革和发展的意见》为进一步落实上述文件要求，在提高特教教师的学历水平也做出了相应要求：一是提出通过"尽快安排特殊教育专业高等教育自学考试"提高在职教师学历水平，二是通过师范教育的布局结构调整，"相应提高中等特殊教育师范学校（部）的办学层次"。特教师资师范培养体系开始逐步被调整为本科和专科二级培养体系，特殊教育中等师范学校的特教师资培养逐渐退出。此后，继2008年《中共中央国务院关于促进残疾人事业发展的意见》提出加强师资队伍建设，提高特殊教育质量，2009年《关于进一步加快特殊教育事业发展的意见》再次强调"提高教师专业化水平"，要求"适应残疾儿童少年教育普及水平提高的需要"；并提出研究生层次的特教师资培养，要求"加大特殊教育或相关专业研究生培养力度。"同时，为了吸引更多优秀人才从事特殊教育，文件还要求"各地在实施师范生免费教育时，要把特教师资培养纳入培养计划"。至此，基本确立了专科、本科和研究生层次的特教师资培养政策安排。继2010年《国家中长期教育改革和发展规划纲要（2010—2020年）》要求"建设高素质教师队伍"，"加强特殊教育师资队伍建设"，2012年《国务院关于加强教师队伍建设的意见》以专门的教师政策规范强调了教师培养质量，要求"特殊教育教师队伍建设要以提升专业化水平为重点，提高特殊教育教师培养培训质量"；并在招生制度上做出安排，要求师范生招生"实行提前批次录取，选拔乐教适教的优秀学生攻读师范类专业"；还要求"扩大教育硕士、教育博士招生规模,培养高层次的中小学和职业学校教师"。2012年《关于加强特殊教育教师队伍建设的意见》则进一步强调了特教教师数量基础上的质量建设,提出"数量充足、结构合理、素质优良、富有爱心"的特殊教育教师队伍建设目标。通过上述文本分析可以看出,特教师资师范培养已确立了"本科专科两级"培养为主,逐渐向研究生层次延伸的政策安排体系,以及"优先提前批次录取"和"免费师范生"的招生与培养制度,其政策设计的目的明显体现了注重特教师资培养的质量和水平的鲜明价值诉求和倾向。(2)加强骨干教师队伍建设。1999年《中共中央国务院关于深化教育改革全面推进素质教育的决定》要求"2010年前后,具备条件的地区力争使小学和初中阶段教育的专任教师的学历分别提升到专科和本科层次,经济发达地区高中阶段教育的专任教师和校长中获硕士学位者应达到一定比例。"并强调骨干教师培养,要求"地方各级人民政府要多渠道筹资设立骨干教师专项资金,在大中小学培养一批高水平的学科带头人和有较大影响的教书育人专家,造就一支符合时代要求、能发挥示范作用的骨干教师队伍。"2001年《国务院关于基础教育改革与发展的决定》进一步提出"培养一大批在教育教学工作中起骨干、示范作用的优秀教师和一批教育名师",实施"跨世纪园丁工程"等教师培训计划,包括特教教师在内的在职教师骨干培养逐渐成为政策安排的重要内容。2001年《关于"十五"期间进一步推进特殊教育改革和发展的意见》强调了特殊教育骨干教师培养要求,要求"特别要重视中青年骨干教师的培养和培训"。2009年《关于进一步加快特殊教育事业发展的意见》再次提出,"各地要将特殊教育教师培训纳入教师继续教育培训计划,对在职教师实行轮训,重点抓好骨干教师特别是中青年骨干教师培训",并设计了培训的工具,要求"依托高等特殊教育学院、其他有关院校和专业机构建设'特殊教育教师培训基地'"。2010年《国家中长期教育改革和发展规划纲要(2010—2020年)》提出"造就一批教学名师和学科领军人才"规划后,2011年《教育部关于大力加强中小学教师培训工作的意见》进一步加强中小学教师培训工作,提出以实施"国培计划"为抓手,对全体中小学教师进行分类、分层、分岗培训,要求"每人不少于360学时",并提出"支持100万名骨干教师进行国家级培训;选派1万名优秀骨干教师海外研修培训;组织200万名教师进行学历提升;采取研修培训、学术交流、项目资助等方式,促进中小学名师和教育家的培养"。2012年《国务院关于加强教师队伍建设的意见》进一步深化了对包括特教教师在内的教师学习培训制度,提出全员培训制度的目标,要求推行教师培训学分制度,并设计了"顶岗置换研修、校本研修、远程培训"等教师培训模式,强调继续实施"幼儿园和中小学教师国家级培训计划";特别是提出"实施中小学名师名校长培养工程",

"改进特级教师评选和管理工作,更好发挥特级教师的示范带动作用",培养造就高端教育人才,造就一批教育家,倡导教育家办学。这是推进特教教师队伍建设,提升特教教师素质的重要政策安排。2012年《关于加强特殊教育教师队伍建设的意见》进一步设计安排了特殊教育教师全员培训的开展,指出"对特殊教育教师实行5年一周期不少于360学时的全员培训",同时要求依托"国培计划",采取集中培训和远程培训相结合的方式,加大对全国特殊教育学校的教师的培训力度。另外还对教师培训机构提出要求,"建立专兼结合的特殊教育教师培训队伍——提高培训的专业性、针对性和实效性。"2014年《特殊教育提升计划(2014—2016年)》则设计了三年规划,要求"加大国家级教师培训计划中特殊教育教师培训的比重。采取集中培训和远程培训相结合的方式,逐级开展特殊教育教师全员培训和校长、骨干教师培训。"通过上述文本分析可以看出,特教教师培训已基本确立了骨干教师培训为主,集中培训和远程培训多种形式结合的在职教师培训政策安排,其政策设计的目的明确体现了教育家办学的政策思路和价值取向。

其次,师资培养越来越注重向"多种类别残疾人教育师资"转向。这突出体现在2009年《关于进一步加快特殊教育事业发展的意见》和2012年《关于加强特殊教育教师队伍建设的意见》中。自1980年国家教委《关于办好中等师范学校意见》颁布,我国基本上确立了以"三类残疾学生"为主的特殊教育教师。进入21世纪,随着特殊教育事业发展,2008年《中共中央国务院关于促进残疾人事业发展的意见》提出"逐步解决重度肢体残疾、重度智力残疾、失明、失聪、脑瘫、孤独症等残疾儿童少年的教育问题"。2009年《关于进一步加快特殊教育事业发展的意见》又进一步指出"积极创造条件,以多种形式对重度肢体残疾、重度智力残疾、孤独症、脑瘫和多重残疾儿童少年等实施义务教育"。2012年《关于加强特殊教育教师队伍建设的意见》则进一步强调了特教教师培养体系与特教教师队伍结构的建设,要求"到2015年,基本形成布局合理、专业水平较高的特殊教育教师培养培训体系,到2020年,形成一支数量充足、结构合理、素质优良、富有爱心的特殊教育教师队伍",特别是对多类型特教教师的培养,提出"加强特殊教育专业建设,拓宽专业领域,扩大培养规模,满足特殊教育事业发展需要。"2014年《特殊教育提升计划(2014—2016年)》立足三年目标提出"全面推进全纳教育,使每一个残疾孩子都能接受合适的教育",并在普及义务教育三年目标上提出三类残疾外的"其他残疾人受教育机会明显增加。"另外,还提出"鼓励有条件的地区试点建设孤独症儿童少年特殊教育学校(部)"。这样,特教教师的类型已超出了传统的"三类残疾学生"的特殊教育教师,而扩展为包括"三类残疾学生"

的特殊教育教师在内的孤独症、多重残疾等儿童的多类型的特教教师。从特教教师服务职能来看，特教教师服务也从单一面向特殊教育学校向综合应对随班就读指导、送教上门、资源教室转向。从1994年《残疾人教育条例》正式提出随班就读指导教师，到2014年《特殊教育提升计划（2014—2016年）》提出送教上门，至今特殊教育教师服务职能已拓展为：特殊教育学校教育、随班就读巡回指导、送教上门、资源教师。2012年教育部中央编办国家发展改革委财政部人力资源社会保障部《关于加强特殊教育教师队伍建设的意见》提出研究设置随班就读教师的岗位条件，2014年《特殊教育提升计划（2014—2016年）》则提出"加强普通学校随班就读、资源指导、送教上门等特殊教育教师培训。"这反映出随着特殊教育受教育人群的残疾类型、程度以及安置方式的多样与扩大；为此，相应师资需求也发生了变化，体现出特殊教育事业发展在促进残疾人教育公平、提高教育质量、满足多样化需求方面的巨大进步。

再次，师范院校对服务特殊教育人才培养越来越注重"教育—康复"复合型人才的价值诉求。这突出体现在2012年《关于加强特殊教育教师队伍建设的意见》和2014年《特殊教育提升计划（2014—2016年）》中。2010年《国家中长期教育改革和发展规划纲要（2010—2020年）》和2012年《国务院关于加强教师队伍建设的意见》出台后，2012年《关于加强特殊教育教师队伍建设的意见》依据《残疾人教育条例》对特殊教育学校举办单位"应当依据残疾人特殊教育学校教师编制标准，为学校配备承担教学、康复等工作的教师"的政策依据，以及根据2008年《残疾人保障法》重新修订强调的"提供特殊教育的机构应当具备适合残疾人学习、康复、生活特点的场所和设施"的要求，并结合了一些地方"医教结合"成功实践探索和特殊教育学校发展的实际需要，考虑到特殊教育学校对康复人才的作用和需求，在政策安排上设计了师范院校培养服务特殊教育人才的知识能力结构，提出"积极支持高等师范院校与医学院校合作，促进学科交叉，培养具有复合型知识技能的特殊教育教师、康复类专业技术人才。"这一方面明确指出了特教教师素质应当具有"教育—康复"的复合型要求，即不仅要具备教育教学相关知识技能，而且还有具备医学康复相关知识技能；另一方面指出了师范院校培养服务特殊教育的人才应当包括特殊教育教师和康复类专业技术人才两个方向。2014年《特殊教育提升计划（2014—2016年）》明确提出"医教结合"政策安排，要求"探索教育与康复相结合的特殊教育模式"，并在"提高教师专业水平"中又提出确定"康复训练人员等的岗位条件"。通过上述文本分析可以看出，"教育—康复"复合型人才培养超越了单一的"教育"型人才的单一使命，其政策设计体现了新时期特殊教育发展的时代诉求,也反映了我国特教教师专业发展的新内涵。

另外,特殊教育师资培养体系也超越单一的师范院校而拓展到其他高校,成为一个以师范院校为主体、综合性高等院校共同参与的、开放的教师教育体系。2008年《中共中央国务院关于促进残疾人事业发展的意见》首次提出"鼓励和支持普通高等学校开办特殊教育专业";2009年《关于进一步加快特殊教育事业发展的意见》进一步强调"鼓励和支持各级师范院校与综合性院校举办特殊教育专业或开设特殊教育课程";2012年《关于加强特殊教育教师队伍建设的意见》则提出"支持师范院校和其他高等学校在师范类专业中普遍开设特殊教育课程,培养师范生具有指导残疾学生随班就读的教育教学能力";2014年《特殊教育提升计划(2014—2016年)》又提出"鼓励各省(区、市)择优选择师范类院校和其他高校增设特殊教育专业"。这不但反映了扩大培养规模的需求,也暗含着通过增多不同培养平台,引进竞争机制,提升特殊教育师资培养质量,以及充分利用不同高校的资源优势,促进学科交叉,扩宽专业知识领域,培养复合型人才的愿望。

(二)特教教师管理政策

这时期的特教教师管理政策突出了以特教教师的专业标准和资格为核心的教师管理制度的建构,这反映了新时期特教教师管理、培养培训、专业发展和推进特殊教育公平的需求和矛盾,也反映了新时代特殊教育事业发展对特教教师的新要求、新期待。

首先,在特教教师资格政策方面。这一时期,我国特教教师资格政策在前一时期以学历标准为主的资格政策基础上,进一步深化《残疾人教育条例》提出的特教教师资格要求,最突出的特点是提出"特殊教育学校教师专业标准"及"特教教师专业证书制度",这体现了特殊教育教师不同于普通教师的独特的专业技术特性,但其政策设计仍然是要建立在整个教师资格制度的基础上的。1999年《中共中央国务院关于深化教育改革全面推进素质教育的决定》强调了全面实施教师资格制度,并提出"开展面向社会认定教师资格工作。"2001年《国务院关于基础教育改革与发展的决定》又重申了"全面实施教师资格制度","实施教师资格准入制度,严格教师资格条件,坚决辞退不具备教师资格的人员"。可见,这一时期,教师资格制度突出了在教师资格准入方面的限制作用,将"社会竞争"、"教师资格准入"和"优化教师队伍"结合起来。在此背景下,特教教师资格制度建立和实施问题一直备受关注。继2009年《关于进一步加快特殊教育事业发展的意见》提出"加强特殊教育师资队伍建设,提高教师专业化水平",以及2010年《国家中长期教育改革和发展规划纲要(2010—2020年)》强调"国家制定教师资格标准"并要求"提高教师任职学历标准和品行要求"和"建立教师资格证书定期登记制度",2012年《国务院关于加强教师队伍建设的意见》提出"健全特殊教育教师管理制度",出台"特殊教育学校教师专业标准,作为教师培养、准入、培训、考核等工作的重要依据。"2012年《关于加强特殊教育教师队伍建设的意见》明确要求"制订特殊教育学校教师专业标准","将特殊教育相关内容纳入教师资格考试",并提出"探索建立特殊教育教师专业证书制度"。这是首次以专门的特殊教育教师政策对特教教师资格做出的规定。2013年普通教育已经陆续发布了幼儿园、小学、中学、中等职业学校四类教师的专业标准,分别从专业理念和师德、专业知识、专业能力三个方面,对教师专业素质提出基本要求,并以之作为教师实施教育教学行为的基本规范、教师专业发展的基本准则,以及教师培养、准入、培训、考核等工作的重要依据。2014年《特殊教育提升计划（2014—2016年）》也在三年规划中进一步提出"研究建立特殊教育教师专业证书制度,逐步实行特殊教育教师持证上岗。制订特殊教育学校教师专业标准。"这一时期的特教教师资格政策是与新时期我国经济社会全面转型、特殊教育对特教师资的质量水平等专业素质需求以及特教教师管理的实际需要密切相关,具有政治上和适切特教教师培养和发展规律的技术的可行性。

其次,在特殊学校教师职务和聘任政策方面。这一方面,基本上是沿用普通教育领域的教师职务和聘任政策,体现了特教教师作为整个教育行业的职业劳动在管理上的高度一致性。其突出的特点是探索实行统一的义务教育教师职务制度、推行聘用制度和岗位管理制度,以及对特教教师职务评聘的倾斜政策。1999年《中共中央国务院关于深化教育改革全面推进素质教育的决定》强调"完善教师职务聘任制",并出于合理配置教师资源的需要,要求"城镇中小学教师原则上要有一年以上在薄弱学校或农村学校任教经历,才可聘为高级教师职务"。2001年《国务院关于基础教育改革与发展的决定》重新强调推行教师聘任制,建立"能进能出、能上能下"的教师任用新机制,要求"实现教师职务聘任和岗位聘任的统一"。2006年《义务教育法》根据新形势的需要,提出"国家建立统一的义务教育教师职务制度"。2010年《国家中长期教育改革和发展规划纲要（2010—2020年）》进一步提出"建立统一的中小学教师职务(职称)系列,在中小学设置正高级教师职务(职称)",并要求"加强学校岗位管理,创新聘用方式,规范用人行为,完善激励机制,激发教师积极性和创造性"。2011年,《关于深化中小学教师职称制度改革扩大试点的指导意见》提出深化中小学教师职称制度改革,完善符合中小学教师特点的专业技术职务任职评价制度,原中学教师职务系列与小学教师职务系列统一并入新设置的中小学教师职称(职务)系列,在高级教师职务中设副高级和正高级。同时强调了教师专业技术职务是教师岗位聘用的重要依据,再次推进了教师专业发展和科学管理。2012年《国务院关于加强教师队伍建设的意见》作为落实2010年《国家中长期教育改革和发展规划纲要(2010—2020年)》的重要教师政策,明确要求加快推进教师职务(职称)制度改革,"建立统一的中小学教师职务(职称)系列";全面推行聘用制度和岗位管理制度,"完善以合同管理为基础的用人制度,实现教师职务(职称)评审与岗位聘用的有机结合";健全教师考核评价制度,"完善重师德、重能力、重业绩、重贡献的教师考核评价标准,探索实行学校、学生、教师和社会等多方参与的评价办法"。2014年《特殊教育提升计划(2014—2016年)》还强调"教师职务(职称)评聘向特殊教育教师倾斜,将儿童福利机构特教班教师职务(职称)评聘工作纳入当地教师职务(职称)评聘规划",这指出了对特教教师职务评聘的特殊关照的倾斜政策,还扩大了特教教师职务评聘的涵盖范围。

再次,在特殊学校教师人事管理政策方面。这一方面,体现了特殊学校以及特殊教育发展的实际需要,最具有特殊教育的自身特点,即特殊学校专业技术人员性质的多样性和配置比例的"宽松"。这首先有着教师编制管理的总体政策背景。1999年《中共中央国务院关于深化教育改革全面推进素质教育的决定》明确提出引入竞争机制,优化教师队伍,在开展面向社会认定教师资格工作基础上,面向社会公开招聘教师。同时,要求加强编制管理,精简富余人员。2001年《国务院关于基础教育改革与发展的决定》要求加强中小学教师编制管理,制定科学合理的中小学教职工编制标准,提出"各地要核定中小学教职工编制,规范学校内设机构和岗位设置,加强编制管理"。通过上述文本可以发现,这一时期基于对教师质量和数量的严格控制,教师编制的人事管理体现出"渠道宽"、"进入严"、"竞争大"的特点,特教教师同样深受影响,但在编制上根据自身特殊性质及其需要有着自己的特点。2009年《关于进一步加快特殊教育事业发展的意见》提出要"根据特殊教育学校学生少、班额小、寄宿生多、教师需求量大的特点,合理确定特殊教育学校教职工编制并保障落实"。2012年《关于加强特殊教育教师队伍建设的意见》一方面进一步体现了特殊教育学校教职工编制标准"宽松"特点,另一方面提出"研究设定随班就读教师、康复类专业人员的岗位条件",也就说,特殊学校的教职工不但要根据学生少、班额小、寄宿生多的特点提高教职工的配置比列,而且在教职工的专业技术构成上,既包括一般科任教师,也包括随班就读教师、康复类专业人员。2014年《特殊教育提升计划(2014—2016年)》又在强调"特殊教育学校学生少、班额小、寄宿生多"的同时,还强调了残疾人"残疾差异大、康复类专业人员需求多、承担随班就读巡回指导任务等特点",进一步突出了特殊教育学校教职工编制标准的"宽松"要求;另外,文件还丰富扩大了专业技术人员的职能范围,增加了"送教上门指导教师",提出"推动地方确定随班就读教师、送教上门指导教师和康复训练人员等的岗位条件。"

(三)特教师资工资待遇等保障和激励政策

这一时期,特教教师工资待遇等保障和激励政策在前一时期的基础上突出强调了工资保障特别是绩效工资的实施,具有适应我国经济社会的经济可行性。2001年《国务院关于基础教育改革与发展的决定》突出强调解决教师特别是确保农村中小学教师工资发放。包括特教教师在内的财政安排的教师工资性支出,由财政部门根据核定的编制和中央统一规定的工资项目及标准,通过银行直接拨入教师在银行开设的个人账户中;并要求进一步加强对教师工资经费的监管。2001年《关于"十五"期间进一步推进特殊教育改革和发展的意见》强调了保证特殊教育教职工的工资和特殊教育津贴按时足额发放的同时,还提出"积极改善特殊教育学校教职工的生活水平。接受残疾儿童少年入学的普通学校,在搞活单位内部分配时,应对主要承担残疾儿童少年教育任务的教师给予倾斜。"2006年《义务教育法》以与公务员平均工资参照的法定支出形式明确规定"教师的平均工资水平应当不低于当地公务员的平均工资水平",这确保了特教教师在内的教师最低工资水平,对保障教师队伍稳定和优化教师队伍素质具有重要意义。2008年《中共中央国务院关于促进残疾人事业发展的意见》、2009年《关于进一步加快特殊教育事业发展的意见》再次强调落实特殊教育教师特殊岗位津贴政策,强调落实特殊教育教师待遇,并要求"将承担随班就读教学与管理人员的工作列入绩效考核内容","在优秀教师和优秀教育工作者表彰中提高特教教师和校长的比例"。2010年《国家中长期教育改革和发展规划纲要(2010—2020年)》从十年规划出发,要求提高教师地位待遇,对教师工资进一步提出了"不低于或者高于国家公务员的平均工资水平,并逐步提高"的新要求;同时,强调了落实教师绩效工资,关心教师身心健康,落实和完善教师医疗养老等社会保障政策等。2012年《国务院关于加强教师队伍建设的意见》强调了2010年《国家中长期教育改革和发展规划纲要(2010—2020年)》对教师的工资、社会保障与奖励制度,特别是对绩效工资,要求"健全符合教师职业特点、体现岗位绩效的工资分配激励约束机制","进一步做好义务教育学校教师绩效工资实施工作,按照'管理以县为主、经费省级统筹、中央适当支持'的原则,确保绩效工资所需资金落实到位"。2012年《关于加强特殊教育教师队伍建设的意见》则进一步强调了特殊教育教师待遇以及奖励等激励政策。要求"确保国家规定的特殊教育教师工资待遇政策落到实处",并强调"将承担随班就读教学与管理人员的工作计入工作量",以及确保特殊教育教师按规定享有医疗养老等社会保障待遇、住房公积金、住房保障等决策。还特别提出了对特教教师心理健康方面的关注,要求定期开展心理健康咨询。2014年《特殊教育提升计划(2014—2016年)》立足三年规划,强调了特殊教育津贴等特殊教育教师工资待遇倾斜政策,以及承担残疾学生随班就读教学和管理工作的教师的绩效考核倾斜,并提出"各地要为送教教师和承担'医教结合'实验的相关医务人员提供工作和交通补贴。"

在特殊教育幼儿教师方面,依然是一个薄弱环节。2010年《国务院关于当前发展学前教育的若干意见》颁布以来,至2012年《国务院关于加强教师队伍建设的意见》提出建立"师德高尚、业务精湛、结构合理、充满活力的高素质专业化教师队伍",强调"幼儿园教师队伍建设要以补足配齐为重点,切实加强幼儿园教师培养培训,严格实施幼儿园教师资格制度,依法落实幼儿园教师地位待遇。"但特殊教育方面,无论2012年《关于加强特殊教育教师队伍建设的意见》,还是2014年《特殊教育提升计划(2014—2016年)》都没有对特殊教育幼儿教师培养培训及其素质要求做出规定。

总体而言,这一时期,特教教师政策以促进特教教师专业发展为核心,越来越完善了特教教师培养培训、管理及其待遇等方面的政策设计和安排。这一时期的特教教师政策遵循十六大以来注重社会建设、强调社会民生、构建和谐社会的基本政治诉求和社会政策倾向,围绕提高特殊教育质量、促进特殊教育公平和满足不同残疾人群多样化的现实需要来设计特教教师政策,突出了对特教教师专业发展的质量、素质结构以及队伍结构的要求。在政策方案设计上,一是突出了特教教师培养培训由重数量向重质量、由单一"教育"型人才向"教育—康复"复合型人才、由传统"三类残疾人教育师资"向"多种类别残疾人教育师资"、由面向轻度残疾学生的教师向面向重度等多样残疾学生的教师、由单一面向特殊教育学校向综合应对随班就读指导、送教上门、资源教室的教师转向,同时,特殊教育师资培养体系由单一的师范院校培养向其他高校共同参与的开放教师教育体系转向。二是进一步完善了特教教师管理制度,特别突出了基于特教教师专业发展的管理政策理念,即强调了以特教教师专业标准和特教教师专业资格为核心的教师管理制度的建构,基本形成了以学历资质为基础、以"特殊教育教师专业标准"及"特教教师专业证书制度"为中心的、基于特教教师专业基础上的管理制度结构,确立了特教教师培养培训、准入、使用、考核等工作的基本依据。三是突出了特教教师工资保障特别是绩效工资实施的工资待遇等保障和激励政策。这些政策安排是保障深化特教教师专业发展的新措施、新要求,与我国构建和谐社会、促进社会公平的社会建设紧密相关,是我国经济发展到一定基础、政治改革诉求累积到一定程度、政府教育管理与职能转变到一定阶段、特殊教育事业发展到一定时期的政策选择,既体现了我国对更好保障残疾人教育权利、推进特殊教育公平的努力,也体现了我国特教教师在专业发展与社会建设中的时代要求。

第七节 我国特殊教育课程与教学政策

课程与教学政策即狭义上的教育教学政策,它是特殊教育的重要政策规范,是贯彻国家意志、规定培养人才规格、形成学生素质能力以及特殊教育机构实施教育教学的重要政策依据。许多重要的特殊教育政策都对课程与教学做出规定。从发展的阶段特点看,可以简单地分为全国"政治主导—高度统一"政策设计时期、"人本主义—课程改革"政策转向时期、"深化人本主义—全面课程改革"政策设计时期三个时期。近三十年来,基本上呈现出10年代际变化特征。

一、"政治主导—高度统一"的特殊教育课程与教学政策

这主要体现在新中国成立后至80年代中期。这一时期的主要政策文本是1957年《关于办好盲童学校、聋哑学校的几点指示》、1962年《全日制六年制盲童学校教学计划(草案)》和《全日制六年制聋哑学校教学计划(草案)》。

新中国成立后,教育部迅速出台了若干文件,统一规范全国的课程与教学。1953年教育部在《关于盲哑学校方针、课程、学制、编制等问题给西安市文教局的复函》首先对特殊学校开设的科目、教学方式等作出规定。例如,要求"聋哑学校的预备阶段则可用1—2年来学习看口、发音、识字、手势、日常会话和生活知识等"。然而基于当时条件的限制,课程教材建设极不完善,特别是在盲校。盲校实行预备班的制度,预备班为期半年,主要目的是帮助盲童学习盲字,为一年级抄写教材做准备,解决盲文教材空缺问题。据1955年教育部《取消盲童学校的预备班制度,并试教新编的语文课本的通令》显示,因为盲童学校因无印刷出版的盲文课本,一切教材均需学生抄写。"初入学的盲童设立半年的预备班,授以识字、摸读和抄写的基本技能,然后才升入一年级"。关于聋校教材,据1956年教育部颁布的《关于聋哑学校使用手势教学的班级的学制和教学计划问题的指示》显示,基本上沿用普通小学教材,要求"保证聋哑学生能够学完普通小学的教材,具有大体上相当于普通小学毕业生的知识水平,并掌握一定的职业劳动技能"。另外,1957年《关于办好盲童学校、聋哑学校的几点指示》除了规定盲童学校、聋哑学校的基本任务外,还对盲童学校和聋哑学校的教学特点提出要求,首次提出了"补偿缺陷"的教学任务目标,深刻影响到今后的教育教学政策。盲童

学校教学主要特点是:"在全部教学活动中应特别注意发展盲童的触觉、听觉和运动觉等感觉器官,借以补偿他们的视觉缺陷;同时要在各科教学中特别加强直观教学,丰富盲童对于具体事物形象的认识,使他们能够理解周围的客观世界"。聋哑学校教学主要特点是:"在全部教学活动中应特别注意发展聋哑儿童的视觉、触觉和运动觉等感觉器官,借以补偿他们的听觉缺陷;同时要在各科教学中加强直观教学,采取有效的教学手段进行祖国语言教学,培养他们掌握口头语言,并加强发展他们的抽象思维能力。"另外,1956年《教育部关于盲童学校、聋哑学校经费问题的通知》和1957年《关于办好盲童学校、聋哑学校的几点指示》都间接或直接地涉及了"职业劳动训练",特别是1957年《关于办好盲童学校、聋哑学校的几点指示》把"职业劳动训练还没有引起普遍的重视,这给盲、聋哑学生毕业后参加劳动生产带来了更多的困难"作为政策创议的一个问题源流,有针对性地提出"掌握一定的职业劳动技能"作为学校的基本任务,并对职业劳动训练进行了具体设计。

  对特殊学校课程与教学做出详细全面规定的是1962年《全日制六年制盲童学校教学计划(草案)》和《全日制六年制聋哑学校教学计划(草案)》,在对前面实践经验总结的基础上,对盲校和聋校的教学目的、学科设置及课时等都作出全面安排,确立了在党的领导下,为无产阶级政治服务和教育与生产劳动相结合的教育方针,并把缺陷补偿、德智体发展、成为有社会主义觉悟的有文化的劳动者作为教育目标。这基本概括了我国建国后的残疾人教育基本思想和经验,也初步奠定了后来的特殊学校课程与教学的设计的基本框架。

  这一时期,由于深受原苏联教育的影响以及我国时代政治背景的局限,课程与教学政策具有鲜明的全国高度统一和政治主导的政策设计特点。它以体现无产阶级政治服务的政治主义、国家主义至上的意识形态和社会主义人道主义精神的生存关怀为基本的政策价值目标,主要围绕无产阶级政治需要和残疾人生存的人道主义关怀来设计政策安排。在课程教材建设上,注重实行全国高度统一的课程教材;但课程教材建设尚不全面、系统,在课程设置上除了少许职业技能劳动外,基本沿用普通小学的课程设置。尽管1957年《关于办好盲童学校、聋哑学校的几点指示》提出超龄学生班"可参照适龄班自行拟定教学计划,改编教材",但是目的仍在于在试办中认真总结经验,以便为今后制定统一的教学计划和编写教材提供条件。在教学要求上,确立了教育与生产劳动相结合的基本方针,以及班级授课制的方式及其教学班额。这反映了新中国残疾人学校教育从少到多、从个体自发到全国统办的艰难探索历程。这一时期基本确立了盲、聋哑两类残疾人的教学计划,初步奠定了后来的特殊学校课程与教学的设计的基本框架。

二、"人本主义—课程改革"的特殊教育课程与教学政策

这主要体现在20世纪80年代中期至21世纪初前几年。这时期的主要政策文本是1984年《全日制八年制聋哑学校教学计划（征求意见稿）》和1987年《全日制盲校小学教学计划（初稿）》、《全日制弱智学校（班）教学计划（征求意见稿）》、1993年国家教委印发的《全日制聋校课程计划（试行）》、《全日制盲校课程计划（试行）》、《中度弱智儿童教育训练纲要（试行）》、1991年《残疾人保障法》、1994年《残疾人教育条例》。

1984年《全日制八年制聋哑学校教学计划（征求意见稿）》和1987年《全日制盲校小学教学计划（初稿）》、《全日制弱智学校（班）教学计划（征求意见稿）》逐步淡化了政治要求，在继续进行缺陷补偿的基础上强调了热爱社会、热爱生活、适应社会，并把有理想、有道德、有文化、有纪律的社会主义公民作为教育目标，凸显了残疾人教育开始由注重政治要求向社会合格公民与适应社会生活目标的转向，面向残疾人实际的人本主义教育思想开始逐渐突破国家主义、政治主义的笼罩而显现出来，特殊教育课程与教学开始出现重大转向。

自1986年《义务教育法》实施后，1989年《关于发展特殊教育的若干意见》提出特殊学校教育目标，要求"各级各类特教学校都应贯彻执行德、智、体、美、劳全面发展的方针，在对残疾学生进行思想品德教育、文化教育和身心缺陷补偿的同时，切实加强劳动技能和职业技术教育，为他们参与社会生活，适应社会需要创造条件"。同时，对课程与教材建设提出"要鼓励地方和学校自编教材，经省、自治区、直辖市教育部门审定后供学校择优选用"。

1991年《残疾人保障法》作为高位的法律政策，对残疾人教育做出要求，确立了教育必须"根据残疾人的身心特性和需要"的课程与教学的基本要求。一是确立了思想教育、文化教育、身心补偿和职业技术教育的四大目标要求；二是确立了依据残疾类别和接受能力实行的普通教育或特殊教育的两种教育安置方式；三是对特殊教育的课程设置、教材、教学方法提出"可以有适度弹性"的要求。这基本确立了这一时期特殊学校课程与教学的基本思想和政策框架，直接推动对特殊学校课程政策的变革与发展。其后，1993年国家教委印发的《全日制聋校课程计划（试行）》、《全日制盲校课程计划（试行）》、《中度弱智儿童教育训练纲要（试行）》开始注重以课程改革为载体和根本途径来整体推进残疾人教育改革的理念，把制定课程计划作为残疾人教育的重要基本政策规范，意图改变过去以教学计划代替课程计划导致的只重教学改革不重课程改革、教学改革不深入等

弊端,对课程门类、教学要求、教学内容和课时分配等做出全面要求。另一方面,在教育目标要求上,进一步向人本主义转向,除强调缺陷补偿外,把生活能力、社会交往能力、劳动技能作为重要目标,并把适应社会生活、形成继续获取知识的能力、平等的社会公民作为课程与教学的目标要求。

1994年《残疾人教育条例》作为对《残疾人保障法》进一步落实的专门教育法规,详细规定了对残疾人的教育,提出了实施残疾人的基本要求,即应当"根据残疾人的身心特性和需要,全面提高其素质,为残疾人平等地参与社会生活创造条件"。这鲜明体现了人本主义的关怀。首先,它十分重视并强调了对残疾儿童的学前教育的政策要求,规定了实施机构(残疾幼儿教育机构、普通幼儿教育机构、残疾儿童福利机构、残疾儿童康复机构、普通小学的学前班和残疾儿童少年特殊教育学校的学前班),及其教育方式与目标(即教育应当与保育、康复结合实施,早期发现、早期康复和早期教育),并规定了卫生保健机构、残疾幼儿的学前教育机构和家庭中的责任。其次,详细规定残疾人的义务教育。在教育目标要求上,进一步强调了思想教育、文化教育、劳动技能教育与身心补偿相结合。在教学方法上提出了分类教学和个别教学的政策要求,即"根据学生残疾状况和补偿程度,实施分类教学,有条件的学校,实施个别教学。"在课程教材的政策安排上,要求课程计划、教学大纲和教材,应当适合残疾人的特点;特别是对课程教材提出"特殊教育学校(班)的课程计划和教学大纲由国务院教育行政部门制订;教材由省级以上人民政府教育行政部门审定。"这体现了中央向地方分权、调动地方积极性、满足地方差异性的政策设计。再次,条例还对随班就读的课程教材做出规定,要求"随班就读残疾学生的义务教育,可以适用普通义务教育的课程计划、教学大纲和教材,但是对其学习要求可以有适度弹性。"在实施随班就读学校的辅助设施上也做出政策安排,要求"根据其学习、康复的特殊需要对其提供帮助。有条件的学校,可以设立专门辅导教室。"

1994《关于开展残疾儿童少年随班就读工作的试行办法》是对残疾人随班就读安排的专门政策,体现了对残疾人普及义务教育和进行人本主义关怀的价值理想,特别是促进残疾人平等参与社会生活的人本主义思想本身就是随班就读的政策安排的一个价值依据。文件详细规定了随班就读的教学要求。在目标设计上,提出"补偿生理和心理缺陷,使其受到适于自身发展所需要的教育和训练,在德、智、体诸方面得到全面发展";"加强思想品德教育,培养其良好的行为习惯,使其逐步树立自尊、自爱、自强、自立精神。"在教材安排上,要求"使用的教材一般与普通学生相同(全盲学生使用盲文教材),轻度智力残疾学生也可以使用弱智学校教材";并提出"学校可以根据学生的实际情况,对其教学内容作适当调整。""对轻度智力残疾学生的教学要求可以参考弱智学校的教学计划、大纲和教材作出安排。对中度智力残疾学生的教学和训练也应作出适当安排。"在教学原则上,要求"贯彻因材施教的原则,制订和实施个别教学计划。"并提出"以集体教学为主"和"加强对残疾人个别辅导"的原则。在教学评估上,提出了"有利于残疾学生自信心的培养和提高"的指导思想,并设计了"思想品德、文化知识、缺陷矫正和补偿以及社会适应能力等方面"的内容。

1998年《特殊教育学校暂行规程》是加强特殊教育学校内部的规范化管理、全面贯彻教育方针、全面提高教育质量的重要特殊教育政策。其中,特别详细地规定了特殊学校的教育教学工作的规范,提出了"教育教学工作要面向全体学生,坚持因材施教,改进教育教学方法,充分发挥各类课程的整体功能,促进学生全面发展"的基本要求。一是在课程计划教材管理方面,强调了国家制定的特殊教育学校课程计划、教学大纲对教育教学工作的规范。规定教材的使用,"须经省级以上教育行政部门审查通过;实验教材、乡土教材须经主管教育行政部门批准后方可使用"。二是在教育教学的规范方面,详细规定了德育、体育、美育、劳动教育、劳动技术教育和职业教育、身心康复、身心健康教育及其教育原则。要求把德育工作放在重要位置,注重实效;坚持正面教育,注意保护学生的自信心、自尊心;开展多种形式的体育活动,保证学生每天不少于一小时的体育活动时间,增强学生的体质;特别重视劳动教育、劳动技术教育和职业教育;加强活动课程和课外活动的指导;重视学生的身心健康教育,培养学生良好的心理素质和卫生习惯,提高学生保护和合理使用自身残存功能的能力,适时、适度地进行青春期教育,等等;特别是对身心康复提出"特殊教育学校要把学生的身心康复作为教育教学的重要内容,根据学生的残疾类别和程度,有针对性地进行康复训练,提高训练质量"。三是在教学评价方面,要求"通过多种形式评价教育教学质量,尤其要重视教学过程的评价","学校每学年要对学生德、智、体和身心缺陷康复等方面进行1—2次评价,毕业时要进行终结性评价,评价报告要收入学生档案";同时强调"学校不得仅以学生的学业考试成绩评价教育教学质量和教师工作",并分年级段规定了考试科目和考查科目的成绩评定,还规定了毕业考试科目、考试办法及命题权限。

总体而言,这一时期,课程与教学政策受到改革开放后教育改革的深刻影响,由高度统一和政治主导的政策设计逐渐转向地方分权管理和促进残疾人人本化、多样性发展的政策安排。它在总结经验和纠偏问题的基础上,适应时代需要,和面向残疾人人本需要,以课程改革为核心深入推进教学改革、提高教育质量,调动地方积极性,推进课程与教学多样性、人本化改革,丰富了课程设置和教学方法,改进了教学评价,完善了课程教材的规范管理,很好地适应了残疾人及其地方发展特殊教育的实际需要,反映了我国特殊教育发展的一个新的里程,为今后教育改革奠定了经验基础。在政策方案设计安排上,总体说来有两个明显转向:一个是由单纯的教学改革向课程改革政策转向,一个是由重政治和国家主义向人本主义政策转向。人本主义政策转向主要体现在:在政策价值目标设定上把促进残疾人身心成长的作为特殊教育的重要原点,突出了身心缺陷补偿、身心康复、身心健康、生活能力、交往能力、适应和平等参与社会等维度;在课程设置上彰显了美育、康复训练、健康教育等在促进残疾人成长的意义;在教育原则上鲜明地提出坚持正面教育、贯彻因材施教、集体教学为主和个别辅导结合等原则;在教学方法上,提出分类教学和个别教学或个别教学计划的政策要求;在教学评价上,强调了多种形式评价特别是教学过程的评价对学生身心的保护和激励,强调了对思想品德、文化知识、缺陷矫正和补偿以及社会适应能力等方面的全面评价。课程改革政策转向主要体现在:在理念上,注重以课程改革整体推进特殊教育教学,由教学计划转向了对课程计划制定,并作为重要的教育教学政策规范;在课程教材管理上,提出了国务院教育行政部门"管"课程计划和教学大纲,省级以上人民政府教育行政部门审定教材的分权管理体制,调动地方积极性,满足地方差异性的特殊需要;在学校特别是随班就读学校微观层次的课程教材使用上,提出了普遍适用与有弹性的结合,即对使用普通义务教育课程计划、教学大纲和教材可以有适度弹性;在课程教材种类上,不断拓宽出实验教材、乡土教材,以及康复训练、健康教育、美育等内容,同时,随着智力落后儿童学校教育的出现,特殊教育也丰富为三类残疾儿童的课程及其教学。

三、"深化人本主义—全面课程改革"的特殊教育课程与教学政策

这主要体现在 21 世纪初几年至现在的时期。这一时期,主要政策文本是 2001 年《基础教育课程改革纲要(试行)》、2001 年《关于"十五"期间进一步推进特殊教育改革和发展意见》、2007 年教育部颁布的《盲校义务教育课程设置实验方案》、《聋校义务教育课程设置实验方案》和《培智学校义务教育课程设置实验方案》、2014 年国务院办公厅关于转发教育部等部门《特殊教育提升计划(2014—2016 年)》。

随着 1999 年《中共中央国务院关于深化教育改革全面推进素质教育的决定》和 2001 年《国务院关于基础教育改革与发展的决定》的颁布,2001 年教育部印发了《基础教育课程改革纲要(试行)》。这时,全国大力推进基础教育课程改革,调整和改革基础教育的课程体系、结构、内容,构建符合素质教育要求的新的基础教育课程体系。同年,教育部印发了《义务教育课程设置实验方案》,设置义

务教育阶段的课程,其中,特别突出了对课程设置的要求,提出"均衡设置课程"、"加强课程的综合性"、"加强课程的选择性"的课程设置原则。随后 2001—2005年各科课程标准实验稿在全国铺开。至此,国家课程标准成了国家管理和评价课程的基础,以及教材编写、教学、评估和考试命题的依据,开始了以国家课程标准为主要规范管理课程与教学。学科的课程性质、课程目标、内容目标、实施建议等有了指导性政策要求,教学目标也开始注重学生在知识与技能、过程与方法、情感态度与价值观等方面的基本要求。

2001 年《关于"十五"期间进一步推进特殊教育改革和发展意见》提出了以课程改革为突破的教学改革,要求"根据残疾学生身心特点和发展规律,积极改革特殊教育学校课程与教学",特别是鲜明地提出调整课程结构,注重课程的"综合性、功能性、实践性"等特点,并要求研制特殊教育学校新的课程方案,规定了新的课程方案制定的基本思想,即"要坚持以全面提高残疾学生素质为根本宗旨,以培养残疾学生树立自尊、自信、自强、自立的精神和社会适应能力为主要目标;要根据学生差异提出不同的教学内容和要求,使不同类别、不同程度的残疾学生都能够通过教育得到发展;要加强劳动技能和职业教育,坚持文化知识教育和职业技能教育相结合;要更新教育观念,改进教学方法,开展个别化教学等有效的教学实验,切实提高教育教学质量"。

2007 年教育部颁布了《盲校义务教育课程设置实验方案》、《聋校义务教育课程设置实验方案》和《培智学校义务教育课程设置实验方案》,为实施特殊教育课程与教学提供了最规范、权威的政策依据,至今是指导我国特殊教育课程与教学的重要政策规范。它基于基础教育课程改革"构建符合素质教育要求的新的特殊教育课程体系"的要求,并以《义务教育课程设置实验方案》为直接政策源流,结合特殊教育事业发展的需要,从培养目标、课程设置原则及其课程结构与内容设置、课程实施与评价等做出详细规定和要求。在目标上,突出了以人为本,尊重个性发展,开发各种潜能,补偿缺陷,公民意识、社会公德、意识和法制观念,生活能力、社会适应能力,以及有理想、有道德、有文化、有纪律的素质要求。在课程设置的原则上,突出了综合课程与分科课程相结合的原则,以及统一性与选择性相结合的原则。在课程设置结构与内容上,突出了综合课程设置以及课程的可选择性,突出了国家课程与地方课程、学校课程的结合,突出了课程与残疾人生活、社会、科学、康复的联系。在课程评价上,注重坚持过程评价的主要原则,注重学业成绩与成长记录相结合的综合评价方式,注重建立评价方法多样化的多元评价体系,注重建立学校、家长和社会共同参与的评价制度。在课程管理上,体现了国家课程为主导的,地方、学校共同参与的三级管理体制,特别是地方和学校在课程选择上具有更多的自主权。

2014年《特殊教育提升计划(2014—2016年)》进一步强调了课程改革的攻坚任务,围绕深化特殊教育课程教学改革,一是提出了"制订盲、聋和培智三类特殊教育学校课程标准"、"新编和改编盲、聋和培智三类特殊教育学校的义务教育阶段课程教材"两项任务;二是提出改革教育教学方法,提出了加强个别化教育、开展"医教结合"实验等政策要求。同时,文件还强调了全面推进全纳教育的新要求,提出"使每一个残疾孩子都能接受合适的教育";另外,还提出了"送教上门"、"个别化教育"、"医教结合"、"孤独症儿童少年特殊教育学校"等政策要求。这充分体现了残疾人教育以人为本的课程教学改革新动向、新思路。

需要特别强调的是,2007年三类残疾人的义务教育课程设置实验方案、2008年《关于进一步加快特殊教育事业发展的意见》、《残疾人保障法》、2010年《国家中长期教育改革和发展规划纲要(2010—2020年)》以及2014年《特殊教育提升计划(2014—2016年)》都强调了根据学生的身心特点和特殊需求,加强教育针对性,特别是要求注重学生的潜能开发和缺陷补偿。正是由于"潜能开发"的提出,反映了对残疾人成长及其缺陷补偿认识的新变化。一方面在价值认识上,它以提供合适教育、针对性教育反映了特殊教育课程与教学政策对人本关怀和实效的选择偏重;同时也以潜能开发认同了残疾人发展的可能和改变缺陷限制、实现自身价值的积极态度与人本价值观。另一方面,在方式途径上,它表达了潜能开发在补偿缺陷中的积极意义,使得潜能开发成为补偿缺陷、改变缺陷的一种积极途径和方式;同时也内含着以身心潜能开发超越缺陷的可能。在这里,潜能开发既是对残疾人身心发展尊重与承认的价值观,又是实现残疾人缺陷补偿的方法论。按照马斯洛需要层次论,这是从更高的需求层次上实施的更加积极的人本关怀。正是潜能开发参与缺陷补偿,使得缺陷补偿本身获得了积极意义和人本价值(或称之为"人本主义补偿观"),从认识论和价值论上改变了传统仅关注外在手段、技术对器官功能补偿的工具主义补偿观。[①] 特殊教育政策强调以积极的身心潜能开发参与缺陷补偿,体现了特殊教育政策人本主义思想的新高度。

---

① 笔者已在拙著《特殊教育哲学》中指出,工具主义的补偿观是依赖技术或器具,外在的、嵌入式的改变或改善残疾人的器官机能,技术理性是其最大特点。人本主义补偿观是从对残疾人人本关怀的价值理性出发,肯定和认同残疾人发展的潜能,并依赖发展潜能等能动性,以自我觉解、自我体认、自我实现的方式和态度,改变缺陷对残疾人身心发展的制约。因此,这种补偿是内在的、生成式的、超越性的。笔者认为,潜能开发和缺陷补偿的结合,是教育活动实现对残疾人缺陷补偿的根本方式。这既符合教育活动影响人发展的科学理性,也是实现对残疾人人本关怀的应有价值理性。在此,特地予以强调说明。

纵观这一时期的政策文本,总体而言,这一时期主要体现为深化人本主义思想理念和全面推进课程改革为主的政策设计。特殊教育课程教学政策沿着深化以人为本的政策思路,突出了通过改革课程促进残疾人全面发展的政策意图,特别是通过制定课程方案、课程标准来指导特殊教育教学。它是深受普通教育领域基础教育课程改革的影响,并以此为直接的政策源流,围绕"以人为本,尊重个性发展,开发各种潜能,补偿缺陷,公民意识、社会公德、意识和法制观念,生活能力、社会适应能力,以及有理想、有道德、有文化、有纪律"等体现时代要求的培养目标,设计出台了三类残疾人的义务教育课程设置实验方案,安排了三类特殊教育学校课程标准和新编、改编三类特殊教育学校的义务教育阶段课程教材的任务,力图逐步完善课程体系、深化课程教学改革。这对推进各地课程与教学多样性、满足地区差异性的需要,改进和完善课程设置和教学方法,加强残疾人与生活、社会、康复等联系的实际需要,以及实现课程教材的科学管理,具有重要意义,体现了我国素质教育和特殊教育改革的新要求、新动向,标志着我国特殊教育发展开始进入到科学化、规范化、人本化的更高阶段。在课程政策方案设计安排上:一是突出了与普通教育的融合共享的课程改革理念,强调了改变课程过于注重知识传授、过于强调学科本位、过于注重书本知识、过于强调接受学习、课程管理过于集中等共同问题,强调形成学生积极主动的学习态度,加强教育与残疾人生活、现代社会、科技发展、医疗康复等联系,培养学生各种能力等共同的目的。二是突出了教育方式的转变,以"全面推进全纳教育"、"送教上门"、"个别化教育"、"医教结合"、"孤独症儿童少年特殊教育学校"等政策要求,强调了"每一个残疾孩子都能接受合适的教育"的新理念。三是突出了残疾人潜能开发与补偿缺陷的"人本主义补偿观"政策期望,体现了更高需求层次上、更加积极人本关怀的特殊教育政策设计理念。四是突出了课程与教学的种类和形态的丰富,"送教上门"、"医教结合"、"孤独症儿童少年特殊教育学校"等政策要求,既是对传统三类残疾人学校教育的极大完善和健全,也反映了不断健全课程教材体系的政策安排思路。

  在残疾儿童学前教育方面的有关课程政策,仍旧是一个薄弱环节和领域。自1991年《残疾人保障法》、1994年《残疾人教育条例》提出残疾儿童学前教育的政策要求以来,残疾儿童学前教育政策并没有具体的政策设计。2008年《中共中央国务院关于促进残疾人事业发展的意见》、2009年教育部等《关于进一步加快特殊教育事业发展的意见》、2011年《关于"十五"期间进一步推进特殊教育改革和发展的意见》等再次强调了"积极发展残疾儿童学前教育",但至今没有具体政策规范文本。

第五章 我国特殊教育政策的主要问题与局限

特殊教育政策作为有别于一般教育的差别政策对待,表明了其存在本身就是道义论正义的体现;但是正义总是一个易于背叛的概念,特殊教育政策本身的正义性存在许多局限,需要政策分析的深入揭示,来更好地奠定特殊教育政策的正当性。本章即在前面特殊教育政策分析理论及整个政策文本把握的基础上,分析特殊教育政策总体结构体系以及特殊教育政策对象和目标、特殊教育政策价值和伦理方面存在的问题与局限。

第一节 我国特殊教育政策总体结构体系的主要问题

特殊教育政策体系是总政策、基本政策、具体政策围绕残疾人教育的核心目标而在一定时空内,连续安排的一系列政策集合。它基于解决一定的政策问题或实现一定的政策目标,按照总政策、基本政策、具体政策的层级结构关系配套组合排列,并以相应的政策要素间的有机互动配合,形成相对稳定的、紧密结合的政策群。全面系统、健全合理的政策体系是实现特殊教育总体目标的重要保障。根据前面确立的全面系统性、科学性、周延性等内容分析标准,我国特殊教育政策体系存有以下问题。

一、宏观特殊教育政策类型结构失调

在这里,类型结构是从特殊教育政策所欲解决的问题或实现的目的出发,对特殊教育政策种类性质的描述。根据本研究的分类,就是指特殊教育管理政策、教育教学政策(课程与教学政策)、教师政策、财政政策。从特殊教育政策类型结构出发来分析是揭示特殊教育政策是否全面系统、科学合理的重要方面。

(一) 特殊教育管理政策偏重(多),教育教学政策偏轻(少)

特殊教育政策本身就是一种重要的教育资源且是政府垄断性的资源,[①]能赋予特殊教育活动合法地位,并对特殊教育活动做出价值选择的优先排序。在这里,特殊教育政策数量及其变化是特殊教育政策内容分析的一个重要实证条件,从特殊教育政策数量来分析是检验政府对特殊教育意志方向、控制力度和价值选择的一个重要变量。

从专门特殊教育政策文本数量看(见表5-1-1),近三十年来,专门单列的特殊教育课程与教学政策仅有三类特殊学校的教学计划(1984—1987)、课程计划(1993—1994)和义务教育课程设置实验方案(2007)3种,特殊教育管理政策则有11个。在这里,管理政策虽然是综合性的政策文本,且其中也或多或少的含有特殊教育课程与教学的规定,但是从文本篇幅看,管理方面和教师方面的规范远远多于课程与教学,且其中也仅仅有《关于开展残疾儿童少年随班就读工作的试行办法》、《特殊教育学校暂行规程》,2001年《关于"十五"期间进一步推进特殊教育改革和发展的意见》,2009年《关于进一步加快特殊教育事业发展意见》,2014年《特殊教育提升计划(2014—2016年)》5个政策文本中单列了教育教学方面的一级或二级政策条目。这反映出政府和教育部对特殊教育发展改革等管理的主导和控制作用的强力及其重视,反映了特殊教育管理方面的矛盾及其政策需求。应该说,这种政策数量的格局在我国快速转型的整体社会变革中,具有一定的合理性,也充分体现了政府对推动特殊教育改革发展的坚定意志和优先价值选择的理性。特别是对特殊教育管理的体制、外部环境的关注反映了政府职能的正确定位,同时课程与教学政策的偏少为特殊学校的自主开展教育教学提供了空间和支持,符合各地各类特殊学校课程与教学的显著差异的特征。但是其问题也显而易见,主要是对政策对象特别是目标群体需要回应性不足、回应能力乏力。

表5-1-1　近三十年特殊教育各类型政策统计

政策类型	数量	年代分布
课程与教学政策	专门性政策3个(种),一级或二级政策条目5个	1980—1990年1个(种),1990—2000年1个(种),2000—2010年1个(种)
管理政策	综合性政策11个	1980—1990年1个,1990—2000年4个,2000—2010年4个,2010—现在2个

---

① 谢维和、陈超.中国教育改革发展的政策走向分析[J].清华大学教育研究.2006,(6):1.

(续表)

政策类型	数　　量	年代分布
教师政策	专门性政策1个，一级或二级政策条目9个	2010—现在1个
财政政策	法律规范2个①	1980—1990年1个，2000—2010年1个

首先，对管理政策的偏重必然带来对地方政府意志和特殊学校自主办学空间的萎缩。我国教育管理体制总体上呈现出中央集权的权力结构特点。这使得国家层面的特殊教育政策在权力等级上处于绝对的权力上层，中央、国务院和教育部等在特殊教育决策中占据权力顶端。同时，地方政府在特殊教育政策执行过程中也必然接受这种权力的制约，接受这种特殊教育政策的刚性特点，使得地方政府在发展特殊教育中根据本地需要和实际情况做出相应选择和设计的权力空间极为有限，特殊学校也在这种刚性的管理政策面前失去了自主选择的能动性。现实中，全国各地经济社会的巨大差异以及特殊学校的显著不同，显然无法普遍适应一个特殊教育政策，而是需要一个更为宽松且更有针对性的政策安排。

其次，教育教学政策偏少，许多学校的教育教学缺少必要规范。特殊学校的课程与教学虽然存有巨大差异，但是根据时代变化及时提供适宜的政策指导和规范，是十分必要的。这种必要性来自许多特殊学校师资质量不高，自主的课程与教学能力的不足、不规范等原因。对他们提供教育教学规范是适应实际需要的。也就是说，课程与教学政策的宽松是有条件的，要建立在学校和教师一定能力的基础上，对很多特殊学校而言并不是因课程与教学政策少而获得了更多的自主性，反而使得教育教学处于失范之中。

再次，从特殊学校教育和随班就读安排形式来看，也存在随班就读政策严重短缺的问题。尽管自《残疾人教育条例》颁布以来，随班就读要求在多数特殊教育政策文本或多或少都有所提及，但是除了1994年《关于开展残疾儿童少年随班就读工作的试行办法》这仅有的1个专门政策做出详细规定，其他并没有系统的全面的规范，更没有随着时代和环境的变化而创新，至今20年来仍处于试行之中。在其他综合性的特殊教育政策中，随班就读的政策规范也没有单列为二级或三级政策条目，最多仅仅提及而已，缺少具体明确的政策规范和要求。

---

① 根据我国残疾人教育财政政策一直实行的是财政性教育支出与财政收支增幅和GDP挂钩的法定政策方案特点，在这里只统计《义务教育法》对残疾人教育财政政策的变更。

(二)特殊教育管理政策、教师政策创新变更快,教育教学政策和财政政策相对滞后

政策的更迭变化反映了政策问题、理念的变化以及相应的政策方案的创新情况,也反映了政府对此问题的重视程度,表达了政府价值选择的优先序和价值立场的向度。

通过上述政策文本发现(见表5-1-1),近三十年来,自1989年《关于发展特殊教育的若干意见》始,共有11个管理政策、1个专门的特殊教育教师政策(管理政策和教师政策多是以综合性的特殊教育政策呈现的)。从时间阶段看,80年代1个,90年代4个,新世纪第一个十年4个,第二个十年2个。可见,90年代和新世纪第一个十年是特殊教育管理政策和教师政策最多的时期,管理体制从"地方负责—分级管理"转向"综合公共治理",教师从三类残疾人教育师资转向多种类别残疾人教育师资的专业化发展。这反映了这两个阶段新问题、新矛盾的多发和整个社会快速变革的实际需要,表达了决策者在特定时期多样性、复杂性、多变性的政策调整,具有一定的合理性和政治经济资源上可行性,也反映了政府对管理和教师的重视。

在教育教学政策上,近三十年来,教育教学政策主要是形成于1984—1987年的三类特殊学校的教学计划,1993—1994年的三类学校课程计划,2007年的三类学校义务教育课程设置实验方案,基本上是每隔十年做一次更新变化,具有10年代际变化特征,以适应时代需要和新的理念。1993—1994年的三类学校课程计划以课程的理念替代了传统的教学计划,体现了以课程改革深化教学改革的努力。2007年三类学校课程设置实验方案以深化人本主义思想和全面深化课程改革替代了课程计划,体现了以课程设置改革解决教学与学生社会生活和实际需要不密切等矛盾。这虽然具有一定创新性,但是相对整个教育发展以及政策对象特别是目标群体的需要仍然具有"稳定有余而创新不足"的问题。

首先,课程改革政策和财政政策严重滞后。自90年代开始,国内基础教育课程改革改革此起彼伏,1999年《中共中央国务院关于深化教育改革全面推进素质教育的决定》和2001年《国务院关于基础教育改革与发展的决定》的颁布,2001年教育部印发了《基础教育课程改革纲要(试行)》,同年,出台了《义务教育课程设置实验方案》,并在2005年出台各科课程标准实验稿。然而特殊教育的课程与教学政策尽管在2001年国务院办公厅转发教育部等部门《关于"十五"期间进一步推进特殊教育改革和发展意见》提出了改革要求,但直到2007年才出台三类学校的课程实验方案,至今还没有课程标准。

在财政政策方面，我国残疾人教育实行的是财政性教育支出与财政收支增幅和GDP挂钩的法定政策方案。《义务教育法》一直是残疾人教育财政政策的基本框架，但是也存在创新不足、更新不快，不能适应时代和环境变化的问题。1986年《义务教育法》确立教育拨款的法定的"两个增长"原则后，到2006年《义务教育法》"国家将义务教育全面纳入财政保障范围"，整整20年间特殊教育财政政策更新变化一直很慢，特别是在90年代市场经济体制改革不断深化的情况下，特殊教育财政很难支持特殊学校的发展需要，致使许多学校出现了自办企业或出租校舍等创收行为，严重干扰了教育教学秩序及质量。

其次，应对国际特殊教育理念的政策变更迟缓。国际上全纳教育思想和实践已在20世纪中叶风靡全球。我国自20世纪90年代引入全纳教育理念以来，全纳教育的价值已被认同，并且同我国的随班就读实践结合起来，对深化我国的随班就读具有重要意义；同时各地随班就读质量不高、规模不大等现实问题也迫切需要结合全纳教育思想来解决和深化。然而，我国应对全纳教育理念和提升随班就读质量的政策创新不足、更新不快。上述指出的《关于开展残疾儿童少年随班就读工作的试行办法》1994年实行以来至今没有创新和变化就说明了这个问题。同时，其他综合性的特殊教育政策也没有做出相应具体安排。再者，1993—1994年的三类学校课程计划到2007年的三类学校课程设置实验方案，十多年间"纹丝不动"、"墨守成规"也反映了应对新理念创新变更的迟缓。

二、特殊教育政策体系结构失调

在这里，政策体系结构是从特殊教育总政策、基本政策和具体政策角度做的描述。这是考察宏观特殊教育政策结构体系是否完整、协调的重要内容，它反映国家对特殊教育规划发展安排的整体框架和思路，体现国家权力意志及教育权力结构特点和倾向。

（一）特殊教育具体政策与基本政策数量倒置，具体政策严重短缺

具体政策是对基本政策的分解和具体化，具有政策目标任务具体翔实、形式多样、针对性强、操作性和实效性强等特点，这也决定了它相对基本政策具有数量上"量大"的直观特点，因此从数量上考察是反映具体政策与基本政策关系的一个重要视角。

通过上述政策文本发现（见表5-1-2），近三十年来，在本研究确立的上述特殊教育政策内容分析范畴内，仅有5个(种)具体政策，即三类特殊学校的教学计划（1984—1987）、课程计划（1993—1994）和义务教育课程设置实验方案

(2007),共3个(种)专门性特殊教育课程与教学政策;《关于开展残疾儿童少年随班就读工作的试行办法》(1994)、《"十一五"期间中西部地区特殊教育学校建设规划(2008—2010年)》(2007)共2个综合性政策。而基本政策多达12个,即《关于发展特殊教育的若干意见》(1989)、《关于"十五"期间进一步推进特殊教育改革和发展的意见》(2001)、《关于进一步加快特殊教育事业发展意见》(2009)、《关于加强特殊教育教师队伍建设的意见》(2012)、《特殊教育提升计划(2014—2016年)》(2014),共5个;含有一级或二级特殊教育政策条目的综合性基本政策:《关于促进残疾人事业发展的意见》(2008)、《国家中长期教育改革和发展规划纲要(2010—2020年)》(2010)、5个"八五"—"十二五"《残疾人事业发展纲要》,共7个。在这里,具体政策和基本政策明显具有数量上的倒置结构,这反映了党和国家以基本政策形态,按照高位政治权威向残疾人分配社会价值的政策偏好,以及我国中央集权的教育权力结构特点及其政策路径依赖,这是与我国政体及社会结构性质相适应的,具有权威性和政治、社会、文化等方面资源支持的可行性。但是带来的问题也显而易见,其主要是:落空特殊教育基本政策的目标与价值,损害残疾人教育利益。

表5-1-2 近三十年特殊教育基本政策与具体政策数量统计

政策类型	数量
基本政策	共12个:专门性政策5个,一级或二级政策条目的综合性政策7个
具体政策	共5个:专门性政策3个,综合性政策2个

众所周知,特殊教育政策本身是特殊教育领域内一种协调信任、维护秩序、化解冲突、捍卫利益的工具,它以对残疾人等目标群体公共利益的实现为合法性基础,取信于群众;并建立基于政策基础的信任和秩序,为残疾人等目标群体的利益实现提供可预见的期望和确定性。特殊教育具体政策作为在特定时期、特定范围,为解决特定问题所规定的行动目标、任务和准则,无疑是落实基本政策、达成可预见的期望不可或缺的重要途径,失去特殊教育具体政策配套跟进,基本政策可能沦为泛泛而谈的空想,无法回应残疾人等目标群体的价值需要和利益,从而也影响了政府决策和执行的权威性。以《国家中长期教育改革和发展规划纲要(2010—2020年)》基本政策关于第十章"特殊教育"部分为例,除了已出台的部分政策外,还可制定的具体政策至少应有"全社会关心支持特殊教育行动计划"、"残疾儿童少年义务教育质量提升计划"、"扩大和完善随班就读的实施建议"、"加快发展残疾人高中阶段教育实施办法"、"残疾人高等教育发展规划"、"加快推进残疾儿童学前教育实施办法"、"特殊教育学

校基本办学标准"、"家庭经济困难残疾学生资助办法"等 8 个具体配套跟进政策(见表 5-1-3)。

表 5-1-3 根据《国家中长期教育改革和发展规划纲要(2010—2020 年)》还应出台的具体政策一览表

还应出台的具体政策	基本政策依据
全社会关心支持特殊教育行动计划	(二十八)关心和支持特殊教育。
残疾儿童少年义务教育质量提升计划	(二十八)提高残疾学生的综合素质。 (二十九)完善特殊教育体系。全面提高残疾儿童少年义务教育普及水平
扩大和完善随班就读的实施办法	(二十九)完善特殊教育体系。不断扩大随班就读和普通学校特教班规模。
加快发展残疾人高中阶段教育实施办法	(二十九)完善特殊教育体系。加快发展残疾人高中阶段教育。
残疾人高等教育发展规划	(二十九)完善特殊教育体系。重视发展残疾人高等教育。
加快推进残疾儿童学前教育实施办法	(二十九)完善特殊教育体系。因地制宜发展残疾儿童学前教育。
特殊教育学校基本办学标准	(三十)健全特殊教育保障机制。国家制定特殊教育学校基本办学标准。
家庭经济困难残疾学生资助办法	(三十)健全特殊教育保障机制。加大对家庭经济困难残疾学生的资助力度。

(二)特殊教育总政策规范分散,义务性规范和授权性规范失衡

我国特殊教育总政策主要体现在《宪法》、《教育法》、《残疾人保障法》、《义务教育法》、《残疾人教育条例》为主的法律法规之中,其中《残疾人教育条例》是总体性的专门的总政策。总政策从宪法、法律和行政法规三个层级对残疾人教育作出规范,具有一定的系统性,但是由于体系庞杂、规范分散以及规范性质结构等原因也带来诸多问题,影响政策效力,主要体现在:

一是,法律规范分散,缺少统帅作用的"特殊教育基本法"。特殊教育超越教育领域和单纯的家庭、学校而关涉社会各个方面,需要高位法律的权威规范来统整和保障。我国现行特殊教育法律虽然对特殊教育作了一些规定,但是存在许多缺陷,其中一个重要问题就是法律规范分散在不同文本。即主要分散在《义务教育法》、《教育法》、《残疾人保障法》中,而相对较集中全面的《残疾人教育条例》仅仅是国务院制定的行政法规,层级低、权威性不高,政策效力

不足,使我国特殊教育缺少全面系统、集中统一的最高法律规范。这不但使得基本政策依据较分散,无法获得完全一致性的解释和权威效力,而且也带来规范界定模糊等问题。如,对受教育对象的政策目标群体的界定,《宪法》规定"国家和社会帮助安排盲、聋、哑和其他有残疾的公民的劳动、生活和教育"(第四十五条)。《教育法》规定"中华人民共和国公民有受教育的权利和义务。公民不分民族、种族、性别、职业、财产状况、宗教信仰等,依法享有平等的受教育机会"。这完全确定了所有残疾人的接受教育的权利。但是一方面在《中华人民共和国残疾人保障法》中却仅仅界定了"视力残疾、听力残疾、言语残疾、肢体残疾、智力残疾、精神残疾、多重残疾和其他残疾的人"为接受特殊教育的政策目标群体范围。如果说这是对所有残疾人的界定,是一个概念问题;那么在《义务教育法》中规定"县级以上地方人民政府根据需要设置相应的实施特殊教育的学校(班),对视力残疾、听力语言残疾和智力残疾的适龄儿童、少年实施义务教育",这显然排除了三类残疾以外的其他残疾人的教育权益。特别是精神残疾、多重残疾等残疾人因为身心的"高度障碍",在许多地区如果连特殊教育学校(班)的教育都无法接受,通过普通学校随班就读或家庭等其他途径接受义务教育更是遥不可及;至于接受非义务教育更是不敢想象。可见,法律规范分散存在是造成"政出多门"、文本信息准确性不高、歧义多、效力低的重要原因之一。借鉴西方国家特别是美国《残疾人教育法》的成功经验,出台专门的"特殊教育基本法"是避免上述问题的必然选择。

二是,义务性规范和授权性规范失衡,强制性规范的义务主体偏颇。法律规范是具体应用的基本法律条文,它给人们提供了行为模式,让人们指导什么该做、什么不该做,以及当做出一种行为时在法律上会产生什么样的后果。根据法律规范的分类,一般包括义务性规范和授权性规范。授权性规范是授予人们"可以"("享有")做出某种行为,或者要求别人做出某种行为的法律规范,一般以"可以"为规范词。义务性规范是规定人们必须积极作出或不做出一定行为的法律规范,它包括命令性和禁止性规范,一般以"必须"、"应当"、"不得"为规范词。以这些规范词数量和频次为变量,基本可以为分析研究法律规范性质提供实证条件。下面以《残疾人教育条例》为例,通过检索统计上述规范词出现频次,来分析《残疾人教育条例》的法律规范性质、要求和效力。

据检索统计《残疾人教育条例》义务性规范和授权性规范词(见表5-1-4、表5-1-5),共有48条义务性行为规范,9条授权性行为规范。在义务性规范中"应当"规范远远多于"必须"规范。对不同法律主体而言,针对政府及其教育行政等部门和学校等教育机构及其教师的义务性规范最多,都是21条。同时据

表 5-1-4 显示,对政府及其教育行政等部门主体全部是"应当"规范词,学校等教育机构及其教师主体中"应当"规范词 18 个、强制性义务性规范词"必须"2 个、禁止性的义务性规范词 1 个。也就说《残疾人教育条例》中所有的强制性义务性规范词和禁止性的义务性规范词都出现在针对学校等教育机构及其教师主体方面。另外,对残联及其他社会组织单位"应当"义务性规范词 3 个,对家庭和学生的"应当"义务性规范词 3 个。授权性规范词分布在政府及其教育行政等部门 3 个,学校等教育机构及其教师 3 个,家庭和学生 2 个,残联及其他社会组织单位 0 个。

表 5-1-4 《残疾人教育条例》义务性规范和授权性规范词出现频次

法律规范	规范词	次　数	总　计
义务性规范	必须	2	48
	应当	45	
	不得	1	
授权性规范	可以	9	9

表 5-1-5 《残疾人教育条例》中义务性和授权性规范词在不同法律主体的分布

政府及其教育行政等部门				残联及其他社会组织单位				学校等教育机构及教师				家庭和学生			
必须	应当	不得	可以	必须	应当	不得	可以	必须	应当	不得	可以	必须	应当	不得	可以
0	21	0	3	0	3	0	0	2	18	1	4	0	3	0	2

上述规范词及其分布表明,《残疾人教育条例》体现了维持我国特殊教育存在和发展的实际需要,但是也反映出一定的倾向性和偏颇。(1)授权性法律规范偏少,制约地方政府和学校办学自主性,以及社会组织的参与。据表 5-1-4、表 5-1-5 进一步统计发现,《残疾人教育条例》中义务性和授权性规范词之比为 48∶9,义务性规范词占绝对多数的频次,且绝对多数是对政府及其教育行政等部门和学校等教育机构及其教师两个主体(这两者与残联及其他社会组织单位和家庭学校两个主体义务性规范词之比为 42∶6)。这表明了《残疾人教育条例》不注重对法律主体的授权,而是以绝对多数的义务性规范词重在突出对特殊教育的应然规范和保障功能,特别是对政府及其教育行政等部门和学校等教育机构及其教师义务主体的约束,这可能会给政府、学校等主体带来自主办学等决策空间的萎缩。同时,统计表明,为数不多的授权性法律规范分布主要在政府及其教育行政等部门主体、学校等教育机构及其教师主体以及家庭和学生主体

间,没有对残联及其他社会组织单位做出授权,这表明《残疾人教育条例》没有重视发挥社会组织在特殊教育中的作用。(2)对政府及其教育行政等部门义务主体的强制性规范严重不足。众所周知,"应当"和"必须"虽然都是法律的义务性规范,但是它们"所指"①的意义在程度、性质和法律后果等方面是不同的。根据汉语词典解释"应当"表达的是"理所当然"②,即"按照道理当如此",这意味着它是一种逻辑上的主观性的应然解释,是一种依据价值标准而做出的理论上的、引导性的、原则性的应然指向。这就隐含着另外一种假设,即虽然依据价值标准有"应为"的主观性及其行动,但是这个"应为"的尺度在客观条件制约下,可以做出降低、减少,甚至不为等变化,且这些变化是允许的、不受法律强制性约束的。也就说"应当"是一个有条件的义务性规范,在条件之外可有"例外"存在,也不承担法律后果。"必须"则是严格的、绝对强制性的义务性规范。根据汉语词典解释,"必须"表达的是"事理和情理上的必要",是一种"一定要"的命令。③ 它要求主体必须履行自己的责任或承担自己的法律义务,且只能这样行动,而不能那样行动。也就是说,在该法律关系的范围内,主体没有别的选择。主体在规定的限度内严格地受约束,否则会受到法律的惩罚。据统计,在《残疾人教育条例》中"应当"与"必须"、"不得"两个义务性规范词之比为45∶3,"应当"义务性规范词占绝对多数,且主要分布在政府及其教育行政等部门;而"必须"、"不得"义务性规范词在政府及其教育行政等部门分布为0。"必须"、"不得"3个强制性和禁止性的义务性规范词全部出现在对学校等教育机构及其教师的规范中。那么,根据"应当"和"必须"两个规范词所设定的法律义务在程度、性质和法律后果等方面的差异,《残疾人教育条例》所设定的义务规则实质上绝对多数是"按理如此"、主观性的、非强制性的应然逻辑设定,特别是对政府及其教育行政等部门没有做出强制性和禁止性的义务性规则,同时也没有对"应当"义务规范的条件做出充分表述,条件之外的"例外"失去法律规范制约,这意味着即使主体不作出或作出不到位也是允许的合理存在,且不必承担法律后果,不会受到法律约束和制裁。这为政府及其教育行政等部门不作为或不到位留足了空间,也使得《残疾人教育条例》变异为一份"残疾人教育的说明书"。譬如,现实中残疾人学前教育的缺少就是这种缺陷的最好注脚。相比对学校等教育机构及其教师作出的3条强制性规范而言,政府及其教育行政等部门强制性义务性规范的缺失,不但表明了政府及

---

① 索绪尔认为,任何语言符号是由"能指"和"所指"构成的,"能指"指语言的声音形象,"所指"指语言所反映的事物的概念等意义本身。
② 现代汉语大词典(第五版)[M].北京:商务印书馆,2005.1631.
③ 现代汉语大词典(第五版)[M].北京:商务印书馆,2005.74.

其教育行政等部门作为决策的重要参与者对自身履行义务的责任淡乏和轻视，还表明了对学校等教育机构及其教师等主体的一种推责心态。可见，增加对社会组织和学校的授权性规范，以及加强对政府及其教育行政等部门的强制性义务性规范，是《残疾人教育条例》修订的重要内容。

三、特殊教育政策上下层级间周延性不强

前面指出，特殊教育政策政策创议可能有着多源流政策创议，它不仅仅是基于问题源流的创议，而且还可能是基于上位政策源流的生成。特殊教育政策作为社会政策的一部分必然要以《宪法》、《教育法》、《残疾人保障法》、党的重大决策和重大社会政策为基础。下面，以特殊教育总政策三个层级政策中二级政策对一级政策、三级政策对二级政策的有关规范的周延性为例，来揭示不同层级政策规范之间的周延性问题。按照本研究确立的定量分析与定性分析相结合的综合性文本话语分析方法，通过对这些文本中主题词（句）的内容及其数量做定量分析，揭示这些文本之间的外部特征；并通过对文本中法律条文的话语性质内涵进行定性分析，揭示有关主体的权利和义务地位、性质等更深刻的"质"的内涵。在这里，主要选取上述法律中有关残疾人教育的条款，即《宪法》第三十三条第三款、第四十五条，《义务教育法》第六条第一款、第十一条、第十九条、第三十一条第三款、第四十三条，《教育法》第十条第三款、第三十八条，《残疾人保障法》第三章"教育"。根据本研究对残疾人学前教育和义务教育政策内容分析的立意，《残疾人教育条例》选取第二章"学前教育"、第三章"义务教育"、第六章"教师"、第七章"物质条件保障"。主题词（句）的选定以"义务主体"、"措施内容"和"法律相对人（单位）"三个要素来确定。话语性质主要从这三个要素的语义"所指"分析其意义内涵及其差异。

（一）《义务教育法》对《宪法》关于残疾人教育法律规范不周延

通过表5-1-6可以看出，政府是实施残疾人义务教育的绝对义务主体，其采取的措施内容占绝对多数，共达7条之多。通过表5-1-6和表5-1-7比较可以看出，在《义务教育法》对《宪法》关于残疾人教育法律规范的周延性方面主要存在以下两个问题。（1）义务主体不周延。《宪法》明确规定："中华人民共和国公民在年老、疾病或者丧失劳动能力的情况下，有从国家和社会获得物质帮助的权利"，"国家和社会帮助安排盲、聋、哑和其他有残疾的公民的劳动、生活和教育"。这指出了社会作为义务主体在提供义务中的作用；但是，《义务教育法》中没有对社会义务主体作出明确规定。（2）法律相对人不周延。《宪法》明确指出相对人是"盲、聋、哑和其他有残疾的公民"，而在《义务教育法》中仅仅强调了"视

力残疾、听力语言残疾和智力残疾的适龄儿童、少年",显然《宪法》和《义务教育法》中的相对人是两个不同的概念,其所指意义和范围明显不同。"盲、聋、哑和其他有残疾的公民"意味着以"盲、聋、哑公民"为显性的、重点的,同时以"和"将"其他有残疾的公民"也并列为适用对象,这明显大于"视力残疾、听力语言残疾和智力残疾的适龄儿童、少年"意义范畴。譬如多重残疾者、自闭症以及其他精神障碍者等就被排除在"视力残疾、听力语言残疾和智力残疾的适龄儿童、少年"之外。也就说,《义务教育法》存有窄化或截留《宪法》相对人语义的问题,带来了违宪的重大"症结"和"隐患"。

表 5-1-6 《宪法》中关于残疾人教育的主题词(句)统计

义务主体	措施内容	数量	相对人
国家(单一主体)	尊重和保障人权;发展为公民享受这些权利所需要的社会保险、社会救济和医疗卫生事业。	2	年老、疾病或者丧失劳动能力的(公民)
国家和社会(共同主体)	(给予)物质帮助;保障残废军人的生活;帮助安排盲、聋、哑和其他有残疾的公民的劳动、生活和教育。	3	年老、疾病或者丧失劳动能力的(公民);盲、聋、哑和其他有残疾的公民

表 5-1-7 《义务教育法》中关于残疾人教育的主题词(句)统计

义务主体	措施内容	数量	相对人/单位
国务院和县级以上地方人民政府	应当,保障,义务教育;应当,对视力残疾、听力语言残疾和智力残疾的适龄儿童、少年实施义务教育;特殊岗位补助津贴;学生人均公用经费基本标准,应当满足教育教学基本需要;(省级人民政府)制定不低于国家标准的学校学生人均公用经费标准,应当,高于普通学校学生人均公用经费标准。	6	视力残疾、听力语言残疾和智力残疾的适龄儿童、少年;特殊教育教师;特殊教育学校(班)
乡镇人民政府或县级人民政府教育行政部门	批准(延缓入学或者休学申请)。	1	学生
父母或监护人	应当,送其(子女)入学接受并完成义务教育;应当,提出申请(延缓入学或者休学申请)。	2	残疾的适龄儿童、少年

(续表)

义务主体	措施内容	数量	相对人/单位
特殊教育学校（班）	应当,具备适应残疾儿童、少年学习、康复、生活特点的场所和设施。	1	残疾的适龄儿童、少年
普通学校	应当,接收具有接受普通教育能力的残疾适龄儿童、少年随班就读,并为其学习、康复提供帮助。	1	残疾的适龄儿童、少年

表 5-1-8　《教育法》中关于残疾人教育的主题词（句）统计

义务主体	措施内容	数量	相对人
国家、社会、学校及其他教育机构（共同主体）	应当,根据残疾人身心特性和需要实施教育,并为其提供帮助和便利。	1	残疾人
国家（单一主体）	扶持和发展残疾人教育事业。	1	残疾人

（二）《残疾人保障法》对《宪法》和《义务教育法》、《教育法》有关残疾人教育法律规范不周延

通过表5-1-9可以看出,《残疾人保障法》义务主体多元,不但包含国家、各级人民政府、普通学校和特殊学校等教育机构,还涵盖了政府有关部门、残疾人所在单位和有关社会组织,且政府处于主导的义务主体地位,其采取的措施内容达8条。对学校义务主体的要求也是一个重点,共有9条措施。通过表5-1-9和表5-1-6、表5-1-7、表5-1-8比较可以看出,《残疾人保障法》对《宪法》和《义务教育法》、《教育法》有关残疾人教育法律规范的周延性主要存在两个问题。(1)政府、学校两个义务主体在措施内容上失调。通过表5-1-6、表5-1-7、表5-1-8可以看出,政府所采取的措施数量在《宪法》和《义务教育法》、《教育法》中都是绝对的多数,处于绝对主导和义务主体地位。在《残疾人保障法》中尽管义务主体多元,但是政府所采取的措施数量基本上与学校持平,都在8条左右,且在规范词上政府主体以5个"应当"的义务性规范词界定了自己的义务,普通学校则以2个"必须"1个"不得"的强制性规范词严格界定了义务行为。这就是说,政府无论在义务行为的数量上还是和严格程度的性质上都没有体现自己绝对、严格的主导和主体地位,可能为某些政府行为的不作为或不到位留足了空间;相反,学校特别是普通学校却承担了更多的义务。这有违《宪法》和《义务教育法》、《教育法》中政府义务主体的要求。(2)义务主体界定不明确,教育行政部门、卫生部门等严重"缺席",社会组织作用发挥不昌明。通过表5-1-6、表5-1-8可以看出,发挥社会参与在特殊教育中的作用是《宪法》和《教育

法》的明确要求,《残疾人保障法》虽然规定了"政府有关部门、残疾人所在单位和有关社会组织"义务主体及其所采取的 2 条措施,但是一方面在义务主体上没能清楚界定"是谁",而以"有关"失去了具体所指,特别是失去了对政府教育行政部门、卫生部门以及企业生产管理部门的具体界定;而教育行政部门的主管作用、卫生部门在鉴定等方面的专业支持作用、企业生产管理部门对残疾人用品生产的指导和规范、控制作用,等等,都是其他不可替代的。另一方面在措施上也没有清楚的界定各主体相应承担的责任和义务。这样,由于界定不清及可能带来逻辑上的科学性不足和表达上的准确性不到位,导致政策可行性严重不足。

表 5-1-9 《残疾人保障法》中关于残疾人教育的主题词(句)统计

义务主体	措施内容	数量	相对人/单位
政府、社会、学校	应当,解决(残疾儿童、少年)实际困难,帮助其完成义务教育。	1	残疾儿童、少年
国家(单一主体)	应当,保障,平等接受教育的权利;实行普及与提高相结合、以普及为重点的方针,保障义务教育,着重发展职业教育,积极开展学前教育,逐步发展高级中等以上教育;举办各级各类特殊教育师范院校、专业,在普通师范院校附设特殊教育班。	2	残疾人,学校
各级人民政府	应当,将残疾人教育作为国家教育事业的组成部分;提供免费教科书,给予寄宿生活费等费用补助;应当,按照国家有关规定给予资助;合理设置残疾人教育机构,并鼓励社会力量办学、捐资助学;(发放)特殊教育津贴。	5	义务生与贫困家庭生[①];非义务生与贫困家庭生;特殊教育教师和手语翻译
普通教育机构[②]	对具有接受普通教育能力的残疾人实施教育,提供便利和帮助;必须,招收能适应其学习生活的残疾儿童、少年入学;必须招收符合国家规定的录取要求的残疾考生入学,不得因其残疾而拒绝招收;应当接收能适应其生活的残疾幼儿。	4	残疾人;残疾儿童、少年;残疾幼儿

---

① 指接受义务教育的残疾学生、贫困残疾人家庭的学生。
② 指普通小学、初级中等学校、普通高级中等学校、中等职业学校和高等学校,普通幼儿教育机构。

(续表)

义务主体	措施内容	数量	相对人/单位
特殊教育机构①	实施学前教育；实施义务教育；实施高级中等以上文化教育、职业教育；应当具备适合残疾人学习、康复、生活特点的场所和设施。	4	残疾人；残疾儿童、少年
政府有关部门、残疾人所在单位和有关社会组织	应当，开展扫除文盲、职业培训、创业培训和其他成人教育；应当，组织和扶持盲文、手语的研究和应用，特殊教育教材的编写和出版，特殊教育教学用具及其他辅助用品的研制、生产和供应。	2	残疾人
普通师范院校	开设特殊教育课程或者讲授有关内容。	1	普通教师

（三）《残疾人教育条例》对《残疾人保障法》有关残疾人教育法律规范不周延

通过表5-1-10可以看出，《残疾人教育条例》的确是对上述法律的具体化，不但义务主体多元多样，而且措施数量也较多。《残疾人保障法》是《残疾人教育条例》制定的基本依据，通过表5-1-10和表5-1-9比较可以看出，《残疾人教育条例》对《残疾人保障法》有关残疾人教育法律规范的周延性主要存在三个问题。

第一，义务主体采取的措施不够周延和清楚、具体。首先，义务性规范用词及其意义上存在不周延问题。通过表5-1-9可以发现，《残疾人保障法》对普通学校明确指出，以2个"必须"和1个"不得"为强制性规范词严格限定了其义务行为，即"必须招收能适应其学习生活的残疾儿童、少年入学；普通高级中等学校、中等职业学校和高等学校，必须招收符合国家规定的录取要求的残疾考生入学，不得因其残疾而拒绝招收"；但是在《残疾人教育条例》中却以"应当"取代了"必须"和"不得"强制性规范词，即"普通学校应当按照国家有关规定招收能适应普通班学习的适龄残疾儿童、少年就读，并根据其学习、康复的特殊需要对其提供帮助。"这显然减低了对普通学校的强制规范要求，在表达的语义上明显不符合《残疾人保障法》规则，具有违法的致命缺陷。其次，学前教育措施空洞、不具体。尽管《残疾人教育条例》设置诸多残疾幼儿教育

---

① 指残疾幼儿教育机构、普通幼儿教育机构附设的残疾儿童班、特殊教育机构的学前班、残疾儿童福利机构、残疾儿童家庭、高级中等以上特殊教育机构、普通教育机构附设的特殊教育班和残疾人职业教育机构。

义务主体(特别是残疾幼儿学前教育机构),规定了"教育应当与保育、康复结合实施",以及"早期发现、早期康复和早期教育"要求,但是在相应的措施安排上却没有针对性的设计。众所周知,《残疾人教育条例》中提出的残疾幼儿学前教育机构,即"残疾幼儿教育机构、普通幼儿教育机构附设的残疾儿童班、特殊教育机构的学前班、残疾儿童福利机构、残疾儿童家庭,高级中等以上特殊教育机构、普通教育机构附设的特殊教育班和残疾人职业教育机构",这些机构具有很大的差异性,必然带来对残疾幼儿教育的设计的不同,而《残疾人教育条例》没能对它们做出针对性的具体设计,必然使得它们的作用发挥失去政策规范和保障,最终因空泛无力失去效力。

第二,义务主体及其措施内容存有不恰当、不准确、可行性差等问题。首先,"地方各级人民政府"的部分措施内容不周延。如"残疾人教育经费由各级人民政府负责筹措"等内容,就与《义务教育法》中"义务教育经费投入实行国务院和地方各级人民政府根据职责共同负担,省、自治区、直辖市人民政府负责统筹落实的体制"相冲突。其次,对特殊教育学校(班)和随班就读以外的其他残疾人教育形式缺少必要的规范。譬如,少数以"送教上门"或家长自主开展的"在家就读"教育就缺少相应规范。再次,缺少社会参与的政策措施和规范。譬如,《残疾人教育条例》尽管提出"国家鼓励社会力量举办残疾人教育机构或者捐资助学",但是没有把社会作为义务主体,设计其在办学、助学以及其他教育支持方面发挥作用的政策规范,存有对《宪法》和《教育法》、《残疾人保障法》关于社会主体及其措施内容周延性不强的问题。

第三,对相对人及其采取的措施与《残疾人保障法》不周延。《残疾人保障法》规定"接受义务教育的残疾学生、贫困残疾人家庭的学生"这两类相对人,各级人民政府对他们"提供免费教科书,并给予寄宿生活费等费用补助",同时还规定了"接受义务教育以外其他教育的残疾学生、贫困残疾人家庭的学生"两类相对人,各级人民政府对他们"按照国家有关规定给予资助。"这样从语义上看,能较全面详细地解决残疾学生学习的实际困难,具有很强的现实针对性和可行性。而《残疾人教育条例》作为对《残疾人保障法》的具体化却仅仅提出"对经济困难的残疾学生,应当酌情减免杂费和其他费用",这无论从相对人的界定还是所采取的措施上都失去了"具体化"要求,且还以"经济困难的残疾学生"和"应当酌情减免"使得规范变得空泛,失去具体"所指"意义。在这里,"经济困难的残疾学生"难以说明是"学生经济困难",还是其"家庭经济困难",且"经济困难"的标准是什么,怎样才是"经济困难",由谁来界定;什么条件下才能"应当酌情减免","应当"、"酌情"怎样界定,减免多少才是"酌情",

等等。

表 5-1-10 《残疾人教育条例》中"学前教育"和"义务教育"、"教师"、"物质条件保障"的主题词(句)统计

义务主体	措施内容	数量	相对人/单位
残疾儿童家庭/父母或者其他监护人	实施学前教育;应当注重,早期发现、早期康复和早期教育;应当依法使其子女或者被监护人接受义务教育。	2	残疾幼儿,子女
卫生保健机构、残疾幼儿的学前教育机构①	应当注重,早期发现、早期康复和早期教育;应当就残疾幼儿的早期发现、早期康复和早期教育提供咨询、指导。	2	残疾幼儿
国家	鼓励社会力量举办残疾人教育机构或者捐资助学。	1	社会
省级人民政府	应当,制定本行政区域内残疾人学校的建设标准、经费开支标准、教学仪器设备配备标准等;应当,举办特殊教育师范院校、专业,附设特殊教育师资班(部);应当,残疾人教育师资培训。	3	学校,教师
县级以上各级人民政府	监督、指导、检查义务教育工作;设立专项补助款;统筹规划、合理布局(残疾人教育机构的设置)。	5	教育机构
地方各级人民政府	应当,将残疾儿童、少年实行义务教育纳入当地义务教育发展规划并统筹安排实施;对因身体条件不能到学校就读的适龄残疾儿童、少年②,采取其他适当形式进行义务教育;对经济困难的残疾学生,应当酌情减免杂费和其他费用;应当,教师培养、培训工作,提高(教师)地位和待遇;负责筹措残疾人教育经费;义务教育的财政拨款和征收的教育费附加,应当有一定比例用于发展残疾儿童、少年义务教育;(残疾人特殊教育学校举办单位)应当为学校配备承担教学、康复等工作的教师。	7	残疾儿童、少年,不能到学校就读者,经济困难的残疾学生,教师
县级以上各级人民政府及其有关部门	应当,支持研究、生产残疾人教育专用仪器设备、教具、学具及其他辅助用品,扶持残疾人教育机构兴办和发展校办企业或者福利企业。	1	企业

---

① 指:残疾幼儿教育机构,普通幼儿教育机构,残疾儿童福利机构,残疾儿童康复机构,普通小学的学前班和残疾儿童、少年特殊教育学校的学前班。
② 以下简称"不能到校就读者"。

(续表)

义务主体	措施内容	数量	相对人/单位
国务院教育行政部门	制定,特殊教育学校(班)的课程计划和教学大纲;制定,残疾人教育教师资格证书;(会同有关部门)制定残疾人特殊教育学校教师编制标准;举办特殊教育师范院校、专业,附设特殊教育师资班(部);残疾人教育师资培训;	5	残疾儿童、少年,教师
省级以上人民政府教育行政部门	教材,审定。	1	教材编写者
县级人民政府教育行政部门/卫生行政部门	应当,组织开展,就学咨询,残疾状况,鉴定,对其接受教育的形式提出意见(县级卫生行政部门);加强随班就读教学工作的指导;残疾人教育师资培训。	4	残疾儿童、少年,教师
特殊教育学校(班)/残疾人教育机构	坚持思想教育、文化教育、劳动技能教育与身心补偿相结合;并根据学生残疾状况和补偿程度,实施分类教学,有条件的学校,实施个别教学;课程计划、教学大纲和教材,应当适合残疾儿童、少年的特点;在适当阶段对残疾学生进行劳动技能教育、职业教育和职业指导;应当适应残疾学生学习、康复和生活的特点。	5	残疾学生
普通学校	应当,招收能适应普通班学习的适龄残疾儿童、少年就读,并根据其学习、康复的特殊需要对其提供帮助;可以,设立专门辅导教室;可以,适用普通义务教育的课程计划、教学大纲和教材,可以,有适度弹性;为残疾学生入学后的学习、生活提供便利和条件。	3	残疾儿童、少年或残疾学生
普通师范院校	设置残疾人特殊教育必修课程或者选修课程。	1	师范生
教师	热爱残疾人教育事业,具有社会主义的人道主义精神,关心残疾学生,并掌握残疾人教育的专业知识和技能。	1	残疾学生

第二节 我国特殊教育政策对象存在的主要问题

通过梳理发现,我国特殊教育政策对象在目标群体上主要涉及残疾人和教师两大目标群体,在残疾人目标群体上经历了由两类残疾残疾人教育到三类残疾人教育,再到多类残疾残疾人教育的演变过程(关于教师目标群体对象在后面教师政策章节中揭示)。"三类残疾人"是主要的目标群体,其中,盲、聋哑人词频分别达45、43频次,弱智儿童教育起步较晚,80年代后的特殊教育政策文本中才开始出现,其词频达8次。另外"三类残疾人"外的其他残疾人也在80年代特别是2000年以来,逐渐成为特殊教育政策关注的目标群体,其词频达4次,且随着经济社会的转型加速和普通教育义务教育的加快,多类型和重度的"残疾人"目标群体逐渐作为一个政治符号和社会建设的民生概念出现。但是,根据前面确立的准确性、全面性、回应性等特殊教育政策内容分析标准,特殊教育政策对象还存在以下主要问题。

在这里需指出的是,政策对象的选择与分类按照既尊重原文本政策对象设定又有利于简化分类规整的原则,以话语语义为本,以词频统计数量为参考,尽可能保证政策对象语义相对独立。对于语义包含性关系复杂的话语,根据政策对象的语义包含关系,以语义差异的"断裂点"为标志排列对象,如"各级政府"和"地方各级政府",因前者含有"中央政府"这一"断裂点"而分别单独排列。在交叉重复的对象语义厘定上,根据语义及其词频重复度高低来确定,如"残疾儿童少年"、"残疾学生"、"残疾人"相对教育来说都以残疾学生这一语义而重复,同时这些也是高词频对象话语,具有规整为一类对象的可行性。对于新出现的对象,则按照"新词"优先原则,单独分类。对政策对象的分析以语义和词频为质性和量化研究的主要变量,即从特殊教育政策对象话语的主题词分析入手,通过质性和量化分析,来发现其主要政策信息,揭示其存在的问题。

一、特殊教育政策目标群体设定的缺陷

(一)残疾人目标群体对象边界不清

众所周知,残疾人是一个外延广泛的集合概念。它包含着差异显著的多种多样的人群。残疾人障碍类型不同、程度不同,必然带来学习生活方面的显著差异,这必然决定了特殊教育政策目标措施设计安排的明显差异,否则就会使得特殊教育政策的可行性和效力大打折扣。具体清晰的界定残疾人边界是特殊教育政策增强针对性、有效性,确实实现对目标群体利益调整的必要条件。反观我国残疾儿童少年义务教育取得伟大成就的原因,从政策对象来看,就在于优先清楚地确定了数量大、易鉴别、好操作的"三类残疾人"为具体义务教育政策目标群体对象,且分地区分类别的具体划定,使得各地在实施中能够快速、准确地贯彻执行。如《义务教育法》明确设定了"三类残疾"适龄儿童少年的政策目标群体,国务院办公厅转发《关于发展特殊教育的若干意见》以及《关于"十五"期间进一步推进特殊教育改革发展的意见》等对不同地区分"三类残疾"划定了普及率的指标要求。

通过图5-2-2、图5-2-4、图5-2-6、图5-2-8发现，自1956年《政务院关于改革学制的决定》以"生理上有缺陷的儿童、青年和成人"指称政策目标群体以来，不同时期的综合性特殊教育政策都存在着以"残疾人"集合概念泛指政策目标群体的现象，据本研究选择的政策文本统计发现，泛指的"残疾人"达248频次。然而，身心及其条件显著差异的所有"残疾人"教育问题不可能在一个政策设计中完全解决。一个国家的资源总是有限的，特殊教育技术、师资水平等也需要不断进步提高，特殊教育政策对残疾人目标群体对象总是有选择的。这是政策决策主体价值判断的必然结果。根据政策创议的机理，特殊教育政策目标群体对象来自于对"公共事实"问题的感知，也来自对社会政策与政治因素的价值判断。由于特殊教育政策目标群体对象的确立是客观事实与主观价值判断的产物，使得其总是面临事实与价值、利益与需求等多种矛盾的冲突。它既受特定时期资源条件等事实的限制，又来源于决策主体的价值需要。需要解决哪些残疾人的教育问题和能解决那些残疾人的教育问题，就是以这种事实与价值纠缠的关系影响着决策者，这是决策者对目标群体选择的主要矛盾。对这一矛盾的处理，决策者出于政治需要以及宏观决策的考量通常会选择一个较宽泛和模糊的集合概念来表达。如果说，在国家宏大的政策中"残疾人"概念使用尚具有一定的合理性，但在教育政策特别是在专门性的特殊教育政策中其带来的最大问题就是使得对象失去具体所指，导致政策目标、措施等因丧失针对性而失去有效性和可行性。譬如，残疾儿童学前教育尽管在1989年国务院办公厅转发《关于发展特殊教育的若干意见》就已提出，但是时至今日都没有根本突破，除了政策措施设计不具体外，还有一个重要原因就是对"残疾儿童"这一对象概念缺少清晰界定，没有像义务教育那样优先确定"三类残疾人"为政策目标群体，并分别提出具体目标要求。再譬如，新近颁布的《特殊教育提升计划（2014—2016）》要求"各地要将残疾儿童学前教育纳入当地学前教育发展规划"，"支持普通幼儿园创造条件接收残疾儿童。支持特殊教育学校和有条件的儿童福利机构增设附属幼儿园（学前教育部）。"但是由于"残疾儿童"是一个包含不同残疾类型和残疾程度儿童的集合概念，除了较易解决的轻中度"三类残疾儿童"外，还有其他更多类型的、不易鉴别、不易操作、教育难度较大的残疾儿童。显然，在短短的三年时限内，将后者列入学前教育规划，要求普通幼儿园接收，或要求特殊学校、儿童福利机构通过增设附属幼儿教育机构来解决是很不现实的。这样的政策对象设计，可能会带来政策执行不易操作、"无从下手",或者因为对象和目标设定空泛而流于空想,更可怕的是可能会因为政策无法落实或落实不到位而影响政策的"民心"信任基础。

(二)"残疾人"目标群体对象的语用意义前后不一致

从语用学看,话语理解离不开语义和语境。语用目的和语用环境是制约语用意义的两个主要因素。特殊教育政策作为一种文本,其上下文本身就构成了一种语境,对"残疾人"意义的理解一方面依赖于"残疾人"语义意义(即"能指"的字面意义),另一方面还要依赖于其在文本中的语用意义(即在使用中产生的意义)。通过上述整理发现,"残疾人"这一目标群体对象在不同特殊教育政策文本或同一特殊教育政策文本不同语境中所表达出来的具体语用意义存在不一致性现象。

譬如,据表5-2-2显示,《义务教育法》在第一章"总则"中设定了"残疾的适龄儿童、少年"的目标群体对象,要求"保障家庭经济困难的和残疾的适龄儿童、少年接受义务教育",然而在第三章"学校"部分却仅仅设计了"三类残疾"的教育安排,要求"县级以上地方人民政府根据需要设置相应的实施特殊教育的学校(班),对视力残疾、听力语言残疾和智力残疾的适龄儿童、少年实施义务教育。"在这里,"残疾的适龄儿童、少年"前后语义具体所指明显不同,后者明显缩减了前者的所指范围,语用意义和语义意义不吻合。也可以说,后者显然无法周延前者的语用意义。这样前者设定的目标群体对象仅仅具有一个形式意义的空壳,至少后者所指的"三类残疾"以外的其他残疾儿童少年的义务教育无法在语用意义上体现出来。又如,据表5-2-4显示,国务院办公厅转发《特殊教育提升计划(2014—2016)》中,设定了"残疾人"、"残疾学生"、"残疾孩子"、"残疾儿童少年"、"农村残疾儿童少年"、"福利机构孤残儿童"、"残疾儿童"7个泛指的目标群体对象;同时还确定了"视力、听力、智力残疾儿童少年"、"不能到校就读的重度残疾儿童少年"、"孤独症儿童少年"具体确指的目标群体对象,这是目前为止特殊教育政策对象最为丰富具体的政策文本。但是其中也存在对象语用意义前后不一致的现象。政策文本的"总体目标"中,提出"到2016年,全国基本普及残疾儿童少年义务教育,视力、听力、智力残疾儿童少年义务教育入学率达到90%以上,其他残疾人受教育机会明显增加"。在这里,"残疾儿童少年"显然是一个外延广泛的集合概念;但是在后面"组织领导"部分的"加强督导检查和评估验收"里,"残疾儿童少年入学率"这一指标则存有缩减语用意义的嫌疑。很可能仅指"视力、听力、智力残疾儿童少年",而难以将"不能到校就读的重度残疾儿童少年"、"孤独症儿童少年"这些目标群体的义务教育入学率纳入考评范围,至于"其他残疾人受教育机会明显增加"的指标设计更没法体现和评估。

(三) 对"三类残疾"外其他残疾人教育重视不足

特殊教育政策目标群体对象的词频数量是反映决策者对有关目标群体重视程度的重要变量。通过图5-2-1、图5-2-3、图5-2-5、图5-2-7可以看出,"视力、听力、智力残疾儿童少年","肢体残疾和有学习障碍、语言障碍、情绪障碍等少年儿童","重度肢体残疾、重度智力残疾、孤独症、脑瘫和多重残疾儿童少年","不能到校就读的重度残疾儿童少年"以及"孤独症儿童少年"是现有特殊教育政策文本中确指的特殊教育政策目标群体对象。其中,"视力、听力、智力残疾儿童少年"是特殊教育政策明确设定的数量最多的目标群体,其词频在所选择的政策文本中达96次,占确指的目标群体对象的绝对多数,而其他确指的目标人群仅有4次。这反映了我国特殊教育重"三类残疾"、轻其他残疾人的事实,表达了决策者对"三类残疾"占绝对多数和"三类残疾"教育较易解决的客观事实及其价值判断。尽管这也是基于资源条件的选择,但是在长达半个世纪里,缺少对其他残疾人教育的政策设计和实质安排显然是十分不公平的。且20世纪90年代以来,特别是《残疾人保障法》、《残疾人教育条例》明确将残疾人界定为"视力残疾、听力残疾、言语残疾、肢体残疾、智力残疾、精神残疾、多重残疾和其他残疾的人"。然而,据表5-2-3、表5-2-4显示,90年代以来20多年的特殊教育政策目标群体设计中,"三类残疾"外其他残疾人在所选政策文本中仅出现3次:一是国务院办公厅转发《关于进一步加快特殊教育事业发展意见》为贯彻落实《中共中央国务院关于促进残疾人事业发展的意见》提出"积极创造条件,以多种形式对重度肢体残疾、重度智力残疾、孤独症、脑瘫和多重残疾儿童少年等实施义务教育";二是国务院办公厅转发《特殊教育提升计划(2014—2016)》,提出"为确实不能到校就读的重度残疾儿童少年提供送教上门或远程教育等服务";另外,在"加强特殊教育基础能力建设"中,提出"鼓励有条件的地区试点建设孤独症儿童少年特殊教育学校(部)"。这从一个角度反映了特殊教育政策对"三类残疾"外其他残疾人的"漠视";同时,由于目标群体对《残疾人保障法》法定"残疾人"概念使用的不周延,也带来特殊教育政策在目标群体上存有违法(《残疾人保障法》)的重大问题。当前残疾人群内部的教育公平问题十分突出,其原因就蕴涵着特殊教育政策目标群体对象设计偏颇的问题根源,值得深入反思。

从特殊教育政策目标群体的学龄段分类看,残疾幼儿目标群体重视不足也是导致特殊教育受教育人群不公平和特殊教育体系不均衡发展的政策根源。通过上述图表发现,80年代前的特殊教育政策没有涉及残疾幼儿,自1989年《关于发展特殊教育的若干意见》涉及残疾幼儿始,至《特殊教育提升计划(2014—2016)》,残疾幼儿词频共达21次,特别是在《特殊教育提升计划(2014—2016)》中也仅出现3次。这从一方面说明对残疾幼儿学前教育的重视亟待进一步提高。

表 5-2-1 50—60年代特殊教育政策对象差异及其词频统计

主要政策文本	目标群体对象（含变式话语）	词频	执行对象/义务主体	词频
政务院关于改革学制的决定	A1:生理上有缺陷的儿童、青年和成人	1	A2:各级人民政府	1
关于盲童学校、聋哑学校经费问题的通知	B1:盲、聋哑学生 C1:盲童和聋哑儿童	1 1	B2:各省、市教育厅、局/各地教育行政部门 C2:各省(市) D2:救济部门 E2:学校	2 1 1 1
办好盲童学校、聋哑学校的几点指示	D1:盲、聋哑学生(12)/学生(2) E1:盲、聋哑儿童 F1:教师	14 11 9	F2:各地教育行政部门(7)/县(市)教育行政部门(1) G2:各级教育行政部门 H2:教育部/我部 I2:省(市)教育厅(局)	8 1 3 7

说明:( )内的数据为相应词频统计数据,下同

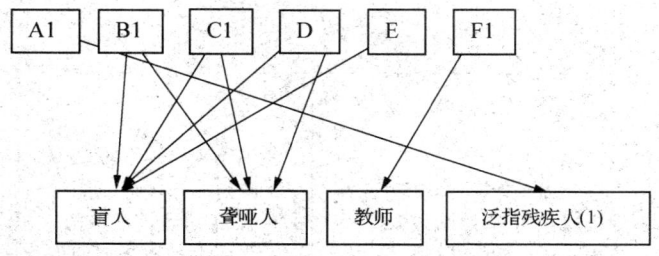

图 5-2-1 50—60年代特殊教育政策目标群体对象数据规整分类示意图
说明:( )内的数据为相应词频统计数据,下同。

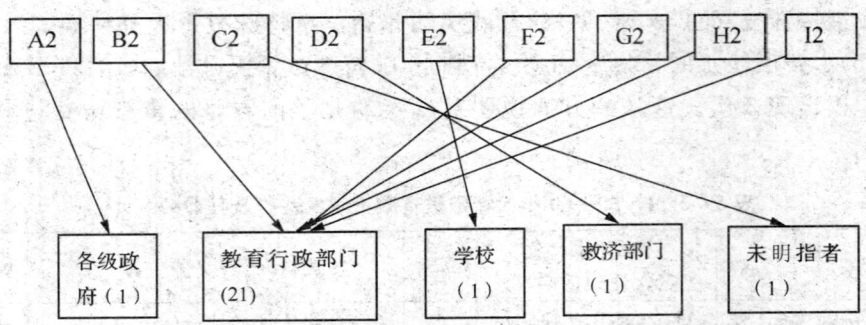

图 5-2-2 50—60年代特殊教育政策执行对象/义务主体数据规整分类示意图

表 5-2-2 80年代特殊教育政策对象差异及其词频统计

主要政策文本	目标群体对象（含变式话语）	词频	执行对象/义务主体（含变式话语）	词频
宪法	A1：盲、聋哑和其他有残疾公民	1	A2：国家和社会	1
中共中央关于教育体制改革的决定	B1：盲、聋、哑、残人和弱智儿童	1	B2：地方各级党委和政府①	1
义务教育法	C1：残疾的适龄儿童、少年/残疾儿童、少年/具有接受普通教育能力的残疾适龄儿童、少年 D1：视力残疾、听力语言残疾和智力残疾的适龄儿童、少年 E1：特殊教育教师	3 1 1	C2：国务院和县级以上地方人民政府 D2：省、自治区、直辖市人民政府/县级以上地方人民政府 E2：特殊教育学校/普通学校 F2：国务院财政部门 G2：国务院教育行政部门	1 2 2 1 1

---

① 根据文本上下文语义确定。

(续表)

主要政策文本	目标群体对象(含变式话语)	词频	执行对象/义务主体(含变式话语)	词频
国务院办公厅转发《关于发展特殊教育的若干意见》	F1:残疾少年儿童(义务教育段)	21	H2:各省、自治区、直辖市人民政府,国务院各部委、各直属机构(1)/各省、自治区、直辖市(1)/有条件的省、自治区、直辖市(2)/各省、自治区、直辖市及其所属地、市(1)/地方人民政府(1)/各级地方政府(1)/各地政府(1)/有条件的县、乡(镇)(1)	9
	G1:残疾儿童(幼儿)	5		
	H1:盲、聋学龄儿童/盲童、聋童/盲、聋等残疾学生	3		
	I1:盲、聋和弱智学龄儿童(1)/盲、聋和轻度弱智学龄儿童(2)	3		
	J1:盲童	5	I2:各地	20
	K1:聋童	3	J2:各级人民政府	1
	L1:弱智儿童	1	K2:国家教委(2)/国家教委有关机构(1)/各级教育部门(2)/教育行政部门(2)/各省、自治区、直辖市教育部门(1)/地、市、县教育部门(1)	11
	M1:残疾人(5)/残疾青少年(1)/残疾青年(3)/残疾学生(3)	11		
	N1:肢体残疾和有学习障碍、语言障碍、情绪障碍等少年儿童	1		
	O1:应届中师毕业生和普通中小学、儿童福利机构的在职教师/高中毕业生或民办教师	2	L2:国家教委、国家计委、民政部、财政部、人事部、劳动部、卫生部、中国残疾人联合会/财政部、国家教委、中国社会福利有奖募捐委员会和中国残疾人福利基金会	2
	P1:特教师资/在职特教师资	2	M2:民政、卫生、劳动、计划、财政和残疾人联合会等部门/计划部门/民政部门/劳动部门/卫生部门/财政部门/残疾人联合会/工会、共青团、妇联/省、自治区、直辖市的残疾人联合会	9
			N2:社会团体、工矿区、林区、垦区、集体经济组织、私营经济组织和个人/家庭/儿童福利机构和社区服务机构	4
			O2:高等院校、中等专业技术学校和技工学校(1)/各地普通中等师范学校、幼儿师范学校(1)/国家教委所属的特殊教育科研机构(1)/特教研究机构(2)	5
			P2:各级各类特教学校/残疾儿童福利机构/特殊教育学校、残疾儿童康复机构和普通幼儿园	3

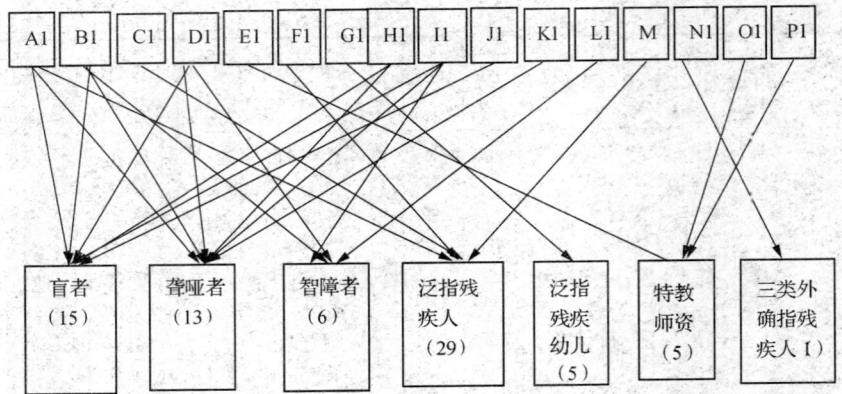

图 5-2-3 80 年代特殊教育政策目标群体对象数据规整分类示意图

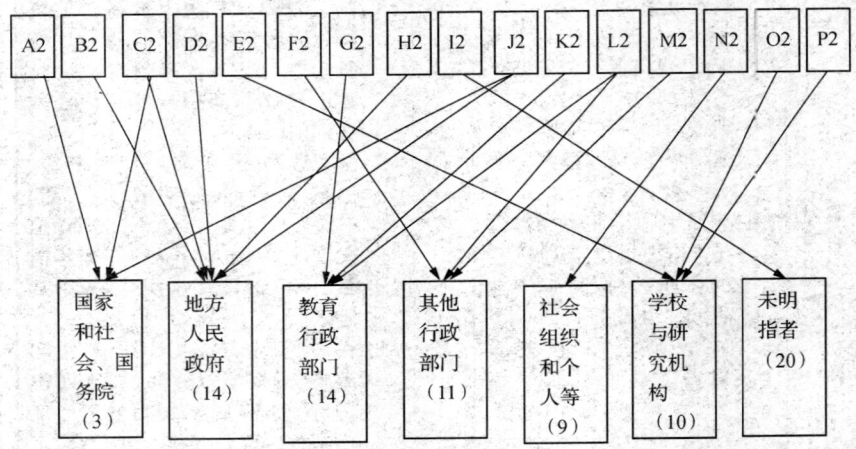

图 5-2-4 80 年代特殊教育政策执行对象/义务主体数据规整分类示意图①

（四）条件性残疾人的"条件"不明

对残疾人目标群体做出某种条件性的限制，是划定残疾人获得某种教育利益的一种资格裁定，也是特殊教育政策所调整利益而对特定群体承诺的一种表现。完整明晰具体的限制性条件要指明适用前提、适用对象以及限制性条件的内容。通过对目标群体在特定情况下附加限制性条件，剥离一些群体，保护一些群体，增强政策针对性和加强对特定群体调控，确保教育利益合理分配，这是十

---

① 说明：因为"残疾人联合会/工会、共青团、妇联"的官方性质较重，在此没有列为社会组织；另，出于对原文本尊重和总体分类需要的考虑，姑且把"中国社会福利有奖募捐委员会和中国残疾人福利基金会"放在"其他行政部门"之列。

分必要的。

通过上述图表发现,自90年代以来,特殊教育政策在教育利益分配调整中出现了有限制性条件的残疾人目标群体,《残疾人保障法》和《残疾人教育条例》中共有10个词频,《特殊教育提升计划(2014—2016)》也出现限制性条件的残疾人对象。譬如,"适应其(普通幼儿园)生活的残疾幼儿"、"接受义务教育的残疾学生、贫困残疾人家庭的学生"、"不能到校就读的重度残疾儿童少年"等,这些限制性条件是对残疾人目标群体的一种资格划分,也是对义务主体的义务设定。但是通过梳理发现,所有的限制性条件规定很简单,实践性不强,具体操作性不明确,直接影响政策执行。如《残疾人保障法》规定"普通小学、初级中等学校,必须招收能适应其学习生活的残疾儿童、少年入学","普通高级中等学校、中等职业学校和高等学校,必须招收符合国家规定的录取要求的残疾考生入学,不得因其残疾而拒绝招收","普通幼儿教育机构应当接收能适应其生活的残疾幼儿";《残疾人教育条例》规定"普通学校应当按照国家有关规定招收能适应普通班学习的适龄残疾儿童、少年就读,并根据其学习、康复的特殊需要对其提供帮助","普通职业教育学校必须招收符合国家规定的录取标准的残疾人入学,普通职业培训机构应当积极招收残疾人入学","普通高级中等学校、高等院校、成人教育机构必须招收符合国家规定的录取标准的残疾考生入学,不得因其残疾而拒绝招收"。在这里,"能适应其学习生活的残疾儿童、少年"、"符合国家规定的录取要求的残疾考生"等对象,能适应其(普通中小学)学习生活的条件是什么呢?符合的标准是什么呢?都没有做出明确具体的条件说明和界定。其后果就是造成了现实中许多普通学校拒绝残疾学生(考生)入学,或发现残疾学生(考生)有某种障碍后拒绝接收,且可以凭借"不能适应普通学校学习生活"、"不符合录取标准"的条件不必承担任何责任。这样,残疾人可以享有利益的这种资格和义务主体应当承担的义务设定都形同虚设。因此,对限制性条件进行说明和界定,提高现实操作性和指导性,是十分必要的。

反观我国特殊学校建设方面取得成就,可以提供有益借鉴。1989年国务院办公厅转发《关于发展特殊教育的若干意见》提出"国家教委要编制各类特教学校的校舍建筑面积定额及有关设计规范、通用教学设备和特殊教学设备的参考目录。"1994年《残疾人教育条例》规定"残疾人教育机构的建设,应当适应残疾学生学习、康复和生活的特点"。在这里,"特教学校的校舍建筑面积定额及有关设计规范"和"残疾人教育机构的建设标准"是什么呢?对这一条件的附加跟进,国家出台了《特殊教育学校建设标准(试行)》(1994)、《特殊教育学校建筑设计规范》(2012年修订);各类特教学校"通用教学设备和特殊教学设备的参考目录"

是什么呢？2010年教育部出台了《义务教育阶段盲校教学与医疗康复仪器设备配备标准》、《义务教育阶段聋校教学与医疗康复仪器设备配备标准》、《义务教育阶段培智学校教学与医疗康复仪器设备配备标准》。这样，确保了特殊学校建设和教学设备的配备。

表5-2-3　90年代特殊教育政策对象差异及其词频统计

主要政策文本	目标群体对象（含变式话语）	词频	执行对象/义务主体（含变式话语）	词频
中华人民共和国残疾人保障法（第二章）	A1:残疾人①	17	A2:国家	2
	B1:残疾幼儿	2	B2:各级人民政府(2)/县级以上人民政府(1)	3
	C1:适应其生活的残疾幼儿	1		
	D1:残疾儿童、少年	3	C2:政府、社会、学校	1
	E1:不具有接受普通教育能力的残疾儿童、少年	1	D2:普通教育机构/普通小学、初级中等学校/普通高级中学学校、中等职业学校和高等学校/普通幼儿教育机构/普通师范院校	5
	F1:接受义务教育的残疾学生、贫困残疾人家庭的学生/受义务教育以外其他教育的残疾学生、贫困残疾人家庭的学生	2		
	G1:具有接受普通教育能力的残疾人/适应其学习生活的残疾儿童、少年/符合国家规定的录取要求的残疾考生/符合条件的残疾人	4	E2:残疾幼儿教育机构、普通幼儿教育机构附设的残疾儿童班、特殊教育机构的学前班、残疾儿童福利机构、残疾儿童家庭/初级中等以下特殊教育机构和普通教育机构附设的特殊教育班/高级中等以上特殊教育机构、普通教育机构附设的特殊教育班和残疾人职业教育机构/提供特殊教育的机构	4
	H1:特殊教育教师和手语翻译	1		
			F2:政府有关部门、残疾人所在单位和有关社会组织/政府有关部门	2
残疾人教育条例（第一、二、三、六、七、八、九章）	I1:残疾人	51	G2:国家	2
	J1:残疾幼儿	7	H2:各级人民政府(4)/县级以上各级人民政府(4)	8
	K1:残疾儿童、少年	18		
	L1:经济困难的残疾学生	1	I2:地方各级人民政府(3)/县级以上地方各级人民政府(2)/省、自治区、直辖市人民政府(1)	6
	M1:能适应普通班学习的适龄残疾儿童、少年	1		

---

① 根据文本界定，是指视力残疾、听力残疾、言语残疾、肢体残疾、智力残疾、精神残疾、多重残疾和其他残疾的人。

(续表)

主要政策文本	目标群体对象(含变式话语)	词频	执行对象/义务主体(含变式话语)	词频
残疾人教育条例(第一、二、三、六、七、八、九章)	N1:从事残疾人教育的教师/残疾人教育教师/特殊教育学校教师/残疾人教育师资/从事残疾人教育的教师、职工	10	J2:国务院教育行政部门和省、自治区、直辖市人民政府	1
			K2:县级以上各级人民政府及其有关部门	1
	O1:教学、康复等工作的教师	1	L2:各级人民政府或者其教育行政部门	1
			M2:国务院教育行政部门/省级以上人民政府教育行政部门/县级以上地方各级人民政府教育行政部门	3
			N2:县级人民政府教育行政部门和卫生行政部门	1
			O2:中国残疾人联合会及其地方组织	1
			P2:幼儿教育机构、各级各类学校及其他教育机构(1)/残疾幼儿的学前教育机构①(1)/卫生保健机构、残疾幼儿的学前教育机构和家庭(2)/残疾人家庭/家庭/父母或者其他监护人(3)/残疾儿童、少年特殊教育学校(班)(4)/普通学校(2)/普通师范院校(1)	14

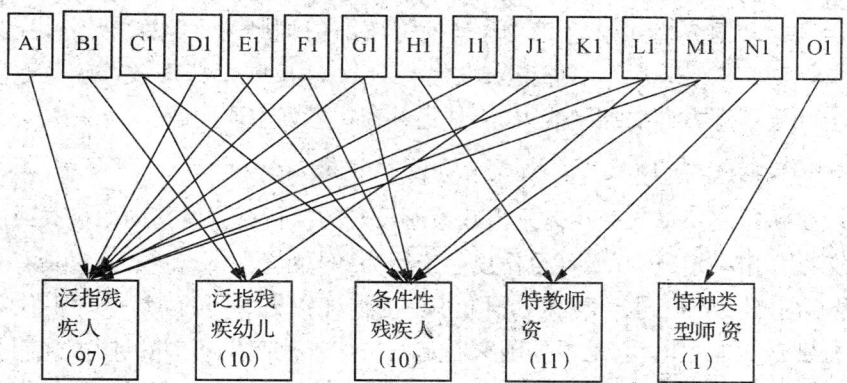

图5-2-5 90年代特殊教育政策目标群体对象数据规整分类示意图

① 指残疾幼儿教育机构;普通幼儿教育机构;残疾儿童福利机构;残疾儿童康复机构;普通小学的学前班和残疾儿童、少年特殊教育学校的学前班。

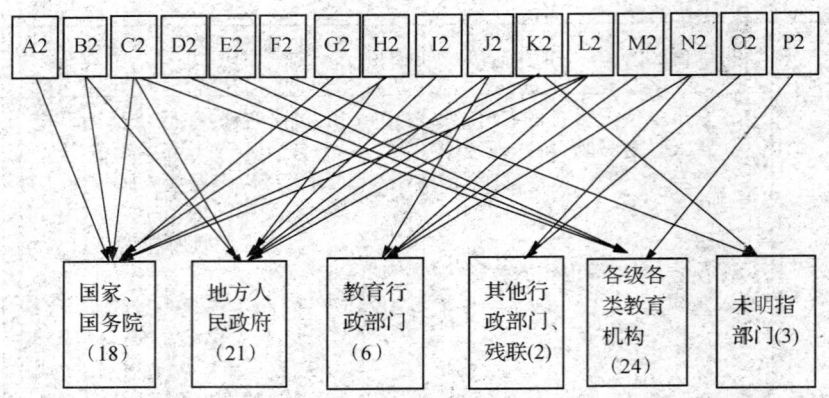

图 5-2-6　90 年代特殊教育政策执行对象/义务主体数据规整分类示意图

二、部分特殊教育政策执行对象或义务主体设定不明

通过上述图表进一步统计发现，特殊教育政策在政策执行对象或义务主体设定上实现了由以政府、教育行政部门、特殊学校为主体的政策对象发展到以政府、多行政部门、教育机构和社会组织、个人等多参与主体的演变过程。据统计，特殊教育政策执行对象和义务主体主要涉及各级人民政府、教育行政部门及其他行政部门、教育机构、社会组织等。各级人民政府是主要的政策执行对象和义务主体，在所选文本中词频达 69 频次（其中，地方各级人民政府词频达 41 次）。教育行政部门词频达 45 次，各级各类教育机构（含 4 个频次的研究机构）达 43 频次。国家和国务院词频达 28 次，其他行政部门词频达 24 次。另外，社会组织、个人等共 12 个频次。总体说来，这些多元主体反映了特殊教育政策在动员和整合社会资源方面的控制能力，但是仍然存在下列主要问题。

（一）"有关部门"执行对象或义务主体界定不清

政策执行对象或义务主体是由政策所设定的执行行为所指向的机关或政策规定必须作出一定行为（或不得作出一定行为）的单位、组织和个人，它具有义务性、强制性、约束性。也可以说，它既可以是一种权力，还可以是一种责任和义务。特别是义务主体，它是根据国家制定的法律规范产生的，并以国家强制力保障其履行的，要承担法律责任。根据公共选择理论，任何机构、单位、组织都具有理性经济人的特性，有着自己的利益追求和趋利避害的动机。特别是面对部门利益和价值的分割，常常会导致"分裂"而使得政策实质性内容被消解。因此，明确清晰的界定特殊教育政策执行对象和义务主体是确保政策有效执行和目标群体利益实现的必要前提。

通过上述图表统计发现,未确指的有关部门共43频次,其中以"各地"、"各省(市)"设定的有39频次,以"政府有关部门"、"国家有关部门"、"省级有关部门"设定的4频次。在这里,按照传统的理解,"各地"应该是"各地人民政府"的简称,亦可以是相对于国务院而言的省(市)人民政府特地称谓的简称。据特殊教育政策文本考察发现,它无论作为"省(市)人民政府"还是"各地人民政府"都存在语用意义与语义意义不相符合的现象,从而带来义务主体设定不明的问题。众所周知,"各地人民政府"是一个外延宽泛的集合概念,它包括省(市)、地市、县(市)、乡(镇)政府,而不同层级的各地人民政府承担的残疾人教育责任和义务是有差异的(特别是义务教育和高等教育方面)。从"各地"的语用环境看(即根据政策文本内容中的措施安排来看),有些时候其语用意义与语义意义十分不明确,很难对应执行对象或义务主体的措施安排。譬如,《特殊教育提升计划(2014—2016)》提出,"各地可根据实际对残疾学生提供交通费补助,纳入校车服务方案统筹解决";"各地要为送教教师和承担'医教结合'实验的相关医务人员提供工作和交通补贴"。在这里,"各地"是指哪一级政府呢,如果是专指省级政府,那就意味着省级政府承担着对残疾学生提供交通费补助和为送教教师、承担"医教结合"实验的相关医务人员提供工作和交通补贴的责任,这就等于省级政府承担了更多的财政责任,不甚符合以县为主的义务教育投入格局,即使省级统筹转移支付恐怕也与许多省级区域(特别是中西部地区)财政能力不相称。如果是指各级人民政府,那么意味着包含乡镇政府,增加了乡镇政府财政负担。鉴于我国随班就读残疾学生大多分布于乡镇、农村的实际和乡镇财政支付能力低的事实,这种政策安排值得担忧。如果对投入这类重要教育发展元素的政策义务主体设定失去准确界定,就可能面临推诿和流产的境地。

另外,还存在"教育部门"概念应用不准的问题。这突出在1989年《关于发展特殊教育的若干意见》中,文件使用"教育部门"达7次之多,带来概念所指不明、语义不准确的问题。众所周知,"教育部门"是个集合概念,既包括教育行政部门,也包括各级各类学校、教辅机构等;而它们的职责是不同的,不具体区分可能带来理解的歧义。例如,《关于发展特殊教育的若干意见》提出"各级教育部门要加强对特殊教育的领导和管理。"在这里,根据语境来理解,"教育部门"的语用意义应该是"教育行政部门",与其语义意义显然不同,教育行政以外的学校等教育部门不可能有特殊教育的领导和管理职能。

(二)"政府"在残疾人非义务教育中不到位或主体地位界定不明

我国残疾人教育具有以"义务教育"为主的鲜明特点。这固然有着国家整体政策设计的直接原因。但是残疾人其他阶段的教育亦是影响它们成长发展的重要环节。譬如,早期干预、早期康复对残疾儿童身心机能的提高、障碍程度的改变或改善,高等职业教育对残疾人就业、生活的保障,等等。这些教育对残疾人减少身心障碍不良影响、补偿身心缺陷,改善其家庭民生状况,满足国家人力资源需求等都具有重要的意义。

相对其他人群,残疾人群由于身心障碍和贫困以及其他社会弱势等原因,他们的教育利益获得主要依赖政府的公共供给。重视政府在残疾人教育中的职能,不仅是实现教育公平、促进社会和谐的政治任务,也是残疾人素质提高、民生改善的现实要求。从一定意义上说,社会弱势群体本身就是制度安排、权力分配特别是救济制度缺陷所致后果,①尤其是在当今社会竞争日益激烈的情况下,只有政府的干预和保护,才能防止他们进一步边缘化、弱势化;只有加大政府公共益品的提供,才能减少社会利益初次分配格局给他们带来的不利处境。国际残疾人教育表明,政府通过权利救济制度特别是差别对待的补偿公平的合理安排是解决残疾人教育的根本举措。政府在残疾人教育中具有绝对的责任主体地位。《教育法》第十条明确指出"国家扶持和发展残疾人教育事业"。2014年《特殊教育提升计划(2014—2016)》提出,"完善非义务教育阶段残疾学生资助政策,积极推进高中阶段残疾学生免费教育",就体现了强调政府在残疾人高中阶段教育中责任主体地位的政策取向。然而,据统计发现,我国特殊教育政策在残疾人非义务教育中对政府义务主体的设定尚不十分明确。通过学前教育义务主体词频统计发现,在所选政策文本中明确界定政府学前教育义务主体的词频为"0"。1989年《关于发展特殊教育的若干意见》首次涉及残疾儿童学前教育,提出"要在特殊教育学校、残疾儿童康复机构和普通幼儿园举办残疾儿童学前班",但是没有指明义务主体;2009年《关于进一步加快特殊教育事业发展意见》提出,"有条件的城市和农村地区要基本满足残疾儿童接受学前教育的需求。地方各级教育、民政、卫生部门和残联要相互协作,采取多种形式,在有条件地区积极举办0—3岁残疾儿童早期干预、早期教育和康复训练机构。鼓励社会力量举办学前特殊教育机构",同样也没有界定政府责任,而是设定为"地方各级教育、民政、卫生部门和残联"和"社会力量"。2014年《特殊教育提升计划(2014—2016)》提出,"各地要将残疾儿童学前教育纳入当地学

---

① 齐延平.社会弱势群体的权利与保护[M].山东人民出版社,2006:4.

前教育发展规划,列入国家学前教育重大项目。支持普通幼儿园创造条件接收残疾儿童。支持特殊教育学校和有条件的儿童福利机构增设附属幼儿园(学前教育部)",其中,以"各地"和"普通幼儿园"、"特殊教育学校和有条件的儿童福利机构"作为义务主体,显然缺少对政府主体的明确界定。其实,这些政策文本中的学前教育政策仅仅是依据《残疾人保障法》、《残疾人教育条例》相关内容做了重复强调,在政策的执行对象和义务主体及其政策措施安排上都没有实质性的具体设计。当前,我国残疾儿童学前教育的严重不足有着上述政策问题的深刻原因。随着我国经济社会的全面进步和残疾人教育需求的提升,加快政府对残疾人非义务教育的保障是一个亟待解决的重要现实问题。

表5-2-4 2000年以来特殊教育政策对象差异及其词频统计

主要政策文本	目标群体对象(含变式话语)	词频	执行对象/义务主体(含变式话语)	词频
国务院办公厅转发《关于进一步加快特殊教育事业发展意见》	A1:残疾人(22)/残疾学生(16)/残疾儿童少年(11)/儿童福利机构适龄残疾儿童少年(1)	48	A2:特殊教育学校(2)/特教学校(1)/残疾人中等职业学校(1)/高等特殊教育学院(专业)(1)/学前特殊教育机构(1)/各省、市(地)教育行政部门所属的教学研究部门和科学研究部门(1)	7
	B1:残疾儿童(幼儿)	3		
	C1:视力、听力、智力残疾儿童少年	1		
	D1:重度肢体残疾、重度智力残疾、孤独症、脑瘫和多重残疾儿童少年等	1	B2:各级人民政府	1
			C2:各地(10)/省级有关部门(1)	11
			D2:地方各级人民政府	2
	E1:残疾青壮年文盲(2)/社会成年残疾人(1)	3	E2:地方各级教育、民政、卫生部门和残联	1
	F1:特殊教育教师(7)/特教师资(2)/在职教师(1)/从事特殊教育工作的教师(1)/残疾人教育工作者(1)/特殊教育学校教职工(1)	13	F2:教育、发展改革、公安、民政、财政、人力资源社会保障、卫生、税务、残联等部门和社会团体/中央财政	2
			G2:个人、企业和民间组织	1
	G1:特殊教育或相关专业研究生(1)/优秀高校毕业生(1)/特殊教育科研骨干队伍(1)/专职或兼职特教教研人员(1)/骨干教师(1)/中青年骨干教师(1)/优秀教师(1)/	7	H2:残疾人教育机构、各有关部门和民间组织、残疾人所在单位	1
			I2:国家(2)/全社会(1)/社会各界(1)	4
	H1:残疾人职业教育专业课教师(1)/巡回指导教师(1)/随班就读教学与管理人员(1)	3		

(续表)

主要政策文本	目标群体对象(含变式话语)	词频	执行对象/义务主体(含变式话语)	词频
国务院办公厅转发《特殊教育提升计划(2014—2016)》	I1:残疾人(19)/残疾学生(20)/残疾孩子(1)/残疾儿童少年(12)/农村残疾儿童少年(1)/福利机构孤残儿童(1)	54	J2:国家 K2:各省(区、市) L2:各地 M2:县(市、区)教育行政部门/教育部门 N2:国家有关部门 O2:发展改革部门/各级财政/财政部门/民政部门/人力资源社会保障部门/卫生计生部门/残联/中央专项彩票公益金	1 2 6 2 18 8
	J1:视力、听力、智力残疾儿童少年	1		
	K1:残疾儿童(幼儿)	3		
	L1:不能到校就读的重度残疾儿童少年	1		
	M1:孤独症儿童少年	1		
	N1:特殊教育教师和康复专业人员/康复类专业人员/承担残疾学生随班就读教学和管理工作的教师/随班就读教师、送教上门指导教师和康复训练人员/送教教师和承担"医教结合"实验的相关医务人员/普通学校随班就读、资源指导、送教上门等特殊教育教师	6		
	O1:特殊教育教师(15)/教职工/校长、骨干教师	17		

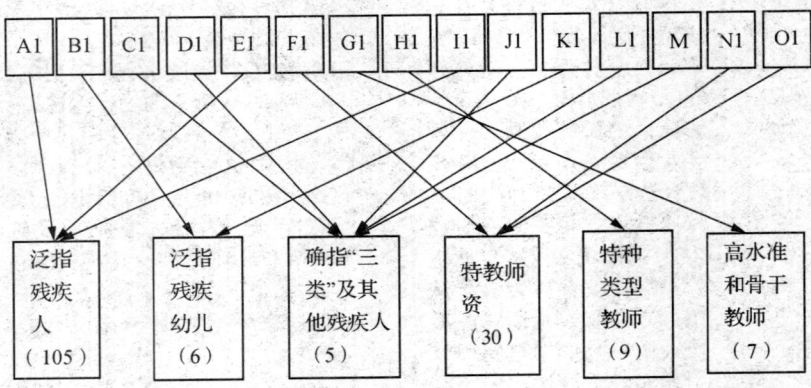

图5-2-7 2000年以来特殊教育政策目标群体对象数据规整分类示意

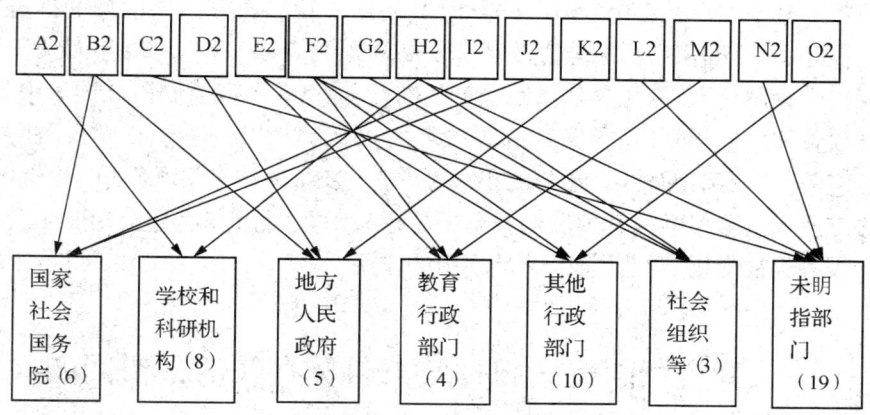

图 5-2-8 2000年以来特殊教育政策执行对象/义务主体数据规整分类示意图

（三）"社会组织、团体"等在特殊教育政策中的主体地位与职能界定不清

当前，公共治理是国际公共管理的发展潮流。鼓励社会组织、团体等参与特殊教育公共管理，充分发挥政府、社会等治理主体在公域之治中优势，建立多主体参与的、"自上而下"和"自下而上"相结合的平等合作关系，实现治理主体多元化、治理方式多样化、治理过程民主化。这对于改变政府单一主体管理的弊端，提高效率、效能，确保参与主体的每项权力受到监督，每项权利受到救济，从而确实保障残疾人弱势群体的教育利益具有重要的意义。我国《宪法》明确规定"国家和社会帮助安排盲、聋、哑和其他有残疾的公民的劳动、生活和教育。"

据上述图表显示，自80年代以来，我国特殊教育政策开始注重社会组织、团体、企业等在特殊教育政策中的作用。特别是国务院办公厅在1989年和2009年转发的两个专门性特殊教育政策文本中都涉及社会组织、团体。1989年国务院办公厅转发《关于发展特殊教育的若干意见》提出"在国家办学的同时，积极提倡鼓励社会团体、工矿区、林区、垦区、集体经济组织、私营经济组织和个人办学或捐资、捐物、出力助学。欢迎港澳同胞、海外侨胞和国际友好人士捐资助学。"2009年国务院办公厅转发《关于进一步加快特殊教育事业发展意见》提出政府要进一步明确"社会团体发展特殊教育的职能和责任"，"积极鼓励个人、企业和民间组织支持特殊教育"。但是，总体而言，社会组织、团体的义务主体设定频次不多，在所选择的政策文本中仅为12次；同时，对社会组织、团体义务设定的措施也过于空洞，缺少具体的安排。特别遗憾的是，在2014年的国务院办公厅转发《特殊教育提升计划（2014—2016）》中没有涉及社会组织、团体的主体设定。

这显然不利于发挥社会组织、团体等作用，制约了特殊教育公共治理的推进，也不能很好适切《国家中长期教育改革和发展规划纲要（2010—2020年）》关于"建设现代学校制度"、"深化办学体制改革"、"管理体制改革"的精神。《国家中长期教育改革和发展规划纲要（2010—2020年）》明确提出"构建政府、学校、社会之间新型关系"，"调动全社会参与的积极性，进一步激发教育活力"、"引导社区和有关专业人士参与学校管理和监督"；并要求"积极发挥行业协会、专业学会、基金会等各类社会组织在教育公共治理中的作用。"

第三节 我国特殊教育政策目标存在的主要问题

清晰、准确、科学、合理，且设计全面、对政策问题和政治诉求符合性（回应性）程度高的特殊教育政策目标是好特殊教育政策的一个重要标志，也是对前面确立的特殊教育政策内容分析标准的具体化。本节主要是在特殊教育政策目标主题的话语分析基础上，借鉴杨正联教授政策文本语句的有效性及其构成的系统性分析理论，一方面，对特殊教育政策目标话语构造及其陈述、性质和内涵等进行质性和量化分析；同时，对特殊教育政策目标相对于三个政策创议因素的符合性与关联性情况进行分析。在这里，选取50年代的《办好盲童学校、聋哑学校的几点指示》、80年代的《关于发展特殊教育的若干意见》、2009年的《关于进一步加快特殊教育事业发展意见》、2014年《特殊教育提升计划（2014—2016）》四个极具代表性主要特殊教育政策文本，来揭示我国特殊教育政策目标存在的问题。

需指出的是，由于不同时期政策文本表述风格、内容安排、陈述方式等的差异，对特殊教育政策目标主题词（句）的选定带来一定的困难；特别是90年代以前的特殊教育政策目标很多是"隐晦"的，没有像近来的特殊教育政策文本那样分标题和层级点明。但是，它们在政策话语上都具有以"最终目标"（即总体目标）-"中介目标"（即总体目标与操作目标之间的中间目标）-"操作目标"（即分解的政策措施行动目标）为结构而"以言行事"的共同结构特点。为此，笔者选取特殊教育政策文本中表述最终目标、中介目标、操作目标语句的主题词句作为分析的对象。

一、非义务教育的政策目标内容空泛

特殊教育作为教育的一个组成部分，包括各级各类教育，是一个由互相联系的教育机构、部门、组织以及教师、课程、制度等各种教育要素所构成的完整体

系。我国《教育法》明确指出"国家实行学前教育、初等教育、中等教育、高等教育的学校教育制度"。促进整个特殊教育的全面发展对保障残疾人的教育权利具有重要意义。特殊教育政策作为规范和引导特殊教育发展、调整教育利益分配的权威工具,其目标设定的系统全面性直接关系到特殊教育体系的健康发展。根据系统论的观点,特殊教育也是一个由相互联系的若干要素联结构成的有机整体。它整体功能依赖于各级各类教育的功能。特殊教育中义务教育等部分的优化并不必然导致系统整体的优化,但是部分的缺失或者过于虚弱则会造成系统整体的瘫痪。可见,特殊教育中各级各类教育不是孤立地存在着,而是在一定的位置上、以整体关联的形式构成了一个不可分割的整体。以系统完整性的观点看,当前特殊教育政策中(基础教育段)突出的问题是:重义务教育、轻非义务教育特别是学前教育。

表 5-3-1 《办好盲童学校、聋哑学校的几点指示》政策目标主题词(句)及其统计

政策创议源流	政策目标	目标条数
A1:盲、聋哑教育是国家整个教育事业的一个组成部分,随着社会主义建设的发展,必须有计划地发展起来;必须办好现有的盲童学校和聋哑学校 B1:盲童学校、聋哑学校基础薄弱;新的制度尚未建立;教学质量低;职业劳动训练没重视;学校少;设置不平衡	发展盲聋哑教育,办好盲童、聋哑学校 A2:盲童、聋哑学校基本任务、教学特点 B2:盲童学校学制改革 C2:盲童、聋哑儿童入学年龄规定 D2:盲童、聋哑学校班级学生名额规定 E2:盲童、聋哑学校人员编制规定 F2:盲童、聋哑学校教学改革 G2:盲童、聋哑学校教学设备添置与制定各项经费开支标准 H2:盲童、聋哑学校师资进修与配置 I2:盲童、聋哑学校分开设置 J2:听觉障碍儿童分类教学与聋儿学校、聋哑学校分开设置 K2:加强对盲童、聋哑学校领导	 1条3款 1条2款 1条 1条 1条5款 1条2款 1条 1条2款 1条 1条 1条2款

说明:A1代表政策创议的政治源流,B1代表政策创议的问题源流,C1代表政策创议的政策源流,下同。

通过图 5-3-1 至图 5-3-4 可以发现,我国特殊教育政策都十分关注义务教育政策目标的设定,特别是 1989 年《关于发展特殊教育的若干意见》、2009年《关于进一步加快特殊教育事业发展意见》、2014 年《特殊教育提升计划(2014—2016)》都详细规定了义务教育普及效率目标,且分地区、城市做了不同规定。它们涉及义务教育的目标至少 15 条 23 款,体现普及义务教育倾向的价值性目标至少 15 条 43 款;而涉及学前教育、中等职业教育(含高中)、高等教育、成人教育和扫盲等非义务教育的目标设定总共13条5款,其中对残疾儿童学前教育的政策目标仅仅3条。更重要的是在政策目标的内容设计上,非义务教育目标都十分空洞。

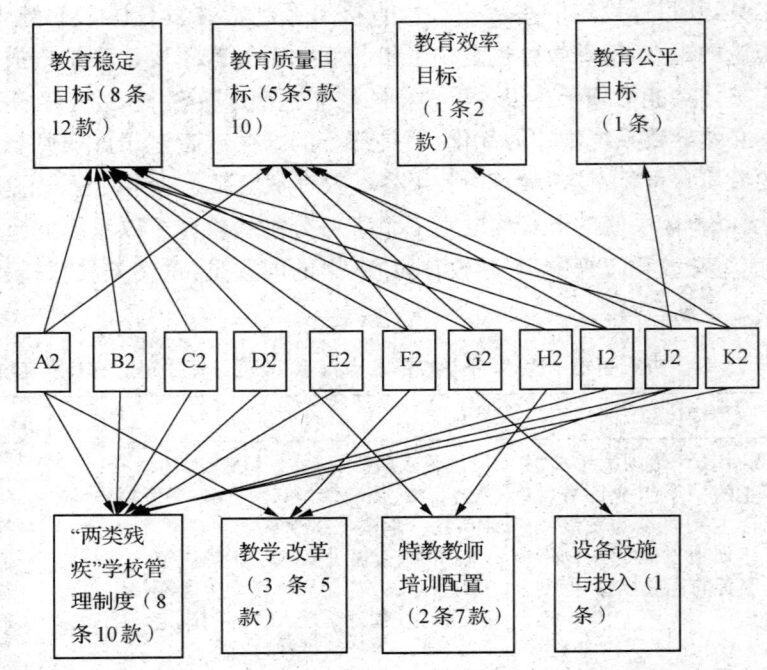

图5-3-1 《办好盲童学校、聋哑学校的几点指示》政策目标分类规整示意图

自1989年《关于发展特殊教育的若干意见》提出"发展特殊教育要贯彻普及与提高相结合,以普及为重点的原则。在当前和今后一个时期,发展特殊教育事业的基本方针是:着重抓好初等教育和职业技术教育,积极开展学前教育,逐步发展中等教育和高等教育。"1990年《残疾人保障法》又以法律形式重复表述为"残疾人教育,实行普及与提高相结合、以普及为重点的方针,保障义务教育,着重发展职业教育,积极开展学前教育,逐步发展高级中等以上教育。"此后,很多特殊教育政策关于非义务教育的政策目标设定(或称为"完善特殊教育体系"目标)大多是对这些规定的重复,并没有具体的目标设计,特别是缺少效率目标的具体规定。例如2009年《关于进一步加快特殊教育事业发展意见》分5个政策条目,提出"加快发展以职业教育为主的残疾人高中阶段教育"、"加快推进残疾人高等教育发展"、"因地制宜发展残疾儿童学前教育"、"大力开展面向成年残疾人的职业教育培训"、"采取多种措施,扫除残疾青壮年文盲"。在内容上,虽然做了语义上的拓展和目标限定词的

调整,但是并没有设定具体目标。譬如,职业教育方面,文件将职业教育与高中教育整合为"职业教育为主的残疾人高中阶段教育",并以"加快发展"目标限定词替换了"着重发展",从话语意义改变了单纯对语气分量强调①(即"着重")的态度性目标而转向对效率取向(即"加快")追求的效果性目标,但是遗憾的是分地区和学校设定时没有提出相应的具体目标。又如学前教育方面,文件以"因地制宜发展"限定词替换了"积极开展",从语义上改变了单纯以肯定和努力②(即"积极")为中心的态度性目标,而转向对不同地区不同办法妥善对待③(即"因地制宜")的策略性目标;但是同样也没有对具体目标及其措施作出规定。这样使得这些模糊的政策目标因失去具体标准和指标而降低了政策目标的实质性内容和水准,在执行过程中可能得不到实质性的对待和落实。

在这里,需进一步指出的是,2014 年《特殊教育提升计划(2014—2016)》作为三年实施计划政策,尽管首次单独以二级政策条目的形式鲜明地提出"积极发展非义务教育阶段特殊教育",但是仍然存在政策目标不具体的问题。如在残疾儿童学前教育方面,一是在中介目标中仍然是"积极发展残疾儿童学前教育"的设定,"积极发展"的目标限定词从语义上缩减了 2009 年《关于进一步加快特殊教育事业发展意见》和 2010 年《国家教育发展规划纲要》中"因地制宜发展残疾儿童学前教育"的语义意义。二是"支持普通幼儿园创造条件接收残疾儿童"和"支持特殊教育学校和有条件的儿童福利机构增设附属幼儿园(学前教育部)"的操作性目标过于空泛,缺少对"支持"的内容、程度、数量等具体目标规定。从语义看,"支持"是给予鼓励或赞助④,它可以是一种态度和认识上的意义,也可以是行动上的意义。"支持"一旦失去具体目标设定,其语用意义可能仅仅是一种鼓励的态度或认识,从而使得该操作性政策目标仅仅成为一种政策态度和认识,影响实际落实成效。在这里,具体化的政策目标即政策指标,是绩效评价标准的基本依据,是衡量政策目标的量和质的尺度,⑤它以较客观的、统计学的语言具体化的说明政策目标,政策指标所内含的鲜明效率取向和准确判断价值对促进政策目标取得实效并作出准确客观的绩效评价具有重要作用。其实,非义务教育发展变化的许多政策目标是完全可以用数量或指数来分解量化的,即使是质的目标也可以变式地转化为可测量的指标体系。

---

① 现代汉语大词典(第五版)[M].北京:商务印书馆,2005.1800
② 现代汉语大词典(第五版)[M].北京:商务印书馆,2005.630
③ 现代汉语大词典(第五版)[M].北京:商务印书馆,2005.1620
④ 现代汉语大词典(第五版)[M].北京:商务印书馆,2005.1743
⑤ 陈振明.公共政策学:政策分析的理论、方法和技术[M].北京:中国人民大学出版社,2004.129.

表5-3-2 《关于发展特殊教育的若干意见》政策目标主题词(句)及其统计

政策创议源流	政策目标	目标条数
A1:有关部门和社会各界的普遍关注 B1:残疾少年儿童教育已经成为普及初等教育最薄弱的环节;全国盲、聋学龄儿童入学率还不足6%	加快特殊教育的发展步伐,提高包括残疾人在内的全民族素质	
	A2:发展残疾人教育事业;保障残疾人受教育权利;社会主义人道主义精神;社会主义建设的参加者	1条2款
	B2:普及与提高相结合,以普及为重点;统一规划、领导、部署、检查	1条
	C2:贯彻执行德、智、体、美、劳全面发展的方针①	1条
	D2:地方负责,中央指导帮助,有关部门分工协作,社会各界积极支持	1条
	E2:多种渠道办学(1条)/多种形式办学,加快特殊教育事业的发展	2条7款
	F2:特殊教育的布局/学制和入学年龄	2条8款
	G2:完成或超额完成任务②分地区制定发展特殊教育的规划目标③	2条6款
	H2:举办残疾儿童学前班/积极开展残疾成人教育	2条
	I2:积极开展优生优育的宣传教育	1条
	J2:认真贯彻执行《中华人民共和国义务教育法》	1条2款
	K2:各部门共同做好特殊教育工作/各级教育部门加强领导和管理	2条8款
	L2:多渠道筹措办学经费和基建投资	1条6款
	M2:加强师资队伍建设/改善教职工的待遇,提高他们的社会地位	2条4款
	N2:制定各类特教学校(班)的公用费标准和人员编制比例	1条
	O2:特教教材/特殊教育的科学研究和教改实验	2条

---

① 思想品德教育、文化教育和身心缺陷补偿;劳动技能和职业技术教育;参与社会生活,适应社会需要。

② 今后五年,要采取多种措施,使盲童、聋童的入学率从现在的不足6%,分别提高到10%和15%,弱智儿童入学率要大幅度提高;发达地区的残疾儿童入学率应有更大的提高。

③ 大、中城市和经济、文化比较发达的沿海地区,以及经济、文化中等发达地区中经济条件较好的县(市)盲、聋和轻度弱智学龄儿童入学率达到70%以上,一般地区50%左右,不发达的地区积极创造条件。

第五章 我国特殊教育政策的主要问题与局限　　211

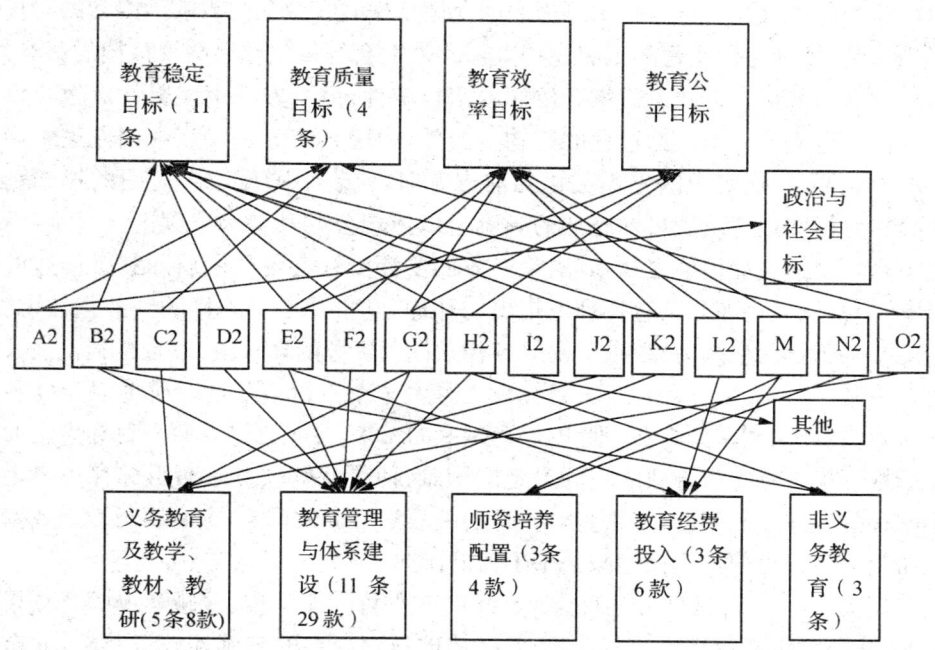

图5-3-2　1989年《关于发展特殊教育的若干意见》政策目标分类规整示意图

二、教育公平政策目标界定不具体

教育公平政策目标是决策者对特殊教育政策的价值赋予，而不是纯粹的客观产物。通常决策者对目标的确定并不是十分清晰的，现实中许多政策以较抽象的话语来陈述目标就反映了这种目标的模糊性。[①] 因为，政策目标设定是一种价值序的排列，优先排列的就是政策目标，价值判断就是政策目标排序的一个重要手段。而价值判断不仅取决于决策者对具体政策问题的认识，还要接受特定政治意志的影响，接受整个社会价值的"胁迫"。特殊教育政策目标设定就是这样一种综合的价值判断选择的结果，特殊教育政策要达到什么目标，不仅要取决于客观的政策问题、党和国家政治意志、决策者自身（含机构组织）的价值需要，也取决于身在其中的经济、传统与历史、不同人群和不同部门利益博弈等因素影响。这使得政策目标本身就是一种"弹性设定"。

通过上述表可以看出，我国上述不同时期的四个主要特殊教育政策文本都涉及政治创议因素（共4个），有3个政策目标涉及政策问题创议源流，2个政策

---

① 陈振明.公共政策学：政策分析的理论、方法和技术[M].北京：中国人民大学出版社，2004.116.

目标涉及政策源流。这从一个侧面表明我国特殊教育政策注重政治因素的对目标的影响；特别是深受每隔五年党的全国代表大会等重大政治会议精神的影响。这一方面给特殊教育政策带来高位的政治权威性，另一方面也使得特殊教育政策目标设定成为一个政治过程的产物。当然，中国共产党是代表中国先进生产力的发展要求，代表中国先进文化的前进方向，代表中国最广大人民的根本利益。党对特殊教育政策目标施加的影响是以体现公共利益为原则的。但是，党也不是一个抽象的价值之物，其决策一方面要深受社会各种矛盾和利益群体的影响，另一方面正如公共选择理论指出的那样，党也是一个理性的利益主体，其行动要基于社会生产力、政治需要等各种条件和资源的算计，且以自身利益最大化为原则。可见，特殊教育政策目标设定是一个个人价值与社会价值以及党和国家政治意志、利益交织在一起的综合判断的结果，也正是这种政策目标设定的复杂性带来了特殊教育政策目标界定的困难，使得特殊教育政策目标存有界定不明和价值冲突的问题，特别是对教育公平政策目标的设定，存有因与教育效率和质量等多重价值冲突而缩减公平价值的倾向。

据表5-3-1、图5-3-1显示，1957年《办好盲童学校、聋哑学校的几点指示》关注的是特殊教育稳定与发展、保障特殊教育存在的基础性政策目标，共有8条12款政策安排；而体现教育公平政策价值目标的仅有1条。即，"听觉障碍儿童分类教学与聋儿学校、聋哑学校分开设置"这1条操作性目标上突出体现了教育公平价值取向。也就是说，这时期教育公平价值目标不是重点，它的政策设计也很简单，仅仅是通过对听觉障碍儿童的分类教学以及聋儿学校、聋哑学校分开设置，以教学安排和学校设置的针对性体现对不同残疾人群的教育公平。这是一种单一向度和单一价值维度的政策安排。

1989年《关于发展特殊教育的若干意见》关注的主要是特殊教育稳定发展和教育效率价值目标，分别有11条25款和11条39款；而体现教育公平政策目标的有4条7款（见表5-3-2）。在这里，教育公平目标不是重点，但是体现教育公平的操作性价值目标却拓展为3个方面。即，一是通过多种渠道办学和多种形式办学，增加残疾儿童的受教育机会；二是通过不同的大、中城市和经济文化地区安排不同的义务教育普效率目标，来确保残疾儿童受教育机会；三是举办残疾儿童学前班和开展残疾成人教育，以及创造条件让"有学习障碍、语言障碍、情绪障碍等少年儿童"入学来体现对不同年龄阶段和不同残疾人群的教育公平。

2009年《关于进一步加快特殊教育事业发展意见》重在关注教育公平目标，共有11条3款，主要是通过"提高义务教育普及水平"（包括三类残疾外的其他残疾人），"发展非义务教育"，"全面实施残疾学生免费义务教育和贫困学生资助","加强特殊教育学校特别是中西部地区特殊教育学校建设","提高随班就读教育质量和深入开展特殊教育研究"等5个方面(见表5-3-3),体现出受教育机会增加的公平、受教育的残疾人群年龄和类型覆盖广的公平、教育投入和资助加大的公平、不同地区教育均衡发展的公平以及教育质量提高的公平5个残疾人教育公平操作性目标维度。

在这里,这些目标的设计正如前面指出的那样,存在着多重政策价值的纠缠和冲突。因为这些操作性政策目标不仅是教育公平的价值蕴涵,还是教育效率、教育质量等价值的蕴涵。历史证明,教育公平本身所具有的超理性的乌托邦特质,很可能在特定时期政治意志或经济条件等制约性下,因与教育效率目标和质量目标相矛盾或冲突,而被教育效率需求、教育质量需要所胁迫或挤兑,特别是在教育公平目标本身设定不具体、不清晰的情况下,更容易在执行过程中被落空或缩减。譬如,自1989年至今20多年来残疾儿童学前教育的严重短缺,情绪障碍、多重残疾等其他类型残疾儿童教育的严重匮乏,等等,就有力证明了这些教育公平目标在教育管理体制、经济等条件限制下,被义务教育普及效率、质量等多重价值目标挤兑的后果。反观义务教育取得的巨大成就,教育公平目标设计没有像义务教育效率目标那样清晰、具体是一个重要原因。杨东平教授指出,教育公平是一个独立的目标。[①]《国家中长期教育改革发展规划》把促进公平作为国家基本教育政策,并明确指出教育公平的"根本措施是合理配置教育资源"。这一方面把教育公平作为了教育政策的基本价值,另一方面在具体操作上提出了合理配置教育资源的"分配正义"。可见,教育公平应该成为特殊教育政策独立、清晰、具体、可行的政策目标。加强和改进对教育公平政策目标的设计是今后特殊教育目标政策改革完善的一个重要任务。遗憾的是,2014年《特殊教育提升计划(2014—2016)》,尽管通过"全面推进全纳教育,使每一个残疾孩子都能接受合适的教育"的价值理念,和确立"视力、听力、智力残疾儿童少年义务教育入学率达到90%以上,其他残疾人受教育机会明显增加"的效率目标,以及"扩大残疾儿童少年义务教育规模"、"积极发展非义务教育阶段特殊教育"、"加大特殊教育经费投入力度"、"加强特殊教育基础能力建设",特别是"建设孤独症儿童少年特殊教育学校(部)"、"组织开展送教上门"、"开展'医教结合'实验"等新的操作性目标,进一步拓展了残疾人教育公平的操作性目标维度(见表5-3-4),但是仍旧没有对教育公平目标具体化为统计学语言的政策指标。在政策执行中,这极易因与义务教育效率和质量的价值冲突或其他矛盾而造成"流产"或不

[①] 杨东平.教育公平是一个独立的发展目标——辨析教育的公平与效率[J].教育研究,2004,(7).

到位的险境。其实，在我国已有许多可供借鉴的东西，譬如《全面建设小康社会评估指标体系》中的基本指标设计等，可以为设计特殊教育公平基本指标提供方法的参考借鉴。

表5-3-3 《关于进一步加快特殊教育事业发展意见》政策目标主题词（句）及其统计

政策创议源流	政策目标	目标条数
A1：贯彻党的十七大精神，全面落实科学发展观，促进和谐社会建设 C1：认真贯彻落实《中共中央国务院关于促进残疾人事业发展的意见》精神，进一步加快我国特殊教育事业发展	进一步加快我国特殊教育事业发展 全面提高义务教育普及水平，不断完善教育体系： A2：继续提高义务教育普及水平（分地区、类别①） B2：加快发展以职业教育为主的残疾人高中阶段教育/加快推进残疾人高等教育发展/大力开展面向成年残疾人的职业教育培训/采取多种措施，扫除残疾青壮年文盲/因地制宜发展残疾儿童学前教育 完善特殊教育经费保障机制，提高特殊教育保障水平经费保障： C2：全面实施残疾学生免费义务教育 D2：加强特殊教育学校建设/做好中等教育和高等教育阶段残疾学生资助工作/加大投入，确保特殊教育学校（院）正常运转 加强特殊教育的针对性，提高残疾学生的综合素质残疾学生的综合素质： E2：根据残疾学生的身心特点和特殊需求，加强教育的针对性/全面推进随班就读工作，不断提高教育质量 F2：大力加强职业教育，促进残疾人就业 G2：加快特殊教育信息化进程/深入开展特殊教育研究	1 5 1 3条3款 2条2款 1 2

---

① 城市和经济发达地区，适龄视力、听力、智力残疾儿童少年（以下简称三类残疾儿童少年）入学率要基本达到当地普通儿童少年水平；已经"普九"的中西部农村地区，其三类残疾儿童少年入学率要逐年提高；未"普九"地区要将残疾儿童少年义务教育作为普及九年义务教育的重要内容，三类残疾儿童少年入学率达到70%左右。积极创造条件，以多种形式对重度肢体残疾、重度智力残疾、孤独症、脑瘫和多重残疾儿童少年等实施义务教育，保障儿童福利机构适龄残疾儿童少年接受义务教育。

（续表）

政策创议源流	政策目标	目标条数
	加强特殊教育师资队伍建设,提高教师专业化水平： H2:加强特殊教育教师培养培训工作/配齐配足教师,确保特殊教育学校正常教学和管理工作/要切实采取措施落实特殊教育教师待遇	3款
	强化政府职能,全社会共同推进特殊教育事业发展： I2:强化政府发展特殊教育的责任/全社会共同关心支持特殊教育事业	2条

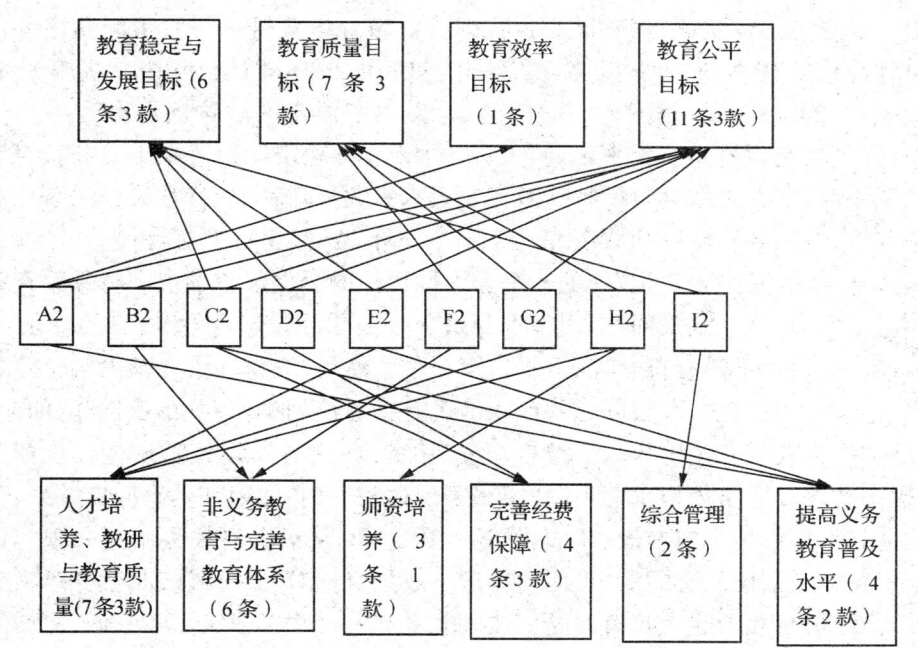

图5-3-3 《关于进一步加快特殊教育事业发展意见》政策目标分类规整示意图

三、特殊教育政策目标"符合性"不足

通过上述图表发现,我国特殊教育政策有着政治因素、问题和政策因素三个政策创议源流。其中,政策目标对政治因素创议源流的回应,是通过特殊教育政策之于特殊教育的内在价值（主要是对残疾人素质培养规格的内在价值）反映出来的。这体现了特殊教育政策以内在价值为主并通过内在价值反映特殊教育政

策的政治和社会等外在价值。本研究主要以内在价值为主检视特殊教育政策目标对政策问题的回应程度。众所周知,对政策问题的回应程度高低直接关系到政策目标的全面性、合理性。政策目标作为对政策问题"实是"的一种价值判断和选择,按照杨正联教授的观点就是政策文本的"评价"语句。衡量"评价"语句的基本标准就是对政策问题"实是"的"符合性"程度。根据本文确立的内容分析标准即属于回应性的范畴。之所以强调这种"符合",其意义就在于,通过政策问题与政策目标在客观事实与主观价值判断之间连接的变数,反映它们之间的互动关系及其情况;同时,通过政策目标对政策问题的"符合"而检视政策自身合法性地位,反映社会成员的价值观念和认识态度、支持认同情况,审视政策话语的社会构建功能。

  根据"符合性"评判分析标准,我国特殊教育政策目标与政策问题之间的符合性程度还需进一步提高,这突出表现在 2014 年《特殊教育提升计划(2014—2016)》中。据图 5-3-5 显示,文本中界定的政策问题共有 6 个方面,即,"特殊教育整体水平不高,发展不平衡,农村残疾儿童少年义务教育普及率不高,非义务教育阶段特殊教育发展水平偏低,特殊教育学校办学条件有待改善,特殊教育教师和康复专业人员数量不足、专业水平有待提高"。通过对文本设定的"主要措施"中的 6 个操作性目标的分类规整发现,"特殊教育整体水平不高"这一政策问题,由于本身是一个抽象的设定,因此所有的 6 条 20 款操作性目标都具有符合性关系,占第一位。然而"农村残疾儿童少年义务教育普及率不高"这一政策问题却严重缺乏有针对性的操作性政策目标的回应,仅仅"扩大残疾儿童少年义务教育规模"中的"扩大普通学校随班就读规模"、"提高特殊教育学校招生能力"、"组织开展送教上门"能勉强具有回应关系;且这些操作性目标中根本没有"农村"这一限定词,从语义看失去了这一限定词也就丧失了话语意义的所指,而使得这一政策目标对"农村残疾儿童少年义务教育普及率不高"这一政策问题解决而言就是一个"空心"话语,一个"神话故事"。从杨正联教授的符合性理论看,一方面,由于"农村残疾儿童少年义务教育普及率不高"这一政策问题与"扩大残疾儿童少年义务教育规模"这一政策目标之间话语工具连接的意义不强,必然带来政策文本理解和执行中诸多不可知的变数。另一方面,"扩大残疾儿童少年义务教育规模"这一政策目标也难以为解决"农村残疾儿童少年义务教育普及率不高"这一政策问题提供"符合化"的引导,并难以得到执行者和目标群体的维护和认同,丧失了"以言行事"和"社会建构"的功能,而失去这些认同和支持的基础,"农村残疾儿童少年义务教育普及率不高"这一政策问题解决只能是"水中月"、"镜中花"。另外,对"非义务教育阶段特殊教育发展水平偏低"这一政策问题的操作性目标设定,尽管设计了"积极发展非义务教育阶段特殊教育"1条4款的操作性目标,但是也明显存在符合程度不高的问题。

另外,2009年《关于进一步加快特殊教育事业发展意见》中关于残疾人教育培养的目标设定也存有不能很好地符合"落实科学发展观"、"促进和谐社会建设"的政治创议问题。文件在"加强特殊教育的针对性,提高残疾学生的综合素质"的中介目标里,对涉及义务教育残疾学生的操作性培养目标设计了2条2款。一是"根据残疾学生的身心特点和特殊需求,加强教育的针对性",二是"提高残疾学生信息素养和运用信息技术的能力"。前者的具体要求是:"注重学生的潜能开发和缺陷补偿,培养残疾学生乐观面对人生,全面融入社会的意识和自尊、自信、自立、自强精神。加强残疾学生的法制教育、心理健康教育和安全教育。在课程改革中,要充分考虑残疾学生特点,注重提高其生活自理、与人交往、融入社会、劳动和就业等能力的培养。"在这里,一方面,从符合性标准看,这一质量目标与"落实科学发展观"、"促进和谐社会建设"的政治创议存有一定的内容空缺。众所周知,促进和谐社会建设关键是人的因素。培养高素质的公民是构建和谐社会的主体。对残疾人而言,高素质不仅体现在正确对待自身残疾和生活自理、劳动就业的能力、运用信息技术的能力,以及与他人交往和融入社会的正确意识。根据当前党的重大政策精神(特别是十八大提出的"生态文明建设"),还体现在与自然的和谐相处方面,正确对待自然的生态文明素质亦应是残疾人教育的质量目标内容。另一方面,从目标构成的全面性看,《关于进一步加快特殊教育事业发展意见》的目标设定明显是一个特殊性目标要求,即使立足"根据残疾学生的身心特点和特殊需求,加强教育的针对性",也明显缺少对残疾人作为正常社会成员的人所需要的全面素质的设定,这显然有失偏颇,所谓"提高残疾学生的综合素质"也就流于空谈。根据《义务教育法》,"综合素质"培养除上述外,还应包括残疾人体质、文化素质等方面。因此,根据时代需要和法定目标要求及时调整特殊教育人才培养的总体目标应当成为今后政策设计的一个关注点。

表 5-3-4 《特殊教育提升计划(2014—2016)》政策目标主题词(句)及其统计

政策创议源流	政策目标	目标条数
A1:贯彻落实党的十八大和十八届二中、三中全会精神;推进教育公平、实现教育现代化;以人为本理念、弘扬人道主义精神;保障和改善民生、构建社会主义和谐社会 B1:特殊教育整体水平不高,发展不平衡;农村残疾儿童少年义务教育普及率不高,非义务教育阶段特殊教育发展水平偏低,特殊教育学校办学条件有待改善,特殊教育教师和康复专业人员数量不足、专业水平有待提高 C1:深入实施《国家中长期教育改革和发展规划纲要(2010—2020年)》	加快推进特殊教育发展,大力提升特殊教育水平,切实保障残疾人受教育权利	
	A2:全面推进全纳教育,使每一个残疾孩子都能接受合适的教育。	1
	B2:初步建立布局合理、学段衔接、普职融通、医教结合的特殊教育体系,办学条件和教育质量进一步提升。	1
	C2:建立财政为主、社会支持、全面覆盖、通畅便利的特殊教育服务保障机制,基本形成政府主导、部门协同、各方参与的特殊教育工作格局。	1
	D2:到2016年,全国基本普及残疾儿童少年义务教育,视力、听力、智力残疾儿童少年义务教育入学率达到90%以上,其他残疾人受教育机会明显增加。	1
	E2:提高普及水平:逐一安排安排义务教育/积极发展非义务教育	1条2个
	F2:加强条件保障:提高生均公用经费标准/建立健全学生资助/改善办学条件	1条3个
	G2:提升教育教学质量:制定三类学校课程标准/健全教材体系/提高教师专业化水平/建立教育质量监测评价体系	1条4个
	H2:扩大残疾儿童少年义务教育规模:扩大普通学校随班就读规模/提高特殊教育学校招生能力/组织开展送教上门	1条3款
	I2:积极发展非义务教育阶段特殊教育:学前教育/高中阶段教育/普通高中和中等职业学校要积极招收残疾学生/高等教育。	1条4款
	J2:加大特殊教育经费投入力度:切实保障特殊教育学校正常运转/进一步提高残疾学生资助水平/各级财政支持的残疾人康复项目优先资助残疾儿童	1条3款
	K2:加强特殊教育基础能力建设:继续实施特殊教育学校建设项目/继续实施改善特殊教育办学条件项目	1条2款
	L2:加强特殊教育教师队伍建设:完善教师管理制度/提高教师专业水平	1条2款
	M2:深化特殊教育课程教学改革:健全课程教材体系/改革教育教学方法	1条2款
	N2:组织领导:加强统筹规划/建立工作机制/加强督导检查和评估验收	1条3款

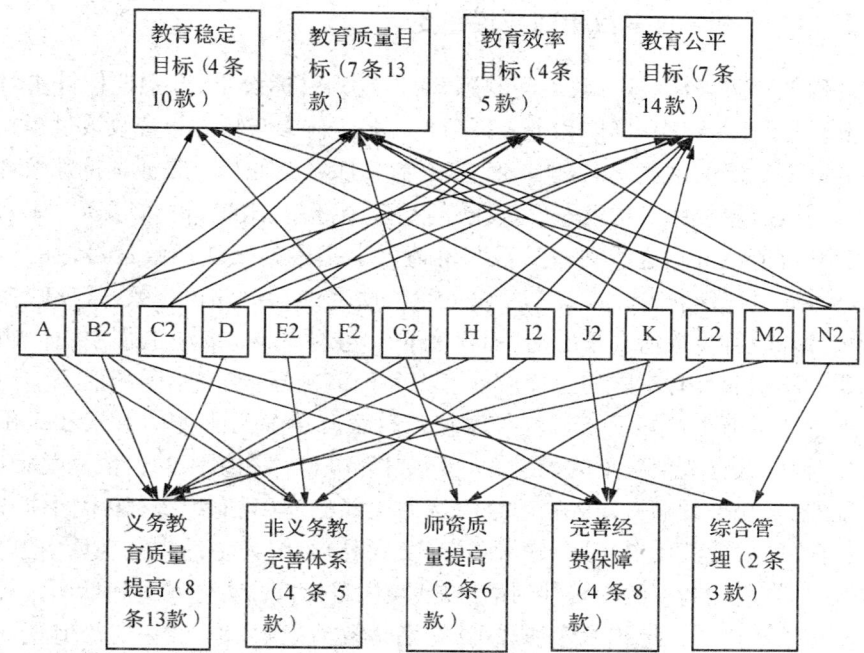

图 5-3-4 《特殊教育提升计划(2014—2016)》政策目标分类规整示意图

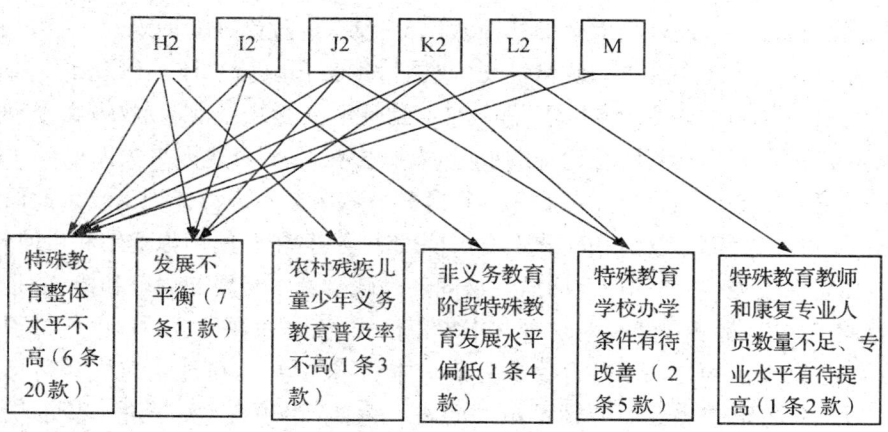

图 5-3-5 《特殊教育提升计划(2014—2016)》操作性政策目标与
政策问题符合性关系规整示意图

四、特殊教育政策目标回应性不足

特殊教育政策活动,从政策问题感知、界定到目标设定、方案选择等决策过程,都离不开多个组织、群体和个人等参与。多主体参与特殊教育政策过程是现代公共政策发展的主流趋向,也是民主政治、文明社会的一个表征。特殊教育政策尽管以政府等权威机构发布,但反映的是多个部门、组织、群体等多主体利益关系及其价值诉求。这些利益关系和价值诉求主要就反映在政策目标的设定上,其中,通过特殊教育政策文本的政策目标所属的话语知识谱系,是反映多主体参与特殊教育政策活动情况的一面"镜子"。众所周知,参与者所属群体、组织或职业的不同而具有不同的政策话语意识和价值判断,形成不同的话语知识谱系。通过知识谱系这面镜子可以了解特殊教育政策参与主体的背景和身份特征,反映特殊教育政策决策的民主性,考察对有关群体和组织的价值满足情况。在这里,笔者根据影响特殊教育政策决策的主要群体(政府组织、学术团体和残疾人目标群体)及其话语特征,分为政府(含党委)组织为主的规范性话语,以学术团体、教育机构为主的学理性话语,以残疾人目标群体为主的民间话语。规范性话语是指经过一定组织程序和规则(特别是政治规则),并经一定价值观筛选的话语(也称为"官方语言");学理性话语是指说话者基于政策问题认识的科学理性,以及恪守一定程度的价值中立的话语(也称为"学术性语言")。民间话语是指出自目标群体或社会大众的感性认识、并没有经过论证的话语。

通过梳理上述特殊教育政策发现,我国特殊教育政策总体上体现了一种规范性的话语基调。1957年《办好盲童学校、聋哑学校的几点指示》政策文本有一部分在用词和句式上有解释论证的成分(譬如多处用了表达因果关系的句子),显示了存有学理性话语特点。后来的特殊教育政策文本大都体现出政策话语用词庄重、精炼、严谨、规范,在句式上有鲜明的主题句,较多使用陈述句和祈使句,句子独立性较强,罕见学理性话语。这固然是政策文本必要的规范和模式,是合理的。在这里,笔者不是反对这种文本规范模式,而是意在用这种话语所标识的知识谱系来揭示参与特殊教育政策决策主体的结构单一,可能会造成对目标群体和社会价值需要满足回应性不足的问题。譬如,2009年《关于进一步加快特殊教育事业发展意见》主要是基于贯彻落实《中共中央国务院关于促进残疾人事业发展的意见》精神的创议,文件虽然强调了教育质量提高和教育公平的价值目标,但是在一些操作性目标上没有回应当时残疾人群体和有关地方特殊教育机构的实践需要,以及相关研究团体的价值呼吁。这主要表现在:一是多重和重度残疾人群体义务教育方面,尽管提出积极创造条件、以多种形式对他们实施义务教育,但这仅仅是简单重复了《中共中央国务院关于促进残疾人事业发展的意见》的相关话语,并没有在具体操作性目标上回应这些残疾人群体以及一些地方实践的政策需求。其实,当时我国一些地方(如上海等)已经在多重和重度残疾人教育实践探索中形成一些有益经验;同时,全纳教育也早已成为学术团体公认的特殊教育价值理想。但是由于这些主体参与决策的话语缺失,他们的经验和主张也就没能反映在《关于进一步加快特殊教育事业发展意见》政策上并发挥足够的引导和支持作用。二是残疾儿童学前教育方面,《关于进一步加快特殊教育事业发展意见》的学前教育政策目标及其内容设计大多是简单重复了《残疾人教育条例》(1994)、甚至是20年前的《关于发展特殊教育的若干意见》(1989)的内容,严重缺少对残疾儿童家庭以及地方实践和学术团体呼求的回应。这种"空洞的简单重复"反映出政府单一主体决策的弊端。可喜的是2014年《特殊教育提升计划(2014—2016)》逐渐显示了学理性话语和民间话语在决策中应有的地位,给政策设计带来许多有实践基础、有生命价值、有前瞻眼光的新思想、新观点、新举措。譬如,"全面推进全纳教育"、"学段衔接"、"医教结合"、"制定三类特殊教育学校课程标准"、"建立特殊教育质量监测评价体系"、"开展送教上门"、"高中阶段残疾学生免费教育"、"建立孤独症儿童少年特殊教育学校(部)"、"为送教教师和承担'医教结合'实验的相关医务人员提供工作和交通补贴"、"确定随班就读教师、送教上门指导教师和康复训练人员等的岗位条件"等许多目标就是学理性话语和民间话语的反映。尽管这些新的操作性目标有的可能存在超越现实的理想性,但其设计毕竟反映了地方特殊教育实践和学术团体的价值吁求,体现了多主体参与的民主性,从而也使得政策具有很大的创新性。

第四节 我国特殊教育政策价值的正义局限

从特殊教育政策价值分析的视角揭示残疾人教育公平问题,是特殊教育政策分析的一个重要维度。本章在前面章确立的特殊教育政策价值分析范式和分析范畴的基础上,以及特殊教育政策价值分析的标准基础上,并以我国《残疾人教育条例》等政策及其实践活动为主要对象,分析我国特殊教育政策价值的问题与局限。

一、特殊教育政策主体价值的缺损

特殊教育政策主体价值因教育政策主体的社会结构差异而表现为一个多层

的价值体系。特殊教育政策主体一般包括立法机构,政府和教育行政部门,党委部门,社会团体(含专业组织或个人),社会群众,学校、教师、学生及其家长,等等。根据参与的角色立场不同,他们又可以分为特殊教育政策决策主体、咨询主体、执行主体、监督主体、利益相关主体或政策对象主体。他们价值主张的重叠是构成特殊教育政策价值正当性的重要基础。

然而,在我国传统上一直存在着以政府意志代替民众愿望,即"政府是公共利益化身"、"大政府小社会"的思维习惯,这体现在特殊教育政策活动中就是以政府(含教育行政部门)、党委、立法机构等政策主体替代各社会团体(含专业组织或个人),社会群众,学校、教师、学生及其家长等其他政策主体的价值愿望,以某部门或某部分人的规划、决策、执行、评价代替所有政策主体作用,特别是学校、学生及其家长等利益相关者缺席现象比较严重。据 N 市某特殊教育高校调查显示,近七成的教师不知道新《特殊学校建设标准》的变化,近九成的聋人大学生不知道《残疾人就业条例》。在理论上,研究者也自觉不自觉地接受了现实的"无情"。孙绵涛教授就把教育政策主体分为两个层次,即决策主体、咨询主体、执行主体、评价主体,这是第一主体;对象主体,即直接的利益相关者,这是第二主体。① 以"第一主体"和"第二主体"来标识政府等与利益相关者的地位差别,实质上就是支配关系的表达。这样,利益相关主体价值的边缘化,甚至排除在政策主体价值之外,自在情理之中。学校、学生及其家长的利益和价值实现完全取决于政府机构的善政自律,而政府等部门的"第一主体"在教育政策活动中的价值不是一个空洞的抽象之物。一方面它们作为一个机构,其价值可能直接取决于机构文化习性和制度沿承,且以一种较宏观的公共利益或公共人格的形式,体现为超越于任何个体价值之上的普遍价值;亦可能取决于机构中某个或某几个人主体的价值,使机构的公共价值体现为个人主体价值偏好和利益需要的私人性。从公平正义的角度看,就是常常以形式正义遮蔽了实质正义,以个人价值标准和私人利益需要替代公共价值理想和公共利益旨归,导致残疾人教育实质上的不平等。另一方面,在现行政策执行中,由于上级教育政策决策和执行主体(特别是政府及教育行政部门)的刚性,及下级对上级教育政策活动路径的依赖特性,下级教育政策决策和执行主体价值往往只能限定在上级政策决策和执行主体价值的大框架和原则中,受其目的、意图、需要的价值制约,仍旧体现为一个普遍性、概括性、原则性、抽象性的价值理念,难以体现本地、本校或残疾人实际需要的特殊价值。因此,政府机构等部门的善政自律、公共价值难以保证在具体

---

① 孙绵涛,邓纯考. 错位与复归:当代中国教育政策价值分析[J]. 教育理论与实践,2002,(10):18.

的教育政策活动中充分体现和始终体现,且他们作为教育政策主体本身也是一个具体的价值需要、价值信念、价值立场的存在者,必须接受时代文化、经济、政治等因素影响。特别是在利益竞争或者政绩绩效追求面前,他们自身也有着特定的价值需要,可能影响残疾人教育公平的价值关怀。例如,20世纪90年代特殊学校对《残疾人教育条例》"扶持残疾人教育机构兴办和发展校办企业或者福利企业"的政策实践,许多地方就因缺少监督和制约而使残疾人教育质量和公平在经济效益和效率追求中严重失衡。

二、特殊教育政策主体价值选择的立场偏颇

"教育政策的价值特征表现为一系列的价值选择"[①]。特殊教育政策的价值选择是蕴涵着政策决策者的某种目的期望与价值偏好的。在这里,政策问题和政策价值观是影响价值选择的决定性因素[②]。

首先,政策是为了解决问题的,问题的存在是政策存在的前提。不同的问题也就需要不同的政策来解决,根据问题的性质不同,选择的政策解决策略和价值倾向也不一样。这样,特殊教育政策主体基于问题及与特定问题结合所形成的政策价值观,不可避免地具有某种价值立场偏向,深刻影响着特殊教育政策活动。对不同问题的政策决策和执行可能带来顾此失彼的现象,或对同一问题解决可能带来一部分群体受益而另一部分群体受损的利益分配格局。如自《义务教育法》颁布以来,残疾儿童义务教育一直是特殊教育的重点,而学前教育、高等教育则相对滞后,特别是残疾人学前教育几乎处于无政策设计的空白状态。又如2009年国务院转发的《关于进一步加快特殊教育事业发展的意见》中,对中西部地区特殊教育学校建设,提出"在人口30万以上或残疾儿童少年相对较多,尚无特殊教育学校的县,独立建设一所特殊教育学校",就体现了一种倾向于中西部的政策价值观,可能使得东部少数较落后的地区特殊学校建设难以获得相应的支持。

其次,政策主体在政策活动中一贯形成的某种价值偏好,以及这种偏好与特定社会结合所形成的政策价值观,也以某种固有的价值立场影响着政策活动。

第一,政策主体所持有的科学价值与人文价值的偏好,影响着政策活动和实践。科学价值与人文价值都在政策活动中有着合理性的地位,然而这两者在不同的政策主体价值观上所占据的地位却是不同的,对特殊教育政策的影响自然

---

① 刘复兴.教育政策价值分析的三维模式[J].教育研究,2002,(4):15-20.
② 刘复兴.教育政策价值分析的三维模式[J].教育研究,2002,(4):15-20.

也是不同的。总体看来,特殊教育政策以应然的价值关怀替代实然的科学理性是一个重要问题。例如《残疾人教育条例》中以"应当"对政府和学校提出政策要求的地方就达 45 处,而在政策执行过程中这种应然的政策规定使诸多事项至今难以落实。再如《残疾人教育条例》第二章学前教育中规定了"残疾幼儿的学前教育机构"在学前教育中的作用,但是并没有对残疾幼儿的学前教育机构做出相应的政策设计,时至今日罕有独立设置的"残疾幼儿的学前教育机构"。再如《残疾人教育条例》第二十九条规定了"普通高级中等学校、高等院校、成人教育机构必须招收符合国家规定的录取标准的残疾考生入学,不得因其残疾而拒绝招收",然而并没有对"符合国家规定的录取标准"做出政策规定,很多技术性问题被遗忘在人文博爱之中。

第二,政策主体所追求的政策利益不同导致的价值立场偏颇,影响着政策活动和实践。这突出表现在以追求政治价值、社会价值截留和缩减残疾人发展的内在价值,以追求大面积快速普及残疾人义务教育的效率价值截留和缩减特殊教育质量提高的公平价值,以追求地区或部门的短期政绩截留和缩减特殊教育政策对特殊教育长期发展的价值理想。如《残疾人教育条例》第三章义务教育要求:"地方各级人民政府应当将残疾儿童、少年实行义务教育纳入当地义务教育发展规划并统筹安排实施。县级以上各级人民政府对实施义务教育的工作进行监督、指导、检查,应当包括对残疾儿童、少年实施义务教育工作的监督、指导、检查"。但长期以来,各地在政策执行中很少把特殊教育纳入本地经济社会发展规划,至今仍有大量县级城市未开办特殊学校或未开展特殊教育;即使开展特殊教育的地方政府,许多也仅仅以有无开展特殊教育来反映对《残疾人保障法》等国家法令的政治态度,却很少关注教育质量提高和残疾人教育公平状况。在教育管理中,则很少把特殊教育纳入教育规划和教育督导范围,特殊学校教育教学等基本规范缺少必要的监督和管理,残疾人有质量的实质教育公平难以有保障。

第三,政策主体所持有的教育理念不同而导致的政策价值偏颇,影响着政策活动和实践。这主要体现在全纳教育理念和隔离制特殊学校教育的纠葛。我国自 1988 年第一次全国特殊教育工作会议提出"以特殊教育学校为骨干,以大量特教班和随班就读为主体的残疾儿童教育格局"以来,一直以特殊学校教育和全纳教育为特殊教育发展基本理念。在这里,"特殊教育学校为骨干"和"随班就读为主体"凸显了两种教育理念的对峙。事实上,推行随班就读 30 多年来,随班就读人数所占比率一直徘徊在 60% 左右;随班就读工作机制、体制不健全,所需经费拨款体制未建立①，以及其他诸如政策执行不到位、质量效果差、推广速度慢等问题，深刻反映了全纳教育理念在隔离制特殊学校教育的纠葛。

三、特殊教育政策主体价值合法性的不足

教育政策主体价值是教育政策价值的基础和条件，其价值合法性直接决定了教育政策价值的正当性。当前，特殊教育政策主体价值存有以下两个方面的合法性质疑。首先，上述指出的相关利益者缺席直接带来特殊教育政策主体价值合法性的不足，即以部分主体价值替代全体主体价值的僭越。其次，特殊教育政策主体阶层分化严重弱化其合法性。政策过程本质上就是"通过政治过程决定资源在不同公共物品之间的配置或决定全社会价值、利益在不同阶级、团体或个人中的分配。"②特殊教育政策本身作为社会公共物品，它自身就具有目的价值，以正义或善来"俘获"人心。它的这种价值被政策监督主体、利益相关者主体等的拥护而凝聚和增强，并赋予其合法性。然而特殊教育公共物品是以绝对的政府公共意志来支配的，政府是特殊教育政策价值主体又是分配主体、评价和监督主体。这样，政府主体处于绝对的价值垄断地位，既是价值生产者又是价值分配者、裁判者，特殊教育政策活动缺少社会公共参与的公共治理。一方面使得特殊教育政策价值及其公平分配面临质疑；另一方面不可避免地在政策活动中划定了不同的"权力"阶层，即政策决策和执行主体成为"强权阶层"，监督主体、利益相关者主体等成为"弱权阶层"，此即体现了孙绵涛教授"第一主体"和"第二主体"的政策主体关系事实。现实中特殊教育政策决策和执行主体的"强权阶层"有什么样的残疾人及其教育价值观，就可能有什么样的特殊教育政策价值，亦可能有什么样的特殊教育政策实践活动，同样亦可能有什么样的特殊教育和残疾人存在。他们的主体需要成为决定特殊教育政策的主要因素。所谓特殊教育政策体现的就只有"强权阶层"的主体价值。

特殊教育政策活动中的这种权力分化说明，特殊教育政策价值存有不能普遍共存共享的现象，"弱权阶层"的主体价值只能是"强权阶层"主体价值的强加，特别是当"强权阶层"凭借公共利益、公共目的、公共价值来进行公共教育政策活动时，就彻底构成了一种统治地位的价值意识形态，淹没了"弱权阶层"的价值愿望，甚至导致"弱势阶层"失去了价值觉醒和质疑的能力。这是长期以来导致广

---

① 彭霞光.中国全面推进随班就读工作面临的挑战和政策建议[J].中国特殊教育，2011，(11)：15-20.

② 陈振明.公共政策学：政策分析的理论、方法和技术.北京：中国人民大学出版社，2004.9.

大残疾人及其家长主体、教师主体缺失的根源之一。例如,我国残疾人教育长期以来一直是以盲、聋哑、智障三类中轻度残疾学生为主要对象开展学校教育,缺少对重度障碍儿童教育的政策设计。这种政策缺失就是对特殊教育政策决策和执行主体价值正当性、合法性的有力批判。

四、特殊教育政策主体价值有效性的失衡

这是从教育政策主体之间价值发挥方面来说的。教育政策主体价值有效性表达的是主体价值在政策活动中的效能、效果,教育政策主体价值有效性的失衡反映的是教育政策各主体价值在政策活动中所占有的地位、份额、最终效果等情况的不平衡。特殊教育政策主体价值有效性的失衡主要表现在两个层面。

首先,从同一层面的特殊教育政策主体看,突出地表现为特殊教育政策主体价值选择的主观故意和政策过程的有效操作性、技术性失衡。一是前文指出的特殊教育政策主体价值选择的主观故意,即对特定问题、特定背景做出的不同价值选择,以及教育政策主体持有的价值偏好带来的价值失衡问题。二是特殊教育政策过程的技术因素造成的有效性失衡。因为有效性是与政策过程相联系的操作性问题或技术性问题[①],是对政策活动中各主体价值的选择、协调、平衡、咨询、决策和再选择的技术操作后果。由于教育政策主体在政策活动中价值地位的不同、价值选择的差异,咨询主体、监督主体、利益相关者主体价值的缺席,不可避免地带来两个政策后果。一方面,因为政策技术操作对价值平衡和选择的困难,而导致技术操作"失灵",即违背或者不能很好适合政策活动的规律性,政策效果偏离政策目的。譬如,传统的"政府全能型"的教育管理和办学政策带来的低效和腐败,购买某些公共服务质量不高、社会监督不到位、有违教育公平等。另一方面,带来特殊教育政策技术操作的简单化、单一化。由于政策是利益主体冲突、协调和平衡的过程,特殊教育政策活动由于上述指出的相关利益主体缺席,失去了不同政策主体间的利益博弈、制约以及协调、平衡的过程,也就难以完整、全面表达和体现特殊教育政策利益相关主体的价值需要和追求,导致特殊教育政策有效性偏离利益相关者的主体利益;即使有少量和一定程度的利益相关主体、咨询主体、监督主体的参与,但在特殊学校数量少,残疾人及其家长人数少、地位弱势、表达方式和渠道受限等面前,他们的意见和诉求难以充分表达或者充分引起政策决策和制定者的重视,致使他们的利益在政策选择与协调的博弈中始终处于被遮蔽和失声的地位。譬如《残疾人保障法》第二十八条要求"普

---

① 刘复兴.教育政策价值分析的三维模式[J].教育研究,2002,(4):15-20.

通师范院校开设特殊教育课程或者讲授有关内容,使普通教师掌握必要的特殊教育知识",可至今普通师范院校特殊教育课程开设率仅为13.9%[①]。

其次,从不同层面的特殊教育政策主体看,突出反映在地方各级特殊教育政策主体价值的"缺位"或"缩减"。由于国家特殊教育政策具有适切"国家取向"的价值偏好,占据着政策环境的话语权优势,这为地方特殊教育政策主体移植提供了依据。地方特殊教育政策创议、决策和执行,常常以"国家取向"直接移植而疏于对符合本地区实际需要和适合本地区政策主体价值意愿的创新性政策设计和安排,其结果是政策针对性不强、实际效果差,地方政策主体价值"缺位"或"缩减"。如许多地方在落实《残疾人教育条例》中"有条件的学校,实施个别教学"、"有条件的学校,可以设立专门辅导教室"的规定时,就以本地或本校"不具备条件",直接拒绝实施"个别教学"和设置"专门辅导教室",拒绝接纳残疾人享受义务教育。

五、外在价值对内在价值的僭越

前面已指出,残疾人及其教育存在与发展的内在价值占据核心地位,是特殊教育政策价值的生长原点。然而在特定的国度或特定的发展时期,内在价值与外在价值常常发生价值错位。特别是在面对国家主义注重政治、经济、社会价值的政策环境下,追求民主与文明的政治价值、公平正义的社会价值,追求大面积快速普及残疾人义务教育的效率,追求地区或部门的政绩,等等,可能使得特殊教育外在价值僭越内在价值而成为特殊教育政策价值的核心。

一是经济价值至上。这突出反映在20世纪90年代,为弥补政府对特殊学校的公共供给不足,许多特殊学校根据《残疾人教育条例》、《特殊学校暂行规程》,积极开展勤工俭学活动,特别是在各地"搞活经济"、"招商引资"等政策环境影响下,"经济效益至上"、"大办校办工厂"(或出租校舍)等成为许多特殊学校至上的价值理念,至于文化知识教育及其质量则被轻视。

二是重视政治价值。特殊教育历来被视为人类社会文明进步的标志,世界各国普遍把特殊教育作为社会文明风尚、社会正义美德的化身,强调以人权、人性尊严、社会正义、社会责任等政治视角体现对残疾人的关怀。这是特殊教育政策创议的政治源流之一,也是遮蔽特殊教育政策内在价值的最大"阴影",特别是地方特殊教育政策中,普遍存在以政治价值截留特殊教育政策客体功能、缩减特殊教育政策价值的现象。如,《残疾人教育条例》第三十一条规定,"县级以上各

[①] 汪海萍.普通师范院校特殊教育课程开设情况的调查[J].中国特殊教育,2006,(12):13-17.

级人民政府教育行政部门应当会同广播、电视部门,根据实际情况开设或者转播适合残疾人学习的专业、课程。"但长期以来,各地在政策执行中很少落实;即使偶尔转播了一些残疾人需要的课程,也仅仅在助残日等特殊日子体现对残疾人的一种政治态度和人道关怀。

六、效率价值对公平价值的僭越

对特殊教育政策价值的分析绕不开对效率价值与公平价值的关系分析。效率价值和公平价值的关系是考察特殊教育政策价值的另一个重要尺度和依据。改革开放以来,我国教育政策总体来看具有鲜明的效率优先倾向,在此影响下,特殊教育政策也具有以效率为主的价值偏好。效率价值固然有着其存在的合理性,但是其与公平价值的失衡可能危及特殊教育政策的价值基础,影响特殊教育政策正义性。当前,效率价值与公平价值的错位主要表现在:

第一,重视规模扩张轻视质量提高。最突出的就是以残疾人入学率和特殊学校、班(含随班就读学校)数量来衡量特殊教育发展,并以之体现对残疾人教育需要的满足,凸显效率价值。1989年《关于发展特殊教育的若干意见》就首先从提高残疾人入学率开始,把"以普及为重点"作为基本原则,详细规定了不同城市的入学率;且提出了"社会各界积极支持"、"多种渠道办学"、"多种形式办学"等原则。然而,对特殊教育质量和教育公平的要求,却罕有具体的政策设计和安排。

第二,重视短期效用轻视价值理想。效率价值取向的特殊教育政策实践必然以功利目的和工具理性的价值选择,以"多"、"快"的政绩观,注重短期的实际效果;而公共利益取向的公平价值可能被抑制,对残疾人及相关教育发展的长期价值理想则可能陨落。1989年《关于发展特殊教育的若干意见》发展特殊教育事业的基本方针中提出"积极开展学前教育","要在特殊教育学校、残疾儿童康复机构和普通幼儿园举办残疾儿童学前班,并依靠家庭的配合,对残疾儿童进行早期智力开发和功能训练。"在1994年《残疾人教育条例》中也提出发展学前教育的要求。学前教育是人生启蒙、成长起点的奠基,是一个关涉教育公平的最根本的问题,也是切实解决"起跑线"教育公平,保障残疾人身心障碍被早期发现、早期矫治、早期教育的重要环节。应该说在90年代初普及残疾人义务教育都困难重重的时期,提出这一政策要求是极具教育公平的价值理想的。然而,迫于义务教育的效率追求,各地在实践中最终将残疾儿童学前教育搁浅,残疾儿童学前教育发展缓慢。据广西的一项调查显示,全区52所特殊学校中设有学前班的只有10所,至2006年在校接受学前教育的残疾儿童仅占总数的0.006 4%。① 即使在经济和教育较发达的江苏省,为0—6岁残疾儿童提供教育服务的机构也只有30多家。② 再如,重度障碍儿童的教育,2008年教育部等《关于进一步加快特殊教育事业发展的意见》提出"以多种形式对重度肢体残疾、重度智力残疾、孤独症、脑瘫和多重残疾儿童少年等实施义务教育"的价值愿望,但在各地政策实践中,至今仍以盲、聋哑、智障三类中轻度残疾学生为对象开展特殊学校教育,没有形成制度性的重度障碍儿童教育。

第五节 我国特殊教育政策伦理的正义局限

特殊教育政策伦理准则是特殊教育政策主体在政策活动中所坚守的一系列价值规范和道德原则。它们是评判特殊教育政策价值是非与善恶,以及辨析特殊教育政策活动合法性与合理性的另一个重要尺度。下面,即在前面确立的特殊教育政策伦理分析标准基础上对特殊教育政策伦理进行分析,其实这也是特殊教育政策价值分析的重要组成部分。

自20世纪80年代改革开放以来,在效率、自由和技术追求的胁迫下,以及在有限公共教育资源的博弈中,特殊教育政策伦理倾向出现明显偏颇,同时也带来了特殊教育公平正义不足的问题。其突出表现在以下几个方面。

一、多数者"善"伦理主张

教育政策面对不同的利益主体的不同利益诉求冲突是教育政策存在的前提。教育政策伦理公共利益的公共善往往是受政策主体价值观及其之间的价值观碰撞所影响,在面对价值正当性与功利性的关系矛盾时,特别是在有限公共教育资源的博弈中,往往成为一个极易背叛的概念,违背对教育政策公共善的承诺,带来教育公平的丧失。特别是在教育政策设计中,"公共善"教育政策伦理常常被"多数者善"教育政策伦理所替代,公共利益往往变异成了"多数者"利益的代名词。公共利益取向是教育政策合法性的必然要求。③ 公共利益是社会成员的共同利益,它不是个人利益的叠加,而是从个人利益中分离出来的重叠的部

---

① 黄尧.广西残疾儿童学前教育状况分析[J].广西教育学院学报,2009(4):146.
② 谈秀菁.加快发展残疾儿童学前教育[J].现代特殊教育,2010(4):11.
③ 刘世清.教育政策伦理[M].上海:上海教育出版社,2010.71.

分，以契约形式让渡给公共部门来管理。它是为避免极端个人利益和其他权力对个人利益的伤害而建立起来的公共空间，指向的是一种公共性价值内涵，具有公开、公平、开放、平等的公共理性，以及批判与抵制极端私利和权力暴力的功能。而"多数者"利益仅仅是部分人利益的堆积，或者说是某几个利益集团的利益妥协，显然无法替代或凌越为全体社会成员的公共利益。"多数者善"伦理以政策设计者所坚持的"多数者"利益为公共利益的伦理认识，以及"平等自由"优先的社会原则为基础，认为"多数者"受益是符合道义的伦理（特别是资源有限的情况下），"只有教育政策价值选择满足和符合绝大多数社会成员的利益和要求时，教育政策才会获得较强的合法性，"①这样的伦理能够奠定政策"好"的伦理依据。例如，我们以入学率和普及率来衡量义务教育效果，就是奠基在这种多数者受益的伦理基础上。但这种多数者伦理原则是有缺陷的，它是以忽略或遮蔽少数者的归纳和平均，把少数者教育利益过滤和剩余在政策的"好"之外，即这样的"好"政策只是对多数者的好，不是对少数者的好；相反，带来对少数者的"恶"。因为这不但牺牲了少数者的教育利益，而且还假以"公共利益合法性"外衣长期蒙蔽了他们利益受损的真相，使人们仅仅关注于入学率和普及率等统计数字本身，而疏于考虑数字背后短缺的少数者，以致长期不被人发现。显然，淹没了少数者的政策伦理难以为教育公平的政策提供合法依据，带来公共利益合法性的质疑。

迄今，我国残疾人教育一直是以盲、聋哑、智障三类中轻度残疾学生为对象开展特殊学校教育。重度障碍儿童等教育利益的缺失或边缘化就是对这种公共利益合法性的有力批判。重度障碍儿童等由于高度特殊的身心特点和学习需要不具有普遍意义，而被排斥或遗忘在教育政策之外，这就是在上述"多数者善伦理主张"下造成的"最少受惠者"的典型体现。重度障碍儿童等无法或很少享受政策带来的利益，被排斥或游离在特殊教育政策边缘便在情理之中。据第六次全国人口普查数据及第二次全国残疾人抽样调查残疾人比率推算，至2010年末，我国共有2 518万重度残疾人，占残疾人总数的29.6%；②但是他们的入学率极低。据中残联2010年度数据显示，仅肢体残疾、智力残疾、精神残疾、多重残疾的未入学适龄障碍儿童就达101 561人，占未入学适龄残疾儿童总数的70.1%。③

---

① 刘复兴.教育政策活动中的价值问题[J].北京师范大学学报(人文社会科学版),2002,(3):88.
② 根据中残联网站 http://www.cdpf.org.cn/sytj/content/2012-06/26/content_30399867.htm 数据推算。
③ 根据中残联网站 http://www.cdpf.org.cn/tjsj/ndsj/2010/indexch.htm 数据推算。

二、效率"善"伦理至上

即以最低的政策成本谋取最大的政策目标作为好教育政策的伦理观念。这种特殊教育政策伦理观虽然是根据特定时期、特定发展阶段和特定主要矛盾而对效率选择的优先和偏重,具有一定的历史合理性,但是并不能因为这种合理性而掩饰其带来的负价值,特别是对残疾人教育公平的伤害。这一问题突出反映在残疾人义务教育中。以 1986 年《义务教育法》为例,为了快速普及残疾人义务教育,20 世纪 80—90 年代各地迅速建立了大量特殊教育学校。据《中国教育事业统计年鉴》数据显示 1985 年到 1999 年全国新增特殊学校 1 205 所,设立特教班 5 050 个,在校残疾学生增加 619 707 人。但是,残疾人入学率仍是很低。据 1988 年《中国残疾人事业五年工作纲要》"使盲童、聋童入学率从现在的不足 6%,分别提高到 10%和 15%"①的目标来看,至 1988 年全国盲、聋学龄儿童入学率还不足 6%。为此,1988 年全国第一次特殊教育工作会议提出"以一定特殊学校为骨干,以大量的特教班和随班就读为主体的残疾儿童少年教育格局"。1989 年教育部《关于发展特殊教育的若干意见》提出"多种渠道"、"多种形式"②的办学方案,鼓励企业、社会组织和个人办学或捐资,以满足普及残疾人义务教育需要。还设计了特教师资培养速成方案,要求通过单独设立特教师范学校,或在普通中师、其他教育机构附设特教师范班、特教师范部等培养特教师资。同时设计了极具效率的特教师资调配方案,要求通过选调部分应届中师毕业生和普通中小学的在职教师,经专业培训后到特教机构任教;选调一部分高中毕业生或民办教师,经专业培训后到特教机构任教等师资调配形式,快速补充特殊教育急需的师资。至 2011 年,各类特殊学校增至 1 767 所,特殊学校教师数量增至 41 311 人。③

由于上述政策伦理坚守的是效率优先,所以在政策设计和执行、评估等活动中,以时间和入学率作为政策目标,追求的是可量化政策形式结果,注重的是立竿见影的政策力度和效果,依靠的政府公共权力部门的权力强力。这样,特殊教育政策活动的公平正义问题和目的意义问题被淡化,或者说,把快速普及的效率本身的"善"作为了政策活动的全部政策伦理依据。因此,与政策目标相应的政

---

① 中国残疾人事业五年工作纲要(1988—1992). http://www.cdpf.org.cn/zcfg/content/2001-11/06/content_30317784_3.htm,2001-11-06.
② 关于发展特殊教育的若干意见. http://www.cdpf.org.cn/jiaoy/content/2001-07/19/content_30332149_2.htm,2001-07-19.
③ 彭霞光,等. 中国特殊教育发展报告 2012[M]. 北京:教育科学出版社,2013.30-40.

策工具设计,很少涉及对残疾人义务教育过程与结果公平问题、教育质量和效益问题的设计。直到现在,特殊教育师资质量不高、教师结构不合理、特殊学校不规范等问题,十分突出。据王雁等调查显示,我国超过七成的特殊学校教职工无法满足教学需要,康复教师、心理健康教育教师极度匮乏,不足总数3%,[①]而《特殊教育学校暂行规程》和《特殊教育学校建设标准》中都没有对教师类型、比例做出具体规定。同时,由于80—90年代出于效率"善"的追求,特殊学校师资急剧膨胀的增加到饱和,导致学校人事编制满编、超编,急需师资难以进入特殊学校,形成了师资总量过剩但结构性短缺的现象。另外,还存在校际间残疾人教育公平问题,残疾人不同学段和类型的教育不均衡问题(如学前教育、高中教育、高等教育等),不同类型残疾的残疾人群体间教育公平问题,地域与城乡间残疾人教育公平问题,等等。特别是残疾人的学前教育极度缺乏,地区间特殊教育发展差异巨大。《残疾人教育条例》虽然规定残疾幼儿的学前教育,通过残疾幼儿教育机构、普通幼儿教育机构等途径开展实施,但没有做出具体的制度设计,现实中残疾儿童入园经常遭遇制度性障碍。[②] 另据2009年《国务院办公厅转发教育部等部门关于进一步加快特殊教育事业发展意见的通知》显示,中西部地区三类残疾儿童少年入学率至今尚未达到70%。可见,特殊教育公平与质量的目的性价值被旁落,而这些都是残疾人法定的基本权利,也是他们获得"公平的正义"的基本内容。

三、唯政府"善"伦理偏好

教育政策是由国家公共权力部门制定的,政府以公共利益的代表身份赋予自身在教育政策活动中的道德合法性地位。唯政府"善"伦理认为,政府是唯一合法的公共利益代表者,在政策活动中具有维护公平和公正裁判的价值正当性和技术合理性,而其他社会组织和个人都是私欲的、不可靠的。这种政策伦理所带来的后果是政策活动以公共权力部门为绝对主导,过于简单化、武断化、垄断化,所谓教育政策就是政府教育行政的意志和决策。政府以自身的公共利益代言人独居于政策活动的中心。这种政策伦理反映在特殊教育政策活动中,主要表现在:

一是强调政府单一的自上而下的行政管理。政府具有天然扩张权力的冲

---

① 王雁、王志强、朱楠,等.全国特殊教育学校教职工队伍结构及其需求情况调查[J].中国特殊教育,2012,(11):4.
② 王培峰.我国学前教育五大结构性矛盾与政策应对:兼论残疾儿童学前教育安排的政策思路[J].教育发展研究,2011,(6):25.

动,在缺少社会治理和监督的情况下,这极易带来政府权能泛化,权力膨胀。一方面,如上述指出的那样,存有公共利益合法性的质疑;另一方面,可能带来政策执行活动的专制倾向,反映在各地配套的政策执行与管理模式上,则体现为注重政府及教育行政部门等自上而下的行政权力管制,轻视公共服务和社会公共参与。譬如,依靠县级政府牵头的领导组织机构强力推进政策实施,缺少社会公众参与的治理结构,社会公共参与力量和价值没有充分发挥,教育质量和公平难以监督和保证,往往出现"先执行,后纠错,错了再改,改了再错"的问题现象。再如,在20世纪80年代末至90年代后期,财政压力大的时候,政府开始财政瘦身,以制度供给补充财政供给不足,①许多地方鼓励吸纳社会资金,以《残疾人教育条例》"扶持残疾人教育机构兴办和发展校办企业或者福利企业"为依据,②支持特殊学校兴办工厂企业。整个90年代,特殊教育学校"校校办工厂(或出租校舍)",甚至"乱收费",重经济利益轻教育质量和公平,还出现教育产业化的呼声。进入21世纪,特别是十七大以来,政府开始纠偏上述错误,明确要求中小学停止校办企业,严厉批评教育产业化,以公共服务职能转型,强调政府公共投入的主体责任,教育公平和质量成为特殊教育政策伦理的重要取向。《教育规划纲要》就明确提出"促进公平、提高质量"的指导方针。二是在办学体制上,唯政府"善"伦理强调以公办特殊教育机构为绝对主体,轻视其他民办特殊教育机构。如很少按照《民办教育促进法》落实对民办特殊教育机构的"经费资助"或"国有资产扶持"③,导致民办特殊教育力量严重枯竭,难以弥补政府特殊教育公共服务的不足,制约了残疾人多样性教育选择与需求的满足。三是在特殊教育公共品供给上,唯政府"善"伦理还强调政策执行的统一性、标准化,无法满足不同群体和地区的多样性的教育需求。特别是在特殊学校课程教材供给上,难以适应特殊学校和残疾人的特殊需要(主要是智力落后儿童教育学校);政府财政为特殊学校招标采购的设施设备上,常常出现"不适合"、"没有用"的窘境。四是在贯彻落实中,政策缺位、不到位现象,以及政策执行难、政策效果差等问题频发。特别是义务教育政策中,早在1986年《义务教育法》就强调了所有残疾人的义务教育权利,把残疾人纳入整体义务教育保障制度框架内。1994年《中国教育改革和发

---

① 王培峰.特殊教育公共品供给制度:变迁、问题与建议[J].学术论坛,2010,(11):194.
② 残疾人教育条例.http://www.cdpf.org.cn/zcfg/content/2001-11/06/content_30316064.htm,2001-11-06.
③ 中华人民共和国民办教育促进法.http://www.gov.cn/test/2005-07/28/content_17946.htm,2005-07-28.

展纲要》指出,"积极创造条件,使残疾儿童与其他儿童同步实施义务教育。"①《教育法》也规定"国家、社会、学校及其他教育机构应当根据残疾人身心特性和需要实施教育,并为其提供帮助和便利"。② 但是,长期以来,我国残疾人教育一直是盲、聋哑和智障三类中轻度障碍儿童的教育,精神残疾、多重残疾等重度障碍儿童教育一直缺少相应的具体配套跟进政策,至今他们大多仍被拒绝在教育之外。这些很大程度上都是唯政府"善"政策伦理导致的严重后果。

四、技术理性"善"伦理倾向

其实这是效率至上的必然逻辑。技术理性是教育政策活动的必要部分,任何教育政策都是为实现特定目标而设计的,技术理性指向的就是目标效果取向,它以工具价值显现政策的合法性。与之相伴随的是政策价值理性,它"为什么"和"应当如何"来指导和规范技术理性的"怎么做、怎么分配和调整",以公平和意义来奠定教育政策正义性的价值基础。这两者相互依存的关系构成了教育政策的基础。但是,这两者分属不同的范畴,遵循不同的逻辑,前者是科学主义的技术逻辑,后者是人文主义的价值逻辑。它们在特定的政策目标和环境里,常常会分离,出现相互掣肘的现象。随着教育政策逐渐作为教育学科的一个专门性研究领域,越来越注重吸纳政策学、行政学、管理学、心理学、社会学等内容,追求技术性、科学性、专门化,强调科学、绩效和成本控制的理性主义精神,但也隐含着价值理性与技术理性相背离的险境。当前,特殊教育政策就出现技术理性脱离价值审视和批判的问题,致使特殊教育政策活动呈现出明显的技术理性"善"伦理倾向。主要体现在:

一是技术理性抑制价值理性。例如,《国家中长期教育改革和发展规划纲要(2010—2020)》第十章"特殊教育"部分提出"到2020年,基本实现市(地)和30万人口以上、残疾儿童少年较多的县(市)都有一所特殊教育学校"的政策目标,并在第二十一章"重大项目和改革试点"中予以政策工具的具体设计安排。这虽然体现了对改善办学条件、扩大教育资源的技术理性,但是缺少对残疾人社会尊严、目的意义等人本主义的价值关怀。当前,国际特殊教育经验表明,特殊学校的教育安置政策在帮助残疾人获得实质平等教育权利、发挥价值潜能和实现平等社会参与上,不但没有积极意义,反而带来歧视和排斥的效应,加重了残疾人

---

① 中国教育改革和发展纲要. http://www.edu.cn/zong_he_870/20100719/t20100719_497964.shtml,1993-02-13.
② 中华人民共和国教育法. http://www.gov.cn/banshi/2005-05/25/content_918.htm,2005-05-25.

的残疾和障碍;而残疾人回归主流群体的普通学校(全纳性学校),实施全纳教育,建构全纳性社会环境,是残疾人平等参与社会,享有有尊严、有质量、有意义的学习与生活,做社会"正常"成员的理想途径。世界上许多发达国家早在20世纪中叶就开始大量取消特殊学校,转而实施全纳教育。《国家中长期教育改革和发展规划纲要(2010—2020)》里的这一政策显然与残疾人成长的终极目的意义不相适应。二是技术理性的肤浅化后果。由于技术的可操作性和效果取向性特点,技术理性往往在评估既有政策环境的前提下,精确算计利益主体,权衡其利弊,根据已有条件,以最大的可能性和可行性确定政策设计,即"有多少米做多少饭"。这导致对于涉及深层次的、实质性的结构性问题、体制问题不敢触及,仅限于工具和操作层面;对于难度大、涉及利益面广的问题不敢去碰,仅限于可行的范围内。例如,对重度障碍儿童的教育,2008年《中共中央国务院关于促进残疾人事业发展的意见》、2009年《国务院办公厅转发教育部等部门关于进一步加快特殊教育事业发展意见的通知》、2009年《中国残疾人事业"十二五"发展纲要》都提及重度障碍儿童教育,要求"积极创造条件,以多种形式对重度肢体残疾、重度智力残疾、孤独症、脑瘫和多重残疾儿童少年等实施义务教育",但由于重度障碍儿童教育的高成本、高难度等原因,2010年《国家中长期教育改革和发展规划纲要(2010—2020)》、2012年发布的新《特殊教育学校建设标准》,都没有反映重度障碍儿童教育的特殊需要,也没有相应的具体政策设计。特殊教育政策的这种"轻重度,重轻度"的政策倾向,就反映了特殊教育政策的技术理性特点,其带来的后果却是残疾人群体之间教育公平的丧失以及特殊教育价值理想的枯竭。

第六章 我国特殊教育发展改革的时代诉求与政策应答

改革开放以来,我国特殊教育发展经历了急剧膨胀的规模和数量扩张后,在当前社会全面转型的历史时期,正处于向以"公平和质量"为主要特征的"普及-提高"并重的发展方向转型结构调整期;同时也正面临着各种压力集聚和结构调整问题,亟待特殊教育政策作出及时应答。

特殊教育发展方式的转型调整,实质上是在发展价值定位的基础上,对特殊教育发展改革逻辑的选择,以及对特殊教育要素结构的调整。本章认为,当前,我国特殊教育发展方式的转型调应在统筹特殊教育稳定、效率、质量和公平目标协调发展的基础上,以特殊教育质量和公平为主要特征,实现以人为本的科学发展。特殊教育政策设计安排的总体性思路是:立足人本价值与民生意义的特殊教育发展价值定位,选择综合性改革逻辑和深化道义论的政策价值伦理,主要从特殊教育政策对象、目标以及特殊教育管理体制政策、经费政策、教师政策、课程与教学政策六大要素方面进行政策调整,特别是重视统筹投入的充足高效、师资的优质均衡、课程与教学的现代化等,建立形成现代化的特殊教育治理体系和治理能力,实现教育稳定、教育效率、教育质量、教育公平四个价值目标协调发展。为此,本章揭示了我国特殊教育当代发展的转向及其相应的改革逻辑、政策价值伦理,并根据当前面临的特殊教育权力结构调整、特殊教育支持保障体系建设、重度障碍儿童教育、义务教育质量提升与均衡发展,以及残疾儿童学前教育等几个时代热点问题,作出了相应的政策建议回应。

第一节 我国特殊教育:发展转向、改革逻辑与政策价值伦理

特殊教育是人类社会文明发展的结果,特殊教育每一次变革都反映着人类

社会文明发展的新高度。在当前文明社会,特殊教育既是国家和社会发展的工具,也是残疾人自身成长发展的目的需求;既是国家利益和政治意志,也是残疾人的人权和民生福利。在新的历史时期,我国特殊教育正面临着新的转向,同时也需要相应的改革逻辑和政策价值伦理来支撑。

一、人本价值与民生意义:我国特殊教育发展转向

在我国改革开放前的相当长特定历史时期内,特殊教育一直存在着工具价值和目的价值的分野,国家利益和民生福利的隔离。特殊教育被政治、社会、文化等国家利益价值取向的偏重所胁迫,注重了工具本位、国家本位的特殊教育发展观。这尽管具有一定的历史合理性和现实作用,不可超越和回避;但是其背后掩盖的对残疾人人本价值的抑制和民生问题的轻视,是特殊教育改革无法绕开的一个重要问题。党的十七大和十八大以来,随着党和政府执政理念和方式的转变,特殊教育性质地位获得了新认识,特殊教育在内的整个教育被重新定位为"以改善民生为重点的社会建设"。特别是科学发展观与和谐社会建设的重大理论与实践,使特殊教育发展观改变了过去注重工具本位、国家本位的价值偏向,而转向注重实现残疾人成长发展的人本价值和实现残疾人民生改善生活幸福的民生意义取向。这种人本价值与民生意义的定位和转向是特殊教育发展的阶段特征和社会现实需要。

(一)党和国家对特殊教育在社会建设中的新认识

党和政府是特殊教育发展与改革的权威决策主体。特殊教育政策在很大程度上就是党和政府意志的一种表达。特殊教育发展离不开党和政府政治决策的认识定位。党的十七大和十八大作为指导新时期经济社会发展的重要政治纲领,是奠定特殊教育新认识的重要基础。十七大指出"教育公平是社会公平的重要基础",教育"与人民幸福安康息息相关",要求"关心特殊教育",并把它作为以改善民生为重点、推进和谐社会建设的内容。十八大则进一步强调教育是人民"最关心最直接最现实的利益问题",是"让人民过上更好生活"的民生之利,要求"支持特殊教育",且以"人民满意"为标准,"努力办好人民满意的教育"。这表明,党和国家不再把特殊教育仅仅视为实现国家政治等利益的工具,而重视把特殊教育作为残疾人应享有的一项基本人权和民生福利,把残疾人的成长作为和谐社会建设和经济社会进步的重要基础,强调特殊教育在实现残疾人民生改善和自身成长发展中的人本目的价值。这种新的认识和定位,从根本上改变了过去单纯注重国家利益和政治意志的工具本位、国家本位的特殊教育发展观,而转向人本价值与民生意义取向的目的本位、民生本位的特殊教育发展观,反映了党

和国家对特殊教育之于残疾人人权性质的充分肯定,反映了党和国家对特殊教育之于残疾人人本价值和民生意义的高度认同,体现了党和国家对新时期发展特殊教育的科学认识和合理定位。2010年《国家中长期教育改革和发展规划纲要(2010—2020年)》再次强调了特殊教育在推动改善残疾人民生、促进社会公平正义中的重要作用,指出"特殊教育是促进残疾人全面发展、帮助残疾人更好地融入社会的基本途径",并要求把特殊教育事业要纳入政府经济社会发展规划中。这既表明了特殊教育的民生性质,也表明了特殊教育不是一个机构的"局部性事情"而是整个经济社会"全局性事业"的组成部分。2014年国务院转发的《特殊教育提升计划(2014—2016年)》明确指出,"发展特殊教育是推进教育公平、实现教育现代化的重要内容,是坚持以人为本理念、弘扬人道主义精神的重要举措,是保障和改善民生、构建社会主义和谐社会的重要任务",并提出"全面推进全纳教育,使每一个残疾孩子都能接受合适的教育"的总体目标,表达了对残疾人人本价值和民生意义的教育关注。这些重大的政策表述,以权威的话语建构了特殊教育在和谐社会建设中的价值和意义,充分显示了特殊教育的人本价值与民生意义及其在经济会社发展中的重要地位。当前及今后相当长的时期内,"以人为本"、建设"人本特教"成为引领特殊教育发展、乃至构建和谐社会的重要价值使命,关注残疾人教育公平、残疾人民生、残疾人权利、残疾人成长及其教育保障等成为特殊教育改革发展不可绕过的重要命题。

(二) 特殊教育发展的主要矛盾产生位移

特殊教育是社会实践活动,特殊教育发展变迁是社会需要和自身结构调整的结果。在改革开放初期及其以前的相当长时期内,基于经济社会的国情现实,特殊教育以解决"残疾人教育有无问题"和体现"社会主义人道主义精神"的意识形态问题,重视体现宏观的、国家主义至上的形式意义。当前我国社会转型时期,各种矛盾和利益相互交织,给特殊教育发展带来重大影响。其中,特殊教育发展不均衡、不公平,以及特殊教育质量不高问题十分突出,特别是农村残疾人教育不均衡、非义务教育发展不均衡、不同区域及不同残疾人群体间教育不公平等成为影响教育公平和教育整体发展的重要因素。以重度障碍残疾人教育为例,据资料表明,至2010年末我国共有2 518万重度残疾人,占残疾人总数的29.6%;[①]但是他们的入学率极低。据中残联2010年度数据显示,仅肢体残疾、智力残疾、精神残疾、多重残疾的未入学适龄障碍儿童就达101 561人,占未入

---

① 根据中残联网站 http://www.cdpf.org.cn/sytj/content/2012-06/26/content_30399867.htm 数据推算。

学适龄残疾儿童总数的 70.1%。① 2014 年国务院转发的《特殊教育提升计划(2014—2016)》开宗明义指出,"我国特殊教育整体水平不高,发展不平衡。农村残疾儿童少年义务教育普及率不高,非义务教育阶段特殊教育发展水平偏低,特殊教育学校办学条件有待改善,特殊教育教师和康复专业人员数量不足、专业水平有待提高"。这表明,在新的历史条件下,特殊教育存在与发展的矛盾已由规模和数量扩张为特征的"普及-效率"矛盾转移到以公平和质量为特征的"普及-提高"并重的矛盾的新阶段,特别是残疾儿童学前教育、多重和重度障碍儿童教育、高质量的教师队伍建设、满足残疾儿童特殊需要的个别化教育、残疾儿童转衔教育、教育与康复结合与社区合作,等等。特殊教育公平和质量为特征的"普及-提高"矛盾是关涉残疾人教育质量的成长问题,也是关涉残疾人教育公平的社会问题。其中,如何让改革发展成果更多更公平惠及所有残疾人,解决好他们最关心最直接最现实的利益,是一个以教育公平为主要特征的民生问题;如何让教育促进残疾人成长发展,实现他们平等参与社会和有尊严、有价值、有意义的生活,是一个以教育质量为主要特征的人本意义问题。这揭示出特殊教育发展的新的阶段特征,也预示着对这些新的矛盾和问题的解决需要与之相适应的新的特殊教育认识。由此,直接带来特殊教育向人本价值与民生意义的转向和定位,体现了新的历史时期,基于新矛盾、新问题等社会现实需要对特殊教育改革发展自身定位的结构调整。

(三) 特殊教育要素结构的变化

特殊教育改革本质上是自身结构要素的重组和优化,而特殊教育要素依赖于社会现实条件。当前,随着经济社会的全面变革,直接带来特殊教育要素结构的变化,从而奠定了特殊教育向人本价值与民生意义转向的内部要素基础。这主要体现在投入、师资和生源三个方面。第一,在投入变化方面。随着整个财政性教育经费支出占国内生产总值 4% 目标的实现,特殊教育在内的教育投入进入到"后 4% 投入"时代,特殊教育基本上获得较充足的财政投入保障。也就说,制约特殊教育发展的要素已发生了深刻变化,投入已不再是制约特殊教育发展的瓶颈,而投入怎么分配、如何提高效益、如何促进公平,以及投入之外的教育思想理念、技术方法等已成为"后 4% 投入"时代凸显的重要制约因素。教育投入增长为特征的特殊教育发展将逐渐转轨为以公平分配为主要特征的体制建设和以教育理念更新、教育技术提高为特征的特殊教育内涵建设中来。其中,如何让

---

① 根据中残联网站 http://www.cdpf.org.cn/tjsj/ndsj/2010/indexch.htm 数据推算。

残疾人获得公平优质的教育是一个核心问题。第二,在师资变化方面。随着我国特殊教育师资培养培训质量水平大面积提升和优化,已经为支持实施更精致、更专业、更微观的特殊教育奠定了一定师资基础;同时,特殊教育技术的进步、办学物质条件的改善,以及整个社会文明的进步,这些都直接推动特殊教育发展逐渐步入了以人为本的精致化阶段。特别是在全纳教育理念的影响下,特殊教育政策决策和教育教学的实践都受到全纳教育的深刻影响,关注残疾人的价值和意义、关注残疾人的尊严和权利、关注残疾人教育公平和质量,已经逐渐成为共识,为特殊教育向人本价值与民生意义转向奠定了重要基础。第三,生源变化方面。当前我国受教育人口正面临人口负增长率和低生育率,以及优生优育带来的人口素质提升,给教育带来的深刻影响。2010年我国第六次人口普查数据明我国人口生育率和人口增长率呈不断下降趋势。其中0—14岁人口(占总量16.6%)比2000年第五次人口普查下降了6.29个百分点[①];同时,据2006年第二次残疾人抽样调查显示,0—14岁残疾儿童所占残疾人比率也仅为4.66%,比1987年第一次抽样调查的15.8%降低11.14个百分点,锐减430.35万人[②]。这表明我国特殊教育生源总量和适龄儿童增长率将面临持续下降的趋势。其中,中重度残疾人越来越成为特殊教育受教育人口的主流人群。这种受教育人口数量结构的变化必将带来特殊教育需求结构和特殊教育发展方式的深刻变化。在我国GDP和教育投入增长的情况下,推进特殊教育向精致化、质量化、全面化、均等化、以人为本的特殊教育发展转变,已成为必然。

二、我国特殊教育发展改革的逻辑选择

问题矛盾和任务目标是改革的逻辑起点。有什么样的问题矛盾和什么样的任务目标,就会有什么样的改革逻辑。特殊教育发展对人本价值与民生意义的定位,以及公平和质量为特征的"普及-提高"矛盾,需要与之相适应的新的改革逻辑来支撑。这种改革逻辑就是综合改革。

(一)综合改革及其必要性

关于综合改革,最权威的设计源自于十八届三中全会通过的《中共中央关于全面深化改革若干重大问题的决定》对全面深化改革、推进教育领域综合改革的思路设计。这对特殊教育而言既是一个改革逻辑被动的政策植入,也是一个适

---

① 数据来自国家统计局网站 http://www.stats.gov.cn/tjfx/jdfx/t20110428_402722238.htm
② 根据中残联网站 http://www.cdpf.org.cn/sytj/content/2007-11/21/content_30316035_2.htm 数据推算。

应特殊教育新定位的主动逻辑跟进。因为,一方面,特殊教育作为教育的一部分,其改革自然属于教育综合改革的整体设计之中。另一方面,这也是与特殊教育新定位以及新的问题矛盾相适应的逻辑必然。

一是从特殊教育发展的任务目标看,特殊教育发展向人本价值与民生意义的转向,揭示了特殊教育改革重心必然要以公平和质量为价值核心,既要面向增量改革,为改善残疾人教育提供充分的量的增长保障;又要面向存量改革,为解决既有矛盾、特别是体制束缚和制度缺陷提供合理路径。从特殊教育内外部关系看,特殊教育改革重心就是既面向特殊教育系统内部要素改革,促进特殊教育系统自身的制度优化、完善创新;又面向多学科知识及其工作者,以及政府、社会、学校的关系改革创新,促进特殊教育多部门、多主体的多元合作、多主体治理,形成良性互动和有效配合的机制,特别是与残疾人成长密切相关的卫生医疗、民政、社区和社团组织等部门的良性互动和有效配合。这表明了特殊教育改革所要面对的是一个错综交杂的制度问题,特别是部门间利益分配、权力交割和制度建制等问题是一个硬核。它与不同区域、部门或组织、个人在政治、经济、文化及教育内部要素结构上盘根交错相互嵌入,形成了一个既有利益和权力格局的"铜墙铁壁"。由于改革总是基于特定制度结构束缚之下的改革,特别是对稳定的价值追求往往会使改革回避"硬核"风险,这样仅凭某些局部改革也就难以破除改革的壁垒。譬如,不同部门对发展特殊教育的政绩考核、人事和财力配置、掌控权力的分配、组织协调和政策统整安排等的交织和束缚,使得对一些特殊教育问题的解决,往往停留于表面的、暂时性的矛盾缓解状态,因此,特别需要一种超越于任何局部改革或零散改革而追求全面逐步深入的综合改革思维,即要坚持一种综合改革的逻辑。

二是从特殊教育改革发展的问题矛盾性质看,特殊教育改革发展面对的"普及-提高"矛盾,实质上是一个以公平和质量为核心,以资源分配为重点,以发展方式转型为内涵的制度建设问题。这既涉及残疾人成长的目的和意义,也涉及资源分配的社会观念和特殊教育发展的自身价值定位。一方面,残疾人作为社会弱势群体,其获得有质量的、有意义的、公平的教育,实现改善民生和幸福,关涉分配和再分配的问题,不可能依靠市场"经济人理性"或自发的道德良善来保障。特别是在上述指出的以公平和质量为特征的"普及-提高"矛盾的新阶段,教育公平、教育质量和教育普及相互交织,在问题解决的深层次内核上,构成了一个以体制机制为核心的制度建设问题。对这些问题的解决已不是单靠供给总量的增量改革所能解决。供给总量的增加适宜于效率的提高,但不能解决公平分配问题,更不能解决残疾人成长的意义问题。这充分表明了特殊教育改革是一个系统性问题。另一方面,特殊教育资源的分配作为差别原则为主的"补偿公平",其正义性面临着许多人的质疑,如何在不同人群之间,特别是在我国经济尚未充分发达,资源特别是优质教育资源总是持续紧张,以及其他社会建设各种矛盾还很突出的情况下,特殊教育切实解决"普及-提高"的矛盾还需面对一个矛盾交织和利益再平衡的系统制度建设问题,特别需要深层次的以制度建设为中心的存量改革来保障。特殊教育改革应作为社会改革的拼图之一,应予以整体设计。

(二) 整体性改革、系统性调整和协同性治理:特殊教育综合改革的方法论特征

根据十八届三中全会《中共中央关于全面深化改革若干重大问题的决定》对深化改革和推进教育领域综合改革的设计,综合改革是一种注重改革的系统性、整体性、协同性的方法论。本文所指特殊教育综合改革,就是立足特殊教育发展人本价值与民生意义的定位,以及公平和质量为特征的"普及-提高"矛盾,按照整体性改革、系统性调整和协同性治理的思路方法,进行制度建构、完善和创新。它以促进组织变革与制度创新完善为主要手段,追求特殊教育改革的整体推进和全面深化。它具有以下方法论特征:

第一,特殊教育综合改革是一种整体性改革。在现代社会,特殊教育存在都不是孤立的,而是彼此联系的宏结构系统。它一方面有机嵌入到社会结构中,是一个依赖于整个社会系统的开放结构;另一方面,其自身也有着一定的组织制度、活动方式和人群,以及较完善的学科知识体系,是一个相对完整、稳定的学科领域。同时,构成特殊教育宏结构整体的部分之间,特别是特殊教育投入、师资和学生等要素之间,及其与社会之间、卫生部门等其他组织,是相互联系、相互影响的整体动态平衡过程。特殊教育每个局部问题的解决都离不开对整体的分析,局部问题需要放置到特殊教育整体及其存在的社会系统之内来考察,明晰要素构成及其存在的联系和矛盾,并以特殊教育宏结构整体优化提升和相关社会制度结构调整来促进局部问题的根本解决。特殊教育综合改革逻辑就是基于对这一整体性状及其关系的体认,认为特殊教育部分的某些属性功能优化和问题解决,不仅仅是其本身的属性功能问题,而且来自于特殊教育整体结构和相关社会制度调整对部分属性功能的影响和制约,是整体结构之间相互作用、相互联系、相互影响的结果。譬如,优秀教师并不是在任何条件下都是"金子",只有在适宜的、能激发其积极性的整体制度环境中才能"发光",实现其"优"的价值;随班就读并不是在任何地区都是最好、最适用的教育安置策略,只有和本地区教育资源(特别是经济和教育基础、师资和技术条件等)相匹配,才能取得较好的效

果。也就是说，特殊教育任何一个要素功能的充分发挥并不是无条件的，而是受到整个体系结构的制约。

特殊教育综合改革坚持特殊教育整体性改革观，就是要从全局和整体出发来认识和分析问题，把特殊教育整体作为认识的出发点和归宿。一是要从特殊教育整体和相关社会制度设计出发，在充分理解和把握的基础上确定改革的整体目标，尤其是要重视特殊教育主要问题矛盾以及社会发展变革的总体方向和目标。譬如，全纳教育思潮的人本特教及其个别化教育就是一个主流方向。二是要从整体视角分析特殊教育存在的全局性矛盾和问题，分析每个部分之间的矛盾及其各种条件限制，找到满足和实现整体目标的条件，提出各种可供选择的方案，并选择最优方案，特别是要重视影响目标实现的结构性矛盾。譬如，《特殊教育提升计划（2014—2016）》中提出的"每一个残疾孩子都能接受合适的教育"目标实现，涉及合理的特殊教育体系和工作格局，其中特殊教育服务保障机制是一个重要领域，特别是保障的体制机制创新，譬如"送教上门"和"孤独症学校"等普及教育的制度创新、经费保障的政策设计、师资保障的管理制度创新、课程标准建设为主的课程教学改革、学校基础能力建设等，就是直接影响全局目标实现的关键因素。三是要注意正确处理好短期目标与长远目标，以及改革、发展和稳定的关系，坚持增量改革和存量改革相结合、特殊教育系统内部要素改革与外部关系改革创新相结合，科学、系统地推动特殊教育整体、和谐、可持续发展。譬如，还是以《特殊教育提升计划（2014—2016）》为例来看，"每一个残疾孩子都能接受合适的教育"目标实现，尽管设计了三年的任务措施的政策安排，但是缺少对"特殊学校办学质量标准"这一具有稳定和持续作用的长期目标政策思考，可能会使得上述目标实现面临"缩水"的困境。在这里，从整体到部分到再回整体是基本的逻辑过程，特殊教育整体结构优化是促进各要素及其相互关系优化的基础。

第二，特殊教育综合改革是一种系统性调整。特殊教育是一个完整的结构系统，其每个结构要素都与整体密不可分，同时每个结构要素的"短板"都可能导致整体的缺陷。根据"木桶原理"，特殊教育整体水平的提升来自于每个结构要素的限制。基于这个认识，特殊教育综合改革逻辑认为特殊教育整体发展是其每个结构要素的属性和功能按一定方式相互作用、相互联系来实现的。譬如，投入要素的结构调整优化会直接导致教育条件的改善，薪酬分配体制的结构优化会直接导致师资配置的优化，而这些又会直接导致教育水平和效益的提高。实现特殊教育成功改革就要立足对特殊教育每个结构要素的考察，特别是立足牵一发而动全身的关键结构要素"限制性"的分析和解决（如体制机制问题），来实现整体水平的提高。在这里,构成特殊教育整体的不同要素结构属性的差异性,是整体得以存在的核心因素,也是促进整体发展关键因素。其中,不同要素结构属性之间的彼此联系使得特殊教育整体成为可能,准确把握不同要素结构属性之间的彼此联系也就成为综合改革的一个基点。它超越了简单的线性思维,强调系统结构是与每个结构要素的功能及其关系紧密相连的,每个结构要素及其关系是系统整体功能的构成要素,有什么样的特殊教育结构要素及其关系就有什么样的特殊教育存在样态。

特殊教育综合改革坚持系统性结构调整的思维,就是要立足特殊教育每个结构要素及其关系的优化调整,谋求特殊教育整体改革发展的最大效益。一是要把特殊教育结构要素及其关系作为特殊教育整体发展的基础,注重结构要素的合理配置与优化。特别是重视优化特殊教育领导体制、师资培养和配置体制、经费投入与使用体制、特殊学校内部管理制度、特殊学校教育质量评估制度等。二是要注重通过发挥不同要素结构的不同功能和作用,促进它们之间的紧密联系和关系优化,形成高效优质的整体结构。也就说,并不是全优的要素结构才能产出全优的教育效益。譬如,教育条件和师资水平较一般的学校,通过制度创新,促进学校教育结构的整体优化,也可以产生较好的质量和效益。三是要重视对特殊教育中占据主要矛盾和基础地位要素的变革,注意抓住主要矛盾和关键环节。如,在坚持增量改革和存量改革相结合的同时,要注重以存量改革的制度建设为重点;在坚持特殊教育系统内部要素改革与外部关系改革创新相结合的同时,要注重以内部要素结构调整为重点,集中精力在主要矛盾和关键环节上攻坚克难,求得突破。在这里,除了一般的资源条件外,注重破解师资素质能力及其结构配置等方面的制约,发挥骨干教师以及师资队伍良好的整体结构等方面的效能;注重解决学校管理制度上的问题,发挥管理的激励效能,是十分重要的结构要素。

第三,特殊教育综合改革是一种协同性治理。特殊教育是一个开放的系统,是一个教育合作的结构存在。首先,它以教育学、医学、社会学等多学科知识及其工作者的多维合作为结构体系。其存在和发展离不开教育、医学等多知识技能的支持和参与。其次,特殊教育作为社会系统的构成,离不开来自政府、教育部门、卫生部门、社会组织等多元主体、多元方式的参与。也就是说,特殊教育是由若干个子系统构成的,各个不同系统之间是要协同配合的。特殊教育发展及其系统要素的调整组合必然遵循一种开放的合作的思维逻辑。基于此认识,特殊教育综合改革逻辑认为特殊教育整体发展是其每个系统之间协同合作的公共治理过程,特殊改革发展成效就取决于不同系统及其之间的结构优化程度,以及不同系统之间的协同合作效果。

　　特殊教育综合改革坚持协同性治理思维,就是要通过多学科知识及其工作者的多元参与,以及不同社会角色和职能的主体多元参与,建立一个多主体、多途径、多方式参与的民主、开放的公共治理结构体系。一是坚持政府责任主体治理为主导、其他部门和社会组织等广泛参与协作治理的思路,促进形成公开公平开放、富有效率和活力的组织结构;特别是注重吸纳社会组织、社区、医疗结构参与特殊教育合作,获得广泛的、多主体、多方式的资金与技术支持、监督管理、购买服务等支持。二是要重视政府公共服务职能转变下的特殊教育管理职能定位,特别是各级政府在把特殊教育纳入经济社会整体发展规划时,要注重根据不同区域实际,合理确定发展目标和方式,合理划分各级政府在发展特殊教育中的管理职能,引导特殊教育健康发展;其中,特别重视以财政投入和师资管理为主导的管理职能,以及政府组织领导的权力结构改革,加强特殊教育的科学设计。三是要坚持把特殊教育作为一个全社会的系统工程,一个关涉经济社会全局的事业,健全与完善社会参与特殊教育的制度安排,特别是重视特殊学校与医疗、康复机构、社团组织等部门组织的合作制度建设,重视通过共同合作、无偿支持、有偿服务等合作方式创新,吸引各方面力量持续有效的参与特殊教育。

三、我国特殊教育发展改革的政策价值伦理建构

　　我国特殊教育向人本价值与民生意义的发展转向及其综合改革逻辑选择,必然要求相应的政策跟进。其中,从政策价值与伦理上确立特殊教育政策价值正当性,是适应特殊教育发展转向、完善特殊教育政策设计的首要前提。根据前面对特殊教育政策政治哲学基础的省察和特殊教育政策价值与伦理的审视,应对我国特殊教育发展改革的政策价值与伦理应沿着深化道义论正义思想的路径,完善特殊教育政策设计安排。

　　（一）深化正义优先原则

　　特殊教育本源于人类文明发展到一定高度的"正义关照",是"人性之花"、"文明之花"、"道德之花",其产生显现着人类文明正义的伦理价值观念。正义是独立的,是"社会制度的第一美德。"[1]"正义的原则是以一种并不依赖于任何特殊善观点的方式而得到辩护。"[2]洛克的"生而自由",康德的"人是目的"都把权利作为伦理法则的"决定性根据"。在康德看来,正义法则即道德法则,而善恶

---

[1] 罗尔斯. 正义论[M]. 何怀宏,等,译. 北京:中国社会科学出版社,2009.4.
[2] 桑德尔. 自由主义与正义的局限[M]. 万俊人,等,译. 南京:译林出版社,2006.3.

都是通过道德法则来定义的。"善和恶的概念必须不先于道德法则,而只在这法则之后并通过它得到规定。"①罗尔斯"公平的正义"理论,体现了以补偿公平消除或缩小差异而最终达致结果平等的正义优先思想。在此强调特殊教育政策伦理深化正义优先原则,即是以上述道义论原则为基础,把公平作为特殊教育政策的首要价值,以差别原则补偿公平为主要原则,以教育权利、教育机会、教育规则、教育资源分配在教育起点、过程和结果上的差别对待与特殊需要满足为公平尺度,在当前及今后相当长时期内把教育公平作为特殊教育政策的一个独立的发展目标,强调残疾人在特殊教育政策中的价值主地位,强调残疾人对教育获得的补偿公平并以教育全过程的公平来衡量这种教育的获得。在价值秩序上,②残疾人教育公平不依赖于任何尺度而具有价值优先地位,不依赖于任何善(功利)而具有个体权利优先地位,不同于普通人群而具有教育资源分配优先地位,且教育资源不同于一般而具有满足特殊教育需要的优先地位。具体说来包括:

(1)差别原则优先即正义。强调对残疾人的补偿公平是特殊教育政策的应有之义,残疾人作为最少受惠者,特殊教育政策设计应当关注他们不平等的身心自然禀赋和社会地位,且把他们作为正常的存在,从他们的最大利益出发补偿公平。(2)残疾人教育利益分配对其他人群优先即正义。强调特殊教育是社会文明进步的表征,也是社会合作的产物,对残疾人教育的补偿公平是社会的"应为"和义务,也是残疾人的"应得"和权利,根据残疾人教育利益极易受损的事实,特殊教育政策对残疾人教育利益保障的优先安排,教育资源的优先分配,是缩小"天赋"差异而追求实质平等的正义之举。(3)公平对效率的优先即正义。强调特殊教育政策应当把教育公平作为一个独立的优先的尺度和标准。(4)残疾人个体权利优即正义。特殊教育政策应当强调通过满足残疾人个体价值及其特殊需要,防止个体权利、人本价值在多数者善原则中被落空。(5)残疾人特殊教育需要的差异性对普遍性优先即正义。强调教育及其政策注重满足残疾人独特存在的身心及其教育需要的差异性、多样性、复杂性,防止个体不同的特殊教育需要被普遍性、标准化、统一化的教育及其政策所淹没。(6)残疾人生成性、变化性对预成性、确定性优先即正义,强调特殊教育及其政策应当根据残疾人成长变化和环境变迁提供不同的相宜的教育。

(二)坚持程序正义与结果正义统一原则

特殊教育政策伦理公共性和正义优先于善的特性表明,特殊教育政策活动

---

① 康德. 实践理性批判[M]. 邓晓芒,译. 北京:人民出版社,2003.86.
② 王培峰. 特殊教育哲学:本体论与价值论的研究[M]. 济南:山东人民出版社,2012.65.

对各利益主体的约束和规范其实是一种责任和义务。然而责任和义务的履行是受到特定背景、资源和条件制约的,其过程和结果都不能对应契约的保证和承诺。譬如,公共权力部门的"公共"有多大?谁能监督和评判?区域间、校际间、城乡间、不同人群间的教育不公平,足以说明教育政策应允的是一个"空头支票"。这些问题困境说明,特殊教育政策伦理需要坚持"道"与"德"的统一。在伦理学中"道"与"德"是一个重要关系范畴。道即规范、规律、准则,德即仁、义、善。道为本,德为体。德无道不立,道无德不载。它们不可分割。用西方哲学话语来说,这两者以程序正义与结果正义的统一确保政策的实际正义效果。桑德尔认为"契约近似于正义但不保证正义。"①他说"过程是达到正义结果的手段但并不规定正义"。② 因此,特殊教育政策活动应坚持程序正义与结果正义统一的原则。反映到政策伦理中就是要以结果的正义规定程序过程,又以程序过程的正义确保结果的正义。其主要在以下几个方面:

(1)公共治理即正义。把社会公众作为善的推手而不是对手,平等伙伴而不是下级雇员,以价值与利益分享的伦理价值方式,倾听并调动家长、社会组织等利益诉求表达,吸纳参与监督和评价等政策活动,改变"受益人缺席"和政府"集运动员与裁判员一身"的状态,建立特殊教育公共治理结构。(2)"底线公平"即正义。以提供保障所有残疾人教育公平的最基础的学习机会和权利,基本健全的、合格的师资与设施设备,最起码的救助与社会支持体系,作为任何特殊教育政策设计的最底线的价值尺度,防止他们在教育利益的博弈中被挤兑。(3)满足特殊教育需要的物品创造与供给即正义。提供满足残疾人特殊教育需要的设施设备等物品是确保特殊教育质量和实质教育公平的重要基础。根据沃尔泽物品理论,分配的核心是物品,物品的社会意义决定着物品的分配原则。因此我们的注意力应"从分配本身转移到创造和构想物品上来。"③残疾人特殊需要的物品(如康复医疗、专用工具设施设备等)与他们之间有紧密的联系,有着满足特殊需要的自然价值和排斥其他健全人群体的功用,有助于形成一个特殊的分配领域,给残疾人带来更多的实质平等。特殊教育政策设计及其活动应注重满足残疾人特殊教育需要的物品创造与供给,并确立和维护好残疾人公共教育物品领域边界,④改变现实中许多物品从社会意义拒绝他们参与平等分配的可能的现象。

---

① 桑德尔.自由主义与正义的局限[M].万俊人,等.译.南京:译林出版社,2006.131.
② 桑德尔.自由主义与正义的局限[M].万俊人,等.译.南京:译林出版社,2006.131.
③ 沃尔泽.正义诸领域:为多元主义与平等一辩[M].褚松燕,译.南京:译林出版社,2002.6.
④ 王培峰.特殊教育公共品供给制度:变迁、问题与建议[M].学术论坛,2010,(11):194.

(三)坚持全纳教育的价值伦理原则

在国际特殊教育潮流中,全纳教育体现了对残疾人等深沉的人本主义关怀。它主张用全纳、融合、参与的教育理念重建教育之于残疾人等价值秩序的位移,防止他们生命价值被剥夺或僭越。特别是对残疾儿童侧重用民主、平等、合作的社会学方法解决残疾人等的发展问题,伸张着特殊教育政策的视野。① 其实,全纳教育理论与实践主要是通过《萨拉曼卡宣言》、《特殊需要教育行动纲领》等国际文件提出的。可以说,全纳教育本身就是一种政策性的表达和规定。作为成员国,全纳教育思想、价值与伦理应当进入到我国特殊教育政策价值伦理谱系中,奠定为特殊教育政策价值与伦理的一个内在依据。

(1)多元合作即正义。根据特殊教育深刻涉及社会学和医学、心理学等多学科、多部门、多专业人员的特点,充分重视各个层面的教育合作,通过康复医疗、行为治疗等干预,确保有质量的结果。(2)全纳性环境即正义。"残疾人身心缺陷的障碍,与其说是自身障碍,不如说是环境危机"。② 环境特别是社会环境与残疾人成长关系极为密切。美国等西方国家的实践表明,通过创造全纳性环境,进行最少受限制的教育安置,促进社会关怀和全纳融合,能最大限度地保障残疾人平等社会参与,最大限度地促进他们获得有意义、有质量的生活。(3)满足特殊需要的教育即正义。强调满足残疾人的特殊教育需要在保证他们获得实质教育公平中的价值和作用,特殊教育政策应当侧重"个别化"、"专门化"、"合作化"的教育政策设计(如,实施个别教育计划、安排个别化干预和训练等),满足残疾人个别化的特殊教育需要。③ (4)特殊教育政策分层分类设计即正义。根据不同地区、不同障碍类型和不同障碍程度的残疾人人群以及不同背景和条件等的差异性多样性,进行分层分类的政策设计,能避免教育政策刚性的"统一要求"或"统一设计"等宏大安排对不同情况的残疾人接受适宜教育的利益架空和剥夺。特殊教育政策越是多层分类设计,越是具体翔实,越是丰富多样多元,就越具有人本价值,就愈可能是具有充分正当性价值的正义制度。

(四)坚持公平与责任的原则

特殊教育政策活动是公共空间的活动,坚守公共性的特殊教育政策伦理是特殊教育政策的前提。即特殊教育政策伦理还要处理政策活动中群与己、公与

---

① 王培峰.特殊教育哲学:本体论与价值论的研究[M].济南:山东人民出版社,2012.218.
② 王培峰.特殊教育哲学:本体论与价值论的研究[M].济南:山东人民出版社,2012.155.
③ William. L. Heward.特殊需要儿童教育导论(第八版)[M].肖非等译,北京:中国轻工业出版社,2007.38.

私的关系问题。特殊教育公共性价值表明,特殊教育是全社会的系统工程。每个社会成员都是特殊教育"价值关涉"的主体,为社会增添正义和文明。每个人对特殊教育的关爱不仅是关爱他人,也是关爱自己,为自己搭建人生和人性栖息的正义土壤和环境,而对特殊教育的恶就是对社会公共环境和文明正义的亵渎以及对自我人性修养的戕害。对特殊教育政策伦理公共性的坚守,其中,首要的是坚守公平与责任的伦理原则。公平伦理原则自然是特殊教育政策价值正当性的基石和整体结构原则,但是公平伦理原则还需要相应的伦理来保障,即责任伦理原则,亦可称为"责任即正义"伦理。这对防止和抵制利益分化、利益博弈带来的公平紧张,特别是在资源有限的情况下,纠偏特殊教育政策活动可能在教育目标、水平等方面的不公平具有重要意义。在这里,需强调的是,由于特殊教育政策对残疾人的利益补偿往往是事后补偿,特殊教育政策伦理也往往是事后责任伦理,即针对某特定问题或跟随某些政策的补偿性或补救性的责任伦理,这种责任伦理是被动的,被"逼出来"的,具有责任伦理动机不足、积极性不高、责任意识不强等先天缺陷,难以从根本上和整体上为特殊教育政策提供伦理依据。为此,树立前置责任伦理原则更具有奠基特殊教育政策合理性的作用。从责任伦理的内部机制看,责任伦理的核心内容是以教育公平为宗旨,以法律责任和义务、契约责任和义务、博爱仁慈同情等道德自律来维护残疾人所应享有的教育利益。法律和契约是外在规范的他律,道德自律是"内心法则"和"意志准则",它独立于一切"经验性条件",[①]服从自己的"命令"。因此应以内省的方式,把对残疾人教育的关怀作为一种义务,一种正义的社会行动,一种形成社会良知的公共精神,一种增强和推进公民权利、人性尊严、社会责任的过程与方式,强化正义修身,增强意志自律。这是责任意识最自由、最积极、最高境界的养成方式。另外,作为重要补充,还要注重建立在利益合作共享基础上的契约伦理责任意识养成方式,即合作共享伦理。前面分析已指出,民主与合作的伦理特性是特殊教育政策内在伦理特点。在特殊教育政策活动中输入合作的伦理思维,并通过合作的思维在不同利益群体之间搭建一个契约性的平台,以此强化社会公众的责任意识。

第二节 我国特殊教育发展改革的时代诉求

特殊教育发展向人本价值和民生意义的转向定位,揭示了特殊教育改革突

---

① 康德.实践理性批判[M].邓晓芒,译.北京:人民出版社,2003.57.

破重心的新转移。因为新的认识意味着面向新的矛盾问题和目标任务,而解决这些新的矛盾问题和实现新的目标任务是推动特殊教育持续稳定全面发展的重要因素。特别是在以下几个方面的关键环节和重点领域亟待特殊教育政策的有力回应。

一、特殊教育权力结构调整的诉求

特殊教育权力结构调整是实现特殊教育发展改革的一个关键环节,直接制约着特殊教育治理体系和治理能力的现代化。特殊教育权力结构调整是适应特殊教育新转向的制度变革需要,是实现特殊教育改革发展的必由之路。

当今特殊教育作为教育事业的组成部分,是一个彼此联系的制度化结构;而特殊教育之所以建制的核心就是特殊教育管理体制。其中,特殊教育权力结构是特殊教育管理体制的核心构成。现实中,有什么样的特殊教育权力结构就可能具有什么样的特殊教育权力特点及其管理体制,也就有什么样的特殊教育存在样态和改革发展趋势。如单向度的"自上而下"式的特殊教育权力结构可能会产生专制的管理体制和权力,公众广泛参与的特殊教育分权结构可能会形成民主的管理体制和权力,等等。特殊教育权力结构一经形成,便以结构化、稳定化、规范化和整体化的规则形式形成管理体制,直接影响着特殊教育整体结构建制。权力结构调整决定特殊教育改革发展的深度、力度和成效,也决定着特殊教育改革发展的样态和性质。甚至,一定意义上,特殊教育整体结构建制就是权力结构存在的结果。因此,深入到特殊教育权力结构调整是深入推进特殊教育改革的核心所在。

(一)经济社会条件的变化亟待特殊教育权力结构调整

从政治方面看,特殊教育发展的基础离不开党和政府对教育在经济社会中的政治认识和定位。自"十七大"确定教育民生地位和社会建设性质以来,开启了人们对特殊教育在经济社会发展中的地位和性质的重新认识。特殊教育改革发展的权力开始向社会下移。如果说十七大以前特殊教育作为上层建筑尚能适应国家主义的强权型政治需要,那么现在随着政府职能的转变和对教育民生地位的体认,特殊教育改革发展无法单纯以上层建筑和政治路径来推进,特殊教育改革权力从国家主义框架走向"政府-社会-学校-公民"的结构框架不可避免。单一的政府集权结构开始瓦解,"政府-社会-学校-公民"以权利为核心制衡政府权力、分散政府集权的权力分化结构,把特殊教育改革推到了深水区。从社会基础看,这是由于我国社会公共领域和社会结构发生了翻天覆地的变化。我国过去较单一的社会结构阶层发生了显著改变;同时,地方利益、部门利益、个人利益等已经从过去单一的国家整体化利益结构中分化出来,形成了多元利益结构的格局。这些结构的变化必然深刻影响到特殊教育资源在内的资源分配。再者,当前,在市场经济推动下,政府职能不断转变,政府和社会不断分开,公民社会不断发育成熟。特别是随着我国民主政治进程对公民权利的崛起,人们对教育需求的多样化的追逐、对教育质量和公平的关注,以及网络技术对人们身份、地位和秩序的后现代颠覆和解构,使得一个批判与抵制政府权力扩张的公共领域逐渐在教育中反映出来,日益挑战着传统的政府主导的教育权力结构。从体制方面看,政治体制改革滞后一直是我国体制改革的弊端。包括特殊教育在内的教育改革发展在管理体制改革等关键环节上一直迟疑不前。向管理体制改革要教育效益是一个不可回避的现实问题。

(二)解决特殊教育发展存在的主要矛盾亟待特殊教育权力结构调整

我国是特殊教育大国,但大而不强;我国特殊教育资源丰富,但富而不均;我国特殊教育体制结构稳定,但稳而缺少活力;我国残疾人教育需求旺盛,但教育质量不高、教育不公平等问题突出。我们知道这些问题很多是体制问题造成的,但是自1985年《中共中央关于教育体制改革的决定》颁布以来,至今都没有根本突破。这揭示出我们需重新审视特殊教育体制改革的突破口和路径。其中,对特殊教育管理体制改革而言,长期努力解决但长期解决不了的"硬骨头"是什么呢?就是特殊教育权力结构的问题。其实,改革开放的总设计师邓小平早就一针见血地指出"改革领导制度的核心,就是改革权力结构,就是在权力问题上正本清源"。[①] 管理体制是权力结构的居住。当前,进入特殊教育进入到"分配-意义"矛盾的新阶段,即特殊教育所要解决的是以公平为主要特征的改善残疾人生活的民生问题和以质量为主要特征让残疾人平等参与社会、过有尊严、有价值、有意义的人本意义问题。这些问题特别是公平问题,表面看是资源分配不均衡所致,背后深层次的却是分配体制内部的权力结构问题。譬如,农村特殊教育的失衡、重度残疾人群教育的严重不足等,实质上是因为政府集权这种单一的权力结构由于缺少社会、公民等其他权力主体的分权和监督,其公平与否直接取决于政府自身的自律;而政府具有权力扩张的天然冲动,具有抵制分权和制衡,注重支配而轻视服务,以及谋取自身利益最大化的可能。当这种单一的权力结构在注重追求效率,或者面对教育资源紧张,或者面对社会不同群体对教育利益角逐

---

① 李永忠.权利觉醒呼唤权力制衡[J].半月谈内部版,2009,(6).

所形成的多种错综复杂的利益格局时,无限制地发挥了政府对教育权力的垄断,抑制了农村、重度残疾人群的权利诉求和社会的监督。

(三)促进特殊教育发展方式转变亟待特殊教育权力结构调整

我国正大力推进以人为本的社会建设,努力办人民满意的教育,实施人力资源大国向人力资源强国迈进的战略目标。重视教育质量和公平、满足受残疾人的不同教育需要、促进残疾人全面发展,已成为特殊教育改革发展的实然基础和价值正当性根源。传统注重规模扩张的粗放型发展已逐渐让位于注重质量、公平为核心的内涵式发展。这种发展方式转变的内在机理实质上是教育发展所依靠的要素结构优化组合的变化。特殊教育改革实质上是特殊教育发展所依靠的要素结构与新发展观、新价值观相适应的优化组合和调整。而这种要素结构组合调整带来的冲击首先是教育权力结构的调整。因为,特殊教育要素的存在和优化都离不开特殊教育权力结构的支持保障,特别是师资、投入等要素总是在中央和地方各级政府(及其有关教育、财政等部门)的管理权限和权力之间组合调整,并形成相契合的一定权力格局。但是,教育发展要素特别是干部之间、部门之间、不同地方之间、师资人事问题等要素常常与既有的管理体制机制形成的利益格局相契合,具有一定的依赖性和惰性。他们对新的管理体制机制重构又具有一定的对抗性和紧张度。这样,促进教育要素优化组合就主要在于教育组织管理体制中的权力分配和协调。因此,通过教育权力结构调整构建教育组织管理的新体制,促进教育投入、师资、技术等发展要素的优化组合,是实现教育发展方式转变的必然选择。

二、特殊教育支持保障体系建设与完善的诉求

特殊教育发展向人本价值和民生意义的转向,揭示出特殊教育改革越来越注重切实解决残疾人的现实利益问题。由此,建立和完善特殊教育支持保障体系就成为特殊教育改革发展的一个重要领域。

(一)公平有效地实现残疾人教育利益亟待完善特殊教育支持保障体系建设

特殊教育改革发展向满足残疾人现实利益问题的转移,需要相应的政策措施跟进和保障。当前,我国特殊教育改革发展进入到一个多种利益错综纠缠的问题高发期、艰难期。一方面,社会阶层和不同利益群体的利益纠葛深刻影响到教育资源的分配,需要社会、学校、残疾人家庭等不同利益主体的广泛参与、共同协作,建立与特殊教育发展新转向相适应特殊教育支持保障体系。另一方面,尽

管随着后 4% 教育投入时代的到来,宏观上,我国已经建立起基本满足特殊教育发展要求、与特殊教育发展相适应的投入额度,且在一定时期内,随着投入体制不断完善和多样教育经费保障体系不断完善,投入已不再是教育发展的制约瓶颈。但是,资源和投入怎么分配,分配标准是什么,投入和资源怎样合理使用、如何发挥最大效益等问题,开始被凸显放大出来,特殊教育支持保障体系建设问题分外凸显。为此,我国《国家中长期教育改革和发展规划纲要(2010—2020)》和《特殊教育提升计划(2014—2016)》作为新时期教育发展的重要政策,分别对健全特殊教育保障机制做出了专门要求。《特殊教育提升计划(2014—2016)》还明确指出,"建立财政为主、社会支持、全面覆盖、通畅便利的特殊教育服务保障机制,基本形成政府主导、部门协同、各方参与的特殊教育工作格局"①,进一步指出了特殊教育支持保障体系建设的基本要求。

(二)提高残疾人教育质量和促进残疾人教育公平亟待完善特殊教育支持保障体系建设

中外特殊教育发展的实践经验表明,特殊教育作为对残疾人弱势群体的教育,其发展离不开科学有效的支持保障体系的支撑。当前,我国正处于社会转型的关键时期,面临解决以公平和质量为特征的"分配-意义"矛盾,这不仅是单一的分配体制机制调整问题,而且是一个以教育公平和教育质量为核心的保障制度建设问题,特别需要完善以政府为主体和主导、社会广泛参与的支持保障体系建设。甚至说,特殊教育本身就是政府为主的支持保障的结果。30 多年来,我国主要依靠规模化、快速化、大面积化的义务教育基本解决了残疾人的义务教育问题。但是,残疾人教育质量不高、教育不均衡、不能满足多样化教育需求等问题十分突出。主要表现在区域间、城乡间、不同残疾人群间以及不同类型教育间。譬如,东部与西部地区有巨大差异。根据教育部《2013 年教育事业发展统计公报》和《2013 年西藏自治区国民经济和社会发展公报》,2013 年西藏地区特殊教育毕业学生仅有 37 人,招收学生仅 213 人,在校生仅 835 人。② 另外,重度障碍儿童教育匮乏以及义务教育与非义务教育特别是学前教育不均衡等,已十分明显,下文中将专门论及。二是我国残疾人教育需求和利益格局分化。据 2010 年第六次全国人口普查数据显示,我国城镇人口 66 557 万人,占总人口的 49.68%,乡村人口 67 415 万人,占 50.32%,同 2000 年人口普查相比,城镇人口

---

① 特殊教育提升计划(2014—2016). http://www.moe.gov.cn/publicfiles/business/htmlfiles/moe/moe_1778/201401/162822.html,2014-01-08.
② 刘全礼、罗布.西藏特殊教育发展报告[J].现代特殊教育(下),2015,(7).

比重上升 13.46 个百分点；流动人口 26 139 万人，同 2000 年人口普查相比，增加 11 700 万人，增长 81.03%。① 另据中残联网站信息，2010 年末我国残疾人总人数 8 502 万人，视力残疾 1 263 万人；听力残疾 2 054 万人；言语残疾 130 万人；肢体残疾 2 472 万人；智力残疾 568 万人；精神残疾 629 万人；多重残疾 1 386 万人。② 另据民政部《2012 年社会服务发展统计公报》数据显示，2012 年底，全国共有城市低保对象 2 143.5 万人，农村低保对象 5 344.5 万人（比上年同期增加 38.8 万人，增长了 0.7%）。③ 另据央视国际透露，到 2025 年，中高收入人口将达到惊人的 5.2 亿。④ 由于受教育人口在经济、环境、身体、利益倾向和价值诉求等方面的多元和不同，其教育需求和利益也面临多样化的选择。这表明我国特殊教育面临满足多层多样教育需要的挑战。教育公平、质量和满足多样化教育需求已成为教育的主流。这亟待特殊教育支持保障体系建设来支撑和实现。

三、重度障碍儿童教育的诉求

重度障碍儿童教育缺失一直是影响我国特殊教育公平特别是不同残疾人群内部不公平的重要原因。在我国，在校接受特殊教育的学生主要是盲、聋哑、智障三类残疾学生，且以轻度和中度障碍学生的教育为主。至今没有开展重度障碍儿童教育的政策设计和制度安排。即使各地出现的少许重度障碍儿童教育实践的案例，也并没有形成制度化、体系化，大部分重度障碍儿童被隔离在特殊教育之外，或游离于特殊教育的边缘。

（一）重度障碍儿童因严重受限的身心与学习需要而被"剩余"

重度障碍儿童教育之缺，首先有着他们严重受限的身心特点和高度特殊的学习需要的内在原因。那么，什么是重度障碍儿童呢？其学习有什么特点呢？国际上，直到现在仍没有统一的认识。一般说来，重度障碍儿童是指由于智力的或者身体机能的或者社会功能方面有明显障碍，难以适应一般特殊教育而需要更特殊的教育服务与支持的障碍儿童。当然，由于各国特殊教育发展水平与支持服务水平的差异，以及环境支持性程度的不同，重度障碍儿童亦是一个相对的

---

① 数据来自国家统计局网站 http://www.stats.gov.cn/tjfx/jdfx/t20110428_402722238.htm
② 数据来自中残联网站 http://www.cdpf.org.cn/sytj/content/2012-06/26/content_30399867.htm
③ 数据来自民政部《2012 年社会服务发展统计公报》http://cws.mca.gov.cn/article/tjbg/201306/20130600474746.shtml
④ 数据来自新浪网 http://news.sina.com.cn/c/2006-07-10/07159415639s.shtml

界定。例如,我国是指重度肢体残疾、重度智力残疾、孤独症、脑瘫和多重残疾儿童;美国则把自闭症、多重障碍、重度精神迟缓、重度情感障碍,以及重度外形与健康缺陷列入重度障碍儿童之列。重度障碍儿童虽然没有一个统一的定义,但并不妨碍对它的认识。第一,它是一个描述残疾人障碍程度的概念,而不是某个类别的残疾;第二,它多是从智力、发展进步的严重限制和教育需要的支持满足情况来反映障碍程度;第三,这种障碍程度是描述残疾人与环境适应的关系,并通过这种关系反映出来;第四,它通常在法律或政策文件中,通过对权利主体的权益保障描述,以一种法或政策性表达出来。如美国《残疾人教育法》描述为需要"高度特殊服务来最大限度地获得有用的、有意义的社会参与和自我满足的儿童"[1]。总之,重度障碍儿童是其身心的严重限制与环境适应、教育支持极度困难的残疾人。对他们的教育无法适应一般的特殊教育支持体系,甚至连一般的特殊教育理论也难以使用和概括。他们言语、认知、情绪和行为等身心方面与其他残疾人相比具有显著的差异,需要持续的高度特殊的服务和支持,是"所有残疾人中差异最大的群体",且他们之间也是差异大于相似。[2] 因此,也难以共同特征来概述什么是重度障碍儿童。

从教育的角度来看,重度障碍儿童的教学和学习有着极大的困难和差异。(1)高度特殊的学习特征。主要是:学习新技能的速度特慢,保持和迁移能力特差,表达和交流技能极为有限(或者说以问题行为或代偿行为作为沟通),身体和动作发展严重受限,自理能力严重缺乏,积极行为和互动稀少,刻板行为和问题行为严重。[3] (2)高度特殊的课程与教学。主要是:关注独立和有意义的参与和适应环境的能力目标;重视现在和将来基本生活的应用性内容;强调基本的功能性技能掌握;教学目标的不确定性和具体性;教学内容的高度可选择性、细节化、精确化、结构化;教学沟通的非语言性;教学过程的高度强化和个别化;教学评价的精确性;教学方式的直观直接性和可测量性。(3)高度特殊的教育支持体系。主要是:尽可能全纳性的教育安置(无障碍、无歧视、可理解、有反应、支持性的、最少受限制环境);康复医疗师等各类专业人员的高度协调合作;家庭、学校、社区的高度互动配合;高度包容性、全纳性的社会文化;资源配置高耗费、高标准化;师资高度专业化;充足的教育财政支持;政府责任与社会支持的高度责任心等。可见做好重度障碍儿童的教育是最困难的,也是最奢侈、最昂贵的,而"难"

---

[1] 威廉·L.休厄德.残疾人:特殊教育导论.孟晓等译,江苏教育出版社,2007.518-519.
[2] 威廉·L.休厄德.残疾人:特殊教育导论.孟晓等译,江苏教育出版社,2007.521,522.
[3] 威廉·L.休厄德.残疾人:特殊教育导论.孟晓等译,江苏教育出版社,2007.522-523.

和"贵"就恰在于重度障碍儿童这些身心特点及其学习的高度特殊,也正因此导致了重度障碍儿童教育一直是我国特殊教育中最匮缺、最无奈、最无助的部分。为此,各地特殊学校和随班就读学校或者以条件不具备而拒绝招收,或者混同于其他残疾人而"混读";一般普通学校则更是望而生畏、避之不及。据第六次全国人口普查数据及第二次全国残疾人抽样调查残疾人比率推算,至 2010 年末,我国共有 2 518 万重度残疾人,占残疾人总数的 29.6%;[①]但是他们的入学率极低。据中残联 2010 年度数据显示,仅肢体残疾、智力残疾、精神残疾、多重残疾的未入学适龄障碍儿童就达 101 561 人,占未入学适龄残疾儿童总数的 70.1%。[②] 重度障碍儿童已是未接受义务教育的主要残疾儿童群体。

(二)重度障碍儿童因特殊教育政策设计的匮缺而被"驱离"

特殊教育政策是基于残疾人身心及其发展期望的设计和安排。正是由于重度障碍儿童严重受限的身心特点和极端困难的学习,我国特殊教育政策设计,限于国内的资源条件,特别是师资、技术基础,以及资金、设施基础等的无奈,有意无意地避开或淡化了重度障碍儿童的教育要求,埋下了重度障碍儿童教育匮缺的祸根。下面以特殊教育与特殊教育政策的关系作以下分析。

特殊教育与特殊教育政策有着高度一致性。由于残疾人的弱势社会地位,以及特殊教育本身的弱经济性、弱科技性等弱势地位,特殊教育存在与发展一直离不开特殊教育政策的保障和维护。自特殊教育制度化以来,特殊教育一直无处不在特殊教育政策之中。特殊教育政策作为对特殊教育活动的限定和约束,规导着人们对特殊教育思想理念、价值和行为的选择。可以说,特殊教育本身就是一种政策性的表达。[③] 特殊教育政策的诸要素,无论以法律、规章,还是行政文件的方式呈现出来,实质上都是特殊教育发展的要素和要求;反过来,特殊教育要素和要求都蕴涵在政策要求之中,特殊教育目的、任务、方式途径、保障措施等都是特殊教育政策的一种表达方式。因此,从这个理论假设出发,也就不难得出,在既有特殊教育政策之外的特殊教育难以存在。以这个理论模型来反观我国特殊教育,便很容易发现我国重度障碍儿童教育缺失或无力的政策原因。即,我国特殊教育是深切蕴涵着《残疾人保障法》、《残疾人教育条例》、《特殊学校暂行规程》等主要特殊教育政策的规定性的,而在这些政策中都没有提及重度障

[①] 根据中残联网站 http://www.cdpf.org.cn/sytj/content/2012-06/26/content_30399867.htm 数据推算。

[②] 根据中残联网站 http://www.cdpf.org.cn/tjsj/ndsj/2010/indexch.htm 数据推算。

[③] 譬如"隔离制特殊教育"、"融合特殊教育"等,实质上就是表达了一种特殊教育政策的内涵。

儿童的教育规定与保障，那么自然也就没有重度障碍儿童教育创生和存在的空间与可能。近几年来，尽管东部沿海发达地区自发开展了些许重度障碍儿童教育，一方面主要是由于与国际(主要是美国)特殊教育交流，带来了制度和政策外的新思维、新技术；另一方面主要是由于特殊学校生源性质和数量的变化，即随着人口素质提高，使得增量生源总量减少，且轻度障碍儿童大多随班就读，致使重度障碍儿童成为必然的主流生源；另外，当地经济文化和科技的进步，也为开展重度障碍儿童教育提供了必要支持。因此，这些地方开始出现探索重度障碍儿童教育的愿望和案例，但终究因为没有特殊教育政策对重度障碍儿童教育的要求，也就没有形成制度性的重度障碍儿童教育。仅有的一些重度障碍儿童教育也不过是政策外的"自主创造"，招收与开展重度障碍儿童教育与否，纯是学校的"私"事和良心，全然无政策要求的"公"责和使命。譬如2011年4月2日《中国教育报》编发的《关注自闭症儿童："星星的孩子"何时不再孤独》一文就生动揭示了重度障碍儿童被普通学校和特殊学校不断拒绝的求学历程，[1]反映了我国重度障碍儿童教育的现状。

四、残疾儿童少年义务教育质量提升与均衡发展的诉求

我国残疾儿童少年义务教育已经取得举世瞩目的伟大成就。但是，一方面义务教育发展不均衡，整体水平不高；另一方面，残疾儿童义务教育面临着结构调整和发展方式转变。这必然要求特殊教育政策做出回应和保障。当前存在的主要问题是：

（一）残疾儿童少年义务教育发展方式粗放、水平偏低

残疾儿童少年数量少、身处社会底层，他们从文化习惯上对义务教育形成了一种"下线预期"，即只求"有学上即可"。我国残疾儿童义务教育具有追求入学率的单一政策目标惯性，形成了与之相适应的注重特殊学校数量扩张、片面追求普及率的粗放型发展模式。在教育理念、安置方式、教学设施配置、师资配置等方面，不太重视以人为本满足残疾儿童特殊教育需要，忽视残疾儿童个体价值、意义及教育质量的教育内涵建设。当前，随着我国经济社会的全面进步、教育技术的迅速发展、医疗康复对特殊教育的参与支持，以及国际特殊教育发展潮流（特别是全纳教育）的影响，特殊教育更加注重突出课程与教学改革，关注残疾儿童少年有意义的相关实用性、功能性课程，并以个别教育计划的形式，强调教

---

[1] 郭炳德,张利军.关注自闭症儿童："星星的孩子"何时不再孤独.中国教育报,2011-4-2.

过程的精致化、个别化,教育对象的全面化、公平化,教育环境与支持的全纳性、合作性。这种发展方式的转变迫切需要特殊教育政策的支持和促进。但是,至今特殊学校义务教育的新课程改革实施缓慢,新课程改革推进度相比普通教育落后了近十年。在入学率方面,据中央教科所孟万金教授研究显示,残疾儿童少年入学率比普通儿童低17.08%。[①] 截止到2011年底,全国有未入学适龄残疾儿童少年少年12.6万人,其中视力残疾人1.2万人,听力残疾人1.2万人,言语残疾人0.9万人,智力残疾人3.5万人,肢体残疾人3.5万人,精神残疾人0.6万人,多重残疾人1.7万人。[②] 同时,残疾儿童少年义务教育辍学率高,比普通儿童高15.22%。[③]

（二）残疾儿童少年随班就读教育质量不高

残疾儿童少年随班就读是适应当今特殊教育发展潮流的时代选择,具有促进残疾人平等融入社会等全纳教育的价值理性;同时,这也是适应我国国情、加快普及和提高残疾人义务教育水平的现实选择。目前,由于普通教育的压力和经济、技术、思想观念等方面的原因,普教系统对残疾儿童少年存在不同程度的排斥、歧视现象,使很多残疾儿童少年处于"随班混读"的边缘化状态,学生和家长甚至拒绝随班就读。同时,政策指导、组织管理等运行机制不健全。据目前成功的随班就读案例看,教师的责任心是成功的主要内在原因,外在资金支持是区域性推进的关键。显然,仅靠这些是难以支撑起或难以永久性地支撑起融合教育的大厦的。例如,巡回指导教师的组织化、制度化建设以及其他教师与教学评价考核制度建设等问题尚没有完善。许多学校以学习成绩为标准,以是否与教师考核挂钩为依据,将残疾儿童少年排斥在有质量的教学之外而"随班混读"。甚至在日常活动中也将残疾儿童少年排斥在其他人之外。这些问题直接影响了我国随班就读的质量和水平。在随班就读师资方面,据调查发现,至2007年只有37.80%的随班就读师资经过特殊教育培训;在随班就读经费投入方面,至2006年,有高达16.5%的随班就读学校从来没有接受过专项拨款,38.46%的随班就读学校反映较少接受专项经费,且不是常规性计划内拨款。[④] 另外,普通小学、初级中等学校因学生残疾而拒绝招收的现象严重存在,许多残疾儿童少年没有得到就近入学的教育机会;同时,在随班就读学校中,适合残疾儿童少年学习、

---

① 孟万金.推进残疾人教育公平任重道远[J].中国特殊教育,2007(2):4.
② 数据来源于中残联网站2011年事业统计公报.
③ 孟万金.推进残疾人教育公平任重道远[J].中国特殊教育,2007(2):4.
④ 彭霞光.中国特殊教育发展面临的六大转变[J].中国特殊教育,2010(9):5.

康复、生活特点的场所和设施也极为匮乏,难以保障残疾儿童少年的教育质量。

（三）残疾儿童少年义务教育地区差异大

基于我国经济发展严重不平衡、教育资源和发展条件的巨大差异,地区之间、城乡之间残疾儿童少年义务教育存有明显差距。一是,特殊教育机构不足,特殊教育及其质量无从保障。许多地方政府没有切实对残疾儿童少年教育进行统一规划,忽视根据残疾儿童少年的数量、分布状况和残疾类别等因素,合理设置残疾儿童少年教育机构。据教育部、国家发展改革委印发的《"十一五"期间中西部地区特殊教育学校建设规划》资料显示,2006年尚有74个地级市未建立特殊教育学校,其中中西部65个,占总数的88%。尚有493个县未建立特殊教育学校,占县总数的39.56%。其中中西部405个,占总数的82%。二是,残疾儿童少年义务教育所需设施设备匮乏,影响教育质量。同样据上面资料显示,有70%左右的学校需要进行校舍建设和配置必备教学、康复训练设施,其中中西部约680所左右。

（四）义务教育投入不足制约教育质量提高

残疾儿童少年义务教育实质上是一种强迫教育,是国家权力意志。残疾儿童少年义务教育投入是国家管理特殊教育的重要手段和方式,同时教育投入水平也直接决定着特殊教育质量水平。国际上,一般都以投入水平来衡量教育质量。当前,特殊学校义务教育投入的困境主要表现在特殊学校自主发展性功用的经费供给不足。特殊学校自主发展性功用的经费主要是指特殊学校可自主支配、自主规划发展所需要的经费。这种经费主要体现为教育科研、教师培训等方面,主要由特殊学校集体自我供给,其调控权可以在很大程度上不受其他组织的影响和干涉,过去曾经是特殊学校自主发展的重要力量之一。当前,政府财政供给主要体现在当地政府的经费拨付、县以上政府的转移支付和重点专项扶持资金三大部分,缺少对特殊学校自主发展的关注。因为,当地政府的经费拨付主要集中于生均教育经费的拨付,其绝大部分用于教师工资的发放;尽管生均经费拨付标准远高于普通学校,但由于特殊学校学生数量较少,而日常公用支出必不可少,生均经费仅仅维持学校运转。县以上政府的转移支付和重点专项扶持资金是推进均衡发展的补偿性投入。由于多数工程项目具有短期性、不稳定性和专项扶持资金使用目的的特定性等特点,特殊学校难以在自主发展上获得稳定保障和支持。一是由于经费投入的固定、有限,使得一些编制外的优秀人才难以引进到学校,教师配置难以优化。二是学校自主规划的发展性建设项目,难以得到资金支持。如专业教学设备配置、教学科研经费、教师培训经费以及贫困学生的生活与学习补助差额等无从支付。三是由于自主经费不足导致教师成长缺少必要的物质激励和资金扶持,特殊教育教师积极性不足、优秀教师流失严重,影响教育质量。特别是一些年轻的特殊学校教师出现工作消极,将精力转向谋求增长收入方面,而不是专注于教育教学。另外,还存在着专业师资不足、教师年龄与知识结构不合理等问题,影响教育质量提高。

五、残疾儿童学前教育的诉求

我国特殊疾儿童的学前教育是一个最弱的环节,期待特殊教育政策做出相应的设计安排。学前教育是基础教育的重要组成部分。我国《残疾人保障法》第22条规定要积极开展学前教育。2010年《国家中长期教育改革和发展规划纲要(2010—2020)》提出,因地制宜发展残疾儿童学前教育。据资料表明,我国3—6岁残疾儿童接受学前教育的比率达43.92%。[①] 但由于我国学前教育尚未纳入义务教育的公共服务体系,0—3岁残疾儿童的早期干预机构短缺且多是民办机构,专门残疾儿童学前教育机构和普通幼儿园、特殊学校学前班等,受法律保障、专业人员和资金等因素影响,残疾儿童入园人数极少。

(一)学前教育实施缺少相应的完备的公共服务法律、制度的保障

由于我国学前教育的立法严重滞后,残疾儿童学前教育地位不明确,在整个国家教育政策体系中其地位显得尤其孱弱。同时,法律法规的条文规定过于笼统,缺少明确的责任界定。例如,我国《残疾人教育条例》虽然规定残疾幼儿的学前教育,但没有规定具体责任,缺乏相关的制度设计,现实中残疾儿童入园经常遭遇制度性障碍。学前教育虽然是社会公益事业,但缺少相应的一系列公共服务保障体系,没有纳入类似义务教育的保障范畴,游离于公益性与市场化的边缘。当前,特殊学校附设的学前班就缺少政府财政和师资编制上的支持,带来教育成本向残疾儿童家长的转移;其他民办的残疾儿童康复与教育机构,由于缺少政府对早期教育和学前教育的财政支持,其公益性严重不足,高收费的成本分担或者使得残疾儿童家庭几近崩溃,或者拒绝了残疾儿童的接受相应康复教育的机会。残疾儿童学前教育缺乏公共服务的法律保障、财政投入不足、师资设备缺乏等原因是残疾儿童学前教育普及率不高、质量偏低的根本原因。

(二)残疾儿童学前教育需求与政府学前教育资源供给失衡

当前,残疾儿童家长对学前教育影响儿童成长的重要性有了新的认识,特别

---

① 张磊.我国残疾儿童学前教育开展状况述评[J].上海教育科研,2011(10):84.

是对学前教育早期干预、早期教育,防止弱势群体代际恶性循环作用格外重视。然而政府在扩大和丰富多样化的残疾儿童学前教育资源方面严重滞后。这主要表现在:(1) 开展残疾儿童学前教育的机构总量不足。一方面普通幼儿园公益性程度不高,以专业人员缺乏、条件不具备或高收费等,拒绝残疾儿童入园;另一方面公办残疾儿童幼儿园和特殊学校学前班数量严重不足,制约残疾儿童学前教育。据河北省调查显示,河北省 90%的残疾儿童在特殊学校学前班中接受学前教育,但仅有 52 所特殊学校开展残疾儿童学前教育,不足总数的 50%;①据广西的一项调查显示,全区 52 所特殊学校中设有学前班的只有 10 所,至 2006 年在校接受学前教育的残疾儿童仅占幼儿总数的 0.006 4%。② 即使在经济和教育较发达的江苏省,为 0—6 岁残疾儿童提供学前教育服务的机构也只有 30 多家。③ (2) 残疾儿童学前教育投入、专业师资及设施设备配置严重不足。我国残疾儿童学前教育由于未纳入义务教育体系,因此在财政投入和师资配置等方面面临着巨大困难。长期以来,我国一直对学前教育投入不足,仅占教育投入的 1.3%,远低于国际平均水平的 3.8%。在此背景下,残疾儿童的学前教育投入则更为为艰难。在广西的相关调查中,90%以上的特殊学校认为经费不足是开展学前教育的主要问题;同时,专业师资缺乏、康复教育的相关设施设备不足等也是影响残疾儿童学前教育开展的重要原因。至于普通幼儿园或康复机构则由于自身赢利取向和缺少政府相应的财政支持,也难以提供残疾儿童学前教育。(3) 各类型残疾儿童的学前教育供给失衡。在我国,由于长期以来特殊教育一直是视障、听力和言语障碍、智力障碍三类轻中度残疾儿童教育,因此学前教育也表现出相应的三类残疾儿童学前教育范畴。这一方面带来了对其他类别的残疾儿童的忽视,也带来不同残疾程度儿童之间的失衡。据资料表明,我国残疾儿童学前教育主要是听障儿童为主,仅聋儿康复机构就达 1 682 个,而自闭症儿童康复机构约 170 余家,盲童学前教育机构仅 9 所左右,④轻度智力障碍儿童则多在普通幼儿园随班就读,但质量不高。至于重度障碍儿童则仍然被拒绝于学校之外。

(三) 残疾儿童学前教育利益获得严重滞后于其他儿童

残疾儿童与其他健全儿童群体间的教育不公是一个显著问题。健全儿童处

---

① 于玉东等.河北省特教学校学前教育发展状况的调查报告[J].中国特殊教育,2007(1):60.
② 黄尧.广西残疾儿童学前教育状况分析[J].广西教育学院学报,2009(4):146.
③ 谈秀菁.加快发展残疾儿童学前教育[J].现代特殊教育,2010(4):11.
④ 张磊.我国残疾儿童学前教育开展状况述评[J].上海教育科研,2011(10):84-85.

于经济政治文化的强势地位,他们不但对成本承担能力强,而且对政策的决策影响能力强,获得了合理性与合法性的庇护。残疾儿童属于弱势群体,常常处于政策边缘化状态,对学前教育大多停留于基本需求或底线需求,与强势群体有着显著差异,这既加重了他们弱势的代际循环,又加重了他们利益的边缘化状态。他们数量少、身处社会底层,且由于他们自然存在的生命体能力的不足以及其家长公民意识不强等原因,他们的诉求表达能力差,诉求表达渠道少,很难参与到政策的决策、管理中。卢梭指出,"政治人则只不过是一个分数,他有赖于分母。"[①]残疾儿童及其家长在学前教育决策与管理面前,其"政治人分数值"小得可以忽略。同时,残疾儿童及其家长分布零散,数量少,社会地位低,在社会结构中,大多是"原子化"的自在个体。这种社会存在本身决定了他们不可避免的产生安全感、归属感和价值的虚无,难以融入到社会生活整体制度框架中。同时,残疾儿童的"原子化"困局,使得他们社会联结松散,无法在公民社会中结成高度组织化的社会组织或群体,社会影响力、政策影响力、政治影响力、经济文化影响力,几近全无,平等的受教育权难以得到有效保障。据资料表明,我国学前残疾儿童入学率只有43.92%,而其他儿童则达70.55%,相差26.43%,有56.08%的残疾儿童不能接受学前教育。[②] 从类别上看,视力障碍、自闭症儿童等学前教育近乎处于空白状态。这揭示出我国特殊教育发展70多年来,对残疾儿童学前教育的巨大缺憾,也揭示出残疾儿童与其他健全儿童之间的巨大不公平。

(四)城乡之间、区域之间学前教育发展不均衡

这是我国传统城乡二元模式及经济不平衡发展的必然结果,严重影响到残疾儿童的学前教育权的保障。据国家统计局统计表明,2009年全国居民消费价格指数(CPI)在学杂托幼费方面,城市为100.3,农村为100.9,[③]这反映出农村居民学前教育的成本支出是家庭的一项沉重负担。从地域看,各地区居民消费价格指数差距明显。如2009年上海居民消费价格指数(CPI)在学杂托幼费方面为101.5,而福建仅为85.6,学前教育的成本支出明显不足。从幼儿园数量看,农村幼儿园数量明显低于城市。据第五次全国人口普查数据,农村1—4岁人口37 514 878人,是城市同龄人口的3.59倍,而据教育部2008年统计显示,分布疏散的广大农村的幼儿园仅64 303所,占总数48.08%。从区域入园率看,极不均衡。北京、上海、天津、浙江学前三年儿童入园率90%以上,而西部一些

---

① 卢梭.社会契约论[M].何兆武译.北京:商务印书馆,2008:21.
② 张磊.我国残疾儿童学前教育开展状况述评[J].上海教育科研,2011(10):84.
③ 本段以下除单独指明的外,均来自于国家统计局网站 http://www.stats.gov.cn/tjsj/ndsj.

省市入园率最低10%,西藏仅为5.94%,远低于全国入园率50.9%的平均水平。从幼儿园发展层次和质量看,办学层次极不均衡。据海南省2010年调查发现,有的市县未达标幼儿园比率高达92%,而浙江省早在2005年仅乡镇中心园达省市级示范幼儿园标准的已占总数的31.6%。[①] 从师资水平来看,农村高层次专业幼教师资匮乏。幼儿园本科以上专业师资,在城市48 953人,占城市幼儿教师总数的12.83%;在农村7 260人,仅占农村幼儿教师总数的2.3%,占城市本科以上幼教师资的14.83%。从生师比看,农村教职工配置明显偏低。城市幼儿园学生与教职工比为4.15∶1,在农村则为24.17∶1。从生均教育经费看,地区间差距巨大。北京、上海生均教育经费支出达15 429元,而福建、西藏等地区仅为2 768元,不到北京、上海的20%。[②] 在此背景下,残疾儿童学前教育地域差别巨大。据不完全统计,我国残疾儿童学前教育多集中于东部发达地区,据谈秀菁教授2007年调查显示,江苏省残疾儿童入园率达64.3%,[③]而黄尧2006年调查显示,广西在校接受学前教育的残疾儿童仅占幼儿总数的0.006 4%。[④] 就不同类型残疾儿童看,仅有的9所盲童学前教育机构分布在北京、上海、广州、山东、南京、杭州、昆明、成都等大城市;公立的自闭症儿童学前教育机构则主要分布在上海等发达地区。从城乡差别看,为数不多的残疾儿童学前教育机构多集中在城市,至今没有农村设立残疾儿童学前教育机构的报道,即使在普通幼儿园接受教育的残疾儿童,也仅仅限于极少的轻度障碍儿童。

(五)残疾儿童民办学前教育机构与公办教育机构失调

"公弱民强"是我国学前教育的总体结构特征。[⑤] 特别是20世纪90年代后,在市场经济影响下,教育的产业化思维,把学前教育推向了市场资本为主导的社会力量而忽视政府作为,直接带来了公办民办幼儿园发展的不均衡。在早期教育方面,我国1 682所聋童康复机构大多是民办力量举办,170多所自闭症康复机构也多是民办性质,且很多民办教育机构由于缺少政府支持,举步维艰,不达标、不规范等问题较大。至于盲童学前教育机构多是附设于特殊学校,但由于没有纳入义务教育,在办学性质上仍处于民办和公办之间,即师资、场所和部

[①] 张霞等.强化政府职责,加大财政投入,推进农村学前教育普及——来自浙江省经验及其启示[J].学前教育研究,2010(8):11.
[②] 崔方方等.我国学前教育发展区域不均衡:现状、原因与对策[J].教育发展研究,2010(24):20.
[③] 谈秀菁.残疾人家长选择学前教育机构的调查研究[J].中国特殊教育,2007(1):63.
[④] 黄尧.广西残疾儿童学前教育状况分析[J].广西教育学院学报,2009(4):146.
[⑤] 王培峰.我国学前教育的五大结构性矛盾及其政策应对——兼论残疾儿童学前教育安排的政策思路[J].教育发展研究,2011(6):25.

分经费由特殊学校提供,但仍要靠收取费用来维持。这样,不但有违"政府主导"的学前教育要求,民办幼儿园资本寻利之恶很容易侵蚀儿童残疾学前教育的公益性质。

(六)管理体制不协调

管理体制改革是经济社会转型中最缓慢的一个环节。至今,学前教育是"唯一没有从原来的企事业单位、农村集体社会福利体系转入新的公共服务的社会公益事业。"①总体说来,残疾儿童学前教育中"重管理轻服务"是一个主要问题。主要表现在:(1)忽视公共财政在公共服务中的作用,大多注重行政化管理的手段,以简单的政策允许或拒绝等形式管理残疾儿童学前教育,不重视财政支持,即"文件精神上支持鼓励,实质投入上推托踌躇";(2)对民办力量在承担公共服务职能方面的认识不足,阻滞了政府财政对民办园的投入;(3)对残疾儿童不断增长的学前教育需求与有限的学前教育资源之间的矛盾,缺少公平与效率的统筹视角,使残疾儿童处于严重失衡的一方;(4)对残疾儿童学前教育机构(包括早期教育康复机构)管理不规范,特别是欠发达地区,许多残疾儿童学前教育管理处于空白状态,缺少政府的监管和支持,至于民办教育机构则处于劳动部门和教育部门管理的中间,缺少制度建设上的规范和保障,很多民办机构处于不达标的境地,问题隐患严重,难以保证质量;(5)缺少社会参与的公共治理,忽视了社会参与在残疾儿童学前教育治理结构中的独特作用,特别是在帮助残疾儿童维护权益,增进幼儿园的公益性与服务质量方面明显不足。

第三节 应答特殊教育发展改革诉求的政策思考

当前,我国正处于社会全面转型的历史时期,特殊教育发展改革面临着各种压力集聚。对我国特殊教育发展改革的时代诉求做出及时的政策应答,是当前特殊教育政策的一个重要命题。下面,根据前面指出的特殊教育发展转向、综合改革逻辑与政策价值伦理,来对上述指出的几点时代诉求做出政策应答。

一、特殊教育权力结构调整的政策构想

特殊教育权力结构调整是驱动我国特殊教育改革发展的关键要素所在。党

---

① 推进学前教育工作的四点要求——刘延东主持召开学前教育专题座谈会上的讲话[J].教育发展研究,2010(20):1.

的"十七大"、"十八大"都凸显了管理体制创新的要求。《国家中长期教育改革和发展规划纲要(2010—2020)》明确要求深化教育管理体制改革。党的十八届三中全会提出的教育领域综合改革和四中全会提出的依法治国,也分别强调了对利益关系和权力格局的调整。特殊教育权力结构调整首先要在厘定其内涵的基础上,确定合理的路径和策略。

(一)特殊教育权力结构调整内涵

权力是一种支配和控制的能力。权力结构是权力的组织体系和运行方式,表达的是权力配置和各权力主体之间及其与权力支配对象之间的相互关系和组织形式。特殊教育权力本质上就是执政党和政府通过政治权威和政策行政手段对教育进行支配和控制。它以立法形式获得合法性根据,主要体现为一系列教育规划、组织、控制、协调等过程。特殊教育权力结构是教育管理体制的核心构成,主要涉及政府、社会、学校之间在教育权力关系、组织方式、权力界限等方面的结构要素。特殊教育权力结构以反映中央政府对特殊教育的权威性、主导性为中心,由不同地域和层级的政府及其教育行政部门,按照一定的权力配置与组织关系而组织起来,同时还包括他们与学校(含其他相关教育辅助机构)、公民之间权力运行的相互关系。特殊教育权力结构调整即对教育权力结构要素进行比例、顺序、关系、格局上的重新组织安排。

在这里,教育权力、教育权力结构与教育管理体制是三个密切联系的概念。教育权力是后两者最终输出和形成的工具,是任何一个组织或个人最终掌握、施行并显现出来的支配能力。教育权力性质首先来自教育权力结构的特点。有什么样的教育权力结构就可能具有什么样的教育权力特点,如单向度的"自上而下"式的教育权力结构可能会产生专制的教育权力,公众广泛参与的教育分权结构可能会形成民主的教育权力,受多方监督制约的教育权力结构可能会形成有限教育权力,不同价值目的构成的教育权力结构可能会形成多元价值取向的教育权力,等等。教育管理体制即教育权力结构的制度化安排,是一系列教育权力固着的组织制度,其核心构成就是教育权力结构。教育管理体制体现的是教育权力结构及其运行方式,教育权力结构决定着教育管理体制的本质,教育权力结构调整直接关涉教育管理体制的变化。可以说,有什么样教育权力结构就有什么样的教育管理体制。甚至,一定意义上,教育改革就是教育权力结构的调整。[①] 由此可见,教育权力和教育管理体制共同建筑在教育权力结构的基础上,

---

① 庄西真.特定事件、改革过程与整体背景[J].教育发展研究,2011,(21):22.

它们都受制于教育权力结构的特点。对教育权力的更新和对教育管理体制的改革都离不开对教育权力结构的调整变革。另一方面,无论教育权力还是教育管理体制,其性状优劣善恶都与某个教育权力主体的权力大小、道德品质无多大关系,而与构成这个教育权力结构的特点密切相关。教育权力结构一经形成,便以程序化、制度化的形式凌驾于某个权力主体之上,具有普遍权力效力。因此,深入到特殊教育权力结构调整是再造特殊教育权力和改革特殊教育管理体制的核心所在。

(二) 特殊教育权力结构调整思路框架

任何权力都有潜在的扩张性,必须限定权力边界。中外诸多实践表明,"制衡的公共权力结构才是优化的公共权力结构。"[①]政府高度教育集权是我国教育体制的一个特点。特殊教育权力结构调整,一定意义上就是对政府高度教育集权的权力结构的重构和再造。从教育权力本身应有的属性看,教育权力存在于政府、社会、学校的公共领域,是一个多权力主体、多权力向度和多价值需要的结构体。特殊教育权力结构调整必须回归政府、社会、学校的公共领域,运用综合改革的逻辑,进行整体性、系统性、协同性改革。一方面要对政府自身的权力配置结构及运作方式进行重构再造;另一方面要以政府向公共服务职能转变为核心,并以之为条件再造政府与社会、学校的教育权力及其关系。前者主要是一个政府自身以"权力制约权力"的权力分配的结构问题,涉及政府机构改革和职能转变(本书不拟详谈);后者主要是一个以"权利制衡权力"的制度建设问题,是本文分析的重点。特殊教育权力结构调整的思路,即以公民社会发育和政府职能转变为基本条件和背景,运用综合改革逻辑,以"权利制衡权力"为基本理念,以政府向社会、学校分权让利为重点,按照有限权力的原则,缩减政府教育权力边界,扩大社会、学校相应的教育权力空间,形成多源多极多样的教育权力结构格局。在这里,政府向社会、学校分权让利是有着合法性依据的。在民主社会,政府教育权力本源于公民教育权利的转让、委托和同意,反映的是公民权利、公民意志和需要;那么,政府教育权力向社会、学校的分权转移实质上就是权力回归权利的内涵,是公民对自身教育权利转让委托关系的调整。

1. 划定政府分权让利的限度与原则。(1) 从政府与社会、学校的关系来看,一是要通过缩减政府对社会、学校依法享有的权利的限制和支配,以权力缩减的方式还原出本应属于社会、学校的权利,让社会、学校在对自身权利的捍卫、

---

① 张国庆,曹堂哲. 权力结构与权力制衡:新时期中国政府优化公共权力结构的政策理路[J]. 湖南社会科学,2007,(6):74.

在与政府及其他权力的合作与抗衡中获得一种话语和行动上的抵抗力、影响力、支配力。二是通过政府主动转移职能(含委托合作),把凡是能通过社会、学校自主解决、自行调节、自律解决的事项依据一定程序转移给社会和学校。其中,社会组织独立自主的教育监督管理评价的知情权、参与权、建议权,以及学校依法办学自主权是最基本的权力。(2)从政府自身的职能定位来说,分权让利就是向服务型政府、有限型政府转型。政府的公共服务职能决定了政府对特殊教育公共服务的权力限度,即主要在公共服务的基础上,综合运用立法和拨款、决策和规划进行制度安排的宏观调控权力,组织特殊教育公共物品供给、保障特殊教育条件、提供特殊教育服务的权力,设计特殊教育政策、制定特殊教育相关标准、规范特殊教育秩序、维护特殊教育公平和监管特殊教育质量的权力,等等。这些权力应以不妨碍、不伤害社会、学校其他公民参与对政府特殊教育权力的监督、批判、抗衡为最低限度,除非社会和学校危害到政治和公共福祉。

2. 划定社会参与特殊教育的权力限度与原则。权利的赋予和扩大是社会权力获得和拓展的基础,回归它们依法享有的权利是社会获得和拓展参与特殊教育权力的基本原则。(1)从相关教育的社会组织来看。他们参与特殊教育的权力主要体现在两个层面的限度:一是基本的教育权力。即在对自身基本权利职能的捍卫而与政府权力及其他权力的合作与抗衡中获得的教育权力,主要是过滤和反映、维护社会相关公民利益诉求,传递国家政策,以及开展相关社会服务的基本权力,批判和防止政府权力及其他组织伤害正当权益的权力,等等。二是承接而来的权力。即出于对承接政府转移出的职能的捍卫而与政府权力及其他权力的合作与抗衡中获得的权力,主要是承接政府职能缩减后而转移出的教育专业服务的权力,受政府委托开展合作的权力,还包括专门赋予的独立自主的教育决策咨询、技术指导、监督评价权力,等等。(2)从公民个体来看。公民特别是残疾人家庭等作为直接利益相关者,他们依法享有的权利和"人民满意"原则,让公民拓展了对特殊教育权力空间。公民的教育权力限度体现为:一是通过法律保障的平等受教育权抵制政府权力或学校教育不当对其利益的侵犯。二是通过政府对公民的赋权,让公民参与学校管理监督、政府决策。如政府通过信息公开、服务公开,接受群众监督等。三是通过公民结成的正式社会团体或非正式社会团体,反映公民诉求,维护公民教育利益。

3. 划定学校自主办学的权力限度与原则。办学自主权是学校教育权力获得和拓展的基础,回归学校依法享有的权利是学校教育权力空间拓展的基本原则。具体说来,主要体现为以下四个方面:(1)学校依法享有的办学自主权是其他任何权力不可侵犯的。它不必依附于政府行政,也不受任何行政权力胁迫,而是依靠高度自治,自我经营、自我管理、自主办学。在这里,学校依法享有的办学自主权是学校教育权力的生长点,尊重学校办学自主权也是政府干预学校的权力边界。(2)尊重教育规律和学生成长规律是学校教育权力所必须把握的基本标准和度量,也是学校教育权力的基本运行规则和合理性依据。在这里,教育规律和学生成长规律是支配学校教育权力的"看不见的手"。(3)坚守公益性和服务性是学校教育权力的目的和性质,也是基本的底线限度。(4)学校章程和内部管理制度是规范学校教育权力"宪法"和"行政法"。学校依法享有的办学自主权就是通过学校章程和内部管理制度反映出来。在这里,用学校章程和内部管理制度去"管"学校是规范学校教育权力、推进政府和学校分开的重要手段。

(三)特殊教育权力结构调整的方式途径

特殊教育权力结构的调整是一场权力的革命,需要与之相应的一系列主客观条件的支持,特别是社会客观条件的推动和政府自身主观愿望的结合。1985年《中共中央关于教育体制改革的决定》提出的学校办学自主权改革,由于缺少成熟的社会条件和政府果敢的勇气,至今仍未到位。再如,义务教育初期的教育权力下放,出于减少政府负担的考虑,1986年《义务教育法》果断实行了地方负责,省、县、乡分级管理,但是这与社会现实(特别是经济基础)不相适应。2001年《国务院关于基础教育改革与发展的决定》又提出建立"在国务院领导下由地方政府负责、分级管理、以县为主"的义务教育管理体制,把下放到乡镇一级的义务教育权责收回到县级政府统筹。21世纪以来又出于对区域教育均衡发展的考虑,2006年修订的《义务教育法》又实行"国务院和地方各级人民政府根据职责共同负担,省、自治区、直辖市人民政府负责统筹落实的体制",把义务教育的权责提高到省级政府的管理平台。根据上述政府主观和社会客观这两个维度,下面分别从政府自身主导的内生式和社会等推动的外生式两个改革路径来探索教育权力结构的调整。

内生式改革路径,即政府自我主导型的改革。政府主导教育改革发展具有深厚的历史和现实根源。自新中国成立以来,我国特殊教育改革发展的每一个关键环节都来自党和政府的重大决策规划,来自党和政府强大政治权威。即使当前国家和社会不断分野的时代,政府主导型的教育改革路径仍然具有无可替代的合理性。但是政府主导型的内生式改革存在悖论:一是由于权力结构调整是在政府主导下的"自我削权",使得教育分权难免具有不到位、不彻底的弊端。二是由于这种权力结构调整方式是"官方布阵",缺乏民意基础和民主方式,难以取得如期改革深度和效度,甚至其合理性可能会被自身的专制性所否定。可见,仅限于政府主导的内生式改革路径并不能完成特殊教育权力结构调整的重任。

外生式改革路径,即在政府以外由社会和学校等自主推动的改革。相比而言,学校和社会等自主推动的外生式改革具有克服内生式改革上述弊端的优势。特别是在达成改革共识、夯实社会基础、激发改革活力等方面具有独特作用。但在触及到既定利益结构和政府权力结构时,仍是难以逾越,来自政府的不信任和限制还相当程度的存在。现实中,特殊教育专家层、校长层的许多有识之士尽管认识到改革教育权结构调整的必要,但仍严重依赖于政府路径,很少有涉及教育权力结构调整的有效改革。另一方面,由于我国社会发育尚不成熟,外生式改革路径尚有不足。按照查尔斯·泰勒的定义,社会有三个层次:[①](1) 在最低限度含义上,存在着不受国家权力支配的自由社团;(2) 在较严格含义上,整个社会能够通过这些不受国家支配的自由社团来建构自身,并协调行为;(3) 在积极含义上,这些社团能够有效地决定和影响国家政策方向。显然,我国社会发育还难以支持外生式改革的实现。

上述两者的不足和优势启示我们,外生式改革路径和内生式改革路径的结合有着相当大的潜力空间。从公共决策的多源流分析看,这两种路径改革的价值倾向存有互补空间。政府主导的内生式改革决策侧重的是政治源流、问题源流、政策源流交互影响,特别是政治被列为首要因素。外生式改革决策的价值需要则趋向于社会、学校、公民自身问题的解决,即自身教育利益的公平公正的获得与分配。因此,这两种改革路径的结合是可能实现相互增权的正和博弈关系的。

二、特殊教育支持保障体系建设的政策构想

建立和完善特殊教育支持保障体系就成为特殊教育改革发展的一个重要领域。特殊教育支持保障体系建设是特殊教育发展向人本价值和民生意义的转向定位的必然要求。因为,特殊教育改革向社会公共领域和残疾人民生的转移,重心就在于通过政府治理与社会协作治理,切实解决残疾人教育的现实利益问题。

(一) 特殊教育支持保障体系建设内涵

支持保障体系建设是一种以组织变革为主要特征的制度建构和体系建制。根据词源解释,体系是"若干有关事物或某些意识互相联系而构成的一个整体"[②]。根据特殊教育转向的新定位,特殊教育支持保障体系实质上就是对教育

---

① 转自陈明明. 政府改革及其社会空间:从多元主义到法团主义[A]. 顾丽梅主编. 公共政策与政府公共治理[C]. 上海:上海人民出版社,2006. 175.
② 现代汉语词典(第5版)[M]. 北京:商务印书馆,2011. 1342.

公平和教育质量价值承诺的一种制度建构和实现方式。它以促进特殊教育公平和提高特殊教育质量为价值目标，以对特殊教育的权力结构（主要是组织领导体制）、特殊教育发展要素（主要是经费、师资）、特殊教育决策体制、特殊教育与社会等外部关系（主要体现为政府、学校、社会的关系要素）等要素结构的制度化重组和优化为建设途径，以法制手段为支持保障体系建设的主要基础，以政府为主体和主导、社会参与、部门协同为支持保障体系的主要结构，以保障教育机会、权利和资源的再分配、补偿与救济、保证底线公平、提供持续稳定支持和进行系统统筹等为基本的功能，以公开公正开放、正义优先、尊重差异和满足特殊需要、政府主导、通畅有效等为主要性质特点。

（二）特殊教育支持保障体系建设的思路框架

特殊教育支持保障体系的建构必须与新时期整个经济社会改革的组织变革相适应。根据特殊教育转向和综合改革逻辑，特殊教育支持保障体系应坚持整体性改革、系统性调整和协同性治理，综合运用以法治为基础的原则、补偿公平的差别原则、政府治理与社会协作治理与特殊教育系统自主保障以及与市场机制结合原则，坚持政府"自上而下"与各地"自下而上"实践相结合的路径，在总结经验的基础上，建立完善的特殊教育支持保障体系。具体说来，它至少应包括"一个法治基础"、"三个保障体系"的逻辑架构。"一个法治基础"，即以保障残疾人实质的平等受教育权的法制建设为支持保障体系的法治基础；"三个保障体系"，即政府责任主体治理的保障体系、社会参与协作治理的保障体系、特殊教育专业支持保障体系。

1. 完善支持保障体系建设的法治基础。这是提高特殊教育支持保障的治理体系和治理能力现代化的重要工具。法治基础，即表明了应以法律为手段进行特殊教育保障体系的建设。残疾人平等的受教育权是宪法和法律意志的权威规定，是残疾人人权的基本内容，也是保障残疾人平等地充分参与社会生活、实现自身发展的重要保障。我国虽然在法律层次确立了残疾人的平等受教育权，但是并没有得到充分的实质体现。譬如，《教育法》虽然规定了受教育者在入学、升学、就业等方面依法享有平等权利，但是重度残疾人的教育不足问题，边远地区和农村地区的残疾人教育失衡问题，残疾人学前教育匮缺问题等，表明了残疾人平等受教育权仍是一个重要问题。完善支持保障体系建设的法治基础，就意在把特殊教育支持保障体系以人权和"法"的尊严上升为国家意志，通过制定、修改和完善有关法律、法规，明确政府、社会、学校等在特殊教育保障中的职能，实现职能的法定化，依法治教，依法履则，依法保障，依法刚性推动保障体系的法治化建设。这不但能提供合法性基础，而且可以为支持保障体系提供更有力、更坚实、更稳定的制度基础和制度环境,加强支持保障主体之间协同合作。失去法治基础,支持保障就会缺少权威性和执行力。另外,凭借法制基础可以有效调整各主体之间的关系,特别是有助于有效制约政府权力,提高支持保障效率。特殊教育支持保障体系的法制建设,主要包括两个方面。一是整合、深化与完善既有特殊教育相关法律法规,特别是注重把国内外成熟的支持保障制度上升为法律,为特殊教育支持保障体系奠定法律基础。二是为特殊教育支持体系建立相关实施配套细则,从实践上提供完善可行的法律体系和环境。

2. 建立健全政府责任主体治理的保障体系、社会参与合作治理的保障体系、特殊教育专业支持保障体系。这三个体系在结构关系上,是以政府责任主体治理的保障体系为主导、其他部门和社会组织等广泛参与协作治理为有力支撑,特殊教育系统内部自主保障为重点,确保保障体系公开公平开放、富有效率和活力。(1) 政府责任主体治理的保障体系建构。教育是立国之本,政府无疑是教育的责任主体。政府在特殊教育办学投入和组织保障、制度建设和领导管理,以及政策决策、协调教育内外关系和促进公平中都负有不可替代的主体责任。政府责任主体治理的保障体系建构,主要以实现政府职能向创造良好的教育发展环境、提高优质高效的教育公共服务、维护教育公平正义的根本转变为中心,通过优化政府组织领导的权力结构,政府主导的财政投入、师资管理,政府的政策决策机制,以及政府对部门组织统筹协调的体制四大要素结构及其功能,创新特殊教育制度设计,完善特殊教育制度体系和机制,加强特殊教育顶层设计的科学性,提高政府保障的质量、效率和公平。(2) 社会参与合作治理的保障体系建构。即把特殊教育作为一个社会合作的体系,一个社会建制的过程和社会意义与利益共享的系统,根据各社会组织等的功能和优势,健全与完善社会参与特殊教育的制度安排,合理设置并优化社会参与特殊教育的内容和机制,建立政府主导下社会参与特殊教育公共治理的结构。(3) 特殊教育专业支持保障体系建构。主要在于通过健全和优化特殊教育管理体制,特别是在特殊学校建设、师资培养和配置、经费使用、课程与教学改革、特殊学校内部管理制度、特殊学校教育质量评估制度、特殊学校与其他部门组织的合作制度、随班就读制度、非义务教育均衡发展安排等方面,建立健全自我造血、自我完善、自我提升的体制机制。

三、推进重度障碍儿童教育的政策构想

推进重度障碍儿童教育是一项十分艰难的挑战性任务,但绝不是不为的理由,反而是特殊教育本身价值蕴涵的应为。可以说,缺少重度障碍儿童教育的特殊教育,一定会使特殊教育的意义与价值大打折扣。2008年《中共中央国务

院关于促进残疾人事业发展的意见》、2009年《关于进一步加快特殊教育事业发展意见的通知》以及《中国残疾人事业"十二五"发展纲要》已提出要积极创造条件开展重度障碍儿童教育。重度障碍儿童的教育应当纳入特殊教育政策视野的重要位置上来。

(一)重视多层特殊教育政策设计

特殊教育政策的价值核心是所有残疾人的成长发展,这是特殊教育政策价值正当性和合法性的基础。但是由于重度障碍儿童身心及其学习需要的严重差异,每个重度障碍儿童都是独特的存在。他们高度特殊和差异的特性,在特殊教育政策的宏观叙事中,特别是高度概括和高度统一化、标准化、规范化的规定里,往往使他们显得多余或边缘化。许多特殊教育政策规定和执行对他们来说都是不可及的奢想,满足所有残疾人成长发展的政策价值就面临质疑。例如《残疾人教育条例》规定了对残疾人各阶段的教育,且要求"幼儿教育机构、各级各类学校及其他教育机构应当依照国家有关法律、法规的规定,实施残疾人教育"(第七条),可至今重度障碍儿童大多仍被排斥在教育之外。这样,特殊教育政策对重度障碍儿童少数群体就显得空泛、冷漠,甚至恐怖,因为这种特殊教育政策所谓的"所有残疾人"、"一律平等"、"统一要求"等,实质上就是对重度障碍儿童少数群体高度差异性的否定,对他们高度特殊教育需要的摒弃。重度障碍儿童正是在这种所谓"一律平等"、"统一要求"中被剥夺了接受适宜教育的利益。这种政策设计的深层原因是:(1)政策设计者所坚持的"多数者"原则的统计学归纳方法。重度障碍儿童作为少数者群体,他们高度特殊的身心特点和学习需要由于不具有普遍意义,自然被排斥或遗忘在政策宏大叙事的结构之外而被"过滤"和"剩余"。(2)这种政策设计的社会原则是所有残疾人"平等自由"优先的原则,向所有残疾人平等的分配教育机会和权利。在这种平等面前,重度障碍儿童由于自身能力的严重限制自然是"最少受惠者"。这样,特殊教育政策其实是三类轻中度障碍儿童的政策,重度障碍儿童无法被政策具体设计和安排,也就无法或很少享受政策带来的利益,被排斥或游离在特殊教育政策边缘便在情理之中。近几年,东部发达地区出现的重度障碍儿童教育其实很多是现有政策体系外的个人或学校自发行为,是自下而上的民间力量的推动。重度障碍儿童教育利益的牺牲或受限,不但揭示了他们在教育利益博弈中的极端弱势地位,而且反映了特殊教育政策价值正当性不足、正义性匮乏。这启示我们,增强特殊教育政策正义性必须尊重重度障碍儿童"少数者"的利益主体地位,尊重他们的身心及其学习的高度特殊性,以"差别原则"补偿他们在"平等自由"原则获得利益的不足。在政策安排中应重视尽可能具体的、微观的、个别化的设计,至少应因残疾人群体和类型而异,因城乡和地区环境而异,差别对待,分层设计特殊教育政策。对重度障碍儿童而言,他们极端受限的身心和学习特征,决定了他们积极主动性和创造性空间的狭小;同时他们极端弱势和边缘的社会地位,决定了他们的教育利益极易受到损害。这种具体而微的、分层设计的教育政策适合他们严重受限的身心及其极端弱势地位的实际需要,有利于对他们教育目标达成的有序操作和教育利益的保障维护,减少损益的违规行为产生的机会和空间。现实中,美国重度障碍儿童教育的政策经验和我国重度障碍儿童教育的政策匮缺,分别从正反两个方面说明了这一点。这是特殊教育政策设计显著的不同特点之一。特殊教育政策越是多层设计,越是具体翔实,越是丰富多样,就越具有人本价值,就愈可能是具有充分正当性价值的正义制度。

(二) 构建底线公平的特殊教育政策原则

特殊教育政策是特殊教育资源和利益的分配与调整,反映了各权利主体的利益博弈,这就要求特殊政策设计的公共权力部门必须遵循合乎价值的政策伦理和准则。然而这些政策伦理和准则是有局限性的,常常受到功利主义价值观以及资源状况等限制。作为少数者的、极端弱势的重度障碍儿童的教育利益就常常被这种政策伦理和准则有意无意地边缘化。为此,建立基本的底线公平应是特殊教育政策设计的一个基本原则。当前,我国特殊教育公平多关注于社会层面的外部公平,而疏于对特殊教育内部公平问题的关注,或者说内部公平问题被外部公平所掩盖。特殊教育内部公平突出问题主要表现在:区域间的不公平,城乡间的不公平,校际间的不公平,特殊教育各学段和类别间的不均衡,群体间的不公平,等等。对于前四者,现有特殊教育政策已有相关设计和安排,例如,《国家中长期教育改革和发展规划纲要(2010—2020)》设计了对"义务教育"、"高中阶段教育"、"职业教育"、"高等教育"、"学前教育"的要求。但是,对群体间的教育不公平至今尚没有相应的政策设计和安排,也没有相应的政策行动,特别是重度障碍儿童是不公平倾斜的塌陷一方。教育政策设计是嵌入特定的经济社会结构之中的。长期以来,由于经济社会的种种原因,我国特殊教育政策一直倾向的三类残疾且是轻中度残疾人的教育政策。他们以现代性的方式,通过"多数者"权力占有着几乎所有的特殊教育资源,享受着特殊教育政策的偏爱和关注。尽管在2008年至2009年间,中央和国务院以及教育部的重大政策已经提及重度障碍儿童的教育,但没有相应的政策设计和安排。2012年发布的新《特殊教育学校建设标准》也没有反映重度障碍儿童教育的特殊需要。特殊教育政策的这种"轻重度,重轻度"的政策倾向,如果说在我国经济社会不发达的过去尚可理解,但在今天还引不起重视,则是一个有失特殊教育公平的重大原则问题。这从我国现实意义上凸显出建立底线公平的特殊教育政策设计原则的迫切必要性。底线公平即"全社会共同认可的一条线,这条线以下的部分是每一个公民的生活和发展中必备的部分,其基本权利不可少的部分。所有公民在这条线面前所具有权利的一致性。"[①]对特殊教育而言,底线公平就是在特殊教育体系内部,政府保障所有残疾人教育公平的最基础的层次,这是政府最基本的责任。它应包括以下几个方面:(1)所有残疾人最低的、最基本的学习机会和权利,这是特殊教育底线公平的前提;(2)基本健全的、合格的师资与设施设备等条件支持,这是特殊教育底线公平的基础;(3)最起码的救助与社会支持体系,这是特殊教育底线公平的保障。重度障碍儿童的教育政策设计应建立在这个底线公平的基础上来考量和实践,对于保障他们的教育利益具有重要意义。否则,可能会在教育利益的博弈中流于空谈。

(三)强化财政政策的顶层设计

顶层设计是我国"十二五"规划中提出的。根据著名经济学家吴敬琏的解释,顶层设计在于增强目标取向和排除各种阻力。[②] 教育政策的利益调整关键是财政投入和师资的重新安排和分配。鉴于重度障碍儿童教育在特殊教育中"无助化"和"边缘化"的现实,同时也借鉴当前学前教育的推进思路,应加强重度障碍儿童教育政策的顶层设计,特别是抓住财政和师资政策这两个核心问题和关键矛盾,从高位入手,迅速有力地突破。

从公共财政的视角看,我国特殊教育一直是政府公共教育服务的职责,发挥以政府投入为主的公共财政职能。但是由于公共财政的投入结构、投入总量、投入方式和投入监督等存有缺陷,致使公共财政在促进特殊教育内部公平特别是保障重度障碍儿童教育利益方面严重不足。(1)投入结构方面。一是从投入主体身份结构看,我国残疾人教育公共财政投入以义务教育为总体框架,县级财政是稳定的投入主体,但总量投入不足,而县级以上财政的转移支付和专项扶持资金投入作为推进均衡发展的补偿性投入,具有短期性、阶段性、不稳定性的特点,难以为特殊学校开展重度障碍儿童教育提供稳定的持续支持。二是从投入主体区域结构看,中西部经济落后的二十个省级区域[③]是承担重度障碍儿童教育的主要地区,中残联2010年度数据表明,中西部经济落后地区仅肢体残疾、智力障

---

① 刘志光,杨爱平.幸福社会建设与政府管理的制度创新[J].华南师范大学学报,2012,5:7.
② 吴敬琏.中国的发展方式转型与改革的顶层设计[M].北京师范大学学报,2012,5:8-11.
③ 指山西、内蒙古、吉林、黑龙江、安徽、江西、河南、湖北、湖南、重庆、四川、贵州、云南、西藏、陕西、甘肃、青海、宁夏、新疆、广西共20个省级区划。

碍、精神残疾和多重残疾的未入学适龄障碍儿童就达 83 602 人,即要承担全国 82.32%的同类障碍儿童教育任务;而东部经济发达省市同类障碍儿童仅 17 859 人,即承担全国 17.68%的同类障碍儿童教育任务。① 这种重度障碍儿童数量及教育任务和地区经济水平负相关的倒置结构布局,必然使得中西部地区"县级为主"的公共财政投入保障模式严重限制了重度障碍儿童入学率和受教育的质量。据 2008 年《中共中央国务院关于促进残疾人事业发展的意见》显示,中西部地区三类残疾人少年入学率尚未达到 70%,其中重度障碍儿童无疑是入学率以外的绝大多数群体。三是从投入列支结构看,尽管近几年来,我国特殊教育财政投入总量逐年上升,但用于发展重度障碍儿童教育的经费从没有财政政策的反映和规定。前面已指出特殊教育体现的是特殊教育政策的实质,由于财政政策要求的缺失,重度障碍儿童教育自然难以存在;(2) 投入总量方面。总体说来,我国特殊教育财政投入总量逐年上升,但仍投入不足。据调查显示,特殊学校尽管生均经费拨付比例远高于普通学校,但由于特殊学校学生少,而学校其他如水电暖等各服务设施支出必不可少,且绝大部分经费集中于教师工资的发放,很多特殊学校基本处于维持状态。② 这样特殊学校难以拓展重度障碍儿童的教育,且重度障碍儿童教育的高成本、高消耗也足以让他们"望而生畏"。(3) 投入方式方面。我国特殊教育财政投入的公共服务方式主要是以生均经费的形式直接拨付学校,历来存有经费产出的效益不高、不能有效调动学校和教师积极性等问题。对重度障碍儿童教育而言,一方面由于缺少重度障碍儿童教育的列支而弱化了学校开展重度障碍儿童教育的动因,另一方面因为财政直接拨付而失去了财政手段对学校管理的激励作用。更重要的是以财政制度性方式阻止了社会专业组织、人员参与学校教育的可能。社会专业组织、人员在学校没有重度障碍儿童教育愿望或资金能力,而政府又没有间接购买服务进行政策规导和支持的情况下,难以参与学校的重度障碍儿童教育。因此,往往使得一些资金充裕的发达地区特殊学校或者不想开展重度障儿童教育,"有钱花不了";或者想开展重度障碍儿童教育,却"不会花钱"。在教育设施设备上,特殊学校又经常出现:通过政府招标采购的"不适合"、"没有用",而由学校购买的"设施先进,却无人用、不会用"。(4) 投入监督方面。政府往往忽视了对中间环节和使用效果的监督。有时会出现资金被挪用,以及资金使用效益不高,甚至浪费、贪污或变相贪污等严重问题。

为此,一是对贫困地区必须加大县级以上政府财政转移支付力度,同时要重

---

① 根据中残联网站 http://www.cdpf.org.cn/tjsj/ndsj/2010/indexch.htm 数据推算。
② 王培峰.特殊教育公共品供给制度:变迁、问题与建议[J].学术论坛,2010,(11):197.

新审视分税制以来的收益分配制度,通过调整某些税收权增强地区财政能力,特别是在特殊教育财政投入的增量中,以倾斜性配置的办法,合理设置重度障碍儿童教育支出标准。二是对重度障碍儿童教育进行专项单列财政投入,在财政教育预算中作为增量项目单项列支,明确所占比例,并提出要求,形成制度化的、稳定性的公共投入。作为起始阶段,可实行专项工程,专项投入,独立预算,集中精力财力破解难题。三是继续完善《特殊教育学校建设标准》,在特殊学校建设中明确增加重度障碍儿童教育的设施设备等要求和标准,明确公共财政投入方向。四是要转变公共财政服务方式,切实按照《中共中央国务院关于促进残疾人事业发展的意见》要求,积极培育专门面向残疾人服务的社会组织特别是专业组织,通过民办公助、政府补贴、政府购买服务等多种方式,探索建立政府间接服务的公共服务形式,提高财政投入特殊教育的效益和质量。五是要加强投入的监督和管理,确保经费足额拨付和充分发挥效益。关于投入标准和结构设置,可借鉴美国特殊需要学生的教育充足财政政策投入办法。①(1)建立以人口普查的重度障碍儿童概率为基础的、全国性和地方性重度障碍儿童教育投入额度和标准,分层级明确在特殊教育经费中的所占比例,并以投入为基础建立各级政府、学校在重度障碍儿童教育中的责任制度,防止以任何理由拒绝招收重度障碍儿童。(2)建立重度障碍儿童实报制度,通过专家小组的鉴定,学校以实际数量申请重度障碍儿童教育经费,纠偏概率测算的误差。(3)建立额外补助制度,对重度障碍儿童人数特少或特多的学校,可在上述测算和实报基础上申请额外补助,增强学校的资金能力。

(四)推进特殊教育公共治理

特殊发展历程表明,特殊教育发展历来具有鲜明的"政府化"、"社会化"特点。政府责任主体和社会力量支持参与在我国《残疾人保障法》和《残疾人教育条例》中就有明确的要求。同时,美国重度障碍儿童教育经验也表明,社会共同参与合作是重度障碍儿童教育成功的关键。但是社会参与不可能建立在社会成员"仁慈"的基础上,而是需要以政策的形式,建立参与者共同受益多赢的格局,吸引参与者持续有效地参与重度障碍儿童教育。这是重度障碍儿童教育政策设计必须考量的。特殊教育在促进社会文明,防止弱势群体及其家庭边缘化,促进社会和谐,凝聚平等、博爱、正义的社会共识,捍卫人权尊严,增强社会责任与合作等方面具有很强的外部性特征。许多国家都把关心残疾人作为社会文明进步

---

① 薛二勇.美国教育充足财政政策的实践:专业评估的视角[J].教育发展研究,2012,23:29.

的重要标志。在我国,人力资源与社会保障、教育、卫生等政府相关职能部门和残联、妇联、特殊教育学会、社区康复机构、红十字会、慈善协会、残疾人福利基金会等社会组织和家庭、社区、企业、个人等,以各种形式关心支持特殊教育越来越多,特殊教育的外部性正逐渐增大。可以说,社会公众参与支持特殊教育不仅是技术的过程、情感的过程、道德的过程,也是社会公共意识、公共价值、公共精神的构建过程。推进特殊教育公共治理,对于整合优势力量,协同解决重度障碍儿童身心发展困难及其环境障碍等难题具有重要意义。当前,随着我国政府服务职能的转变,政府自上而下的集权式管理越来越让位于公众公共参与的公共治理,这种权力的下放,为家长、社会组织、学校及其他社会力量参与特殊教育释放出空间。据民政部《2012年社会服务发展统计公报》数据显示,截至2012年底,全国仅教育类社会团体达11 654个;教育类民办非企业单位117 015个。[1] 政府在不断强化发展特殊教育的职责的同时,还以购买服务等方式积极扶持培育专门面向残疾人服务的社会组织,壮大参与特殊教育的社会力量。2012年中央财政就专门安排2亿元专项资金支持社会组织参与社会服务。[2] 这为开展重度障碍儿童教育,提供了全纳性教育环境和社会力量支持的可能。

为此,特殊教育政策除了凸显政府公共服务和统筹规划、政策引导、监督管理,维护公平的主体责任外,还应该根据特殊教育外部性特征,改变单一的管理模式,以扶持相关社会组织的政策引导,吸引且必须吸引社会力量参与特殊教育公共治理,满足社会公众、社会组织等的愿望,发挥他们参与合作的价值,特别是引入专业组织和人员的优势力量,减少政府和学校对重度障碍儿童教育服务的技术困难,帮助提升服务水平。同时,社会公共参与能对特殊教育政策中的各种利益博弈和平衡起到很好的促进和监督作用,特别是监督政府和学校的责任落实、家长的义务和权利以及教育实施过程和目标达成等。可以说,缺少公共参与、公共监督的重度障碍儿童教育将是不可想象的。根据美国的经验,对于社会力量参与公共治理的机制,可以是志愿的形式无偿参与,也可以是购买服务的有偿参与,还可以是合作互利的共同参与。另外,根据重度障碍儿童主要在社区活动的实际,要注重建立社区工作机制。通过培育和发挥社区组织的力量,特别是社区康复机构的力量参与重度障碍儿童的教育,让重度障碍儿童就近在家庭和社区中接受教育和康复。(1)建立社区资源共享机制,在社区卫生或康复机构

---

[1] 数据来自民政部《2012年社会服务发展统计公报》http://cws.mca.gov.cn/article/tjbg/201306/20130600474746.shtml.
[2] 邓纯考.农村留守儿童社区支持的资源与路径[J].教育发展研究,2013,(1):14

设立固定的或流动的"资源教室",定时、就近的为重度障碍儿童提供专业服务。(2)建立多边合作机制。学校的资源教室与社会资源教室合作,把社区资源教室作为学校资源教室的延伸,帮助组织制定个别教育计划。(3)探索送教上门的服务机制,特别是注重发挥志愿者的力量,与学校和社区等相互配合,实施重度障碍儿童的教育。(4)重视加强全纳性环境建设,创造最少受限制的成长环境。

(五)加强重度障碍儿童教育研究

在全纳教育理念下,特殊教育注重的不是向残疾人提供相同的教育,而是不同的教育,以个别化的设计和服务满足残疾人不同的特殊教育需要。重度障碍儿童的教育不但有着高度特殊的教育需要,而且是我国特殊教育的一个新任务。对此应加强重度障碍儿童的教育研究。一是加强重度障碍儿童教育的基本理论研究,解决为什么教育的价值问题、观念态度问题。二是抓住课程与教学、康复医疗这两大重要环节,开展以促进重度障碍儿童有意义、有质量的生活与学习为目标取向的课程与教学研究,开展以促进提高重度障碍儿童身心机能、改变身心障碍为结果取向的康复医疗服务研究,解决怎么教育的方法问题、技术问题。三是围绕建立重度障碍儿童教育机制,开展适合区域实际的制度研究,解决如何推进重度障碍儿童教育的政策问题。四是围绕师资队伍建设,进行专业师资配置研究和重度障碍儿童所需的专业教师教育研究,解决重度障碍儿童教育的师资保障问题。五是开展特殊教育公共治理与全纳环境建设研究,解决持续有效推进重度障碍儿童教育的大环境、软环境支持问题。六是开展重度障碍儿童教育的辅助技术研究,加快相关产品的研发与应用,解决重度障碍儿童教育所需的设施设备支持问题。七是深化校际、区域和国际合作研究,积极借鉴先进经验和技术,提升重度障碍儿童教育质量效果。

此外,开展重度障碍儿童教育还必须解决所需师资特别是康复类专业师资短缺的问题。据王雁等调查显示,康复教师、心理健康教育教师极度匮乏和特殊学校师资结构不合理,是一个十分突出的问题。我国特殊学校传统科任教师占97.6%,而康复教师、心理健康教育不足3%,[①]而《特殊教育学校暂行规程》和《特殊教育学校建设标准》中都没有对教师类型、比例做出具体规定,形成了教师结构不合理的制度性障碍。为此,要从人事制度改革入手,调整特殊学校和随班就读学校的人事编制结构,在相应的政策中明确我国特殊教育专业人员设置标

---

① 王雁等.全国特殊教育学校教职工队伍结构及其需求情况调查[J].中国特殊教育,2012,(11):4.

准,对专业人员类型、标准和配置比例做出清晰地界定。另外,要加强重度障碍儿童教育所需师资的培养培训,并予以重点扶持。

四、完善残疾儿童少年义务教育的政策构想

(一)建立残疾儿童少年义务教育质量标准体系和问责制度

《国家中长期教育改革和发展规划纲要(2010—2020)》在管理体制改革中明确要求"建立和完善国家教育基本标准"、"完善监测评估体系"、"完善教育问责机制"。同时,根据全纳教育理念和注重质量、公平的国际潮流,当前我国特殊教育应重视由注重规模效益的粗放型发展转向追求满足残疾儿童少年个体需要的教学质量的内涵型发展。特别是突出特殊教育政策设计的调整,强调每个残疾儿童少年的有质量、有意义、有尊严的学习与生活,重视满足个体意义的学习与生活需求;突出课程改革,注重面向每个人残疾儿童少年的特殊需要,制定相宜的个别化课程;突出转变教学模式,注重精致化、个别化教育,重视教育与医学结合、与社会实践活动结合、与社区参合作相结合。特殊教育的这种内涵型、精致化发展,必然要求建立相应的教育质量标准体系来保障。另外,美国实践经验表明,对残疾儿童少年的教育主要依赖于以法律为主的一系列强有力的质量标准的保障。

为此,建立残疾儿童少年义务教育质量标准体系,通过定期发布监测评估报告,加强教育监督检查,是促进特殊教育质量提升的重要措施。根据《教育法》、《义务教育法》,以及《残疾人保障法》和《残疾人教育条例》等法律法规,并结合残疾儿童类别、程度、学习特点等,按照促进教育公平和提升教育质量的目的要求,出台具有普遍约束力的残疾儿童少年义务教育质量标准体系,具有时代的迫切需要。另外,根据上述法律法规要求,明确参与特殊教育的多元主体的各自权责和利益,建立特殊教育质量问责制度,也是一项重要内容。它既是对残疾人义务教育质量标准实施的跟进政策,也是根据当前政府公共服务职能转变和新公共服务理念的必然选择。

(二)强化政府对特殊教育的公共服务

我国《国家中长期教育改革和发展规划纲要(2010—2020 年)》提出"以转变政府职能和简政放权为重点,深化教育管理体制改革,提高公共教育服务水平。"一方面,特殊教育体制改革要围绕构建政府、学校、社会之间新型关系,推进公共治理。注重吸纳相关社会组织、社会力量,建立特殊教育公共治理结构,在重视吸纳第三方的特殊教育服务技术、帮助提升服务水平的同时,重视社会公共参与

对特殊教育管理的促进和监督作用。另一方面,要围绕政府教育管理职能转变,强化政府对特殊教育的公共服务,特别是加强省级政府对特殊教育统筹力度,充分发挥政府统筹规划、政策引导、监督管理和提供公共服务的职责,建立健全公共服务体系,维护教育公平。其主要是:

首先,建立和完善有针对性的特殊教育公共财政保障框架体系。当前,新《义务教育法》是建立在普通教育的现实之上的,缺少对残疾儿童少年义务教育实际的针对性。特殊学校发展性功用的经费保障不足,显示出在新《义务教育法》基础上建立和完善特殊教育公共财政保障体系的必要。根据罗尔斯社会正义的差别原则,残疾儿童少年对于自己的残疾不幸是不能选择的,教育资源的分配"应该有利于社会之最不利成员的最大利益"。[①] 现在经合组织(OECD)成员国的经验普遍认为,"如果残障学生不能获得额外资源,残障教育就不可能取得成就"。[②] 因此,根据差别原则,可对特殊教育投入实行双轨制保障,即基础性底线保障经费与发展性激励保障经费两大部分。基础性底线保障经费可等同于目前的生均教育经费,主要用于维持学校正常运转,由省级政府加大统筹力度,但要减低当地政府特别是县级政府的负担;同时按照"谁主管,谁负责发展"的原则,由当地政府减支资金和新增资金设立发展性激励保障经费。发展性激励保障经费主要用于学校自主发展性的规划项目,由当地政府财政统筹支付,重点进行科研、师资培训等智力投资。在操作上采用以奖代补的方式,可在先行垫付、预支和对结果进行考核的基础上,按年度业绩滚动发放。同时,县以上政府财政根据特殊教育五年发展规划,设立五年制长期专项扶持项目资金,通过转移支付,重点向贫困地区倾斜。在目前省级政府对区域内各级各类教育的统筹实践中,应加大省级政府统筹管理残疾人义务教育均衡发展的力度。譬如,增强对随班就读工作的保障能力,统筹做好随班就读的义务教育供给,提高行政效率和资金使用效益。[③] 另外,由于我国农村、中西部经济发展水平落后地区残疾儿童少年的入学率较低、在校生人数较少,因此教育经费要注意向农村、中西部、边远、贫穷、落后和少数民族地区倾斜。

其次,创新和完善义务教育公共供给方式。根据十八届三中全会通过的《中共中央关于全面深化改革若干重大问题的决定》精神,市场化、社会化供给已成为当前义务教育供给方式变革的趋势。美国奥斯特罗姆教授提出的"多中心理

---

① 冯建军.当代自由平等主义与教育公正[J].清华大学教育研究,2007,(5):9.
② 范文曜,谢维和.OECD教育政策分析译丛:教育政策分析 2003[M].北京:教育科学出版社,2006:5.
③ 王培峰.我国特殊教育公共品供给制度:变迁、问题与建议[J].学术论坛,2010,(11):196.

论",认为通过社群组织自发形成的多中心自主治理结构,形成多样化的制度与公共政策安排,能实现政府、市场、社会在其结构、功能上的差异互补,优化义务供给制度。残疾儿童少年义务教育供给方式的创新,要重视引入市场机制,根据供给物品的不同性质,安排不同的供给方式。例如,对社会力量不愿意或无力提供的教育政策、课程教材等意义重大、公共性程度高的物品,由政府直接提供;对教学设备、师资培训、专业技术服务、教学与科研等公共性程度相对不高的物品,可通过项目招标、购买服务、合同外包等多种方式,与有关组织开展合作,鼓励他们参与供给。残疾儿童少年具有生理心理的自然弱势和经济贫困、阶层地位低等多重社会弱势特点。教育作为促进他们实现社会公平的基础,对他们其他利益的获得乃至整个人生成长具有前提性的重要意义。特殊教育已不单是教育领域的事情,其本身就是一个社会问题。残疾儿童少年义务教育供给不应仅依赖政府而减少社会力量的参与。社会力量庞大、组织灵活、效率高,在义务教育供给的种类和方式上,能最大化地满足残疾儿童少年多样性、多层次的需要。政府在义务教育的供给方向、组织体系和规划上,具有维护公平正义的价值目标和设计供给政策的合法性。因此,应探索政府与社会有效结合的制度化供给方式,建立政府主导的社会参与格局。政府不但要在制度设计、资源调动和分配、监管运行等方面担负主要责任,而且还要培育社会组织,培养企业、社区、个人及其他社会组织的社会责任感,扩大和畅通社会资源进入特殊教育的途径,引导他们在义务教育供给的具体服务上广泛参与。同时,根据权责一致原则,应给予相关社会组织更多的参与学校决策、管理和监督的权力。

再次,加强义务教育公共供给的法制化建设。据实证选择社会理论研究发现,在经济上急剧转型时期的国家,人们更注重效率,较少关注残疾人福利。[1]因此,特别要重视以立法的形式明确各级政府、企业、社区和社会组织在服务残疾儿童少年等弱势群体政策体系中的责任和地位,确保各级政府的责任担当和社会参与的广度和实效。同时,要改变过去条块分割的管理体制,将包括残疾儿童少年教育、就业、医疗、社会保障等在内的所有社会弱势群体的公共服务,整合到政府统一的社会弱势群体管理机构中,从决策规划、管理服务到协调运行、监督实效等每个环节,以更加专业化的方法手段和更加高度的社会认识,确保社会弱势群体社会公平正义的实现。另外,要根据新《义务教育法》的精神和公共服务的理念,进一步修订完善《残疾人教育条例》以及其他配套政策,确保义务教育供给政策的有效实施。

---

[1] 丁建峰.当代西方实证社会选择理论综述[J].经济评论,2010,(1):147.

（三）加强以质量建设为主要特征的随班就读管理

我国随班就读总体方针是按照《义务教育法》的要求，以县级政府统筹落实，就近入学。自1988年全国第一次特殊教育工作会议提出"以一定特殊学校为骨干，以大量的特教班和随班就读为主体的残疾儿童少年教育格局"以来，随班就读成为残疾儿童少年义务教育的重要安置形式。2006年《义务教育法》以法定要求，明确指出"普通学校应当接收具有接受普通能力的残疾儿童少年随班就读，并为其学习，康复提供帮助。"当前，我们应当继续完善和强化随班就读工作。总体说来，其基本原则是：以融合教育思想为指导，按照就近入学的方针和综合改革逻辑，发挥政府统筹保障主导功能，推进随班就读学校功能结构再造和特殊学校功能结构转型，协调多部门组织和社会参与，分步有序整体推进随班就读工作。

首先，完善随班就读政策与制度，强化随班就读顶层设计。在我国的特殊教育政策中，残疾人随班就读的政策与制度建设一直滞后并制约随班就读发展。近三十年来，尽管一些重大政策都涉及随班就读的要求，但缺少对随班就读的详细具体设计。1994年《关于残疾儿童少年随班就读的实施办法》作为唯一的随班就读专门政策，不但存在着政策地位不高、话语权不强，而且还存有理念、内容滞后等问题。这使得我国的随班就读一直处于停滞不前的状态。结合我国国情、时代变化、学生实际，特别是根据各地的情况，出台相关政策，建立相关制度，进一步完善随班就读管理，是一个紧迫问题。一是深化与升华随班就读思想认识基础。当前，在国际融合教育思想的影响下，随着我国残疾人义务教育的基本普及，随班就读也走出"注重普及"的单一功能，而向促进残疾人全融纳、平等参与、回归主流社会，实现有质量、有尊严、有意义的教育功能转向。这极大深化了和升华了随班就读的思想基础，是我们提升随班就读品质和推进融合教育的重要载体，亟待我们进一步更新观念、升华认识。二是加强随班就读管理体制机制建设。由政府协调，教育行政部门牵头，联合残联、卫生、民政等部门，加强随班就读领导管理，建立以提高质量为主要目标，以政府强力统筹为组织领导措施，以完善支持保障体系为整体组织架构的随班就读管理体制机制。三是加强随班就读政策顶层设计。顶层设计在于增强目标取向和排除各种阻力。[①] 随班就读涉及普通教育人群及资源与残疾人群及资源的利益纠葛，以及开展随班就读学校教师、当地政府人事财政等政策的调整。因此，应以强有力的政治权威加强顶

---

① 吴敬琏.中国的发展方式转型与改革的顶层设计[J].北京师范大学学报，2012,(5):8-11.

层设计,重点是抓住财政和师资政策这两个关键矛盾,予以突破。(1)财政方面。主要是:建立对随班就读的专项单列财政拨付制度,分不同地区指导建立随班就读投入标准,在财政教育预算中明确随班就读投入所占比例,并予以制度化;加强对贫困地区的县级以上政府财政转移支付力度,以倾斜性配置的办法,加大对随班就读的投入;明确承担随班就读学校的相应设施设备等办学条件要求和标准,明确公共财政投入方向,当前特别是要加强资源教室建设,并提高资源教室的利用率;加强投入的监督和管理,确保经费足额拨付和充分发挥效益。(2)师资方面。主要是:从人事制度改革入手,调整随班就读学校的人事编制结构,明确我国开展随班就读学校专业人员设置标准,对专业人员类型、标准和配置比例做出清晰地界定;建立完善随班就读质量考核评估体系,从改变教师考核体系入手,激励教师关怀残疾儿童少年的学业和身心成长,[①]特别是从合理计算随班就读教师的工作量,给予物质奖励、荣誉等方面入手,切实提高随班就读教师工作的积极性。

其次,协调整合多部门组织和社会参与,加强随班就读综合治理。我国随班就读推行多年而滞后的原因之一,就在于它所涉及的多领域主体(普通教育、特殊教育、卫生部门等)、多类型学生(残疾学生和健全学生)、多专业人员(普通教师师资、特殊教育师资、康复医疗人员等)、多教育资源(普通教育资源、特殊教育资源)、多教育目标和方式方法等各个矛盾,在现有教育体制中的分割、积聚、叠加,从而对人们的价值认识、利益获得、教育活动及其管理等造成混乱和不适。单一主体或者单一方面的管理是难以实现随班就读质量提高的。因此,一是要充分发挥政府统筹协调保障功能,建立完善政府主导、社会参与的随班就读治理结构。根据全纳教育理论,随班就读应作为一个合作的体系,吸纳社会组织、社区、家长、政府、学校、卫生机构等广泛参与。通过建立政府主导、教育行政部门主管,其他部门配合,社会各方积极参与的合作体系,充分发挥其他部门、社会组织、社区、家长等参与残疾人教育的积极性,形成结构化的、稳定的随班就读的治理结构,有利于残疾人教育获得多专业人员、多资源支持、多资金保障、多方面监督的支持和保障。二是要把随班就读放到当地经济社会整体体系中来综合规划。根据随班就读质量对经济社会条件和资源(特别是师资、投入和整个社会文化环境)要求高、依赖性强的特点,并不是所有地区无条件的适用随班就读的教育安置。因此,随班就读的规模和选择要根据区域经济社会实际,作出合理规划和政策部署。三是要运用系统性、整体性、协同性的观点来处理随班就读所发生

---

① 孟万金.建立健全教育质量保障体系,促进残疾人教育过程公平[J].中国特殊教育,2007,(5):3.

的问题。根据综合改革逻辑,对随班就读中的普通教育师资和特殊教育专业师资、普通教育投入和专项残疾人教育投入、普通教育教学质量和残疾人教育教学质量等结构矛盾,要依赖于政府多措施、多层面的综合治理。四是要推进随班就读学校的功能结构再造,提升随班就读实施能力,强化随班就读学校实施责任主体地位。根据融合教育思想和残疾人随班就读所需专业支持等要求,进行功能再造和结构型转型升级,主要是:在办学思想上,要结合融合教育思想,重新设计办学理念和功能定位;重新安排学校职能划分和结构,筑牢随班就读的思想与平台。在课程与教学改革方面,要纳入学校工作的整体设计中,加强教育研究与教学改革,同步综合推进随班就读。这一方面为教师发挥创造性、主动性提供空间和机会,另一方面也为繁荣随班就读的研究注入新的动力和因素。五是要持续推进特殊学校功能转型和结构再造。根据不同区域的实际,以特殊学校职能扩展和转型为重点,合理规划调整特殊学校的职能和功能,把特殊学校作为当地随班就读的资源中心,把服务随班就读作为职能重要组成部分,发挥其专业资源优势,协同推进当地随班就读工作。六是要重视对支持随班就读的良好社会环境建构。公共社会环境特别是人们平等容纳残疾人的全纳文化价值观以及支持残疾人平等教育权的权利观,是开展随班就读的最重要的核心要素。通过熔铸支持随班就读的社会文化环境,一方面能为改变社会歧视态度、创造一个适宜的接纳和融合的环境奠定基础;同时,也能为开展随班就读提供智力和技术等服务。

再次,强化政府公共服务,建立随班就读质量标准体系和问责制度。随班就读作为义务教育的重要实施形式,是政府公共供给和公共服务的重要职能之一。随班就读质量提高是需要建立在充足的教育财政支持基础上的。因此,以投入为基础,建立各级政府、学校在随班就读中的责任制度,以及相应的质量体系,是必有的政策跟进。一是,要根据《教育法》、《义务教育法》、《残疾人保障法》和《残疾人教育条例》等,明确各主体在随班就读中的权责和利益,划定他们在随班就读中的责任及其责任追究办法。特别是应结合政府公共服务职能转变,厘定政府的主体地位及其责任担当,划定政府对随班就读保障内容和措施,其中主要是财政投入和师资,以及监管方面的责任。二是,要把随班就读作为普通学校及当地特殊学校责任的一部分,以提高质量、共同合作为综合治理目标和手段,在政府统筹协调下加快促进随班就读发展。特别是,应把随班就读纳入到普通学校办学考核与督导之中,并结合普通教育领域酝酿的基础教育质量标准与检测体系建设,建立随班就读质量标准体系,为实施随班就读工作问责制度建立基础和依据。

五、推进残疾儿童学前教育的政策构想

残疾儿童的早期教育和学前教育是整个特殊教育的重要组成部分，也是残疾儿童教育起点公平和奠基人生的重要时期，对于促进他们补偿缺陷、最大限度发挥潜能，减轻残疾儿童家长负担，缓解社会矛盾，促进社会公平正义具有重要意义，我们应当在建立完善残疾儿童学前教育公共服务保障体系上加大政策力度。

（一）加强残疾儿童学前教育的法治化建设

残疾儿童学前教育公益性不强有着学前教育地位不高、性质不清的深层原因。党的"十七大"报告已明确了学前教育在推进基本公共服务均等化建设中的地位。我们要将学前教育置于提高国民整体素质和经济发展水平的高度，体认学前教育在打破贫困的代际循环，促进社会公平与稳定，乃至增强综合国力与国际竞争力等方面的作用，把学前教育纳入义务教育的保障体系，作为公共产品向全民提供。我国义务教育实践证明，基本公共服务均等化有赖于法治化的制度保障体系的支持。为此，应尽快出台《学前教育法》、《特殊教育法》，以立法的形式明确残疾儿童学前教育在公共教育服务体系中的定位，明确各级政府、学前教育机构及其他社会组织在服务残疾儿童学前教育中的责任和地位，确保其责任担当和实效。确立学前教育的公共产品地位，有利于为学前教育公共服务均等化保障体系的政策设计和制度安排提供依据；同时，也为引导与规范民办园的发展，为政府购买民办园的服务奠定合法依据。加强学前教育的法治化建设，其目标不仅体现为教育公平，还体现为通过法律的保障，为所有群众提供利益保护，使其在一定时期内免受经济社会发展的波动和经济社会结构变动带来的利益损害。在当前政府公共服务职能转变尚不到位的情况下，市场的效率趋向和资本的寻利之恶很容易侵蚀学前教育的公益性和普惠度，残疾儿童等弱势群体的学前教育利益很容易被边缘化。国际上，英美等发达国家都是通过立法对学前教育予以保障，明确政府的主体责任，特别是强调把投入责任作为政府主导责任的重要内容。例如，美国的残疾儿童学前教育，在1975年通过《全体残疾人教育法》中提出3—5岁残疾儿童"学前资金计划"，鼓励性的要求各州提供公费的学前教育，残疾儿童的学前教育率为24%；1986年修订"学前资金计划"，上升为强制性的措施，要求各州必须提供免费学前教育，至1992年残疾儿童的学前教育率为34%；后经过对上述法律的完善，逐步加强了"学前资金计划"条款，残疾儿

童学前教育率已接近100%。①

(二)建立县级政府统筹残疾儿童学前教育的公共财政保障体系

《中共中央关于构建社会主义和谐社会若干重大问题的决定》中明确指出,"完善公共财政制度,逐步实现基本公共服务均等化"。政府将加强基本公共服务主导功能。学前教育基本公共服务均等化实现,有赖于公共财政支持。鉴于我国地区、城乡经济社会的差距巨大、任务重、财政投入大的现实,实现残疾儿童学前教育基本公共服务均等化将是一个渐进过程,在制度安排上应注重规划性和渐进性。

首先,要提高学前教育财政统筹和管理的平台。借鉴义务教育的经验,应建立县级政府统筹残疾儿童学前教育的公共财政保障体系,突出县级财政对残疾儿童学前教育的支出比重,确立生均经费比例。同时,健全各级政府财权与事权相匹配的财政体制,特别是中央和省、市根据当地适龄儿童比重,及其财政支出所占比重,建立规范的转移支付制度,加大转移支付力度,增强县级政府提供残疾儿童学前教育公共服务的能力。其次,加大二次分配调整,实行贫困残疾儿童免费学前教育。贫困残疾儿童对幼儿园的专业师资以及专门设备设施要求高,且自身成本承担能力低,选择能力低。对于贫困残疾儿童的入园必须建立政府的专向扶持政策,发挥政府主导社会公平的职能,实施二次分配,扩大对贫困残疾儿童的分配比重,逐步建立残疾儿童弱势群体学前教育成本零承担的补偿政策,确保残疾儿童平等的学前教育的权益的实现。例如,通过实行高倍的生均补贴、专项拨付等方式,对接纳残疾儿童的学前教育机构,加大在康复训练等专业设备设施的配置等方面的支持力度。当前,推进残疾儿童学前教育,可选择实施包括残疾儿童在内的"弱势儿童学前教育国家专项行动",在更高的平台上,保障教育的投入。同时组织引导各地政府分批次分重点地对残疾儿童实施各类专项行动,确保他们的学前教育利益以国家意志的高端姿态保障。美国60年代专门为弱势儿童提供补偿性学前教育的"开端计划",80%来于财政。②

(三)完善残疾儿童学前教育师资培养、培训和人事管理

教师是最具活力的核心要素。教师编制、管理、待遇等问题不解决,学前教育难兴。首先,要完善残疾儿童学前教育教师的准入制度,特别是根据优先保障

---

① 余强.美国残疾人学前教育发展政策述评[J].中国特殊教育,2007,(11):88-89.
② 王培峰.我国学前教育的五大结构性矛盾及其政策应对——兼论残疾人学前教育安排的政策思路[J].教育发展研究,2011,(6):25.

农村和残疾儿童随班就读的实际需要,优先建立村镇幼儿园学前特殊教育教师的准入制度与办法,对已有的不在编的专业师资有计划地逐步纳入事业单位人事编制。根据《教育法》第 55 条"各级人民政府教育财政拨款的增长应当高于财政经常性收入的增长,并使按在校学生人数平均的教育费用逐步增长,保证教师工资和学生人均公用经费逐步增长",重点应强化教师的工资保障,依靠政府公共财政获得稳定的教师资源。其次,对于各类残疾儿童早期教育康复等机构,要按照《民办教育促进法》真正落实特殊教育幼儿教师在职称、荣誉等方面的平等待遇。同时,建立学前特殊教育幼儿师资保障系统,通过在职培训或专项引入计划,确保乡镇中心园及城市示范幼儿园至少有一名残疾儿童学前教育的专业师资,并以此作为评价标准之一。再次,要重视提高现有残疾儿童教育康复机构和特殊学校学前特殊教育师资质量水平。杨广学教授曾呼吁建立《特殊教育教师资格条例》等配套法规,使特殊教育教师资格制度建设走上法制化和规范化的轨道。[①] 目前,世界上的很多国家特别是美国、英国、日本等主要发达国家都已建立起较为完善的特殊教育教师资格制度。我国《残疾人教育条例》第 37 条规定:"国家实行残疾儿童教育教师资格证书制度,具体办法由国务院教育行政部门会同国务院其他行政部门制订"。2001 年 11 月国务院办公厅转发的教育部、人事部等 9 大部门《关于"十五"期间进一步推进特殊教育改革和发展的意见》中再次提出"制定特殊教育教师资格条件有关规定"。当前,实行特殊教育教师资格制度是保障学前特殊教育师资质量的重要措施。

(四)改革残疾儿童学前教育的办学体制

我们应当建立特殊学校附设学前教育机构和普通幼儿园的随班就读相结合、民办残疾儿童学前教育为重要补充的残疾儿童学前教育体制。这是适应我国特殊教育布局结构实际和残疾儿童随班就读政策要求的。因此,残疾儿童学前教育的公共财政投入应在支持特殊学校附设学前教育机构、支持普通公办幼儿园残疾幼儿随班就读、扶持民办残疾儿童学前教育康复机构上,加大投入的政策支持力度,扩大招收残疾儿童的学前教育机构数量,根据各地实际,逐步开展学前一年至三年的学前教育。在具体措施上,特殊学校附设学前教育机构和普通公办幼儿园残疾幼儿随班就读,可以建立资源中心或者示范园的形式,辐射周边残疾儿童学前教育机构,提供资源和技术的借鉴和指导。目前北京设立的"学

---

① 杨广学. 融合教育背景下特殊教育的师资培养[EB/OL]. http://www.seaie.org/meet09/ygx.htm.

前儿童特殊教育示范教育基地园"就起到了很好的效果。[①] 根据世界各国保障弱势群体的经验,以公立学前教育机构为主导力量的办园模式,是安置残疾儿童接受学前教育,保障其利益的最好最有效的选择。对于民办残疾儿童学前教育康复机构的支持,可以购买服务的形式向有实力、有条件的民办学前教育机构或残疾儿童早期教育康复机构购买专业服务,也可以师资共享的形式鼓励公办残疾儿童学前教育机构开展合作。

(五)建立残疾儿童学前教育的合作机制

特殊教育是一项合作的事业,需要多学科多人员的合作。残疾儿童学前教育主要是身心补偿性教育、医疗康复的干预和教育以及保育等,涉及医学、教育、法律、心理等多学科知识和人员;同时由于残疾儿童身心缺陷等原因,社区和家庭是残疾儿童赖以生活的主要环境。因此,应建立"社区、家庭、学校"合作教育机制,充分发挥各自的优势建立合作团队。一是注重发挥学校专业人员的优势,直接通过定期咨询和上门送教等服务帮助家长和残疾儿童开展相关教育和训练;二是通过发挥社区医疗和社会组织等服务机构的作用,替代学校专业人员就近为残疾儿童提供专业支持和各种服务。学校和社区还可以通过政府的协调,建立在一定利益共享基础上的合作机制,共同发挥作用,服务残疾儿童及其家长。

(六)统筹城乡残疾儿童学前教育协调发展

统筹城乡残疾儿童学前教育协调发展是根据我国城乡二元特点所作出的必然选择。一是要强调城乡规划一体化。根据残疾儿童学前教育资源在城乡的分布情况、结构特点和财政情况、民间资本情况,合理规划教师培养配置、财政投入等计划和目标,合理规划城乡幼儿园区位布局、公办园和民办园数量结构。在农村,坚持以公办园为主和重点向农村倾斜的原则,通过公共财政支持,确保每乡镇至少有一个接纳残疾儿童的幼儿园,优先将残疾儿童纳入随班就读的保障体系之中,实施学前教育。具体措施是:优先设立农村学前教育的专项扶持资金,强化农村幼儿园经常性投入;实施农村幼儿园标准化建设工程,优先强化农村幼儿园标准化建设,确保办园的基本条件;优先保障农村合格特殊教育幼儿教师配置和工资待遇,优先将农村公办园教师逐步纳入人事编制管理,列入政府财政拨付之列;优先在职业培训上实施专业发展项目,资助扶持农村教师提高素质能力。在城市,注重通过严格准入、严格规范、严格监管,调整各类幼儿园的数量结

[①] 张磊.我国残疾人学前教育开展状况述评[J].上海教育科研,2011,(10):85.

构、质量结构,努力扩大学前教育资源,确保每个公办幼儿园基本具有接纳残疾儿童接受学前教育的条件。二是要强调城乡专业资源共享一体化,学前教育的专业资源主要体现在专业师资和其他专门设施设备技术方面,在当前及今后相当长的一段时期内,宜采取城乡共建的形式,共享稀缺资源。例如,通过支教下乡、村村配置一名合格的特殊教育幼儿教师专项计划等各种方式,确保村村至少有一名基本稳定的合格幼儿教师。通过发挥县教研室、县优质幼儿园,以及乡镇中心幼儿园的辐射带动和指导作用,建立完善专业师资及其他业务支持系统,强化对农村幼儿园的业务指导帮助,确保农村幼儿园最基本的办园质量。在中西部贫困地区,可以将教师走教与幼儿园互动相结合,将依托县特殊学校协议安置残疾儿童与定期集中共享相关专业设备、师资相结合,尽可能使残疾儿童接受早期教育和康复训练等符合其特殊需要的专业服务。在东部地区,加大专业师资和相关专业设备的配置力度,特别是建立以乡镇公办园为主的残疾儿童弱势群体学前教育资源中心,在承担残疾儿童学前教育公共服务的同时,带动与指导村幼儿园开展相关专业服务。

参考文献

[1] 孙绵涛,等.教育政策分析:理论与实务[M].重庆:重庆大学出版社,2011.

[2] 孙绵涛,等.教育政策论:具有中国特色的社会主义教育政策研究[M].华中师范大学出版社,2002.

[3] 袁振国.教育政策学[M].南京:江苏教育出版社,2001.

[4] 袁振国.论中国教育政策的转变[M].广州:广东教育出版社,1999.

[5] 陈振明.公共政策分析[M].北京:中国人民大学出版社,2002.

[6] 陈振明.公共政策学:政策分析的理论、方法和技术[M].北京:中国人民大学出版社,2004.

[7] 罗尔斯.正义论[M].何怀宏,等,译.北京:中国社会科学出版社,2009.

[8] 桑德尔.自由主义与正义的局限[M].万俊人,等.译.南京:译林出版社,2006.

[9] 康德.实践理性批判[M].邓晓芒,译.北京:人民出版社,2003.

[10] 沃尔泽.正义诸领域:为多元主义与平等一辩[M].褚松燕,译.南京:译林出版社,2002.

[11] William. L. Heward.特殊需要儿童教育导论(第八版)[M].肖非等译,北京:中国轻工业出版社,2007.

[12] 海德格尔:存在与时间[M].陈嘉映,译.北京:三联书店,2006.

[13] 范文曜,谢维和.OECD教育政策分析译丛:教育政策分析2003[M].北京:教育科学出版社,2006.

[14] 海德格尔:林中路[M].上海:上海译文出版社,2005.

[15] 伽达默尔:真理与方法[M].上海:上海译文出版社,2004.

[16] 科尔巴奇.政策[M].张毅、韩志明译.长春:吉林人民出版社,2005.

[17] 张婉洺.教育公平:政府责任与财政制度[M].北京:社会科学出版社,2013.

[18] 彭霞光.中国特殊教育发展报告2012[M].北京:教育科学出版社,2012.

[19] 李钢.话语、文本:国家教育政策分析[M].北京:社会科学文献出版社,2009.

[20] 赵德余.政策制定的逻辑:经验与解释[M].上海:上海人民出版社,2010.

[21] 柯武刚、史漫飞.制度将经济学[M].北京:商务印书馆,2008.

[22] 卢梭.社会契约论[M].何兆武译,北京:商务印书馆,1980.

[23] 齐延平.社会弱势群体的权利保护[M].济南:山东人民出版社,2006.

[24] 丁勇、陈绍峰.残疾儿童权利与保障[M].南京:南京师范大学出版社,2012.

[25] 张茂聪.论教育公共性及其保障[M].北京:商务印书馆,2012.

[26] 刘世清.教育政策伦理[M].上海:上海教育出版社,2010.

[27] 现代汉语大词典(第五版)[M].北京:商务印书馆,2005.

[28] 刘英杰.中国教育大事典(1949—1990)上[M].杭州:浙江教育出版社,1993.

[29] 王培峰.特殊教育哲学:本体论与价值论的研究[M].济南:山东人民出版社,2012.

[30] 孙绵涛,邓纯考.错位与复归:当代中国教育政策价值分析[J].教育理论与实践,2002,(10).

[31] 谢维和、陈超.中国教育改革发展的政策走向分析[J].清华大学教育研究.2006,(6).

[32] 刘复兴.教育政策价值分析的三维模式[J].教育研究,2002,(4)

[33] 谈秀菁.加快发展残疾儿童学前教育[J].现代特殊教育,2010,(4).

[34] 黄尧.广西残疾儿童学前教育状况分析[J].广西教育学院学报,2009,(4).

[35] 刘复兴.教育政策活动中的价值问题[J].北京师范大学学报(人文社会科学版),2002,(3).

[36] 张茂聪.教育公共性的理论分析[J].教育研究,2010,(6).

[37] 庄西真.特定事件、改革过程与整体背景[J].教育发展研究,2011,(21).

[38] 张国庆,曹堂哲.权力结构与权力制衡:新时期中国政府优化公共权力结构的政策理路[J].湖南社会科学,2007,(6).

[39] 陈新夏. 人的发展视域中的经济增长与社会发展[J]. 学习与探索, 2012, 9.

[40] 左学金. 21世纪中国人口再展望[J]. 北京大学学报, 2012, (5).

[41] 邓纯考. 农村留守儿童社区支持的资源与路径[J]. 教育发展研究, 2013, (1).

[42] 姚路路, 江琴娣. 上海市残疾人家长参与子女早期教育的现状调查[J]. 中国特殊教育, 2011, (1).

[43] 吴敬琏. 中国的发展方式转型与改革的顶层设计[J]. 北京师范大学学报, 2012, (5).

[44] 薛二勇. 美国教育充足财政政策的实践:专业评估的视角[J]. 教育发展研究, 2012, (23).

[45] 王雁等. 全国特殊教育学校教职工队伍结构及其需求情况调查[J]. 中国特殊教育, 2012, (11).

[46] 冯建军. 当代自由平等主义与教育公正[J]. 清华大学教育研究, 2007, (5).

[47] 孟万金. 建立健全教育质量保障体系,促进残疾人教育过程公平[J]. 中国特殊教育, 2007, (5).

[48] 张磊. 我国残疾人学前教育开展状况述评[J]. 上海教育科研, 2011, (10).

[49] 涂端午. 教育政策文本分析及其应用[J]. 复旦教育论坛, 2009, (5).

[50] 丁勇. 关于我国中长期特殊教育改革与发展几个重大问题的思考[J]. 中国特殊教育, 2010, (10).

[51] 姚大志. 什么是政治哲学[N]. 光明日报, 2013-09-24.

[52] 卞绍斌. 马克思与正义:从罗尔斯的观点看[J]. 哲学研究, 2014, (8).

[53] 应奇. 当代政治哲学名著导读[C]. 南京:江苏人民出版社, 2010.

[54] 周濂. 哈耶克与罗尔斯论社会正义[J]. 哲学研究, 2014, (10).

[55] 杨正联. 公共政策文本分析:一个理论框架[J]. 理论与改革, 2006, (1).

[56] 孟照海. 教育科研成果如何转化为教育决策:以美国《国家处于危机之中》报告为例[J]. 教育发展研究, 2015, (9).

[57] 王培峰. 我国教育发展条件的变化与改革节点选择:基于教育权力结构的调整[J]. 学术论坛, 2013, (11).

[58] 王培峰. 特殊儿童教育公平问题的审思:特殊教育政策伦理分析的视角[J]. 中国特殊教育, 2014, (3).

[59] 王培峰.教育政策价值选择与教育公平:以特殊教育政策为例的分析[J].四川师范大学学报(社会科学版),2014,(5).

[60] 王培峰.教育政策伦理"公共善"的缺憾及其建构:基于残疾儿童等少数者群体的视角[J].当代教育科学,2013,(7).

[61] 王培峰.教育政策价值认识论批判与重建[J].教育导刊(上),2013,(7).

[62] 王培峰.小康社会视野中的特殊教育教师专业化[J].中国特殊教育,2004,(1).

[63] 王培峰.我国学前教育五大结构性矛盾与政策应对:兼论残疾儿童学前教育安排的政策思路[J].教育发展研究,2011,(6).

[64] 王培峰.特殊教育公共品供给制度:变迁、问题与建议[J].学术论坛,2010,(11).

[65] 王培峰.借鉴义务教育经验,构建学前教育公共服务体系[J].教育导刊(下),2012.(8).

[66] 王培峰.学前教育的结构性失调及其对策:兼论残疾儿童学前教育政策思路[J].中国教育学刊,2011,(6).

[67] 王培峰.西方特殊教育内涵的历史分析[J].现代教育科学(高教版),2011,(3).

[68] 王培峰,丁勇.我国特殊教育发展转向及其改革逻辑与重点领域[J].中国特殊教育,2015,(2).

[69] 王培峰.特殊教育政策正义及其局限:罗尔斯道义论政治哲学的审视[J].中国特殊教育,2015,(10).

[70] 王培峰.试谈现代大特殊教育与现代特殊教育资源中心[J].中国特殊教育,2000,(2).

后 记

正义是政治哲学的价值命题，特殊教育政策是一个跨学科的综合性应用研究范畴。几年前，我一直尝试从政治哲学思入特殊教育政策；特别是受我的老领导丁勇书记的启发和引领，便决定把"特殊教育政策"、"正义"这方面的研究作为我关注特殊教育实践的方式，试图既站在大地仰望星空，又以仰望星空的姿态行走在大地。

然而，研究之路让我艰难得如同行走蜀道。这倒不是说研究本身有多难，而是对我一个习惯了哲学逻辑思辨的人，一下子踏上特殊教育政策这样一个综合性应用研究，总感到修行悟道尚未到出家遁世的地步。好在"咬定青山不放松"。近三年，我依仗着研读哲学练就的一股定力，学习了一般公共政策和普通教育政策研究领域的一些理论成果，并结合自己过去在党政机关从事文秘工作形成的感性认识，对特殊教育政策做了研究探索，形成了十多篇学术论文；继而依仗着这些研究成果，终于形成了本书。

长期以来，特殊教育政策研究一直是我国特殊教育研究中的一笔"欠账"。在此，本书就权当是偿还这笔债务的一枚硬币，算是笔者尽一个特殊教育学者的点滴绵薄之力。当然，特殊教育政策研究涉及政治学、管理学、经济学、统计学、社会学等多学科知识；它既是事实研究又是价值研究，从不同学科框架或理论出发会有不同的研究途径。同时，大数据时代"计算政策学"的到来，借助计算机和互联网进行特殊教育政策内容分析，也将引发特殊教育政策研究方法和范式的革命。由于受笔者学识和能力的局限，本书仅仅从道义论正义的视野出发，运用理论分析和政策分析的方法，对特殊教育政策及其正义局限做了一点浅薄的探索和尝试，唯求同仁们批评指正。

另外，本书是江苏省"333 工程"课题项目"特殊教育政策正义及其局限"的研究成果,受到省委组织部的支持。同时,这也是我于 2013 年 9 月至 2014 年 7 月在中国教育科学院师从孟万金老师访学的结果,深受孟万金老师和杨润勇老师的点拨,获益匪浅。当然,本书更受益于笔者与盛永进所长、李拉老师相处相知相学相长的自由学术环境。在此,一并向他们深表谢意。

王培峰

2015 年 6 月 17 日